珍藏本
纪念版

汉译世界学术名著丛书

海军战略

〔美〕艾·塞·马汉 著

蔡鸿幹 田常吉 译

商務印書館
SINCE 1897
The Commercial Press

2017年·北京

A. T. Mahan

NAVAL STRATEGY

Compared and contrasted with the
principles and practice of
military operations on land

London & Edinburgh
Sampson Low, Marston & Company, Limited
据伦敦及爱丁堡辛普森·洛,马斯顿有限公司版译出

汉译世界学术名著丛书
（120年纪念版·珍藏本）
出版说明

2017年2月11日，商务印书馆迎来120岁的生日。120年前，商务印书馆前贤怀揣文化救国的理想，抱持“昌明教育，开启民智”的使命，立足本土，放眼寰宇，以出版为津梁，沟通中西，为中国、为世界提供最富智慧的思想文化成果。无论世事白云苍狗，潮流左右激荡，甚至战火硝烟弥漫，始终践行学术报国之志，无改初心。

逐译世界各国学术名著，即其一端。早在20世纪初年便出版《原富》《天演论》等影响至今的代表性著作，1950年代后更致力于外国哲学和社会科学经典的译介，及至1980年代，辑为“汉译世界学术名著丛书”，汇涓为流，蔚为大观。丛书自1981年开始出版，历时三十余年，迄今已推出七百种，是我国现代出版史上规模最大、最为重要的学术翻译工程。

丛书所选之书，立场观点不囿于一派，学科领域不限于一门，皆为文明开启以来，各时代、各国家、各民族的思想与文化精粹，代表着人类已经到达过的精神境界。丛书系统译介世界学术经典，引领时代思想，为本土原创学术的发展提供丰富的文化滋养，为推动中国现代学术和现代化进程做出了突出的贡献。

为纪念商务印书馆成立120周年，我们整体推出“汉译世界学术名著丛书”120年纪念版的珍藏本，寄望既利于文化积累，又便于研读查考，同时向长期支持丛书出版的译者、编者和读者致以敬意。

两甲子后的今天，商务印书馆又站在了一个新的历史时间节点上。我们不仅要铭记先辈的身影和足迹，更须让我们的步伐充满新的时代精神。这是商务人代代相传的事业，更是与国家和民族的命运始终紧密相连的事业。我们责无旁贷，必须做好我们这代人的传承与创造，让我们的努力和成果不仅凝聚成民族文化的记忆，还能成为后来人可以接续的事业。唯此，才能不负前贤，无愧来者。

商务印书馆编辑部

2017年10月

舰队是海上作战的野战军，是海上进攻战的主力，应充分发挥它具有机动性强的优势。他极力抨击那种使用海军舰队担任直接防御海岸（基地、要塞）正面地段的做法；同时，也反对那种认为基地、要塞与舰队无关紧要的观点，严厉地批判“要塞舰队”和“绿水学派”的战略思想。他列举 1904～1905 年日俄战争的旅顺口之战中，俄国太平洋舰队固守旅顺口的愚蠢行为，主张海军舰队应避开海岸（基地、要塞）防御的正面，跳到圈子外面，根据作战能力，或驱逐敌方舰队远离海岸线，或袭击敌方其他较弱部队，诱使敌方舰队离开它攻击的海岸线。他认为海军舰队在海上的积极作战行动，是最好的支援海岸防御作战的战法。

第五，关于海军基地的性质。马汉认为海军基地是海军舰队这支海洋野战军生存的根据地，又是舰队实施海上攻击的出发地，所以它是支援海上攻势作战必不可少的依托。从这个意义上说，海军基地是具有攻势属性的。海军基地防御，同海岸要塞一样属于海防线上的要地防御，是陆军、海军（现代条件下，还有空军）协同的重要战场作战。参战部队应确立作战的整体观念，陆军负有保障基地安全的责任；海军舰队则应在海上实施机动作战，支援配合陆军在岸上和陆上作战。

第六，阐明海战的攻防性质。马汉认为海战是以其作战目的而区分进攻和防御的。在海战中，不论战役性质是进攻的还是防御的，舰队总是以攻击行动去达成战役目的的。即使在保护海上交通线或对运输舰队担任直接掩护的行动中，虽然属纯粹防御战，舰队仍应以驱逐敌方舰队远离交通线，或采取进攻战斗以攻击企图攻击己方运输舰队的敌方舰队为主。所以，海上攻击是海军舰

队在攻防战役中的基本作战方式。

马汉的这些理论观点，是他考察了历史上多次战争的情况，比较客观地分析了各个时期的国际关系和各次战争的主要经验教训，进行归纳总结而形成的，比较符合海军建设和海上作战的实际。《海军战略》首次出版后，即很快为列强军政要员所瞩目，并引以为建设各自海军的理论指导，这并非是偶然的。我国是濒临太平洋的社会主义大国，有连绵18000多公里的大陆海岸线。在当代国际关系中，社会主义的中国具有举足轻重的地位。现在我们正进一步实行对外开放政策，发展国际贸易，商船队日益兴旺发达，海洋资源的开发利用正在蓬勃兴起，海洋权益对于我国的国计民生至关重要。在这种形势下，在国家经济技术实力可能的前提下加强海军建设，确保中国海权之不受侵犯，保障西太平洋的区域和平和世界和平，已是不容忽视的课题。阅读《海军战略》一书，结合我们自己的实际，将会对我们加强海权观念和加强海军建设有所裨益。

蔡鸿幹先生早年即从事海军理论研究。1945年曾将所译《海军战略》一书出版发行。现又应商务印书馆之约，与田常吉同志重译此书，并与读者见面。本书的重译出版，为我们深入研究海军战略理论，在当代新条件下发展海军战略理论，是一份可贵的贡献。

朱　军

1991年4月于南京

前　言

《海军战略》一书，是美国海军战略理论家艾尔弗雷德·塞耶·马汉（1840～1914）晚年完成的一部海军战略理论专著，是世界上第一部较为系统的海军战略理论著作。它是马汉将他在美国海军学院教授海军战略的讲稿纂修成书，并于1911年11月正式出版的。此书出版后，首先受到英国人的推崇，他们认为此书在朱利安·S.科贝特的著作《海军战略的若干原则》之上。

马汉于1840年9月27日出生于美国西点军校的一位教授的家庭。1859年，毕业于美国安纳波利斯海军学校后，即在美国海军部队任职。1862～1864年，调海军学院任教。1877年，调任安纳波利斯海军学校军械和射击系主任。1886年，再调海军学院任教，主要教授海权理论和海军史。1886～1889、1892～1893年两度担任海军学院院长。

马汉的海军理论研究约开始于1879年。这一年他撰写了第一篇论文《海军军官教育》。在这篇论文中，马汉提出如下的论点："历史不赞成这种观点，即坚信和平就是保证战争不会发生。"1880年，当马汉获悉法国的一个公司准备修筑巴拿马运河时，抱怨美国对此"袖手旁观"，认为当时居于世界第12位的美国海军，仅仅是一支"防御力量"，而"对付敌海岸线，则需要一支进攻的力量"，"为了控制（中美）地峡，我们必须有一支强大的海军。”1887年，马汉发表了《加勒比海与墨西哥湾的未来战略》，提出“一个国家的商业（按，即商品输出）和海军的利益是紧密联系在一起的”这一论点。这时，马汉个人在思想观念上“已经完成向帝国主义（立场）的转化。”他的海军战略思想体系也已经初步形成。他阐明“一国海军优势，对陆上和海上的大角逐都有巨大的和决定性的影响。在战争的全局方面，海军一直是一个非常重要的、也许是最重要的战略因素。”1889年，马汉写成《海权对历史的影响，1660～1783》一书，并于1890年出版。这部著作是马汉海权论第一部成功之作，是马汉海权论三部曲的第一部。同时开始撰写海权论的续篇《海权对法国大革命和帝国的影响，1793～1812》，至1892年出版，从而完成海权论三部曲的第二部。在此期间，马汉还发表《美国向外看》一文，公开主张美国应实行帝国主义政策，为此须建立一支具有机动作战能力的庞大海军，并在国外拥有足够的加煤基地。主张美国向太平洋扩张，夺取萨摩亚、夏威夷，控制巴拿马地峡。1893年，马汉发表《夏威夷与我们未来的战略》一文，公开鼓吹“黄祸”论，为美国向亚洲地区扩张侵略制造舆论。1897年，马汉在《美国与海权的利害关系》一文中，进一步宣扬他的上述论点，并主张美国与英国联合控制海洋。英国《星期六评论》指出，马汉是“在宣扬军备的真理和侵略的需要”。1898年，美西战争爆发前，马汉向海军部长西奥多·罗斯福献集中兵力作战之策，被人们讥讽为“理论上的巨人，实践上的矮子。”在美西战争中，马汉竭力主张美国要占领夏威夷、萨摩亚，控制关岛、马尼拉，侵占中国的舟山群岛和三沙湾（三都澳），宣扬门户开放政策适用于中国一切地方，从而成为侵略中国的激进鼓动人物。随后，又极力赞扬美国对菲律宾人民的血腥屠杀和镇压。西奥多·罗斯福在任美国海军部长、尤其是在任美国总统期间，大力推行马汉的海军战略理论，使美国海军实力跃居世界第二位，仅次于英国海军。马汉于1905年完成海权论三部曲的最后一部——《海权的影响与1812年战争的关系》。

马汉一生致力于海军战略理论研究和著述，共留下专著和论文130多篇。1911年出版的《海军战略》一书，是他海军理论最后的一部著作，是他从1879年以来30多年间研究的主要成果——海权论理论体系，在海军建设和作战全局上的运用。马汉此人，在政治立场上是帝国主义的，是为垄断资产阶级忠诚服务的；在哲学思想上是主观唯心主义的，他自认为自己对“海权”的“顿悟”，是上帝的赐予，“原则是永恒的”。但是，事实上，海权并不是产生于马汉的个人“顿悟”，更不是并不存在的上帝的“赐予”。马汉自己在并非自觉地去探寻规律性的东西的过程中，他不能不去追寻历史的痕迹，不能不去追溯理论观念的先河。他并非是在上帝的驱使下去仔细研究从1660年至20世纪初的多次战争史、海军史和海战史，阅读公元前5世纪希腊历史学家修昔底德的《伯罗奔尼撒战争史》，公元前4世纪另一位希腊历史学家色诺芬的《远征记》和《伯罗奔尼撒战争史·续编》，考察雅典统帅地米斯托克利关于控制海洋的思想，阅读和研究《罗马史》、《罗马帝国史》、《法国海军史》、《海战》以及若米尼的《战争艺术概论》与《1792～1801年革命时期的军事批评史》等大量的战争史和战争理论著作。有了上述这些探索和思维活动，马汉才“终于悟出了对海洋的控制是一个历史要素”，初步得出“获得海权或控制了海上要冲的国家，就掌握了

历史的主动权”的结论。在随后的长期的实践和逐步深入的探索和研究，直至写成《海军战略》的过程中，马汉才得以揭示出来关于海权论、关于以海权论为中心的海军战略理论的许多大体符合客观实际的规律性的东西。这些规律性的东西，在马汉的海军战略理论体系中，不失为“合理的内核”。

马汉在《海军战略》一书中，关于海军建设问题，认为海军舰队是海洋上的野战军，在海洋上的机动性和攻击性是其力量的所在；主张建立优势的、能够在海洋上积极进攻的机动作战的舰队；他反对单纯防御的“要塞舰队”（即把舰队作为要塞防御的手段）的思想，也反对绿水学派“存在舰队”（即认为舰队可不要基地、要塞而存在）的思想。关于海军作战问题，他主张在同一个时期或阶段只能有一个作战方向，并集中兵力作战；反对同时有两个作战方向和分散兵力作战。强调舰队决战思想，以优势舰队歼灭对方舰队，或对对方实行有效的海上封锁，以剥夺对方的主动权。认为集中海上力量以确保海权，是战争和作战指导的中心；只要集中优势兵力，就能赢得海上战役战斗的胜利，就能达到控制海权的目的。为了便于随时集中兵力作战，他认为舰队应配置在“中央位置”，以保证能够迅速地向主要作战方向的机动。他认为海上力量是一国的海军、商船队、基地和海外殖民地等的总和，是一国征服和使用海洋的整体力量。为了保障海军的作战，从而保障海权的控制和海上贸易（商品输出）的利益，他认为必须建立和保护海上交通线和海外基地。

应当指出，马汉经历的年代，是美国海军正由风帆舰队刚跨入蒸汽舰队初期，他所指挥过的最大军舰是 1885 年建成的蒸汽巡洋舰“芝加哥”号。老的东西在他的思想观念中是较深的。他不赞成建造战列舰；对新出现的潜艇是轻视的；认为集中兵力的原则，在任何情况下对任何作战对象都是一律适用的。

马汉的海军战略理论形成的时代，正是后起的列强之一的美国，完成由自由资本主义向垄断资本主义过渡，并走向海外扩张的帝国主义道路的时代。马汉的海军战略理论自然适应了当时美国的政治、军事和经济利益的需要，成为美国政府制定海洋政策的重要依据；并受到其他列强英、德、日、俄等国的尊崇。但是，马汉的海军战略理论，毕竟是不能不在历史的、阶级的和思想的局限中产生和形成的理论。马汉所宣称的“永恒”的东西，并不永恒。

海权论和海军战略理论，并非是美国的、西方的专利品。它是人类社会自从有了战争、战争扩展到海洋领域以后，就逐步从战争实践中萌发出来的。历史的实践是理论的源泉，而理论又在历史的实践中不断发展，趋于更高阶段。马汉的时代，海洋观念，主要是视海洋为资本主义商品输出和掠夺海外殖民地的海上通道看待的，是较窄的涵义。而当代的海洋观念，早已突破资产阶级的局限，极大地扩展和丰富了。海洋，不仅仅是洲际贸易和交往的通途，而且是人类日益赖以生存和发展的资源宝库；海洋国土、海洋权益等新时代的海洋观念，已完全更新了旧的海洋观念，海洋霸主的皇冠，早已一个接一个地飘落为历史的陈迹。争得国家海权，保卫国家海权，保护国家海洋权益的观念和斗争艺术，已经被广大的海洋国家和民族所觉悟所掌握。海权观念正经历着新的世纪。

因此，在 20 世纪 90 年代开始的时候，《海军战略》中文本的重译出版，实在是有重要意义的。本书的重译，是由商务印书馆约稿，由海军司令部原研究室承办的。在重译过程中，商务印书馆与译者蔡鸿幹、田常吉同志的合作，值得称赞；重译的初稿，曾请陈书麟、安常容同志校阅，在此书出版之际，特一并向他们表示衷心的感谢。

杨 志 本

1991 年 4 月 20 日于北京

目　　录

原书前言 …………………………………………………………………… 1

第一章　绪论 ……………………………………………………………… 2

成稿以来作战方式和武器装备的变化 ……………………………… 2

变化并不影响战略原理，但却影响其运用……………………………… 3

初稿以来的三次海战 …………………………………………………… 4

有关正确评价海军战略的总的发展情况 ……………………………… 5

说明原理的永恒性的实例 ……………………………………………… 6

历史实例或亲身经验乃是确切理解原理的必要条件 ………………… 9

引用拿破仑和纳尔逊的名言为证……………………………………… 10

沃尔夫记载实例的习惯………………………………………………… 10

吴士礼勋爵的名言……………………………………………………… 11

以 1904 年俄国舰队分开配置这一实例责难美国作战
　　舰队分开配置于大西洋和太平洋………………………………… 11

历史乃是实例的记录…………………………………………………… 12

海军战略思想在过去二十年中的发展………………………………… 13

以当前海军实际说明其发展…………………………………………… 13

并以海军著作说明其发展……………………………………………… 13

达里厄著《海上战争》…………………………………………………… 13

达夫吕伊著《海军战略研究》…………………………………………… 13

科贝特著《英国在地中海》和《七年战争中的英国》……………………… 13

谢尔曼的水上进军同美国海军学院创立的关系……………………… 14

论述战略的各种方法…………………………………………………… 16

原理与实例的相互作用………………………………………………… 16

国家政策同军事准备之间的关系。实例说明………………………… 17

海军军官必须通晓总的国际形势…… 19
第二章　史例述评 …… 22
考虑战场时的首要要求…… 22
实例说明:奥地利查理大公对多瑙河地区的研究 …… 22
1796 年查理大公抗击儒尔当和莫罗的战役 …… 23
集中、中央位置、内线和交通线的重要性…… 25
实例说明:1.纯陆战;2.陆、海军混合或联合态势;3.纯海战…… 25
1630 至 1660 年期间法国同奥属西班牙和日耳曼之间的斗争 …… 26
法国的中央位置…… 27
西班牙至中部日耳曼的交通线…… 28
西班牙海军于英吉利海峡无法对抗荷兰海军…… 29
地中海交通线对于通达热那亚、米兰和阿尔卑斯山要隘的极端重要性…… 29
结合所述条件运用中央位置、内线和交通线 …… 30
同日耳曼境内多瑙河一线比较…… 32
对此种态势的综合研讨…… 34
"战争就是处置位置"…… 35
靠近乃是位置的首要因素…… 36
以迂回路线——隐蔽航线进行规避…… 38
公众的恐惧对军事部署的灾难性影响…… 39
法国参加三十年战争…… 40
法国海军由大西洋调至地中海…… 41

第三章　史例述评(续) …… 43
黎塞留对战争的错误指挥…… 43
纳尔逊的名言:集中兵力乃是第一需要 …… 43
将这一原理运用于军舰设计…… 44
运用于边境进攻,运用于战术 …… 44
1796 年拿破仑于意大利。类似查理大公同年于日耳曼 …… 45
选定侧翼实施攻击及其理由…… 47

海军战术中的类似情况。特拉法尔加战役…… 48
纳尔逊的方式和理由…… 48
法拉格特于莫比尔之战…… 48
日本海海战…… 49
集中乃是战略和战术的共同根本原理…… 49
运用于海岸防御和海岸进攻的原理…… 49
1812 年战争 …… 50
军事线可考虑分成三个部分…… 51
运用于美国海岸线…… 51
佛罗里达半岛同朝鲜半岛相似…… 52
对中央位置所固有的有利条件的特性的分析…… 53
一支实力的标准,两支实力的标准 …… 54
“假如”和“但是”…… 55
拿破仑于奥斯特利茨战役之前…… 55
东乡于对马海战之前…… 55
查理大公于 1796 年 …… 56
查理大公的名言…… 57
针对美国舰队分开配置于大西洋和太平洋的建议运用
这一名言…… 57
对集中、中央位置和内线所具有的价值的评价 …… 60

第四章 史例述评(续)…… 61
1642 年黎塞留逝世时期的史实叙述 …… 61
马扎然的政策。军事特色…… 62
三十年战争的结束…… 63
法西两国继续对抗…… 63
克伦威尔统治下英国的出现…… 64
英国海军的改组…… 64
克伦威尔的政策…… 64
荷兰和英国两个共和政体试图实行政治集中…… 65

当时遭到荷兰拒绝，但在威廉三世统治下得以实现 …………… 66
英荷战争 ………………………………………………………… 67
贸易保护 ………………………………………………………… 67
地中海的海军事件 ……………………………………………… 68
英吉利海峡的海军事件 ………………………………………… 68
英国人认识到集中的必要性 …………………………………… 69
英国通过控制海峡和通商导致荷兰萧条 ……………………… 74
英荷媾和 ………………………………………………………… 74
关于集中的原理必须从其精神实质上而不是仅从其字面涵义上予以运用 ……………………………………… 74
以日俄战争为实例予以说明 …………………………………… 75
运用于美国大西洋和太平洋海岸 ……………………………… 75

第五章　史例述评(续) ………………………………………… 76
海军必须拥有永久位置才能实施有效的作战活动 …………… 76
1654 至 1689 年期间，即第一次英荷战争和欧洲大混战之间这一时期内所发生的事件的简述 ………………………… 76
1650 年以前法国海军于地中海的活动 ……………………… 77
1654 年英国海军进入地中海所产生的作用 ………………… 78
旅顺口对日俄战争的影响 ……………………………………… 79
克伦威尔对西属西印度群岛的攻击 …………………………… 80
随之与法国媾和并同西班牙开战 ……………………………… 80
1658 年克伦威尔逝世。1659 年法、西签订比利牛斯和约 ………… 80
西班牙长期衰落 ………………………………………………… 81
克伦威尔政策对英国在欧洲的地位的作用 …………………… 81
斯图亚特王朝后来的政策 ……………………………………… 82
对克伦威尔政策的正确评价 …………………………………… 82
今日的类似情况 ………………………………………………… 82
斯图亚特王朝统治下英国在国际上的软弱无力 ……………… 82
国家的内部统一是对外施加影响的基础 ……………………… 83

从 1622 至 1655 年法国的三十年历史中的例证 …………………… 84
以路易十四的权势为例说明只有国内牢固统一才能应付国外纠纷 …………………………………………………… 85
1689 至 1713 年期间地中海的特定军事重要性 ……………………… 85
以地中海为例说明必须拥有永久位置 ……………………………… 86
欧洲反法联盟 ……………………………………………………… 87
法国的军事计划 …………………………………………………… 87
1689 至 1713 年期间地中海对联盟的重要意义 ……………………… 88
上述情况同地中海往昔作用的对照 ……………………………… 88
1690 至 1696 年期间的海军事件 ………………………………… 89
联盟迫切需要在地中海拥有永久位置 …………………………… 90
威廉三世的战略洞察能力 ………………………………………… 91
盟军舰队遵照命令于加的斯过冬而不返回本土 ………………… 92
这一措施对萨伏依和法国于加泰罗尼亚的作战活动的影响 ……… 92
路易十四以入侵英国为威胁采取反抗活动 ……………………… 92
英国的公众恐惧所造成的灾难性影响 …………………………… 93
由于盟军舰队不在地中海导致巴塞罗那陷落和萨伏依背盟 ……… 93
盟军舰队进驻地中海两年所产生的巨大作用 …………………… 93
法国精疲力竭 ……………………………………………………… 93
军事位置在强制延缓中的战略作用:1776 年美国海军分舰队在尚普兰湖;1796 年的曼图亚;1800 年的热那亚;1899 年的莱迪史密斯城;1940 年的旅顺口 ……………………………… 93
法国同反法联盟缔结和约 ………………………………………… 94
1702 年再次爆发战争 …………………………………………… 94
1702 至 1713 年新战争的不断的影响 …………………………… 94
1702 年威廉三世逝世 …………………………………………… 95
马尔伯勒继威廉之后指挥战争 …………………………………… 95
马尔伯勒的计划 …………………………………………………… 96
事件概述 …………………………………………………………… 96
1713 年乌得勒支和约确立了英国在地中海所获取的位置 ………… 96

地中海在军事上的重要性 …… 96
1812 至 1814 年美国各大湖的类似作用 …… 97

第六章 基础与原理 …… 98
当这部讲稿最初写成时美国在加勒比海的利益 …… 98
巴拿马地峡类似于多瑙河河谷并类似于瓦尔泰利纳隘路。加勒比海类似于地中海 …… 98
美西战争对美国国际关系的影响 …… 98
欧洲政治对于美国的战略研究人员并非无关 …… 100
1897 年以来欧洲的国际形势和国际关系的变化 …… 101
这些情况对于美国的重要意义 …… 102
德国海军日益增强的广泛重要意义 …… 103
门罗主义的发展 …… 103
组建国家舰队乃是一个战略问题 …… 104
国际形势的变化对大不列颠的影响 …… 106
在现时竞争中德国和日本的有利条件 …… 106
美国保护其海岸和对外政策的能力主要依靠海军力量 …… 107
最近三十年来有关海权思想的成长 …… 107
新兴的海军大国乃是美国、德国和日本 …… 108
海军著作的发展同对海权的认识相一致 …… 108
这种发展不外是将以前已被认识的真理予以系统阐述 …… 109
海军历史和人物传记为系统阐述战略原理提供素材 …… 110
海军战略的论述发展迟缓的原因 …… 110
蒸汽机的影响 …… 111
例证的评价与讨论：1652 年英荷海军的分散；1904 年俄国舰队的分散；拿破仑对英国布勒斯特舰队的分散的批评 …… 111
蒸汽机增强了"交通线"对海军的重要意义 …… 114
海军学院的特殊目的 …… 115
在任何战略问题中须要考虑的决定性问题通常是不多的 …… 115
以律师业务为例予以说明 …… 116

陆战知识对于海军研究人员的价值 …………………………… 116
海军战略既适用于和平时期又适用于战争时期。其理由 ………… 117
以实例说明和平时期的战略 ………………………………… 118
海军作战的广大地理范围 …………………………………… 119
各国海军最近改变部署的方法 ……………………………… 119
这种改变的必要性。其原因 ………………………………… 120
“战争就是处置位置” ………………………………………… 122
运用这一真理必须慎重 ……………………………………… 122
古巴的位置 …………………………………………………… 122
英国舰队在各次对法战争中的位置 ………………………… 123
由于当前同德国的竞争从而影响到英国舰队的位置 ……………… 123
得以确保安全的前进位置所具有的有利条件 ………………… 123
不列颠诸岛相对于德国的态势乃是前进位置的一个实例 ………… 124
袭击战同切断“交通线”并不等同 …………………………… 124
于适宜位置进行集中所具有的鲜明作用 ……………………… 125
为陆地相连的海军前进位置所具有的有利条件 ……………… 125
选定位置必须考虑其固有价值和前进态势 …………………… 126

第七章　基础与原理(续) ……………………………………… 127
影响任何位置战略价值的三个主要条件:资源、位置、力量………… 127
以舰队司令罗德尼的信函为例予以说明 ……………………… 128
态势乃是必不可少的条件 …………………………………… 129
陆上战略和海上战略的根本不同点 ………………………… 130
历史实例 ……………………………………………………… 131
具有控制能力的战略位置海上较陆上为少 ………………… 132
战略位置主要决定于道路,尤其是决定于交叉路口………………… 134
以西印度群岛为例予以说明 ………………………………… 134
位置的力量 …………………………………………………… 135
分析与研究守势力量 ………………………………………… 135
海岸防守舰 …………………………………………………… 140

鱼雷艇与潜艇 …… 141
海上和陆上边境设防组成的防御体系所起的有效作用 …… 142
在海战中,海军就是广阔战场的野战军 …… 143
防御乃是基础;进攻则是建筑 …… 143
公众恐慌的影响 …… 143
依赖海军防守海港必然导致要求为数众多的小型舰船 …… 144
将海军只用于防御的每项建议均属错误及其原因 …… 145
海军乃是防御工具的真实意义 …… 145
海军并非海港防御的适当工具的理由摘要 …… 146
分析与研究海港的攻势力量 …… 146
布设水雷的效能 …… 149
战术条件同战略的关系 …… 150
港外舰队的适宜位置 …… 150
拥有两处出口的海港所具有的优越性 …… 151
支援舰队进行远程作战的能力乃是海港攻势力量的一个要素 …… 152
船坞乃是最为重要的需要 …… 153
以日俄战争为例予以说明 …… 153
资源乃是海港力量的一个要素 …… 154

第八章　基础与原理(续) …… 156
战略线的各种不同特性 …… 156
在开阔的海面上有极多的航线可供舰船使用 …… 157
交通线的重要性 …… 158
双条退却线或双条交通线的价值 …… 159
美国的大西洋海军基地 …… 161
符拉迪沃斯托克和旅顺口 …… 161
一条海上边境同其诸港口便是一条战略线 …… 162
港口之间的运动很少可能在岸线后面进行 …… 163
鱼雷艇对内陆水域的使用 …… 163
舰队分散于数处港口时的集结问题 …… 164

位于海岸附近的障碍物的战略作用 …… 165
遥远海外属地的战略问题 …… 166
其中战斗舰队具有首要作用 …… 167
所有海外位置都要依赖舰队 …… 167
大英帝国联邦的军事问题 …… 169
美国独立战争和法国革命战争期间的大不列颠的类似形势 …… 171
引述基钦纳勋爵的论点 …… 172
这一论点适用于美国海岸 …… 172
英国海军的过去和现在的战略部署 …… 172
拿破仑对埃及的远征。类似 …… 173
以攻势夺得海外位置之后,继之便需采取守势…… 176
拿破仑对埃及的远征同其1796年意大利战役类似…… 176
日俄战争也同样相似 …… 177
海上较之陆上更为适宜长途远征 …… 178
但决定性作用较小,而且坚持比较困难…… 179
初战胜利所需的条件 …… 179
陆上的野战军和海上的舰队较之设防位置更为有效 …… 180
设防基地仍然需要 …… 180
选择这种基地的原则 …… 180
海军场站的基本军事要求 …… 183
这类海军场站的适当数量和特性 …… 184
太平洋对于美国具有国家重要意义 …… 185
加勒比海为门罗主义的中心所在 …… 186
维持任一海外设防港口体系必须依赖海军 …… 186
海军的真正目标乃是敌方的海军 …… 187

第九章　基础与原理—远程作战与海上远征 …… 188
远程作战需拥有战区附近的海军基地 …… 188
这种基地的特征 …… 188
日俄战争中双方的基地 …… 189

这种远距离基地的重要性的顺序 …… 190
确定基地的选择必须进行研究 …… 190
作战行动的目的和目标 …… 191
控制海域必须具备的条件 …… 191
这种远距离地区的作战乃是一般军事行动的特殊实例 …… 192
这种远程作战的特性 …… 192
基地、目标和作战线的选择…… 193
以英国、奥地利、俄国和美国的基地为例予以说明 …… 193
作战线和交通线 …… 194
大规模海上远征的近代实例 …… 195
这种海上远征有赖于海军优势 …… 195
护航队乃是海军进行区域防护的实例 …… 196
位于作战线或交通线附近的敌方军工厂的作用 …… 196
防护这样的作战线和交通线的两种方法 …… 198
拥有一条以上交通线所具有的优点 …… 198
就强固位置所起的控制作用而言,看陆战和海战之间的差异…… 199
理由、例外和例证…… 200
确保远距离海上基地的安全必需拥有海军优势 …… 200
实例:拿破仑于埃及和马耳他;日本和俄国于满洲 …… 201
随之很可能必需一战 …… 201
关于大规模海上远征中海军舰队同陆军部队应当一起同
行还是相继而行问题的研究 …… 202
渡海洋同渡江河相类似 …… 203
主力战和牵制战 …… 203
防御舰队应当选择何种位置同航途中的入侵者进行交战 …… 204
历史例证 …… 204
入侵的海军兵力必需保持集中。以拿破仑的批示为
例予以说明 …… 207
远征目标完成之后,陆军和海军任务的改变…… 207
雅典远征叙拉古的分析与研究 …… 208

对叙拉古提出的海军作战方案的基本特点 …………………… 213
同 1898 年的圣地亚哥和 1904 年的旅顺口类似 ………………… 214
拿破仑远征埃及的分析与研究 ………………………………… 215
法军于埃及基本居于守势地位 ………………………………… 216
海军劣势的影响 ………………………………………………… 216
劣势海军于这种条件下的使用 ………………………………… 218
尼罗河之战对英国海军部署产生的有利影响 ………………… 223
前面讨论的两次海上远征同陆战某些情况的对照 …………… 225
翼侧位置的影响不在于其工事,而在于其守备部队或
隐蔽于其中的舰队 ……………………………………………… 226

第十章　基础与原理—作战行动 ……………………………… 227
远距离海上位置征服后,海军兵力的战略运用………………… 227
以陆战为例予以说明。1812 年拿破仑对马尔蒙的训令 ……… 228
1804 年拿破仑计划的大规模海军钳制 ………………………… 230
同 1798 年远征埃及的情况相对照……………………………… 231
海军同本土防御的关系 ………………………………………… 233
海岸要塞的职能首先是攻势;而非守势………………………… 233
以 1812 年罗杰斯指挥的美国海军分舰队为例予以说明……… 234
确定正式组建一支国家海军。德国的定义 …………………… 234
前进作战"正面"的有利条件 …………………………………… 235
举例说明:1793 至 1815 年的英国海军;1796 年拿破仑
于阿迪杰河 ……………………………………………………… 235
上述两例中被占据的强固据点 ………………………………… 236
运用于加勒比海 ………………………………………………… 237
前往苏伊士地峡与巴拿马地峡的英国的强固据点线 ………… 238
海战的作战方向决定于敌方的舰队和海军基地的位置 ……… 238
敌方的有组织的兵力乃是作战的首要目标 …………………… 239
现代英国海军的常年保持巨大优势乃是海军战略例证数量
缺乏的原因 ……………………………………………………… 239

继而引出错误的说法:“海洋只容纳一位霸主”…… 239
1793 至 1798 年历次地中海战役期间的动荡 …… 240
历次地中海战役证实需要拥有当地基地 …… 244
叙弗朗于东印度群岛所进行的战役同样如此 …… 245
美国独立战争期间各国海军兵力的均势 …… 245
进攻设防海军基地必需在海上建立优势 …… 246
距离的影响。因而远程作战必需拥有前进基地 …… 247
对敌方基地实施攻击可能是对自己本身的当地权益的最佳防御 …… 248
补给舰船的在场会对战斗舰队造成麻烦 …… 249
对于退却之敌必需进行坚持不懈的追击 …… 249
对马海战之前日俄舰队关系概述 …… 252
敌人消失于追逐视野之外时的追击行动 …… 253
攻击设防基地在于迫使敌方舰队交战 …… 254
直布罗陀和亭可马里 …… 255
面对位置适中和设防适当的两处敌对港口会对攻击舰队造成麻烦 …… 255
一处港口拥有两处相隔很远的入口,则相当于两处港口。例如符拉迪沃斯托克 …… 255
作战的理想位置 …… 256
优势海军面对两处相隔很远的敌对基地所采用的传统做法 …… 256
获胜后随之因交通线延伸而损及优势的海军所采取的传统做法 …… 257
作战线如有可能便应向前推进 …… 257
实例:1796 年拿破仑于阿迪杰河;1794 至 1796 年英国于科西嘉 …… 258
阻敌前进:如何实施 …… 258
转取守势的舰队所采取的传统做法 …… 259
关于“防御乃是更为强而有力的战争方式”的探讨 …… 260
罗日杰斯特文斯基和塞韦拉的冒险行动属于攻势 …… 260

处于守势会促使兵力分散，此为守势的不利条件 …… 261
认真防御的重要因素 …… 262
必须予以防御的位置靠近所属国所具有的有利条件 …… 263
坚强要地在防御战役中的作用 …… 263
既定区域内的设防位置既不应过多，但也不应太少 …… 264
特别需要保持国家对遥远海域的控制 …… 265
防护不应依赖海军 …… 265
舰队负责掩护重要而未设防的位置所遇到的麻烦。举例说明 …… 266
1796 年的拿破仑与曼图亚。海外海上战场与此类似 …… 267
以曼图亚和拿破仑分别为例说明守势作战和攻势作战的方式和方法 …… 267
对强固要地进行控制时，陆、海军运动的差异。交通问题 …… 268
拿破仑于曼图亚同纳尔逊于哥本哈根相对照 …… 268
在战场上野战军的退却和追击的运动 …… 269
在海上作战中纳尔逊的经历与此类似 …… 270
在一支向前推进的优势敌军面前，劣势舰队的运动 …… 271
舰队和设防港口应被视为一个整体的两个部分 …… 272
依托设防港口防卫海域的劣势舰队的运用 …… 273
在这种情况下防御舰队所采取的方法则是采取攻势 …… 274
以 1812 年罗杰斯分舰队为例予以说明 …… 275
敌方的交通线和海外权益则是这种作战的目标 …… 275
引述达夫吕伊的论述 …… 277
变劣势为优势的问题 …… 277
经验对于运用原理的价值 …… 278
真正的经验不只限于个人经验 …… 278
引述查理大公和拿破仑的论述 …… 278
战争指挥不是一门科学，而是一种艺术 …… 280
战争的准则。引述若米尼的论述 …… 281

拿破仑的名言 …… 282

第十一章 海军战略于墨西哥湾和加勒比海的运用 …… 283
对墨西哥湾和加勒比海的这一研究以敌对双方兵力相等为假定 …… 283
因此,研究只涉及位置 …… 283
然后,还必须考虑确定战场范围的那些理由 …… 283
密西西比河河口和巴拿马地峡乃是两处首要权益据点 …… 284
影响局势的政治事件 …… 285
国际政治中的通商问题 …… 286
关于战场边界的研讨 …… 288
各海峡和其他水道的军事重要性 …… 289
牙买加的军事控制位置 …… 290
尤卡坦和密西西比河河口以西的墨西哥湾相对而言并无重要军事意义 …… 290
为准备研究而画的基准线 …… 292
列举具有战略重要性的据点 …… 293
美西战争后美国所获得的据点 …… 294
这些据点的军事作用 …… 294
研讨所列举的各个战略据点就其位置而言所具有的相对价值 …… 295
佛罗里达半岛的作用 …… 296
基韦斯特的位置价值 …… 296
美国大西洋海岸、墨西哥湾海岸和太平洋海岸之间的类似情况 …… 298
长岛和长岛湾的位置影响 …… 299
继续研讨所列举的墨西哥湾和加勒比海的各战略位置的位置价值 …… 300
古巴和海地对航船通行构成连续障碍 …… 301
因而向风水道这一缺口便具有军事重要性 …… 301

以一支胜任的海军依托附近基地以确保对这种水道进行控制 …… 302
一支对向风水道进行如此控制的海军对于企图在巴拿马地峡作战的敌对兵力的影响 …… 303
控制向风水道的最佳位置。圣地亚哥、关塔那摩和牙买加在这一方面的对比 …… 305
交通的重要性,尤其是在当代海战中对所需煤炭的重要性 …… 306
关于古巴和海地所具有的位置军事作用的分析 …… 306
美国在巴拿马地峡的军事影响会因拥有同等海军兵力的敌人占有古巴而消失 …… 308
由此推论美国海军所需的规模 …… 309
基韦斯特、关塔那摩和库莱布拉对这支海军所能给予的支援 …… 309
哈瓦那的位置在控制上优于圣地亚哥和关塔那摩 …… 310
哈瓦那和圣地亚哥可以借助陆上交通进行互相支援 …… 311
海港的战略特性和战术特性 …… 311
位于圣地亚哥和哈瓦那之间古巴南北两岸的隐蔽港口 …… 312
关于西恩富戈斯港的战略和战术考虑 …… 313
西恩富戈斯附近的暗礁海域为鱼雷艇和潜艇实施防御提供了有利条件 …… 313
赫尔果兰的战略价值及战术配置 …… 313
互相紧靠的港口应包括在同一防御计划之内 …… 314
关于巴哈马浅滩和水道的战略考虑 …… 315
1762 年英国使用巴哈马水道进攻哈瓦那 …… 315

第十二章　海军战略于墨西哥湾和加勒比海的运用(续) …… 317
对以海军实力将古巴影响伸展至加勒比海的考虑 …… 317
加勒比海的三处主要作战中心 …… 317
设若拥有充足的海军力量,单只占据古巴便可将控制予以延伸 …… 317

将控制延伸至莫纳海峡所需的措施 …………………………… 318
只用巡洋舰便可对莫纳海峡实施控制 ………………………… 318
以1898年美西战争中对向风海峡未加戒备所造成
的影响为例予以说明 ………………………………… 318
无线电报的战略效能 ………………………………………… 320
适于对莫纳海峡实施控制的位置 …………………………… 320
海上交通线不应过长 ………………………………………… 321
由于取得关塔那摩和库莱布拉而对交通问题产生的影响 ………… 321
由此而产生的美国对欧洲国家的区域优势 …………………… 321
获取遥远海军场站的政策。香港,胶州湾,旅顺口,直
布罗陀 ……………………………………………… 321
美国对海地各港的可靠军事政策。以马耳他和旅顺
口为实例 …………………………………………… 322
古巴对墨西哥湾和加勒比海的作用的概括 …………………… 323
在加勒比海应予控制的三项主要目标:1,入口;2,商业
或军事的主要目的地;3,入口至目的地的通路 …………… 324
对大洋和狭窄海域中的通路问题的一般研讨 ………………… 327
以史例予以说明。纳尔逊,东乡 ……………………………… 329
英国所采取的方式对拿破仑联合行动的影响 ………………… 329
附近海港对交通线的影响 …………………………………… 330
在这方面牙买加同古巴相比 ………………………………… 330
同小安的列斯群岛相比 ……………………………………… 331
古巴同安的列斯群岛相比 …………………………………… 331
牙买加的优势位置价值 ……………………………………… 332
由于远离支援,这一价值便受到削弱…………………………… 333
在这方面古巴拥有优势 ……………………………………… 334
这些不利条件对牙买加所造成的结果 ………………………… 335
从两处远隔位置出发的兵力试图会合随时都会遭到危险 ………… 336
以日俄战争中的俄国为例 …………………………………… 337
古巴对其交通线拥有战略优势 ……………………………… 337

牙买加则相应处于劣势 …………………………………………………… 337
以牙买加为例说明设防港口的价值 ……………………………………… 337
牙买加提供了关于美国关注欧洲国际局势的例证 ………………… 338
对小安的列斯群岛作为加勒比海作战基地的价值的估计 ………… 339
古巴、牙买加和小安的列斯群岛的战略价值对比结论………………… 339
关于加勒比海战略特点一般讨论的结束 ……………………………… 342
海军战略原理具体运用于美国在加勒比海的权益 ………………… 342
战略同国际关系密切相关 ………………………………………………… 343
1887 年和 1911 年国际形势同海军形势之间的对照 ……………… 343
1887 年和 1911 年美国于墨西哥湾和加勒比海所拥
有的位置的对照 ………………………………………………………… 346
基韦斯特的位置重要性 …………………………………………………… 347
1887 年所述的美国墨西哥湾基地的弱点 ……………………………… 349
当时指出的补救方法 ……………………………………………………… 350
1887 年以来的种种变化对美国在加勒比地区的
势力产生了有利的影响 ……………………………………………… 351
基韦斯特在此期间的发展 ………………………………………………… 352
关塔那摩和基韦斯特二者优势的对比 ………………………………… 352
它们之间的关系:相互支援关系和影响作战的攻势
和守势关系 ………………………………………………………………… 353
以关塔那摩为依托中心并取得基韦斯特和库莱布拉支
援的舰队所发挥的战略作用 ………………………………………… 354
无论是在陆上还是在海上,奇袭效果均属有限………………………… 354
过去二十年来加勒比地区占有权的变迁结果的概括 ……………… 356
蒸汽机的采用对海军作战所产生的积极影响和消极影响 ………… 356
以加勒比海和巴拿马地峡为例证说明现代海军战略的要求 ……… 357
地峡和运河同大西洋与太平洋两岸相互支援的关系 ……………… 357
加勒比海乃是通往大西洋和太平洋的战略锁钥 …………………… 357

第十二章　关于日俄战争的研讨 …………………………………………… 358

本章课题对海军战略的价值 …… 358
以错误和缺点为例较之以成功为例可以得到更加丰富的
资料来阐明原理 …… 358
首先选定俄国对战争的指挥予以研讨 …… 359
“要塞舰队”和“存在舰队” …… 359
处理两种相反概念的正确方法 …… 360
就军舰设计和战役计划，研讨“折中”和“协调” …… 361
以山地和江河的两种相反防御配系为例予以说明 …… 363
装甲巡洋舰乃是折中的实例 …… 366
“要塞舰队”乃是俄国概念 …… 367
以旅顺口和符拉迪沃斯托克为例予以说明 …… 367
这一观念对俄国实践的总影响 …… 367
俄罗斯民族对防御的偏见 …… 368
“要塞舰队”和“存在舰队”分别代表防御思想和进攻思想 …… 368
俄国概念对以下方式的特殊影响：
舰队集结于远东的方式 …… 368
集结后又行分散的方式 …… 369
对美国战斗舰队分散配置于大西洋和太平洋提出警告 …… 370
日俄战争中旅顺口和符拉迪沃斯托克战略价值的对比 …… 371
俄国旅顺口舰队的守势姿态和守势活动的特征 …… 372
位于符拉迪沃斯托克便可表明攻势目的 …… 373
“存在舰队”理论。罗日杰斯特文斯基的活动可能受其影响 …… 373
日本人的总方针表明，他们不接受“存在舰队”理论 …… 374
军事“安全”与和平时期的安全并不相同 …… 374
就军事意义而言，“可能”并不等于“现实” …… 375
奇袭成功并不等于切断交通 …… 376
日本的攻城辎重在海上被俘获 …… 377
拿破仑于阿克城下遭到类似不幸 …… 377
俄国的要塞舰队概念对部署旅顺分舰队的影响 …… 377
以1904年8月10日旅顺分舰队试图由旅顺脱逃

为例，对该分舰队的指挥进行研讨 …………………………… 378
相反的条件不应以折中而应以协调使之和谐一致 ………………… 379
纳尔逊的名言适用于这种情况 ………………………………… 380
俄国的行动乃是逃与战的思想的折中 ………………………… 381
8 月 14 日上村同俄国巡洋舰的战斗 …………………………… 381
关于俄国符拉迪沃斯托克分舰队正确部署的研讨 …………… 382

第十四章　关于日俄战争的研讨(续) ………………………… 383
罗日杰斯特文斯基对其分舰队的指挥 ………………………… 383
统一的概念乃是衡量的准则 …………………………………… 383
进入海战的战略战场 …………………………………………… 383
罗日杰斯特文斯基的困惑 ……………………………………… 384
西蒙诺夫:《惩罚》"Rasplata"的陈述 ………………………… 384
踏上最后航程时携载煤量的问题 ……………………………… 385
来自圣彼得堡的警告对罗日杰斯特文斯基的影响 …………… 385
由此得出的普遍军事教训 ……………………………………… 386
投降问题;何时投降才能被证明有理 ………………………… 386
控制海洋乃是这次战争的决定性统一考虑 …………………… 387
因而，罗日杰斯文斯基面临的问题实质上就是俄国
旅顺口舰队面临的问题 ………………………………………… 387
由这一考虑出发推断应当采取的适当步骤 …………………… 387
在有利条件下进行战斗的基本要求 …………………………… 387
罗日杰斯特文斯基所采取的步骤方针 ………………………… 388
缺乏目的专一 …………………………………………………… 389
迹象 ……………………………………………………………… 389
同兰克关于英格兰威廉三世在爱尔兰的情况的评论相对照 ……… 391
具体运用于罗日杰斯特文斯基面临的问题 …………………… 391
补给船问题 ……………………………………………………… 392
罗日杰斯特文斯基方针的研讨 ………………………………… 393
引用朗弗雷对拿破仑的评语作为例证 ………………………… 394

日本的海军战略 …… 394
除非为了决定性的目标，否则便不应以战列舰冒险 …… 395
在总体战役计划中便已担有风险 …… 395
以数量居于劣势的海军控制海洋的措施 …… 396
为达成这一目标，必须目的专一。此为首要措施 …… 397
随之采取的步骤表明了同样的统一概念 …… 397
为保证达到控制敌方舰队这一战略目的所采取的战术措施 …… 398
这些措施挫败了俄国舰队逃往符拉迪沃斯托克从而
取得战略成功 …… 398
上村于对马海峡占据位置的战略原因及其他原因 …… 399
日本人所采取的步骤就总体而言是正确的 …… 400
日本人的步骤阐明"存在舰队"理论 …… 400
冒险是必要的 …… 402
拿破仑的名言 …… 403
纳尔逊的名言 …… 403

第十五章　海岸设防同海军战略的关系 …… 405
海岸要塞位于陆军与海军的分界线上 …… 405
故而不可避免会发生意见冲突 …… 405
对海军同陆军联合作战中舰队和要塞的职能的分析 …… 406
海岸要塞在联合作战中由于舰队驻泊其中，故其职能
基本上是攻势的 …… 407
故需于陆上一侧进行设防 …… 407
军舰同要塞对抗处于不利条件 …… 408
甚至最大的海军强国亦需于遥远海域拥有海岸要塞 …… 408
直布罗陀，亚历山大，马耳他 …… 409
于同一海岸线上拥有数处港口的战略效用 …… 409
美国需于大西洋和太平洋海岸拥有海岸要塞 …… 410
基地的安全对于舰队运动的影响 …… 410
旅顺口对于日俄战争的决定性影响 …… 411

对符拉迪沃斯托克的类似使用可能构成的战略条件 …………… 413
由于俄国舰队未驻泊于符拉迪沃斯托克而驻泊于旅顺口所造成的形势 …………………………………………… 413
依据错误的原理,舰队于旅顺口成为要塞的附属………………… 413
俄国人无意进行海军攻势作战 ……………………………………… 414
日本迫切需要于增援兵力到达之前将俄国旅顺口舰队摧毁 ……… 414
这一需要对陆上战役的影响 ………………………………………… 414
俄国的陆上战役计划 ………………………………………………… 415
同拿破仑对查理大公于1797年的作战活动的评论相对照 ………………………………………………………… 415
固守旅顺口乃是俄国计划的主要特征 ……………………………… 416
尽管旅顺口终于陷落,但却取得了重要的延缓作用………………… 416
同1800年的热那亚相对照…………………………………………… 416
俄国的计划应是真正的联合:兵力呈为二,但行动却为一。失败的原因 ………………………………………………… 417
在对外贸易中拥有少量航运的国家亦需拥有海军。俄国和美国 …………………………………………………… 418
对外权益并不限于贸易和航海 ……………………………………… 418
在代议制的政府中,海上权益为海军提供立法支持………………… 418
美国的海外权益和问题 ……………………………………………… 419

译后记…………………………………………………………………… 420
索引 …………………………………………………………………… 424

原书前言

本书内封书名——同陆战原理相互比较和对照的海军战略——已将本书主题点明：本书实际上即是自1887至1911年期间的各个不同时期于海军学院所讲授的讲稿。

原讲稿只是相当于有条理的论述，而且颇为简短，包括连续的七章，即从第六章至第十二章。这七章的细节已做了某些修改，主要是由于时间的流逝引起了情况发生变化；但在大体轮廓上和设计上仍然沿用最初的结构。

承蒙海陆军联合杂志（伦敦）的主事人和编辑允许将1893年发表于该杂志的一篇论文重印收入本书，特此致谢。这篇论文便是本书222至224页[①]的内容。

海军学院院长罗杰斯海军少将和学院院部的麦卡蒂·利特尔海军上校不断提供方便和给予协助，亦应一并致以谢意。

A. T. 马汉

1911年10月

① 系原书页码。——译者

1 第一章 绪论

这部即将于本届(1909年)海军学院学术会议期间向诸位宣读的经过修订和增补的**海军战略**讲稿,最初于1887年写成;当年秋季开学后曾在海军学院学术例会上使用过,并于1888年再次使用。随之,作为独立机构的海军学院便被海军部长惠特尼解散;然而,不论是在海军学院同鱼雷场站暂时合并期间,还是在海军部长特雷西于1892年恢复海军学院使成为其单独建制后,这部讲稿或是由我本人亲自讲授,或是由其他军官代为宣讲,年复一年一直沿用至今。

在此期间,尽管对讲稿内容有时也增加过有实质性的资料,但从未试图要对讲稿要旨进行改写。其结构仍同初稿一样,旨在阐述原理。其中所做的增补或改动主要是引证历史实例或重新考虑当代的政治条件以阐明原理。所有这些修改都出于偶然,甚至出于凑巧。过去每当一个适当想法出现,我便随笔将其记下;但从未做过有条理的修订,只是由于海军学院创始人卢斯海军少将和海
2 军学院院长梅里尔海军少将于1908年先后提出建议,我才开始着手修订。

因此,从最初成稿到正式修订共历时二十一年;这就是从诞生到成年的这段时间。在这段时间里,讲稿所增添的内容,只限于我

前面所提到的那种凑巧的发挥。在此期间，各种条件发生了变化，这些变化已经影响到战争的指挥，现在要想进行系统修订，就自然会促使我们对这些变化有所考虑。

其中最为显著的一些变化，对海军战略这一课题本身来说，乃是外在的；而且必然会如此。这些变化对海军战略影响颇深；但它们是从外部施加影响。因为海军战略以基本事实为基础，基本事实一旦得到正确而有系统的阐述，即被称为原理；这些真理一旦得到确定，其本身便不再更改；但决不是说不可通过解释和重新陈述或凭战争经验以新的见解来阐明这些原理，并引进新的方法，来运用这些原理，这就必将有所发展；即在海军战略的实践中和我们称之为理论的海军战略法则和原理的阐述中都有所发展。自然科学对此为我们提供了恰当的类似情况。支配自然科学的法则，就以电学为例，是永久不变的；但在运用这些法则中，一代人的时间能证明，可能会有多大的修改和进步。这些修改和进步是经过众多有才智的人们在这一方面的努力和通过已经完成的无数实验才成为可能进行以及得以实现；而在我们的战争专业中，类似的修改和进步则是通过作战经验才能得以实现。

对此，只须顺便提及战争所用武器的某些变化，似乎就合适当说明。特别应当指出，在战术中曾占重要地位的撞角战法现已无
人过问；而在另一方面，潜艇却已取得进展，自动鱼雷的射程已经 3
显著增大，无线电报已经发明问世。1887 年，鱼雷的有效射程稍微超过五百码，长期构思的潜艇虽已获得明显进展，但尚未成为实用要素；而无线电报至少对公众来说，更是闻所未闻。当我 1886 年于海军学院初次授课时，即在对现有这些事物开始探讨以前，我

就曾作为一种可能性谈到，一支封锁美国海岸的舰队，比如说在纽约、特拉华河和切萨皮克湾前方的各个分遣舰队，可以通过海底电缆保持联络[①]。这在当时或许可行；然而，如今利用无线电便可确保更加迅速、更加容易、更加可靠地达到同样目的。

另一方面，潜艇和射程较大的鱼雷，给封锁者带来更加严峻的考验并迫使他们不得不保持更远的距离。这些成果并不会改变战略原理，但它们却能影响其运用。现举例对此予以说明，日本战列舰于远离旅顺口六十海里的长山列岛水域占据位置对该港进行监视，而且即便在那里也还采取了精心制定的预防鱼雷攻击的措施；同时又采取了其他措施，以保证一旦敌人出港便能及时赶到现场。由于无线电的作用，东乡便可在他选定的地方进行锚泊静待罗日杰斯特文斯基，因为无线电可以确保东乡取捷径到达拦截点。如果单独依靠使用旗语和灯语传递情报的侦察方法，即使这一方法本身十分完善，东乡要想获悉敌人的动向，便也不得不靠近敌人的航线，而停留在海上可能相当不利的境地。但这对于公认的、古老
4 的、关于内线作战价值的战略原理并未有所影响；然而，对于这一原理的运用确实产生了重大的修正，这就使我更加坚信若米尼的名言：武器的变化只影响实践，而不影响原理。

在这二十一年中，不论是战争经验，还是专职著作家们对战争的论述，现在都可直接将其作为促进海军战略发展的贡献予以考虑。就经验而论已有过三次战争：这就是 1894 年的中日战争，1898 年的美西战争和 1904 至 1905 年期间的日俄战争，在这些战

---

① 见马汉著：《海权对历史的影响》一书第 85 页。

争中海军都曾发挥过积极的作用。英国同非洲的布尔人的诸共和国之间的战争，虽然从表面看来并不尽同，但仍可作为显著实例予以引用。英国海军虽是海军却未曾开过一炮；但在当时明显的欧洲形势之中，英国海军对于任何可能的联合反英力量所拥有的决定性优势，确保了对海洋的控制，从而使对方毫无机会对所必要的兵力的运输进行截击。我们只要考虑一下最近显现的德国海军所取得的发展及其对于英国情绪的影响，便可知道为何英国从那时起的几年中便如战争即将临头那样焦虑不安，以及为何德国当时要将其海军发展到如此程度。海军战略正处于阐明和发展之中；然而海军战略何时才会过时，我们现在还看不到。

自从这部讲稿最初成稿以来，各国海军的配置便发生了变化，由此可见，海军战略还处于生气昂然的初始阶段，而且是初始阶段的早期。我们不妨回忆一下——在座各位想必还没有年轻到无法回忆此事——二十一年前我们自己舰队的配置情况：当时有欧洲
中队，亚洲中队和太平洋中队。这并非美国的独创，当时所有的大 5
型海军无不如此。这在当时被称为是在执行警察勤务，这种说法十分确切；因为这种配置确属警察式的配置，而非军事组织为军事用途而实施的配置。美国军舰和其他各国军舰都是以单舰分布于世界各分散港口；像警察那样沿着一条规定的路线进行巡逻。

现在条件有了很大变化，一定的完全的集中——军事上的集中——已经完全取代了分散，坚持集中已不必要。这是海军战略适应条件变化的结果；然而，还应当指出，在着眼于这一变化时，必须重申海军战略的各项原理并未改变。只是依据经验和通过思考对原理予以进一步说明而已。人们的思想已经转到——更确切地说，又已回到——我们祖辈十分熟悉的那些想法和做法，这就是从战争本身中学习战争；然而，这些想法和做法由于缺乏杰出的指导者予以指导，已经从人们的心目中消失了。产生这种复旧现象的原因，部分是出自于我们所提到的历次战争；部分是出自于国际关系的显著变化；但大部分无疑还是出自于对海洋和控制海洋在战时产生的后果的估价以及由此而产生的思考——深思熟虑——如何有效地使用海军力量，即出自于对海军价值的这种认识所产生的持续思想演变过程。

这样运用海军力量不论是在平时还是在战时便是海军战略；而对海军战略展开系统的研究则是在海军学院这里开始的。以前，也有过种种海军战略；因为，在战争中有人运用常识，有人凭借才智都能察觉到也能正确运用达成目的各种手段；而且，海军战略如同海军战术一样，归根结底不外是正确运用手段以达成目的。但在和平时期，即在无事之时，这类问题便会被遗忘，除非为了把
6 这些问题一直仔细观察而做出系统规定。为此才创设了这所海军学院。只要能使海军军官深刻认识到无论是在平时还是在战时分散作战舰队是愚蠢的，即使别无其他成就，只此一点便足以证明海军学院的存在和其所支付的经费是完全必要的。众所周知，美国海军战略委员会[①]曾经做出决议，认为将作战舰队分开配置于两个大洋是不明智的，这一决议主要是受海军学院历次演习所获经验的影响而做出的。我是从已故海军上将斯佩里那里得知此事的，海军对他最近逝世深感痛惜。必须时时记住，美国参议院曾于

① 原文 The General Board，或译作参谋本部，海军咨询委员会。——译者

1909年通过了向总统的建议，将现有的作战舰队分开配置于大西洋和太平洋沿岸。如此配置，则位于每一大洋的海军分舰队对于存在于该大洋的一支外国舰队，便势必处于绝对劣势；如两支海军分舰队联合一起，便会对这支外国舰队形成均势或优势。我认为，除此之外，再也没有实例能够使人确信，政治家和民众都需懂得一些海军战略的基础知识；而集中这一原理便是海军战略的ABC。正如希腊文的AB两个字母可以概括代表希腊文和英文中的所有字母一样，集中则概括了战争中的军事成效的所有其他因素，即其全部字母。拿破仑在其名言中用另一种说法将这一思想表述为："目的的专一乃是获取巨大成功的秘诀。"目的的专一意味将意愿集中于一个目标而舍弃其余。于是便产生了思想观点和精神信念的集中，决心的集中，而在现实中便有部署兵力的物质集中；当一个军人怀有预先形成的这一精神信念时，则物质集中便随之而来，正如有其因必有其果一样。

可以引述三次事件作为实例来说明考虑之事物对海军战略的
持久影响，考虑之事物与其说是原理，不如说是产生原理之源由， 7
二者的关系有如果实结自果树，这些事件尽管在发生时间上相隔甚远，而在表面条件上又截然不同，但通过一条适合于它们的共同原理却可将它们紧密地贯联起来。

一、百余年前，当纳尔逊最后一次回到英国时，公众正对考尔德所率之英国舰队即将同优势之敌开战一事深感不安，而纳尔逊却说："我敢断言，当他们将考尔德击败时，他们在今年之内将不会再为英国制造麻烦。"纳尔逊的意思是，敌人和考尔德都将退出战场，而英国的后备力量则仍将控制局势。

二、约在九十年之后，我在1892年海军学院学术例会开幕式上谈及关于战舰报废问题时，曾有机会引述那时的当代看法，我确信这一看法是完全正确的。当时的引语如下：外国海军人员对待这些所谓废舰所表示的最新意见是，在战争进入后期，当最新的军舰已经破损并已在修理，当时能够启用最多的后备旧舰只的国家将赢得胜利。

三、以过去的先例直接对照当代的现例，从纳尔逊的74门火炮的军舰直到今日的无畏战舰，一脉相承，可引出一系列富有教益的引人注目的历史例证。1909年3月，在英国议会关于德国海军竞争问题的激烈辩论中，大家一致认为，三年之后德国无畏战舰的数量必将接近英国。面对这一威胁现实，尽管对细节的估计有所不同，但基本认识却完全一致。然而，当辩论即将结束时，首相却

8 宣称（依我看，这一宣称是正确的），单就无畏战舰而言，兵力在数量上可能是岌岌近于相等，但英国的二线军舰的巨大优势，仍然将保证对海洋的控制。因为，当双方的无畏舰队同归于尽时，不论胜利属谁，它们都将同1805年的考尔德和维尔纳夫一样，暂时——即纳尔逊所说的“今年之内”——退出战场，而后备力量便将发挥作用。

从上述三个时代的史例所得出的相同结论中，可以引出一条原理，这就是在决定性之点上保持一支优势兵力；通俗的说法，就是以最多的兵力先敌到达该点。这又是集中，适时的集中；战略的ABC扩展到DEF。在前面所引述的三项判断中，后备力量的价值构成了决定性的因素。如果你能在数量上和位置上正确选定一支后备力量，你便能在紧急关头先敌握有一支最大的兵力；在战斗或

战役的决定性阶段得以**集中**。这是保证数量优势的许多方法之中的一种，而每种方法的采用都应同其特定的时机相适应。出于对后备力量的考虑，从而使过早“报废”旧舰受到明智的限制，这一思想演变过程就其对战役的影响而言，则具有战略性质。假如俄国人在最近的对日战争中，能适当地把握住后备力量的性能并加以运用，假如俄国海军自己的推理方法还未曾受到盛行的“要塞舰队”理论的彻底破坏，则他们在旅顺口也定会像纳尔逊于1805年那样做出判断：要是在东乡已经将旅顺口海军分舰队歼灭了时，东乡在一定时间内也就再无条件继续为害了，而罗日杰斯特文斯基便能安然前进。旅顺口海军分舰队的任务是极为明确的，就是孤注一掷寻敌交战，为后备力量扫清战场。日本并无后备力量；而俄国却有。如果说曾有一个国家已将其命运掌握在自己的双手之中而又将其抛入海中，那么俄国在最近的对日战争中便正是如此干的；这里所指的俄国并非无能为力并无职责的民众，而是那些在俄国政府中与今天仍然在位的美国政府中某些负责同样的事务的人。应由这些人对俄国的失败负责；而波斯尼亚和黑塞哥维那被奥地利吞并，也是由于俄国无能，自身难保。俄国的软弱可以追溯到五年以前对海军的治理不力，致使德国得以在其东部边境从俄国的威胁中解脱出来，这就促进了德国海军的成长，于是便导致东西两半球的国际形势大事改观。

9

这说来也不新鲜：简单的汇总原理，对于老手尚属有用，他们遇有疑难或困惑可用其坚定信心；但对于新手却无裨益，他们还不会从自身经验中引出例证来阐述原理；或是如前面所举实例那样从历史中，即从所记载的以备我们使用的他人经验中引出例证来阐述原理。对于一个未经训练的人来说,原理无论如何正确,只不过是根据客观的权威所做出的论述而已,而他的内在的信念和鉴别对于这些论述的正确性尚未予以证实,而只有内在的信念和鉴别才能在需要的时刻产生力量。纳尔逊曾经写道,哥本哈根之战的形势,在战争新手看来,较其实际情况更为可怕。这是一篇运用自身经验分析当前情况和问题而写成的论述和说明。这是一篇以实践所赋予的直观能力估计形势而写成的综合性论述。法国人将此称为一目了然[①]。拿破仑曾经说过:在战场上,绝妙的灵感——又是一目了然——往往不外是回忆而已。这就证实了历史例证,即单纯记载的经验所具有的重要性;因为不论是对某一他人行动的回忆,还是对亲自目睹的某一事件的回忆,都是依赖于往事。而
10 且,这也不是一般的回忆,而是具体地运用于紧急情况的回忆,由于这一情况恰好熟悉,故一目便能了然。

下述两种论点彼此相辅相成。纳尔逊肯定经验的价值——经验乃是正在形成的历史——主张发挥迅速而确切地判断情况的能力。拿破仑重视**历史**的价值——历史乃是已经记载的经验——主张提供能够具体运用于紧急情况的先例。一个着眼于一般,另一个则着眼于特殊。科贝特在其《七年战争》一书中(我热心地向大家推荐此书),特别提到魁北克的征服者沃尔夫对他当时身为下属时所参加的那些军事活动所做的详细评论;保存自身经验的记录使他在未来担任统帅的成功事业中获益匪浅。然而,凡是这样记载自身观察资料的人,亦有从历史中搜集观察资料的爱好;这是研

① 原文法文 Coup d'œil,军事术语,意为能看清局势的眼力。——译者

究人员的爱好。1864 年，当波特的船队因水位下降受阻于红河瀑布上游时，幸赖其手下有些人曾经有过类似情况下的经验，才得以脱险。筑堤救船并非出自灵感，而是得助于经验和回忆。

原理同例证相互发生作用，这种相互作用表明二者不可偏废。掌握原理的人，对于例证一目了然；并能正确评价其价值。卢斯海军少将在一篇由我们的海军学会发表的关于海军战略的论文中，引述了吴士礼勋爵论述美国南北战争的一段话："综观这一时期的那些小规模作战的全程，我深为那些提供规律性的例证所激动，这一规律性使那些古老的战争原理得以维护其最高权威"；他详细地分析了两个实例之后说道："两次失败都可能预先料到。"另一方面，掌握原理的人，当其初次遭遇战争事件时便能领会例证的作用，从而便会更加坚定地坚持原理；因为他对原理有了更好的理解。一个被火灼伤的孩子，在其接受了被火灼伤这一例证之后，对于火能灼人这一原理便有了更好的理解；而一个成年人只需通过观察他人被灼伤的结果，便可从中获得教益，这说明理智地注意其周围所发生的事物的重要性。往往有这样的情况，眼见别人遭难，甚至走向毁灭，而你却未能使自己更加明智，因为你并未理解事情发生的原因；而你之所以未能理解，或是由于你对他所违背的原理一无所知，或是由于你没有运用原理来分析他的情况，因而你也必定重蹈覆辙。

现举实例说明：当美国参议院通过议案决定将我们的作战舰队分开配置于大西洋和太平洋沿岸时，距俄国舰队被日本舰队所歼灭的时间尚不足四年，俄国舰队覆灭的主要原因就在于其分开配置于波罗的海和亚洲的俄国沿岸。俄国人鲁莽地违背了集中这

一原理；俄国的兵力总和尽管占据优势，但却始终是最后并以最少的兵力到达战场。对于精通战略原理并熟悉其过去历史例证的人，就无需再举此例对其说明俄国人在这一过程中的失误——看来这是低估敌人而造成的失误，因为就其所暴露的问题来看，与其说是出于无知，不如说是可能出于大意；然而，对于不熟悉原理的人，新的例证也是毫无用处。他们目睹邻居失火，却丝毫不去考虑其发生的原因；而且，就像一个未曾被火灼伤过的孩童一样，掉以轻心地将他们的国家推向同样的险途。

12 因此，切勿陷入低估军事研究的错误；研究不外是对于各种事变和事件进行理智的观察，并从中引出我们称之为原理的结论。这就是科学所进行的工作；而且，我们的例证——观察——的数量愈多，我们的论断就愈加可靠。过去为我们创造了丰富的例证。我们所说的历史已经将例证记载下来，并从那些例证中形成了原理，以备我们使用。我们的责任就是继往开来；根据我们自身所处的环境将其运用到行动中去；并将自己或他人遵行或违背这些原理而产生的结果予以记载下来。

自从这份讲稿初次写成以来，在海军军官中主动关注当前事件和既往事件的兴趣大为增长。结果，便搜集到大量的过去未经系统阐述和整理的材料。请允许我再次引用1892年海军学院在新校舍重新开学时我所说的一段话，作为对这一进步的例证。当时我说："自1886至1888年我实际居留此地期间以及其后的四年中，我一直向国内外主要的陆、海军军事图书销售商索取图书目录，并仔细查阅其内容。只要发现任何涉及海战艺术的书籍，我便为学院图书馆订购下来；结果，你们可以看到在楼下矮书架中单独有一架摆满了以海军战术为主题的书籍；而且其中将近半数是关于从保罗·霍斯特到肖帕尔时期帆船战术的杰作。”在这一讲话中我毫未涉及海军战略；因为，除了 1890 年出版的科洛姆所著的《海战》一书之外，尚无正式论著，只是偶尔有些论述文章散见于报刊之上。于是就只好完全借助于研究陆上战略的著作来推论海军战略原理了。

不用我说，在这二十一年中，精心撰著的有关海军战略的规范 13
论述的出版，取得了一定进展，出书之多就是明证。陆上战略的规范论述尽管成书较早；但数量并未大增，仍是屈指可数。而且，普遍公认堪称为蓝本者仍然寥寥无几。然而，除了出版著述之外，还有充分的迹象表明，各国对研究工作倍加关注，研究工作的潜移默化作用亦愈加显著。各国舰队的配置本身便证明比较正确的思想已经占据优势；而且其他各国也已认识到开展正规研究的必要，并开设了类似我们海军学院的课程。海军战略在各国司令部里以及相当于我国海军部的机构里，正在引起更大的注意。英国海军部根据 1904 年 8 月会议的决议对职权的重新调整，就是这种变化的标志；决议所规定的集中于海军大臣手中的那些职权，在本质上则具有战略性质。

不少著作足以证明，广泛的兴趣已被唤起。仅就我所熟悉的法语和英语两个语种而言，像法国达里厄和达夫吕伊的著作或英国朱利安·科贝特的历史著作——我特别提出他所著的《英国在地中海》和《七年战争中的英国》这两本书——在三十年之前是无法写成的，我认为这种说法恰到好处。这些著作那时无法写成；不是由于可供他们使用的资料并不存在，也不是由于缺乏使用资料

的人才，而是因为尚且缺乏将人才同资料结合起来使之产生成果的普遍兴趣。从德国的军事科学发展中，另外还通过寄赠给我的
14 著作，我深切感到德国海军思想在这一方面颇为活跃，或许已经领先。我不懂德语，无法于我有生之年，从这一源泉中汲取专业教益，对此我一直深感遗憾。

海军学院在创设这一专业活动中发挥了巨大作用，假如我的这一认识是正确的，则以此作用为线索溯流寻源找出创设这一专业的若干根源中的任何一个，便会深受启迪。你们大家都知道，海军学院的创立归功于卢斯海军少将向海军部提出的恳切要求。推动他提出并坚持这项要求的原因之一，就是他通过亲身经历痛感在当时指挥南北战争的海军部这一机构中缺乏一目了然的军事洞察能力。由陆军和浅水炮舰（其中一艘曾为卢斯所指挥）耗费数月时间、数百生命和数百万美元对查尔斯顿港展开直接正面攻击，其结果同其他事件一样，不外是将萨姆特要塞夷为废墟；城市虽为炮火摧毁，但仍巍然屹立，南部联邦的旗帜毫不示弱地飘扬于这堆瓦砾之上。当谢尔曼的部队由亚特兰大开抵萨凡纳之时，情景即是如此。

现将卢斯海军少将的描述直接引述于下：

"我从'楠塔基特'号（浅水炮舰）调至'庞蒂亚克'号担任舰长，并于1865年1月5日奉命到萨凡纳城向谢尔曼将军报到，接受在萨凡纳河同陆军协同作战的任务。"

"在司令部报到时，谢尔曼将军短短数语，简明扼要，并利用地图指明了他从萨凡纳向北推进的作战计划。斯洛克姆将军指挥左翼陆军部队预定向位于该城上游约40英里的姊妹渡口开进，并架

设浮桥渡过萨凡纳河进入南卡罗来纳。‘庞蒂亚克’号炮舰的任务 15
是，驶抵渡口上游保护浮桥，以防南部联邦部队从奥古斯塔城方向进行骚扰。‘当我立足于坚实的地面时，’他说（因为当时那一地区的许多地方均为水所淹），‘那个家伙就只好滚蛋了！’随之他又用他同海军军官们谈话时常用的那种令人愉快的诙谐语调说道：‘你们海军弟兄们在查尔斯顿港外零打碎敲已有三年了。等着吧，一旦我进入南卡罗来纳我便切断其交通线，查尔斯顿港就会像一只熟透的梨子落到你们手中。’果然其经过情况正是如此。”

“在听取了谢尔曼将军对军事形势的清晰剖析后，我的眼界豁然开朗，我心中暗忖：‘这才是一位精通本身专业的军人！’我这才开始懂得，军事行动是有某些基本原理可循的，对其必须细加研究；这些原理可以普遍运用，无论是对于陆战还是海战均皆适用。”

“谢尔曼将军离开波卡塔利戈指挥部队向哥伦比亚挺进，轻而易举便占据该城。这就迫使敌军于1868年2月17日立即撤出查尔斯顿港，这距离攻占罗亚尔港刚好不久将满三年。罗亚尔港曾是海军在南卡罗来纳水域的前进基地，对查尔斯顿港的直接正面进攻便是以该港为依托。”

结合修订这部讲稿，除其他资料外，我选出四部著作——两部法语的和两部英语的——进行精读，这就是我前面向诸位提到的那些著作，这些著作是三十年来海军思想发生引人注目变化的确切例证。达里厄和达夫吕伊都喜欢大量引用实例进行说明，同时又严谨地、在某种程度上却是系统地采用了直到现在才出版的我的这部讲稿中所用的方法。那就是，他们首先提出经过他们研究
讨论而创立的原理；然后引证阐明这些原理的实例，使原理披上衣 16

服成为有血有肉、生气勃勃的活人，而非一具僵尸。他们通过这种方式，遵循严谨的逻辑推理方法，推动那些业经阐明的原理继续不断地向前发展，这种说明方式同法国人的清晰思路和确切语言非常协调，同时，他们还沿用达夫吕伊特别喜爱的研究史学的方法。达夫吕伊说："历史是经验的记录，只要精心研究，**完全**可以找出渗入战争中的变动不定的因素；因为尽管历史不能完整无缺，但决不会将变动不定的因素全部遗漏。历史乃是真实的写照；反之，也是一个推理方法。"——这就是说，当一个人已经建立起一定的真理基础时，他便能在此基础上创造出不必再受历史检验的自己的体系，"这一推理方法具有选择倾向。"简言之，历史为你提供所有的限定性因素，而推理则以其偏爱弃粗取精这一特性而易于忽略那些足以修改这些因素的成分。谢尔曼将军也曾一度以某种程度与此类似的思想向我表示，他对摹拟战持怀疑态度；他说，因为你无法掌握那些能够使人发生变化的因素，诸如恐惧和其他各种足以影响军事行动的精神作用。

忠实的历史为你提供历史的整体全貌；假如你能认真地运用历史，你便能从中受到影响并获得教益。假如你预先便握有业经阐明的原理所给你的这盏明灯，当你探讨历史时你便具有能够对其所提供的情况做出正确评价的能力。你便能依据准则来研究历史。正是由于这一原因，我才认识到，达里厄和达夫吕伊的著作，就其业已经受住检验而言还有我自己的这部讲稿，已成为研究我所提及的诸如科贝特的那些著作的必要的参考资料。科贝特是一位军事历史学家，也是一位海军历史学家，他善于运用业经阐述清
17 楚的原理，来探讨他提出的课题，他所运用的那些原理，都是他从

优秀的军事著作家的著作中不断地提炼出来的。就我亲身经验而言，我就是将历史当成军事记录来加以研究。我就是依据若米尼所著的《战争艺术》(这是一部堪与达夫吕伊著作相媲美的严谨论著)并补充以他所著的《法国革命战争史》，着手编写历史教程这部讲稿，后来便以《海权对历史的影响》为书名而出版。这就是在这一基础上，随之对海军战略的原理展开了系统的阐述，这些阐述都包括在这部讲稿之中，现在原稿经过修订和补充形成了在这里宣讲的这部讲稿。其中的修订和增补主要都是新的例证和一些重新阐述；原理没有任何更新，只是在运用上可能有些更新。

我想将上述评论作为《海军战略》这部讲稿的序言，我相信通过上述评论我已将原理同历史例证之间的相互作用充分阐述清楚。二者都只能分别在一个侧面作为我们的师长，将二者结合起来我们才能找到一位全面的良师。二者之中，历史本身较之系统阐明的原理本身更为可靠；因为就二者之间的关系而言，历史记述行动，它起着我们通常所说的实践的作用。它是实际经验的叙述。但愿我们大家已摆脱习惯想法，这种习惯想法认为，只有实践，只有亲身经验才是首屈一指的准则，它高于业经原理所阐明的、已为知识所提高的、经过多人从众多方面所发展的实践。请掌握你们的原理，然后用历史所提供的例证反复说明使别人接受这些原理。

在结束绪论时，我希望大家特别注意科贝特著作中的一个论点。我想在适当的地方从他的著作中引用若干作为例证的政治性
事件；我在这里引用的这一论点，乃是海军战略思想的一个必要组 18
成部分，过去这一论点不仅常被忽视，而且还竟然遭到怀疑和诋毁。我所指的就是，在制定一切军事计划中必须正确估计国际形

势，将其作为一个不可缺少的因素。我引证一个我们当前所见的实例。除非我们改变我们现在的造舰速度并扩充造船工厂，否则正式通过的德国海军造舰规划所规定的军舰一旦建成，德国便将拥有一支远远优于美国的海军。到那时，门罗主义将以何为依托？巴拿马运河的安全又将赖何来保证？二者都以舰队为后盾。

这个问题，如果只牵涉到军事力量，那就简单了：如果优势幅度充分，当然优势舰队主宰一切。但这是一个涉及政治关系的问题，可能引出许多复杂因素；一个在政府中供职的军事顾问，必须熟悉形势并善于权衡形势，能够恰当地判断数量劣势的程度，并能从其他方面考虑如何可能对敌人施加压力来扭转这一劣势，否则便不能称职。每个海军军官都要研究并注意当前的国内外事件，而且还要考虑到可能有朝一日会担任政府顾问，并可能在任何一种情况下根据其对世界形势的正确判断对事件施加有利影响。

上面我提出了一条原理，就是在军事计划中必须包括政治——国际——关系。现以德国和美国同其他国家的历史关系为例来补充说明这一原理。例如：德、奥两国最近配合默契，由德国对俄国施加压力迫使其置英、法两国立场于不顾而承认奥地利对
19 波斯尼亚和黑塞哥维那的吞并。当然，对于德国这一行为的整个意图，现在我还无法做出详尽的分析，但是我可以指出，这个问题对我们来说具有以下重要意义：假如德国试图派遣其舰队横渡大西洋进行冒险，它同其他欧洲各国的关系将会允许它为所欲为到何种程度呢？假如我们没有舰队，毫无疑问，德国就会敢于一试。假如我们的军舰数量同其形成九对十之比，那它大概就不敢轻举妄动；因为我们所进行的抵抗，无论其结局如何，将会使它在一段

时间内失去舰队而面对欧洲。另一方面，假如我国太平洋沿岸的民众突然使我们陷入同日本交战的状态或者甚至只是陷入关系紧张状态，那么对我们所施加的压力就会增强德国舰队的力量。在我们同英国围绕门罗主义展开的长期争议中，我们不断取得进展，终于签订了十年之前的海—庞斯福特条约。这是门罗主义的一个胜利，但对于门罗主义只是在上月份(1911 年 5 月)英国外交大臣才明确表示接受。在整个这一期间，我们的海军同英国相比，处于毫无希望的劣势；有时甚至是荒唐可笑的劣势。我们终于胜利了。这一胜利是如何获得的呢？在同新兴海军强国进行可能的竞争中，我们是否还会处于类似的有利地位呢？假如我们同德国发生纠纷，英国会抱什么态度呢？反之，假如英国同德国发生纠纷，我们应抱什么态度呢？

科贝特的论点是，在七年战争中，英国的行动之所以强而有力，就在于海军、陆军还有外交等这些因素都掌握在老皮特这个大人物一人手中。他对这些方面的情况进行统一权衡并将它们协调于共同行动之中，使它们相互支持对共同行动发挥最大的作用。这种令人向往的效果应当引起我们正视这样一个现实，那就是，这
样的效果在我国决不是通过一个人，而是只有经过数人的合作才 20
能获得。这数人包括政治家、陆军军人和海军军人；他们之中的每一个人都必须了解其他的每一个人所掌握的情况，这样才能使他们的合作卓有成效。这里所坚持的这条原理，受到最近(1911 年)举行的大英帝国会议的极大重视，当时，在加拿大、澳大利亚、南非和新西兰的部长们同大英帝国防务委员会共同参加的这次秘密会议上，英国政府向各位部长们解释了涉及帝国共同权益的大英帝

国的形势和国际形势。在这些共同权益中帝国防务居于首位；而组织帝国防务确定无疑地则须依赖对国际关系的一致认识。过去陆、海军协同作战往往失利，究其原因，与其说是由于相互猜忌，不如说是由于缺乏相互了解；要想恰如其分地做好战争准备和制定战争计划，陆、海军军官就必须充分掌握有关国际关系的知识。正是这些关系影响着各个对手可能在各个不同地区部署的兵力数量。达里厄说得好："海军的每项规划，如不考虑同大国的关系，又不考虑本国资源所能提供的物资限度，就会立足于一个虚弱不稳的基础之上。外交政策和战略是被一条不可割裂的链条紧密地连结在一起。"就这一连结关系，他引用了德国冯·德·戈尔茨所说的一段话："不论何人撰写战略和战术，在他的理论中都不应忽视本国民众的观点。他应为我们提供一部民族战略，一部民族战术。"

现在，门罗主义已是美国公众的一个观点；任何战略规划——诸如舰队的数目和编成——如果忽略这一观点而不予考虑，便不可能稳固可靠。

现就绪论所谈及的论点，向诸位进最后一言，那就是必须掌握
21 并跟踪当代历史的重大现行事件。正确理解其意义。对于你们自己的业务，即在军事方面，当然应当首先给予最密切的注意；但你们大家都要抽出足够的时间去阅读军事史，正确理解其教导，这样你们才能跟上国际关系的发展，达到这样的程度时，一旦你们身居要职，你们的目光——再次引用法国的那句成语，你们的一目了然能力——不论是在当前的还是在未来的紧急情况中，都能迅速洞察你们国家的权益的全貌。用纳尔逊的话来说，你们将不再是新

手了；你们不再是新手，因为你们在你们的事业中，恰如纳尔逊在他的事业中一样，将能一直不断地运用你们经过专门训练而养成的判断能力。还要牢记纳尔逊的另一句话："一个军官应当具备政治勇气。"要想使政治勇气具有良好的基础，就要具备良好的政治学识。要想更有成效地将精力集中于这一必需的学识上，你就要避免使精力分散于国家的内部问题；诸如财政问题、社会问题、经济问题等等。惟有海军的活动范围具有国际性质。正是在这一点上，它同政治家的活动范围紧密相联。你们必须立志达到既是政治家又是海军军人这一目标。我们的海军人物传记和海军历史必将载有二者兼备的赫赫人物。我相信在我们海军学院的毕业生中，这样的人物定会相继辈出。

22 第二章　史例述评

在考虑任何一处实际的或可能的战区，或是一处想定的战场时，首要的问题乃是确定哪一处位置或哪一系列位置能以其固有的天然有利条件控制该战区或该战场的大部。一个研究者要想得出正确的结论并在以后传授他人，就应该清楚地了解，对于战区或战场具有这种控制的种种缘由。

因此，奥地利的查理大公在研究自莱茵河向东直至波希米亚、自瑞士和蒂罗尔河向北直至美因河及其稍远地区的日耳曼广大战区时（见 59 页图 5）指出，从乌尔姆至雷根斯堡这段多瑙河，不论由于武器发展或战术如何变化，两千年以来，一直都是控制该国的军事要地。牢牢控制住这段地域的一方在争夺控制整个地区的斗争中总是成为胜利者。查理大公列举数起历史实例来证明这一论述。这段多瑙河对于整个战区具有这样的决定性影响，其理由如下：这条河流就其特点而言，每处都是对军队自由运动的一大障碍——渡越困难；由于两岸陡峭，构成峡谷，特别是乌尔姆至雷根斯堡一段更为难渡。这段河流又居于全河的中央，它不仅居于战
23 区的北部和南部边界之间，而且又居于敌对两军基地的东部和西部战线正面之间。乌尔姆距莱茵河同雷根斯堡距波希米亚相差无几。所以两军对垒，谁控制住能够保证自由横渡位于该战区中央

的这一障碍的手段，谁就对对方拥有决定性优势，不论对方位于该河的哪一岸，都无法渡河到达另一岸；如其兵力位于两岸，也就难于会合。除自然条件所赋予的这一有利优势外，在这段多瑙河上还筑有大量桥梁，其中有些桥梁结构坚固并加重设防。各点之间，均有沿河道路直接相连，同时又有道路贯通南北各点。换句话说，这个国家的交通联络，军队及其辎重队所必经的路线，都是通过这些桥梁交汇贯通。三百年来，从弗兰西斯一世和查理五世、黎塞留和路易十四至查理大公和拿破仑时代，分布于这些地区的日耳曼诸邦都是法国和奥地利两国为了这种或那种权益而力图控制的对象，而这些政治角逐往往演变成为战争。因此，这一战区曾是众多经验的现场。

我们不会忘记，查理大公乃是拿破仑时代杰出的奥地利将领，他的才华在他那个时代可谓登峰造极堪与大皇帝拿破仑相提并论，但他在人们的记忆中却未能同拿破仑并驾齐驱。不过，1809年，经过一场苦战败北后，他还是屈服于拿破仑的卓越天才而光荣隐退了。1796年，他曾驰骋于这一战场，立下赫赫战功，当时由于他英明果断地进行调动，击败了分别由儒尔当和莫罗指挥的两支 24
法军，儒尔当和莫罗都是杰出的将领，两支法军的兵力总和远远超过奥军，他们按预定作战计划行动：一支向多瑙河以北进军，另一支向多瑙河以南进军，而查理大公本人却引兵后退，并扼守住决定性的要隘。于是敌人便被分割开来，而查理大公却由于控制着多瑙河，利用多瑙河赋予他的一切方便，急速引兵进击北路敌军（儒尔当），并沿着和越过美因河将敌军迅速再逐回莱茵河。此时，南路法军（莫罗）发现查理已位于其翼侧和后方而且对他这支孤军占

有优势，也只好便被迫撤退，莫罗不敢像进军时那样取道黑林山以北，而是穿过黑林山，而且不敢取道斯特拉斯堡而是分别在于南格和布赖萨赫两地渡过莱茵河，他进军时是从斯特拉斯堡出发的，但撤退时却未能返回原地。

1809 年，查理大公再次在这一地区指挥作战（此次是同拿破仑本人直接交锋），在此之前，多瑙河流域曾经两次成为法军所进行的重大战役的战场：一次是由莫罗指挥的有名的霍恩林登之战；另一次是在此稍后不久的 1805 年由拿破仑指挥的战果更为辉煌的奥斯特利茨之战。两次战役，奥地利军队都遭到覆灭性的惨败。由于这一战场本身具有的重要性及其对奥地利命运的影响，所以引起查理大公对该战场格外重视。查理大公的军事才能，这一战场对他所具有的特殊重要性，他通过亲身指挥和履行职责所获得的真知卓识，他对自己的以及别人的（不管是他的敌人的还是他的部属的）失策所进行的非凡公正的评述，所有这一切都是以这历史上著名的战场为根据，通过例证说明他所阐述的战略是有研究价值的。他战略研究的价值被这位著名军事著作家和评论家若米尼

25 很有鉴别力地认识到之后，声价倍增，若米尼编译了他的著作并加了注释，有些注释表明他对查理大公的见解是完全赞同的。

以前我在这课堂上曾以详细例证来描绘 1796 年战役中军事上的运动；通过图解指明战役紧要时刻几支军队先后所处的位置和数量。现在看来，不须进行如此详细的阐述，就能达到这一目的。只要在图上用线条标出每支法军的前进距离，并标明当北路法军被逐撤退时双方各个部队的相对应的分布位置，就可不言自明。在北路法军撤退之后，如图所示，南路法军仍在继续向前推

进，直到莫罗获悉他的伙伴已撤退以及意识到从那时起他自己所取得的进展正在将他自己引入陷阱，这才停止。显而易见，儒尔当不退到莱茵河便停止后撤；而其军队由于战败和后撤而士气沮丧，一时之间也无法牵制查理大公向南运动，莫罗实施截击。于是莫罗也急忙开始后撤；然而在他回到莱茵河之前，奥地利军在莱茵河上游所施加的压力已很可怕，致使法军不得不回师向南，只能在布赖萨赫渡河以免遭到截击，而无法重返原来的出发地斯特拉斯堡。

现在我向大家提出一些历史实例来说明下列四点的重要作用和价值：一，集中；二，诸如多瑙河流域的中央线或中央位置，此为实现集中的方法；三，这样的位置所提供的军队运动的内线；四，交通线对军事占领及其成败的影响，前面所提莫罗被迫撤退便是一例。
我将从较之 1796 年之战还要早百余年的战争中引出实例，以达到 26
进一步详尽阐述的目的；这一实例较之查理大公所取得的脍炙人口的成就具有更为突出的优点，通过这一实例不仅可将陆军运动和海军运动加以对照比较使它们互为佐证，而且还可揭示出它们的实际协同作战。就其明显特色而言，其态势既具有陆军特色又具有海军特色。完全可以称为取决于陆、海军双方条件而构成的联合态势；因此，这些战役可称为联合作战活动，尽管这种联合表面看来并不如此明确，以致不加仔细分析便无法看出。随之，并将简略叙述 1652 至 1654 年发生于英荷两国之间的纯海战作为结束，这次海战本身足以详细阐明诸如集中、中央位置和内线等这些课题。

这些实例的顺序如下：第一是前已提过的 1796 年的日耳曼境内的纯陆战；第二是 1635 至 1648 年法国及其盟国对抗奥地利与西班牙同盟之战所造成的陆、海军混合或联合态势，在这一态势中，中

央位置表现为从西班牙经地中海至热那亚再经米兰至莱茵河流域这条重要交通线(见图8);第三是1652至1654年英荷之间的纯海上冲突,这次冲突发生于法国与奥地利战争之后不久,在某种程度上可以说是法奥战争的产物(见71页图6和73页图7)。

多蒙科贝特所著的《英国在地中海》一书为上述后两个实例提供了许多资料还提了几点建议;扩而大之,还必须感谢其他作家为此提供了可供参考的资料。科贝特的著作为海军史并通过海军史为通史增添了极有价值的一章。科贝特在这部著作中,通篇连续
27 不断地介绍导致英国进入地中海的一些偶发事件,并由于把其海军以地中海为稳固的基地而使英国成为地中海的强国;同时进而又说明了英国优势海军力量于地中海的存在,必然有助于陆军在陆上发挥作用,从而影响事件的总体进程。

《英国在地中海》一书所涉及的年代大约自1600至1713年;大略相当于自英国伊丽莎白女王之死至安妮女王之死,或至乌得勒支和约为止。总的说来,我们将提到发生在这一时期的数起事变;但我们论述的主要部分则是1630至1660年这三十年。直至这一时期的1640年为止,英国由于国王同议会发生内战已被削弱而无力顾及国外活动;法国的力量由于黎塞留的努力而增强;法国同奥地利皇室之间的斗争已经开始,这一斗争一直延续了近一个世纪,当时奥地利不仅统治着我们至今仍在沿用这一名称的日耳曼地区,而且还统治着西班牙。

波旁皇室同奥地利皇室之间的斗争是上起自1618年终于1648年的著名的三十年战争历史的一部分,波及俄罗斯以西的整个欧洲大陆。这次战争就其起源和特征而言,主要属于宗教性质,

然而，归根结底仍不外是上述两姓皇朝政治斗争的一种特殊形式。双方都虔信罗马旧教，他们的对抗起因于奥属日耳曼在日耳曼皇帝（属奥地利皇室家族）的指使下不断加强大部日耳曼诸邦的联合；这种力量的大集中依靠受奥地利皇室控制的西班牙的金钱和
依然强盛的军事力量以及军事位置予以维持。前一世纪，在著名 28
的查理五世皇帝一手操纵之下，也曾出现过这样的联合。于是，防止这种局势的重演便成为法国的国策，这一国策由亨利四世制定并为黎塞留所接受。为此目的，法国便同北欧的新教诸强国荷兰、瑞典以及为数众多的地理上仍属北欧的独立但又较小的日耳曼新教诸邦结成同盟。这些同盟国家在历史上具有特殊的利害关系，因为它们标志着从曾经主宰过前一个世纪——宗教改革世纪——的宗教目的向一直延续到其后二百年的纯政治联合的转变。这一点之所以值得注意，还因为奥利弗·克伦威尔于 1650 至 1658 年巩固了英国政权得以从事对外活动，他所奉行的对外政策（我们必须对其进行研究），不仅带有宗教目的的色彩，而且深受宗教影响。

就两个附属于奥地利的国家而言，法国居于中央位置，而且其国力较二者之中的任何一方都强。因而，法国必须将它们隔离开来使它们无法相互增援。这种军事局面对于军事研究人员是屡见不鲜的，一旦出现又是颇为引人注目的。在所有这样的实例中，基本原理是永恒不变的；但其运用则会因环境而异，故其例证也会是新颖多样的。摆在我们面前的法国形势，尽管环境有所不同，但在原理上仍不外是前面谈及的 1796 年查理大公位于儒尔当和莫罗之间的那种局面的重现；而且这一军事形势也有其多瑙河天险，这就是热那亚、米兰和阿尔卑斯山的瓦尔泰利纳隘路等一系列位置。

29 起自西班牙的海上交通线虽系从属于这些位置，但却同样地重要；从西班牙一方面可通达热那亚；另一方面可通达尼德兰。

西班牙如与法国为敌，你甚至不需查看地图便可知道，西班牙的部队和物资只有通过海路才能运抵奥属日耳曼。从比利牛斯山脉至莱茵河的法国全境横亘于它们之间；法国东部边境大体上——并不精确——以莱茵河为界，在其东部边境以外，奥属西班牙在北海控制着当时称为西属尼德兰的比利时，在北意大利又控制着米兰大公国。法国要想到达米兰，必须通过当时同西班牙结盟的热那亚。德国大历史学家兰克在他的一部极其重要的著作中，谈及这些条件时写道："一边是尼德兰同西班牙的联合；另一边是南意大利和米兰同西班牙的联合，这就是 1500 至 1700 年间主要左右国际政策的因素。"这是当时奥地利查理五世身兼神圣罗马帝国皇帝和西班牙国王所造成的结果。他从母系方面继承了西班牙和意大利，又从父系方面继承了荷兰和比利时。在我们现在所提及的 1630 至 1650 年这一时期里，荷兰实际上已取得独立，但尚未得到承认，而比利时则仍属西班牙。

由此看来，如海路畅通无阻，从西班牙一方面可以通达尼德兰，另一方面可以通达热那亚，继而从陆上进至，实际已曾多次进至日耳曼境内的任一中间据点。生于 20 世纪的人们，听到西班牙军队会在莱茵河中部作战，而且得知这些部队系来自比利时，定会感到十分诧异。当时英国海军因内乱而陷于瘫痪。直到内乱达到
30 高潮时为止，查理一世尽管依然犹豫不决，而其政策却完全有利于西班牙；但荷兰海军却同西班牙为敌而且难以应付。它堵住了通过大西洋和英吉利海峡抵达尼德兰继而进入日耳曼的通路。西班

牙海军并非荷兰的对手。1639年西班牙试图循此水路输送一万名陆军部队，致使其护航舰队为寻觅英国的庇护，到了碇泊处唐斯时，遭到荷兰的攻击而惨败。

在地中海，情况就不同了。法国在那里没有保持一支像荷兰在北海那样的海军；于是西班牙便拥有一条畅达热那亚的通道，继而由此经米兰和蒂罗尔进入日耳曼内地。这条独特的路线根据当时的环境或战争的转折而不断变换；但在一般情况下，总是取道热那亚、米兰，继而经阿尔卑斯山要隘进入莱茵河流域或进入多瑙河流域。莱茵河是一条较近而又更为适用的航线，但当法国于此设防时，就只好取道较远的外线向东通过日耳曼心脏地带。

于是，多瑙河介于该河南北两地之间的这种条件，又出现在意大利领地和地中海海岸，它们一边毗连比利时和日耳曼，另一边毗连西班牙。西班牙的部队和财物只有通过地中海才能运抵热那亚。因此，西班牙必须控制这条狭长水域，而法国则必须将西班牙或是逐离这一水域，或是逐离意大利诸省，或是从以上两处一并将其逐出；因为这些水陆通道正像多瑙河上的桥梁一样，为奥地利军队从一岸渡至另一岸提供方便，从而得以迅速集中形成局部优势，而这正是一切军事联合所要达成的基本目的。假如这些战略要点 31
为法国所掌握，它就能集中一支足够的相对兵力以防止敌方的集中。正是出于这些原因，早在詹姆斯一世统治英国时期，即在英国国力尚未被内部纠纷削弱之前，正当斯图亚特的政策正在“亲西班牙”和“反西班牙”之间摇摆不定之时，沃尔特·雷利勋爵于1617年就曾建议组建一支远征军攻打热那亚。1624年，这项方案又再次提出交付讨论，但两次均无结果。这项方案如能成功地付诸实

施，那么在热那亚被占领期间，西班牙的交通线就会遭到封锁。阿尔卑斯山的瓦尔泰利纳隘路也是一个同样关系重大的环节。

法国同其这一时期的两个对手西班牙和奥地利所形成的相对局面，正是我经常所提的战略三要素的一个例证，我们最好就在这里为这三个要素确定名称和确立定义，并举例向诸位说明。

1. 中央位置。以法国为例来说明：法国的国家力量和控制力量在陆地上横亘在其敌人之间。假如法国海岸配置有一支相当规模的海军，那就不仅在陆地上横亘在其敌人之间，而且法国舰队也横插在西班牙和意大利各港口之间。多瑙河也同样是中央位置的一个例证。

2. 内线。内线的特征是中央位置向一个或更多的方向延伸，借此便可有利于在敌人的各个分散集团之间保持插入位置；继而集中力量对付其中一路，同时以可能的明显的劣势兵力牵制其另一路。内线可设想为一个中央位置的延伸，或一系列中央位置的彼此贯联，恰似一条几何线是一连串的几何点的贯联。“内线”一词的含义表现为，一方能以快于对方的速度从中央位置将兵力集结于方向相反的两条战线中的任何一处，以此达到更有效地使用
32 兵力。苏伊士运河同好望角相比，巴拿马运河同麦哲伦海峡相比，前者均为内线，这就是海上内线的特例。基尔运河位于波罗的海和北海之间，较之取道于环绕丹麦或通过丹麦各岛之间的天然海峡——厄勒海峡和大、小贝尔特海峡，也是一条内线①。这些有关

① 这是促使德国海军各方面采取齐头并进、平行发展的方法和预先有过盘算的一个引人注目的实例。从下面事实可以看出：建造的三艘无畏战舰到1911年完工，加上这几艘大约将于1914年编成两个完整的无畏战舰中队(每个中队八艘)之时，基尔

"内线"的实例，使人想起少年时代所学的一条几何定理，在三角形内的一点向两个角划两条直线，这两条直线均短于其相应的三角形的边。简而言之，内线就是较敌人能够使用的路线在时间上更短的路线。就以摆在我们面前的法国为例，法国出兵二万挺进莱茵河或比利牛斯山或向其中一处输送所需的补给，较之西班牙向莱茵河或奥地利向比利牛斯山派遣同样数量的军队（甚至假定海路对其军舰畅通），费时要少得多。

3. 交通线。可用法国同日耳曼和西班牙所处的相对位置为例予以说明。"交通线"乃是军事集团、陆军部队或海军舰队赖以同国家实力保持生存联系的运动路线的通称。这是交通线的首要特征，因此，交通线基本上可视为守势作战线；而内线在性质上多为攻势作战线，它能使得利于交通线的交战一方对其对方战线的

一个部分先于对方对其增援之前发起进攻，因为攻击一方较之其 33

对方的伙伴更为靠近。前面提过的西班牙于1639年试图通过英吉利海峡从科鲁尼亚向多佛尔海峡输送援军所遭到的惨败，便是一个具体的实例。西班牙之所以采取此策，是由于恰在特定时刻法国的胜利使它控制了部分莱茵河流域，封闭了来自米兰的西班牙军队的通道；与此同时，由此稍东通过日耳曼的路线又为瑞典切断，瑞典在三十年战争中同法国结盟。于是只有英吉利海峡便仍是当时由西班牙至尼德兰的惟一通道，成为它们之间的交通线。即使西班牙的试图得以成功，其所循的路线仍不外是一条外线；因

运河也将扩建完毕，供其通航。到那时将有一支拥有三十八艘战列舰的舰队中，包括这十六艘无畏战舰在内，其中八艘部署在北海，八艘在波罗的海，靠中央运河联系起来相互支援。这是一项不断用现在的无畏战舰替换以前的无畏战舰的精密预想方案。

为万一军队以同等的运动速度由法国中部出发必将先到战场。

因此，法国所处的中央位置具有能攻能守二者兼备的有利条件。这一位置使法国拥有赖以出击的内线：一条较近的路线，又拥有位于战线后面受到前线陆军掩护的通向任一战线的交通线；换言之，同敌人从一条战线增援另一条战线所能使用的路线相比，法国所拥有的内线不仅较近，而且还有良好的防御。此外，法国位于大西洋和英吉利海峡的各港，凭借其位置，又威胁着西班牙的海上交通线。

当前，德、奥—匈作为三国同盟的成员国在对抗俄、法、英三国协约，也拥有有利的集中的中央位置。

现在，请大家把注意力再转回到当时的战场多瑙河地区；在我们现在所谈及的时期里，这一地区，恰如 1796 年一样，战端迭起，
34 接连不断。例如，1634 年西班牙和南日耳曼诸邦对抗瑞典和北日耳曼诸邦战于讷德林根，就是一次极为重要的战役。直到这次战役，大部法国海军一直集结在大西洋各港。在这种情况下，同热那亚和米兰的海上交通线便畅通无阻，正是通过来自米兰的西班牙部队同已在战场的日耳曼部队的会合，这次战役才取得了决定性胜利；于此之后，西班牙部队便转移到尼德兰。前面已经讲过，一旦奥法之间爆发战争(过去屡有发生)，谁控制了多瑙河，谁就掌握了这一地区的中央位置。控制就是用兵力予以占领，这支兵力乃是一支进攻力量，可以全部用于向北或向南出击，较之南、北两方联合对其实施攻击，真是轻而易举；因为它距离每一方远比两方之任一方对其另一方要近得多(见图 1)。假如北军想派大部队增援南军，它无法渡越被敌人控制的那段多瑙河，而必须绕道于该河的

上游或下游；恰如1640年从西班牙向莱茵河开进的援军不得不绕过法国。在这样的陆上行军中，由于道路不允许多人并肩列成横队通过，只得列成长长的纵队。援军队形实际上日复一日沿途拉成一条直线；而且又是始终以侧面向敌，围绕敌人运动前进，敌人的位置恰在运动的翼侧，构成明显的威胁。不论行军路线是直线还是曲线，情况不会有所不同；构成威胁的原因在于队伍的延伸，因为路线本身过于单薄，到处都是弱点，其整体中的相对弱小部分易于遭受攻击。其交通线是暴露的，而敌人则拥有内线。

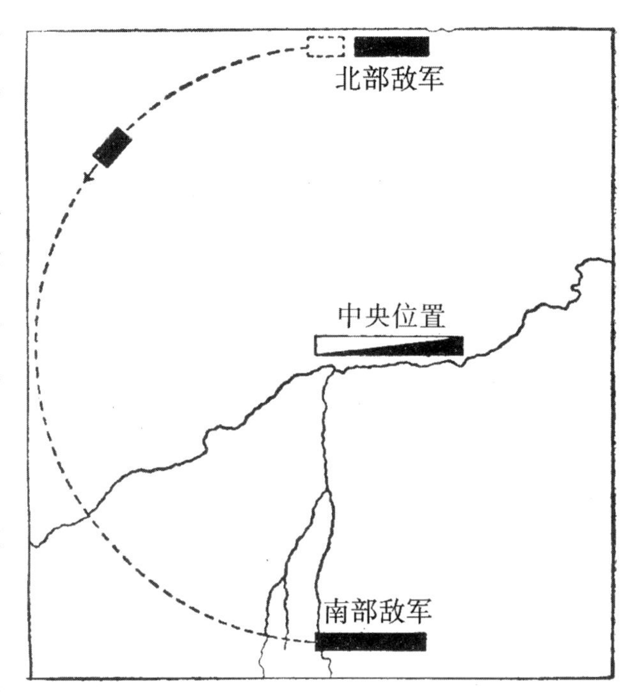

图1　中央位置的优越性图解

在抗击拿破仑的奥斯特利茨之战中，俄奥同盟军一方的特遣 35
部队，提供了类似图1中的战术运动实例；在美国南北战争中的昌斯劳斯维尔战役中，斯通华尔·杰克逊所指挥的南部联邦特遣部队也同样进行过类似的战术运动。前者在拿破仑的监视之下运动，当运动发展到不可收拾的地步时，拿破仑则对敌人两翼之间的

交通线发起集中的攻击，将敌方彻底击败。杰克逊的运动虽然亦同奥斯特利茨之战的同盟军一样冒险，但却成功了，因为联军总司令未能识破敌人的企图，以致没有意识到在他面前的敌军已经分兵为二，可以集中兵力将其分割开来。他只是注意到自己的右翼和后方所受到的威胁。

当时的态势如下：特遣部队，不论其大小，如果说是从北方开始运动，当离开时，其同主力部队之间的空间便立即变成一条交通线。日复一日不断运动，这条交通线也就愈来愈长。即使拥有足够的给养，但因交通线暴露，增援依然不易，只能依靠自立；这种情况将一直延续到进入南方支援可及的范围为止。在运动期间，全军（北军和南军）当时被一分为三；其中之一的特遣部队至少没有筑垒阵地可为依托，不可能像其两支主力部队那样，更不能像敌人那样可依托河流本身进行防御，还可于桥上设防。

居于中央位置就不会有这些不足之处。从一处向另一处进军就无暴露之虞。这并不意味着敌人不可能进行攻击，而是不会由于这种进军而增加暴露。一条被占据的线，可设想为一处位置，它
36 并不见得薄弱；由于它是固定的，必须循其道路进军，这就不会发生紧急情况，而且还可根据互相支援这条惟一目的来配置部队。这就是中央位置所具有的防御力量；其各部队之间的交通线是安全的；没有缺口，也没有薄弱环节。要想发挥攻势力量则有内线存在。中央距离南北两方总比南北两方之任一方距离另一方要近；可在两方联合进行防御之前，投入全力攻击其一方；而且，在我们曾经研究过的那样的运动情况下，如果打算重新配置兵力以便改善总的态势，中央还可掌握时机对一分为三的敌军的一部分在其

他两部可能赴援之前给以打击。

这是对拿破仑关于“战争就是处置位置”这一名言的一个有力例证。上述讨论全部都是围绕位置进行的；诸如中央、北方和南方的常规的、半永久性的位置；特遣部队沿交通线运动在交通线上所占据的连续位置。这是以个别实例来说明位置的重要性，但其重要性决不仅限于此。要想充分了解，就必需研究陆军和海军的历史；牢记拿破仑的名言以及中央位置、内线和交通线的定义。

现以 1877 年俄土战争中土耳其所占据的普莱夫纳[①]这一位置为例，这是当代未老之人所熟知的一个实例。这个位置阻止俄国人向君士坦丁堡进军达五个月。原因何在？因为假如他们继续前进，则普莱夫纳就会接近他们的交通线，对于他们的前线部队和后方部队或多瑙河后面的地区就会居于中央位置（见 37 页图 2）。这一位置非常之近，假如敌军前进很远，普莱夫纳的守备部队就会开赴位于锡斯托瓦横跨多瑙河的惟一桥梁，并在敌人援军到达之前将其破坏；这就是说，普莱夫纳拥有通达极为重要之点的内线。37
在这样的环境中，仅只普莱夫纳就牵制了俄国的整个运动。在最近的日俄战争中（见 38 页图 3），旅顺口的舰队同样威胁着从日本至满洲的日本交通线，从而影响到战争全局。它对日本和辽阳或奉天来说，就居于中央位置。广泛列举例证说明各种不同环境中位置的作用，用以研究这样的条件，对于加深认识大有益处。

现在让我们从查理大公和多瑙河及其中央、北方和南方，回到西班牙海岸与日耳曼境内的奥地利军队之间的交通线上来。假如

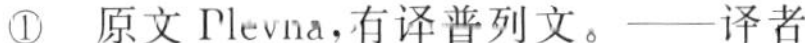

① 原文 Plevna，有译普列文。——译者

奥地利皇室控制的西班牙要想取道意大利向多瑙河或莱茵河派遣大批援军，只要控制了海路而法国又未动摇奥地利对北意大利的控制，便能如愿以偿。这样的条件就构成了畅通安全的交通线。但若不能确保对海洋的控制，又如土伦的法国海军的实力与其邻近的西班牙海军相等，就会有受挫的危险；假如法国海军有局部优势，就会有巨大危险，甚至会成为一场严重的灾难。在那样的情况下，法国海军或土伦军港便会从翼侧威胁西班牙的交通线；这又是一个位置的实例。就位置而言，土伦相当于普莱夫纳和旅顺口。这一实例说明，正如旅顺口的情况引人注目那样，位置的价值不单纯在于位置本身，而在于对它的使用。这一点是值得注意的，这恰如人所拥有的智力和财富的价值在于人对它们的运用。假如法国海军对西班牙海军在这一局部处于决定性劣势，则土伦就会丧失
38 其本身的重要作用。作为一处位置，它仍然是有利的，但却未能加以使用。这样就成为一笔闲置未用的财产。在普莱夫纳，情况也是如此，假如守备部队少到不能进行野战，则该地就可能被占领或受到特遣部队的监视，而俄军主力则可继续向前推进。在旅顺口，俄国海军未能发挥作用，致使日军有机可乘。日军以陆军和海军监视该地，而继续向满洲进军。尽管如此，位置的固有威胁仍然迫使敌人抽出一支巨大的特遣部队对其进行围困，从而大大削弱了作战的主力部队。

必须指出，正是由于土伦，如同普莱夫纳一样，靠近交通线才构成威胁；从该港开辟一条通达交通线的航线，便形成一条距离短而又便于奇袭或强攻的内线。出于同样的理由，加的斯也曾一度成为具有威胁作用的位置，今日的直布罗陀、马耳他、牙买加、关塔那

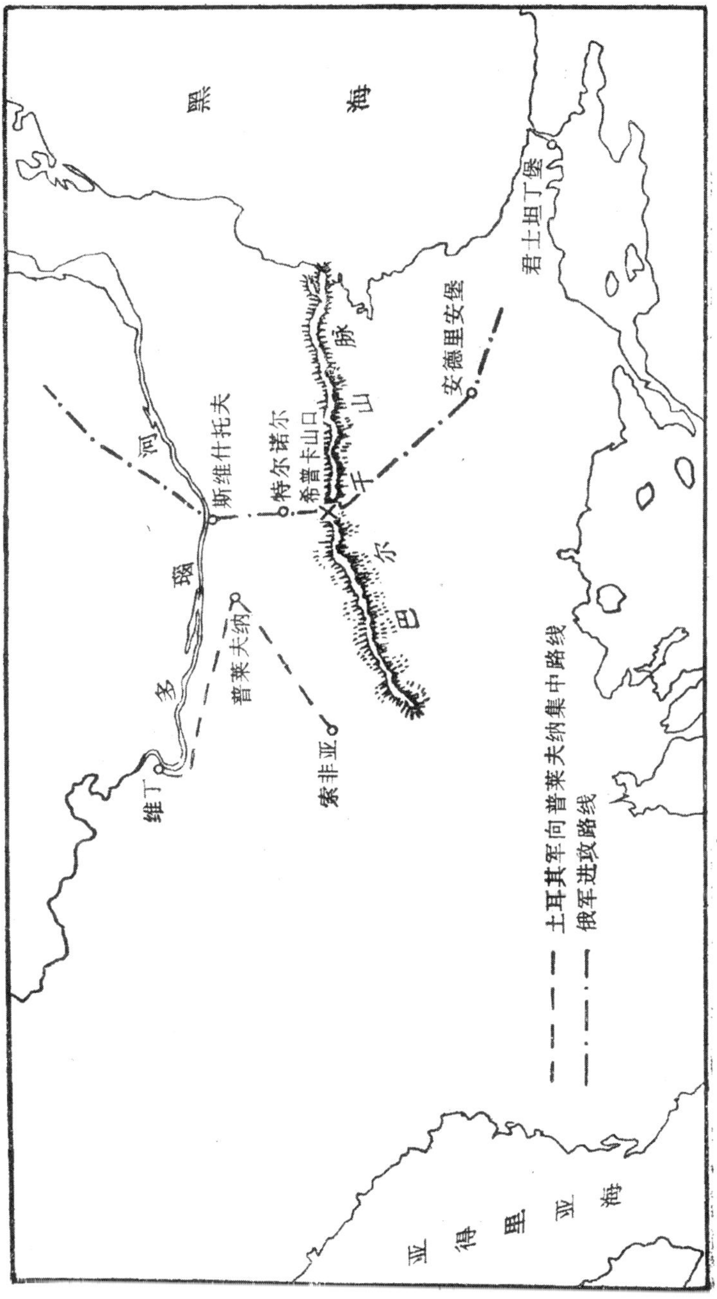
黑海
君士坦丁堡
安德里安堡
巴尔干山脉
斯维什托夫
特尔诺尔
希普卡山口
多瑙河
普莱夫纳
维丁
索非亚
亚得里亚海
土耳其军向普莱夫纳集中路线
俄军进攻路线

图 2　普莱夫纳态势图

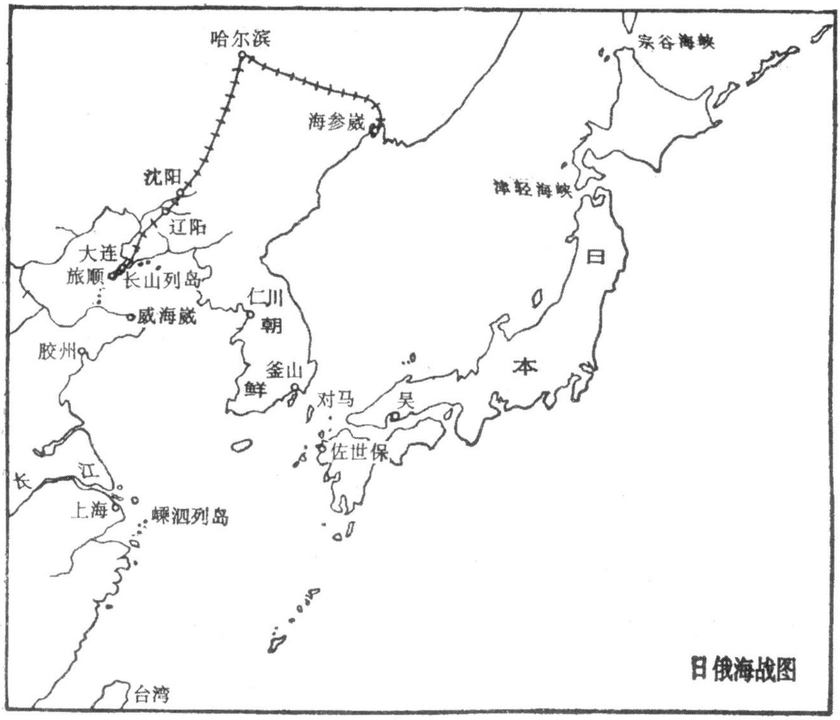

图 3

摩湾都是这样的位置;直布罗陀和马耳他威胁着往返于地中海苏伊士运河的船只;牙买加和关塔那摩则威胁着往返于巴拿马地峡的船只。假如西班牙能绕道撒丁岛以南,然后转而向北输送援军,则土伦就将丧失其大部价值。只有当这条航线靠近热那亚时,土伦才能只是在某种程度上重新对其进行控制;这就是说,在较小的范围内和在较短的时间里予以控制。这种实际采用的迂回路线,拿破仑称之为隐蔽航线,它在弱小一方所采取的战略中曾经起过显著的作用。最便利的商船航线在战略上并不一定就具有最重要的作用。例如,1798 年拿破仑从马耳他驶往埃及就并未采取直线航行,他先

是直驶克里特岛，然后再转向埃及。正是因为这样，纳尔逊在追击中让法国舰队逃脱了，因为纳尔逊是自然地按直线航行。

如果西班牙海军在大西洋沿岸威胁法国的港口和贸易，诱使法国将其全部或部分海军保留在这一地区，从而减弱其在土伦的 39
兵力，则土伦虽居于有利位置，但却无足够的进攻力量，这样一来，同样可以收到相同的有利效果，即一条迂回路线所能发挥的等同保护作用。这就是直到1634年的实际情况，就在这一年，西班牙部队从意大利出发增援日耳曼境内的皇室军队，遂在讷德林根大破法国的同盟军，迫使法国对西班牙公开宣战，并将其舰队调至地中海。1898年在美国也产生过同样的效果；但并不是由于凡事只尚空谈而无所作为的西班牙海军所致，而是由于美国公众惊恐不安所致，他们敦促美国政府在汉普顿锚地保持一支所谓机动分遣舰队，而不向可能战场靠拢。根据这样的部署，假如西班牙的塞韦拉分遣舰队想要发挥其效能，它就应当进入西恩富戈斯，而不是驶入圣地亚哥；因为西恩富戈斯是一颗十分坚硬难啃的坚果，它有通往哈瓦那的铁路交通线并同西班牙驻在古巴的大部队相联。如今又是由于那种莫明其妙的惊恐不安要求将一半作战舰队派往太平洋。这种作法只能完全符合敌人的愿望，或使美国舰队更加瘫痪。要么全有，要么全无；这支作战舰队应该或是集中于太平洋，或是集中于大西洋。

大家应该还记得，在同西班牙的战争中，美国海军也曾重演过我所描述的北军派出一支特遣部队绕道渡越多瑙河同南军会合的运行。“俄勒冈”号军舰就是一支特遣部队，它受命冒着同西班牙舰队遭遇的危险驶抵西印度群岛同美国舰队会合。该舰于5月18

日抵达巴巴多斯；正是塞韦拉分舰队驶入圣地亚哥的前一天，也是他驶离马提尼克岛的第六天，马提尼克岛距巴巴多斯只有100海
40 里。正是由于西班牙海军的十足无能，致使我们没有看出“俄勒冈”号所冒的风险，但该舰舰长却已敏锐地觉察到这一风险。还有两位前任海军部长十分关怀当时的险情，也曾向我表示过他们的担心。尽管有此经验，而今仍然有人要使我们重蹈覆辙，将舰队一半部署于大西洋，另一半部署于太平洋；恰如儒尔当和莫罗当年的情况一样。一旦同欧洲的一个国家或同日本发生战争，任何一方的敌人就能畅通无阻地在我们的两支分队之间取得多瑙河位置，犹如东乡在旅顺口和波罗的海分舰队之间所曾做到的那样。

在1630至1660年法国同西班牙和日耳曼帝国的斗争中，由于西班牙至热那亚的交通线的重要性日益明显，致使法国改变了其海军的总体部署并着手扩充海军，这可以做为一条经验。黎塞留（死于1642年）一度改组并加强了海军舰队；他被许多法国人视为法国海军的真正奠基人。然而，他的最初部署仍然还是依据大西洋的形势。大西洋和地中海使法国陷入进退维谷的境地，而如今大西洋和太平洋则使美国陷入同样困境。黎塞留最初在大西洋，即在英吉利海峡和比斯开湾配置了三个分遣舰队；在地中海的利翁湾只配置了一个分舰队，而且还是大桨船队，并非风帆船队。他重新变换海军部署的最初动机，只是为了一般的保护贸易和海岸。随着奥地利皇室的威势与日俱增，致使法国同奥地利的两个支系西班牙和日耳曼日益对立，于是法国除上述任务外，还必须封锁西班牙同日耳曼之间的海上交通线，特别是在英吉利海峡和地中海的交通线。

法国于 1635 年 5 月公开参加三十年战争。在此之前的一段
时间里，法国通过资助和袒护奥地利的敌人间接反对奥地利；1634 41
年 8 月 27 日法国的盟国、瑞典和北日耳曼诸邦在讷德林根惨遭失
败，这是促使法国采取积极行动的直接原因。经此一战，西班牙人
沿莱茵河挺进直达比利时——他们的尼德兰。由于大批援军增强
了西班牙在尼德兰的军事力量，致使西班牙在随后的数年中屡获
胜利并曾一度（1636 年）威胁巴黎本身。

在黎塞留的政治远见中，早就形成谋取莱茵河做为法国东部边界的计划；但在当时，他的特定军事目的却是切断从意大利经由奥地利势力控制的日耳曼南部至尼德兰的交通线，他打算把进攻西班牙的重点放在攻克尼德兰上，攻克之后，拟与荷兰共同瓜分。为达到切断交通线这一目的，他早在 1633 年就夺取了靠近莱茵河西岸的洛林，当时它是一个日耳曼的独立邦，曾经一度援助过奥地利皇帝。从这里法军又攻入了莱茵河畔的阿尔萨斯。这样一来，法国就把通过莱茵河流域的交通线给截断了；随之而来的以讷德林根之战为高潮的一系列事件，却为西班牙开辟了另一条通过莱茵河流域的交通线，这是一条内线，虽然较长，但却适用。

这是一条遥遥深入日耳曼的内线，对于法国来说当时是无法
达到的；因而必须对西班牙东海岸至热那亚这条漫长的海上交通
线的一部分进行攻击。为此，黎塞留于 1636 年下令将大西洋的几
个分遣舰队调到土伦。情况往往如此，黎塞留做出这样的调动，其
原因可能不只此一个。对这一时期深有研究的近代历史学家加德 42
纳推测，法国海军撤离的动机在于同英国脱离接触；因为英王查理
一世虽然名义上保持中立，但却在英吉利海峡援助西班牙。英国

战舰护送满载兵员、补给和财物的西班牙运输舰船一直抵达敦刻尔克港；该港现属法国，当时曾是西属尼德兰的军港。黎塞留不愿同英国决裂，避免决裂最可靠的办法就是把他的军舰调开。这样做是绝对必要的，因为当时英王对法国创建海军深怀妒意，恰如今天英国对德国海军的成长深怀疑惧一样。当时，西班牙海军久已存在，已成事实，对其存在和同其作战，英国都习以为常；而法国海军新兴初建，是一个新增加的威胁。再者，西班牙离英国较远；而法国如同今日的德国一样，同英国只有英吉利海峡和多佛尔海峡一水之隔。

不管出于何种原因，法国海军于1636年撤离大西洋集结于土伦已成既定事实，当时土伦的一部分已发展成为兵工厂，专供装备大桨舰船之用。其间，西班牙为保卫其海上交通线，夺取了土伦与热那亚之间的勒兰群岛并一直在那里设防。这一位置为西班牙提供一处基地，依托这一基地，既可采取攻势以阻碍法国的沿岸贸易；又可采取守势以支援自己本身通达热那亚的交通线。科贝特认为，西班牙的这一行动是造成法国海军集结于土伦的具体原因；果真如此，则法国海军的这种调动就难以列为军事远见和英明决策，只不过是囿于当时形势而已。此后不久，西班牙人自己大为失策，竟削减其守备勒兰群岛的兵力，致使法国得以于1637年收复该群岛。于是土伦又恢复了其位置优势。

第三章　史例述评(续) 43

黎塞留在其指挥的反对奥地利皇室的整个战争中,屡战受挫,看来都是由于同样原因;他不是集中兵力于某一个或某两个地区造成决定性优势,而是同时谋求达成过多的目的。依托法国所拥有的中央位置和内线,他曾有过许多良好机会可以集中兵力。他可以随意或在比利时,或在莱茵河,或在意大利,或向西班牙运用其强大的兵力。此外,法国还拥有自然集中这一初步的有利条件:即一个国家对抗两个及那些在空间上彼此不相连的国家。人人都知,各联盟国家的弱点在于集中的力量居于劣势。假如同样的兵力总数分为二处决不如一处更为有力,其原因就在于没有完全集中。联盟各方通常都各有其特定的目的,于是在行动上就会各行其是。当任何一个作战方案摆在你的面前时,你必须首先自问:它是否符合集中的要求?千万不要脚踩两只船,同时去做两件事,除非你的力量强大到足以双管齐下而绰绰有余。

在我们的职业中,从来也没有人能比纳尔逊更勇于进取,更善于用兵。因此,必须永远牢记,当纳尔逊派遣两艘巡洋舰进行远征时,他指示他的舰长们说:

“假如你们遇到两艘敌舰,千万不要各攻其一。必须联合共同攻击其中之一;你们一定要把它彻底解决掉;然后再去解决另一 44

艘；不管第二艘能否逃掉，你们的国家将获得一次胜利，赢得一艘军艘。”

这种见解同样适用于军舰的设计。你不可能做到样样俱备。如果你想样样俱备，势必将样样落空；我的意思是说，军舰不会具有你们一心想要的那种效能。在一定的吨位内——一定的造舰吨位相当于陆军部队或海军舰队的一定规模——不可能做到既有最快的速度，又有最强的火炮，又有最厚的装甲，又有最远的续航力，在这些目标中吨位只能达到其中的一种。如果你定要一试，你就必将重犯黎塞留的错误，他就是曾经试图在四条战线上进行进攻战。他想一举四得。在尼德兰他想征服它；在莱茵河他想控制西班牙的交通线，如有可能也想征服它；在意大利他想控制交通线；最后在西班牙他支持加泰罗尼亚地区的叛乱，以便将该省并归法国。这场战争从爆发到他去世，已经持续了七年。幸亏由于环境的压力，法国的海军能一直集中在地中海。其部分原因是亲西班牙的英国舰队受到英王同议会之间日益加剧的争论的束缚而不能采取进攻行动；但主要原因则是荷兰当时同法国结盟。荷兰舰队拥有足够的力量，可以不需法国的援助，不顾英王查理对西班牙的友好态度，而将西班牙舰队阻止在英吉利海峡；因为英王担心过于积极反对荷兰会引起战争，这样一来就不得不召集议会筹措战费。

我一直十分赞许在军事上运用比拟的方法。我的意思是说，
45 运用这种方法可以在表面看来似乎多种多样的情况中，揭示出潜存于其中并起着决定性作用的唯一的原理。仅以黎塞留用兵所及的这条漫长边境线为例，它包括尼德兰，莱茵河流域，意大利的阿尔卑斯山，从土伦至热那亚这段地中海中央海岸，最后还有西班

牙。正确的方针不应是同时夺取一切，而应是尽可能快速地、隐蔽地将巨大的优势兵力集结于一方面，同时在其他各个方面则基本上采取守势，然而这样的真相必须通过显示力量将其隐蔽起来；正如俗语所说：大放烟幕。如今，这条集中法则同样可以明确地运用于战场的较短战线上。这就是说，这一法则既适用于有限的战术战场，也适用于更为广泛的战略战场。假定交战双方实力相近，每一方的目的不应是平分兵力于整个战线，而应是将重兵投于一处，同时在其他各处，或是采取佯攻，或是实行避战。避战在军事上的说法，实际上就是保存部分实力，但避战所作的佯动却可能看起来是极为认真而有力。

在陆战中，通常依据地形条件来确定对敌实施攻击的部位；因为依托地形条件加上集中兵力造成局部优势，才能达到在位置上逼敌处于劣势，从而对自己增强优势。例如，敌人的一翼依河配置；而河难以渡过，又缺乏足够的桥梁。如你攻其另一翼，你便可将其逼入背水之地；如其被击败，显然便会处于覆灭危险之中。或者，依河的一翼被逐后退，你便可将其全线压成直角，迫使其离开 46
位于其背后的那条赖以进行补给的道路——切断其交通线。这正是威灵顿以为拿破仑为了要切断英国的海路在滑铁卢战役中努力要做的事。或者，地形条件的某些方面有利于对敌实施中央突破；假如突破成功，你便可运用已经取得的特殊位置的有利条件，对一半敌军实施牵制，而将大量部队投向另一半敌军（见图 4）。例如，拿破仑在意大利就曾利用中央位置成功地打击了在数量上占很大优势的敌军，敌军犯了类似儒尔当和莫罗的错误，向加尔达湖两侧的外线进军，于是加尔达湖连同其出口明乔河就成为敌军的多瑙

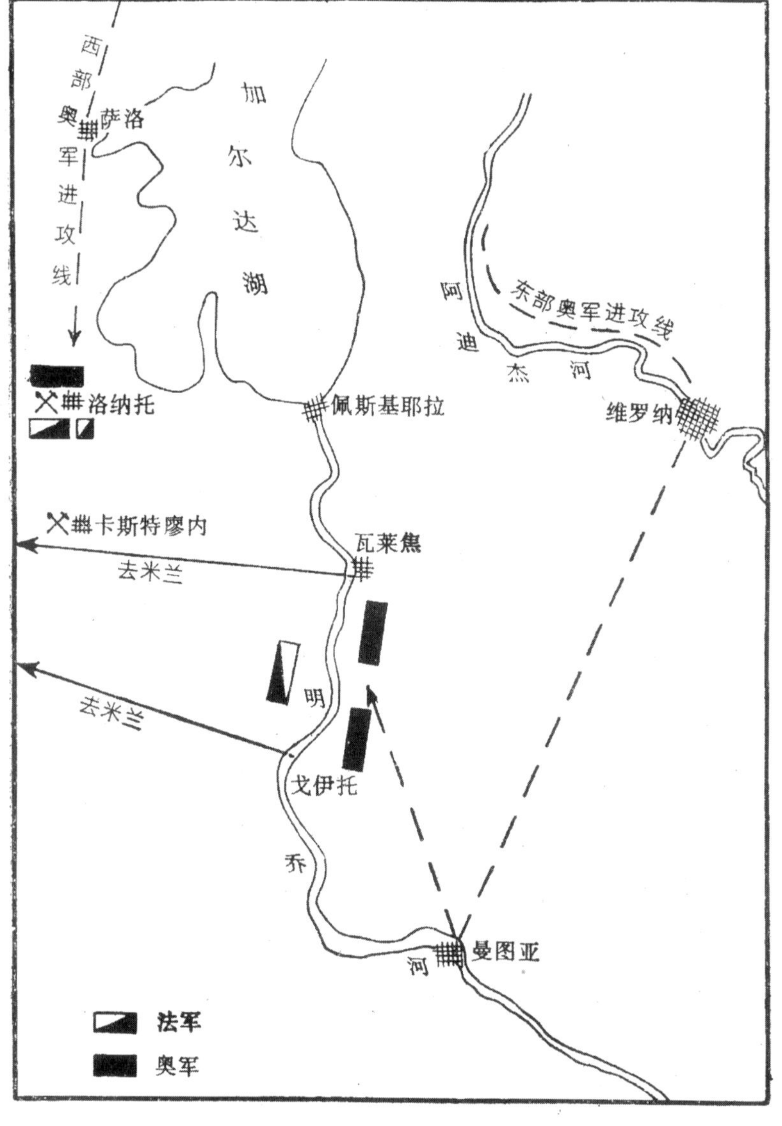

图 4　拿破仑 1796 年在卡斯特廖内的中央位置

河流域。敌军的指挥官被促使根据一种表面看来似乎有理的想法按照这个分兵的原则行事；他亲自率优势兵力正面向东进攻以逐退法军;与此同时,西部兵团则应在后方活动以切断法军同米兰和热那亚的交通线。当时,拿破仑一直占据着维罗纳并对曼图亚进行围攻。他放弃了这两处位置,向明乔河退却并退至其西岸。他扼守此地,以少量兵力借助河流,予以加强抗击东路奥军,并以拖延赢得了时间,得以集中优势兵力扑向位于洛纳托的西路敌军。各位只要精心研读若米尼的《法国革命战争》一书,特别是关于1796年拿破仑于意大利一节,便会找到有关利用地形的教导。这次战役要求特别注意运用位置,因为拿破仑在兵力数量上经常处于劣势。

一般说来,在陆战中对于敌人的战线,总是倾向于攻其一翼,除非在自然地形上具有强有力的相反理由。按我的理解,其原因主要是:其一翼距离另一翼较之其任一翼距离中央要远。因而,每翼或两翼对中央进行支援,较之两翼互相支援更为容易。简单说来,这是一个距离问题,或者更确切地说是个时间问题。再以黎塞留的战线为例,不难看出,假如他强攻尼德兰一翼,则西班牙援军从意大利赶往尼德兰增援,较之他攻击中央时赶往莱茵河增援要花费更多的时间。在海军战术中,如同在陆地战场一样,通常也是依据同样的考虑来确定攻击的性质。但也有例外。在圣维森特角之战中,英国海军将领就曾对敌人的中央实施攻击;其原因是敌人的中央过于脆弱——实际上已暴露无遗——致使英国舰队得以插入其两翼之间并只同其两翼之一交锋,恰如拿破仑在奥斯特利茨对敌人中央实施突破一样。

海军的战斗队形一直是战列线式;舰船一艘接一艘地鱼贯航驶,故称为纵队更为确切。然而从火炮的排列来看,从前队到后

队，确实是面向敌人成一线展开。在规范海战中，对付这种战列线，总是攻其一翼，这已成为一条定律。正如通常口语所说，攻其前队或攻其后队，正因为舰船编成纵队，所以实际上是侧翼攻击；而且不管选定那一翼，对另一翼的攻击基本上必须放弃，因为用于另一翼的舰船数量不足，无法将攻击坚持到底。帆船时代的最高典范特拉法尔加海战，就是严格运用战列线队形进行的。纳尔逊集中其舰队主力，形成一支优势兵力攻敌之左翼，恰为敌军后队；而对付敌人右翼他只派少量舰船。他对这支较小的部队确实未曾
48 下达不去攻击或避战的具体的命令。他一向没有这种做法。而且他还故意亲自指挥这支较小部队进行这次攻击，并根据环境以至环境的演变相机行事；结果正如事实所表明，敌军右翼的大部得以逃脱，如果他们机动得法，全部都可能幸免。敌方左翼和中央却遭到损失；这一战果正是纳尔逊企图以他的方式和他的队形所要取得的结果。他把集中攻击交由他的副手实施；他如实说："我嘛，要做到使敌人的另一翼不致干扰。"虽然情况改变了他的行动；但那是他的计划，根据特殊的情况，尽管他确实突破敌人中央，但依然按原定计划行事，对原定的一翼进行不断的攻击，与此同时对另一翼则由纳尔逊自己所率的分队的后队舰船予以牵制。这些舰船由于成纵队前进而横插入敌人的前队战列线；当敌人前队抢风转向欲向其后队或另一翼靠拢时，它们便挡住了敌人前队接近航线，直到为时已晚赴援无效。

纳尔逊是一位深谋果敢的战术家，曾就双方舰队本身所处的不同情况，说明了为何攻此翼而不攻彼翼的理由；一般说来，攻击后队较为有利，因为前队无法支援后队，即便进行支援，也不能像

后队支援前队那样迅速赶到。因为,首先它必须掉转航向;而在掉转航向之前,其指挥官必须定下决心,而很少有人能够迅速定下这种决心,除非他们预先业已得出结论。所有这一切都意味着时间。此外,攻击者要拦截敌方前队的新的运动航线,较之拦截沿原来前进航线趋前支援的后队更为容易。然而,主张攻击前队仍有其若干理由。纳尔逊于 1801 年曾经说过,一旦同俄国舰队遭遇,他必 49
将攻其前队,因为前队受损势必使其队形陷入混乱,而俄国人却不善于进行运动恢复队形。这是一种特殊理由,而非普遍理由。这是出于对特殊环境的考虑,就如陆上将领对待特殊地区一样。当法拉格特通过莫尔比河要塞时,他的前队陷入混乱,大家都知道,当时情况是何等紧急。不管如何,一旦发生混乱,或多或少必将产生影响。

在日本海海战中,也是攻击一翼,而恰恰是前队。这是否就是日本人的预定目的,抑或是仅仅出于当时他们本身所处的条件,我不得而知;但其意图无疑是要引起混乱。我不想在此论证战术问题。我的主题是战略,我引用战术仅仅只是为了举例说明,无论在何地,在一切条件下,从事物的本质出发,都必须突出集中这条重大原理;并在部署自己兵力的具体方法上,也要在一个地区对敌形成优势,同时在另一地区则尽量延长牵制敌人的时间,以便使你的主攻获得圆满战果。其所需要的时间,在一处战场上可能是半个小时,在一次战役中可能以日计、周计或更长的时间。

现在,我想进一步通过例证将同样的原理和方法用于海岸的防御和进攻。当一个国家处于战争之中,它的全部边境和对方的全部边境都是进攻的对象。这就构成边境的守势方面。而边境所及的整个范围又可用为进攻的出发点。这就是此方与彼方边境的攻势方面。在陆战中，如 1870 年法德两国之间的战争，或如我们曾经讲过的黎塞留所进行的历次战争，其共同之点就是交战双方
50 彼此毗邻，其政治边境不仅是共有的，而且是同一的，即双方拥有一条边界线。这种状况其实并非总是如此。最近的日俄战争，主要是在中国土地上进行的；比利时曾是有名的争端迭起的战场，对当地居民来说这些争端对他们的国家没有什么利害关系。不管怎样，军事边境，即两条战线正面之间的这条界线，实际上对交战双方来说都是共有的。在海战中情况则迥然不同。在这里，海洋构成双方的政治边境，海洋尽管是共有的，但其宽度却不一致。隔在双方之间的海洋与其说是一条线，毋宁说是一个位置，它居于二者**中央**，将二者彼此分隔开来，这无疑是多瑙河特点的再现。这就不难看出，一个国家真正控制了海洋，英国就曾多次达到这一目的，就会真正拥有多瑙河的有利条件；就能将优势兵力或是投入防御方向，或是投入进攻方向。

1812 年英国同美国之间的战争提供了两种边境范例。在加拿大和美国之间是陆上边境；美国还有海洋边境，英国对海洋边境可以为所欲为，因为它控制了海洋这个介于美国同英国诸岛之间的中央位置。在我著的《1812 年战争》一书中，我已经论述了两种边境所包含的总体态势，并且还论述了每种边境的特殊条件，指出美国应在何处采取攻势，应在何处采取守势；显而易见，并非所有部位都同样有利于攻势行动，何况国家尚不拥有足够的力量可以到处作战。我之所以提起这些论述，是因为不管我自己的判断是
51 否精确，都是为了举例说明，在任何边境线上，或在任何战略作战

正面上，或在任何战斗线上，进攻的力量可能而且应当集中于一个部位，而不应沿全线配置。若米尼用简便的表达方式将这种可能表述为便于记忆的警句，它概括涉及任何军事部署的一个重要考虑；这一考虑不管是对于战役中的战略作战正面，或是对于战斗中的战术队形，或是对丁边境，都一律适用。若米尼说，每一种这样的态势，严格说来，都可被视为一条线；而每条线在逻辑上和实际上可分为三个部分，即中央和两端或两翼。

当然，你们要防止将其想像为三个**相等**部分。我们在这里不是讨论数学，而是讨论军事概念。让我们立即将其运用于今日的美国，以观其实践效果。美国拥有一条漫长的海洋边境，到墨西哥则被横亘于其间的陆地所遮断，正如法国的海洋边境到比利牛斯山脉便被遮断一样；但这些海岸线，法国亦然，却具有一定的海洋连贯性，正是由于这样的连贯性，舰船才能通过海洋由一端通达另一端。这样一来，可以毫不夸张地说，海洋边境是连贯的。现时，美国拥有一条水陆衔接、紧密连贯的边境，即从缅因州海岸到里奥格兰德河。按自然划分，它有三个主要部分：大西洋、墨西哥湾和佛罗里达海峡。我不否认，为了研究起见，还可进一步细分；但不妨肯定分成这样三个基本的主要部分是完全清楚的。它们的长度各自不等，从军事观点来看其重要性也不尽一致；佛罗里达半岛在美国产业利益方面虽然地位不高，但一支优势的敌对舰队一旦牢固地立足于佛罗里达海峡，即能有效地控制住两翼之间的水路交 52
通。它将据有中央位置；并依托这一中央位置，不需对整个美国海军形成优势，即能将其分隔在中央位置的两侧。居于这样位置的假想敌人，只需对位于任何一侧的美国海军分舰队形成决定性的

优势；反之，如美国海军的这两支分舰队连结成一体，则就必须对整个美国海军形成优势。正是这种条件使古巴在美国立国的第一个世纪里，就在美国的国际关系中具有头等重要意义。它位于美国贸易交通线和军事交通线的侧面。我们知道，在我国确实不乏贤明之士，他们对待地理为我们造成的这种态势，就像两个孩子对待一个苹果一样。这就是将舰队分成两半，分别配置于两边海岸，并声称这对两边都公平合理；因为两边设防是理所当然的，或是行之有据的。不消说，这样做肯定没有集中，也无成效。

在继续讲述之前，应当指出，佛罗里达半岛同朝鲜半岛有着惊人相似之处。东乡进驻马山浦，对于罗日杰斯特文斯基和符拉迪沃斯托克的俄国人，恰如一支敌对舰队驻泊于佛罗里达海峡之对于墨西哥湾和汉普顿锚地的两支美国海军分舰队一样。东乡和上村早在战争初期就以相同方式分开活动于内线，将符拉迪沃斯托克的三艘性能良好的战舰同旅顺口分舰队隔绝开来。

然而，大西洋和太平洋海岸作为美国边境，甚至具有更为重要之态势。就以法国为例可以证实我的说法是正确的，通过水路确实可从其一端通达另一端，这就是说海上边境是连贯的；而且在过去的数年中作战舰队已经证实这一事实。如此说来，美国就有一条海上边境，从缅因州的东港至皮吉特海峡；而且如同其他军事线
53 一样，它立即可以明显地分成三个主要部分，即大西洋海岸，太平洋海岸和二者之间的航线。但当这条航线经过巴拿马而不是经过麦哲伦海峡时，这一概括就不再确切了，也不再值得考虑了；但这一概括却将更加清晰醒目。到那时很容易便能看出，就像现在可以确切地看出一样，这条漫长边境线的重要部分，现在和将来依然

是其中央,因为它能保证和阻止有效地从一端通达另一端;保证和阻止兵力的调动;简言之,依然还是交通线。这又是多瑙河位置的再现,也是从热那亚到比利时的一系列西班牙位置的再现。这次又是我们以前在不同的地区和不同的时期所曾遇到过的中央位置;但是巴拿马这一中央位置较之我们现在赖以通航的麦哲伦海峡却具有内线优势,将现在的航线同未来的航线加以对照,二者的悬殊差别就为这两条航线的优劣提供了一个显著的例证。

为使问题更加清楚,我们必须重新提起前面所作的说明。中央位置的优势何在?在这一位置本身吗?不是的,不管它如何强固有力;而是在于对它的使用。中央位置是有点作用的,但不是主要作用;它是态势的一个因素,但不是惟一的因素,甚至也不是首要的因素。假如两侧的敌人都比你强大,虽然据有中央位置也无济于事。简言之,正是力量加位置才能对无位置的力量形成优势;或者更有启发性地说,实力的平衡是力量同位置的不同程度的组合,一方有余可以补偿另一方的不足。假如野战部队或海军这样的机动兵力,强大到足以单独自立于战场的任何部分,或边境的任何地域,那么它就可以凭借自身的力量不管它可能位于何处便都能保有中央位置。假如美国舰队强大到足以从一侧海岸强行航达 54
另一侧海岸,则其凭借自身力量便能据有中央位置。一旦巴拿马运河设防,其水闸得以确保安全,则美国舰队便将拥有力量加位置的威力,而且是一个设防的位置。在此之前,舰队必须依靠自身的力量独自控制该线的中央,保证自由运动于两翼之间,从大西洋至太平洋,或相反。只要舰队的力量足以胜任,能够对付任何具体敌人,则边境的中央就会安全无虑,从而交通线也就安全可靠。因

此，从单纯的军事观点来看，每一翼都应当强大到足以顶住攻击，直到舰队来增援为止。这就是说要有充分的设防，广义说来，它包括港口工事、火炮、守备部队以及鱼雷装备等；而且还必须拥有一支陆上部队能够防止敌方陆军攻占某一决定性位置建立坚不可摧的控制。

由此可见，一旦位置的安全得以确保，便可确定所需兵力的比例，有可能只需要较少的兵力。然而，假如美国在大西洋方面有一个敌人并在太平洋方面也有一个敌人，则不论位置如何有利，美国都不免要拥有一支强于任何单独一方敌人的舰队。这就是一支实力的标准，这是美国最低限度的需要。1909 年 7 月份英刊《全国评论》刊载一篇题为《海军与帝国》的文章，其中提出一条定义，我认为是正确的："两支实力的标准必定意味着保持两支舰队，其一支必须在一切武备方面优于在力量顺序上次一位的外国舰队，"即次于英国的最强的外国舰队，"而另一支则必须在一切武备方面优于在力量顺序上再次一位的外国舰队。"我在这里不是说美国需要两支实力的标准，像英国可能需要那样；然而，假如英国照此去做，
55 那么这一标准的定义便是正确的。就欧洲当前局势和当前海军造舰规划而言，两支实力的标准要求英国必须在本土水域拥有一支明显优于德国的舰队；而且还要在地中海能够同时配置一支同样优于奥意两国联合舰队的舰队。

内线位置能使你尽快到达战场，但其优势亦仅此而已。它不会为你提供所需要的"最多的兵力"来实现众所周知的那句格言。位置本身不能增大兵力；而且充其量只能对隐蔽地、补给基地和交通线起到防卫作用。它不能作为一支增援部队派往战场。但是，

假如你在大西洋方面有一个敌人,并在太平洋方面也有一个敌人,而你只对一方的敌人占有优势,但并不优于两方的联合,则中央位置可为你提供一次机会以单独的决定性攻击对付一方;防止它们会合形成一支你难以抵挡的力量。东乡正是利用俄国人的错误部署,先后相继击破了旅顺口分舰队、符拉迪沃斯托克分舰队和波罗的海分舰队。

可以说这里有许多“假如”和“但是”。的确如此;当你每次处理一个具体的战争问题时,你总会发现“假如”和“但是”在起着巨大的作用。正是这些“假如”和“但是”对指挥官造成进退维谷的境地;然而,一旦它们得以解决和克服,它们就将使你获得荣誉称号。
不妨研究一下奥斯特利茨战役之前紧紧缠住拿破仑的那些“假如”
和“但是”。它们以既方便而又简明的方式出现在罗普斯所著的有
关这位皇帝的生平传记中。还需记住,在这十年内,你们亲眼看到
的恰好正是这样的一个问题,一场发生在你们眼前的搏斗。日本
东乡拥有中央位置,内线和一支优于敌人两支分舰队中任何一支
的优势兵力,即波罗的海分舰队和远东分舰队,它们位于东乡的两
侧。这两支敌军集团之间相隔的距离,稍近于汉普顿锚地经麦哲 56
伦海峡至旧金山;较之航经巴拿马运河则要远得多。两支俄国舰
队联合起来,其所形成的巨大优势定将使东乡在战争初期是否能
够应战都会成为问题;假如他能够,那恐怕是出自于其卓越的内在
本能,而不是出自于兵力相等。难道能够设想在他向舰队发出“帝
国存亡赖此一战”的信号之前的连续数月之内,没有许多“假如”和
“但是”吗?

我们确信,情况确是如此;从开始起,日本人就因其数量处于

劣势，必须节制使用战列舰而受到束缚，而当旅顺口出乎意料实行坚守拖延时日之时，则引起了极大的焦虑，甚至惊恐，因为当时舰队急需撤离和重新修整以待迎击波罗的海舰队。假定当时发出的信号标示着实际情况，假如旅顺口分舰队的情况依然同前一年夏季一样，或者，假如罗日杰斯特文斯基早到十个月，实际情况会大不相同，形势则将非常难以确定。但是，罗日杰斯特文斯基到得太迟了；但是，当他到来之时，旅顺口分舰队早已不复存在了。

尽管如此，东乡大将仍然受到许多“假如”和“但是”的烦扰。舰队司令部的一名日本参谋记述了罗日杰斯特文斯基到来之前的情况：

“我们感到极大不安的时刻是临战前的两三天。我们曾经预计俄国舰队应于5月23日或至迟于5月25日就会被我们布置在最南面的舰船发现；但它们没有发来报告，而我们也没有从任何来源获得任何有关俄国舰队的情报。于是我们对于敌人是否已经进入太平洋并已绕道津轻海峡或宗谷海峡，开始疑虑不定。我们对敌人所采取的航线一无所知，这是我们最受考验的时刻。就连坚信敌人必
57 然取道对马海峡的东乡大将，当时似乎也感到某种不安。”

现在设想一下查理大公于1796年那次战役中所面对的那些“假如”和“但是”，这次战役在开始论述战略时曾被用为例证。他的这一作战活动时期，大体上同拿破仑于同年在不朽的意大利战役中获得辉煌成就的时间相合——他的战绩本身曾对奥地利人的深思熟虑构成巨大的假如。假如大公的两个直接对手儒尔当和莫罗联合起来，则大公所处的劣势就会对大公本人引来无数的特有的假如和但是。他所遇到的这一切终于都被克服，其原因就是以

集中对付分散;就是凭借多瑙河的强有力的优越自然条件,巧妙地运用其所占据的中央位置和其所使用的内线。他利用这条河流及其南部支流,正如拿破仑于同一季节中在意大利利用加尔达湖的出口较小的明乔河一样。大公挥师北上扑向儒尔当,将其决定性优势兵力投向前进的法军全军的左翼,也可以认为他自己本军的右翼。他自己的左翼,多瑙河南部,则实行避战。即以劣势兵力对付多瑙河南面的莫罗,他训示指挥这次作战的部属,必须逐条河流进行争夺,但不得转入阵地战;相反,必须节节退却以保存实力。在谈及这些命令时,他以富于启迪的表达方式着重说明拿破仑所颂扬和身体力行的目的的专一性;这就是精力的专注和力量的集中,一个伟大的指挥官正是依此抓住一件需办的事情不放,来解决他的许多假如和但是。疑虑可能很多;但真理只有一个。大公说: 58
“只要我在此期间粉碎了儒尔当,即使莫罗打到维也纳也无关紧要。”

我们可以用这一决心,来回答那些主张将作战舰队分开配置于大西洋和太平洋的人们。假如大公将兵力分开,以一半对抗儒尔当,一半对抗莫罗,一旦莫罗到达维也纳,形势就会有关紧要,因为北面的奥军也是劣势,势必被迫不断退却,儒尔当便会轻而易举地同其友军会师。事实却是,当莫罗逼近维也纳时,儒尔当已经迅速败退至莱茵河;于是莫罗除急速撤退之外,别无他策,否则就会遭到优于自己的敌军的分割,在他的交通线上遭到迎击和拦截。简言之,这种态势正是罗日杰斯特文斯基曾经面临的那种态势,而且必将同其一样导致惨重程度不尽一致的不幸结局。

即使维也纳陷落,其结局也仍会如此。莫斯科于1812年曾经陷落，其结局是尽人皆知的。欧洲中央的控制者拿破仑，曾经试图从其中央位置同时向两翼对俄国和西班牙进攻；尽管他当时拥有巨大的实力，但也力不从心，在他下达给马尔蒙的一些训令中指明，他想将他在半岛的兵力约束在发挥守势作用的范围内。我们可以拥有充分的理由将我们的舰队或是部署在太平洋，或是部署在大西洋，而却找不到充分的理由将舰队分开配置于两洋。必须选定一翼做为舰队采取攻势行动的依托，攻势行动是舰队应当而且必须采取的行动；而在另一翼当涉及海军行动时则实行避战，保持守势。用大公的话来说就是："如果舰队能摧垮其对手，那么在保持守势的一翼不论出现何种情况都无关紧要。"你们要懂得，当
59 然这绝不意味着不会出现麻烦的事件，不会发生灾祸；若是让莫罗抵达维也纳，那对奥地利人来说确是极为麻烦的事件。1898 年机动分舰队曾被布置在汉普顿锚地，主要是为了保障北部海岸不致产生麻烦事件。不使战争伤害一人，这不在我们能力范围之内。就军事意义而言，假如一处海岸遭到袭击、封锁、炮轰或占领，只要与此同时敌人的舰队遭到摧毁，那它对于国家的最后安全和最后胜利的影响就是无关紧要的。只要取得这样的战果，国家遭到的每种其他损失便都可得到补偿，尽管国家事先无意进行军事准备，但只要证实它愿意承受这一重担，做出必要的努力切断入侵者的交通线和退路，便可迫其投降。一支陆军部队处于这样的环境下，或许仍能生存于国外，汉尼拔便是一例；然而，假如其兵员和补给系来自海上，则惟一的结局便是消耗殆尽坐以待毙。侵入一个国家或许容易，但要想撤离这个国家却很困难。海洋曾是威灵顿的安全保障，不久之前对于日本更是如此，而汉尼拔和1798至

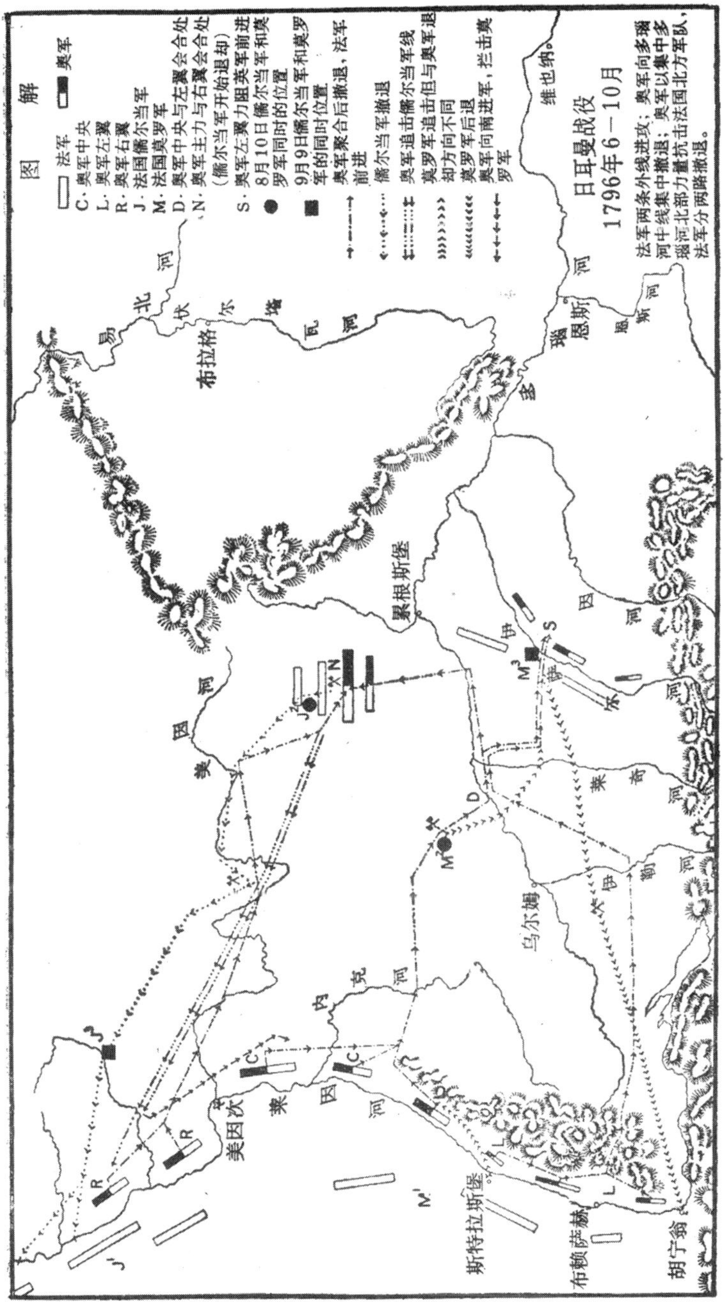

日耳曼战役
1796年6—10月

法军两条外线进攻；奥军向多瑙河中线集中撤退；奥军以集中多瑙河北部力量抗击法国北方军队，法军分两路撤退。

图解

- 法军
- 奥军
- C. 奥军中央
- L. 奥军左翼
- R. 奥军右翼
- J. 法国儒尔当军
- M. 法国莫罗军
- D. 奥军中央与左翼会合处
- N. 奥军主力与右翼会合处（儒尔当军开始退却）
- S. 奥军左翼力阻英军前进
- ● 8月10日儒尔当军和莫罗军同时的位置
- ■ 9月9日儒尔当军和莫罗军的同时位置
- 奥军聚合后撤退，法军前进
- 儒尔当军撤退
- 奥军追击儒尔当军线
- 莫罗军追击但与奥军退却方向不同
- 莫罗军后退
- 奥军向南进军，拦击莫罗军

布拉格
易北河
伏尔塔瓦河
美因河
美因次
莱因河
内克河
累根斯堡
乌尔姆
斯特拉斯堡
布赖萨赫
胡宁翁
伊勒河
莱奇河
伊萨尔河
因河
多瑙河
恩斯河
维也纳

图 5

1801 年期间在埃及的法国人则都是由于失去海洋一筹莫展而横遭覆灭。

由此可见，关于中央位置、内线和集中兵力，并非只备其一或如东乡那样三者齐备，便可安全无虑或必然胜利。三者齐备，其结果不外是可以据有明显的有利条件；在力量的方程式中，将三者加在这一方或另一方，其分量并不为零或很微小，而是一个举足轻重的分量；要想克服它，另一方的力量必须大大增加。我们假设俄国海军的总兵力较之日本强大 25％，如其全部集拢，必将对日本拥有决定性的优势。分成两半，则每一支兵力只及敌军的 62.5％，敌人据有中央位置，可以沿较短的航线向任何一方运动，而俄国海
60 军的一方则须经过较长的航程才能航抵另一方。单就数学计算来看，这支劣势兵力一旦同敌人交锋，要使己方获胜，则须重创这支优势敌军，使其兵力不只减到而且要低于 62.5％。不管最终结局如何，即使有某些侥幸可言，则如此劣势的第一支兵力能否给予敌人以如此重创，至少值得怀疑。假如不能，则集中兵力的一方将取得胜利，它之获得成功，则是得力于其内线和其中央位置以及虽居劣势但却集中。待其迎击第二支敌军时，其优势已于第一次交锋中大大削弱，或许削弱到彼此相等；但它现在却拥有它的新对手所缺少的巨大精神因素，这种巨大的精神因素会使斗志倍增，拿破仑曾经说过这种精神因素支配着战争，这是由于胜利而使信心激增。

第四章　史例述评(续) 61

当我们即将在本章继续讲述黎塞留统治的法国对抗奥地利和西班牙两国的战争史实时，我想提醒诸位回顾讲座开始部分所谈及的内容，即查理大公在多瑙河流域所进行的战役，只是从陆战方面说明关于集中、中央位置和内线的原理；而法国同奥地利之间的战争却提供了既有陆上力量又有海上力量参加的战例，关于法奥战争以后还要研究，有待进一步论述；随之便将论述克伦威尔同荷兰所进行的海军战争的实例，关于这次海军战争则限于以实例说明海军战役。这最后部分正是现在讲的专题。

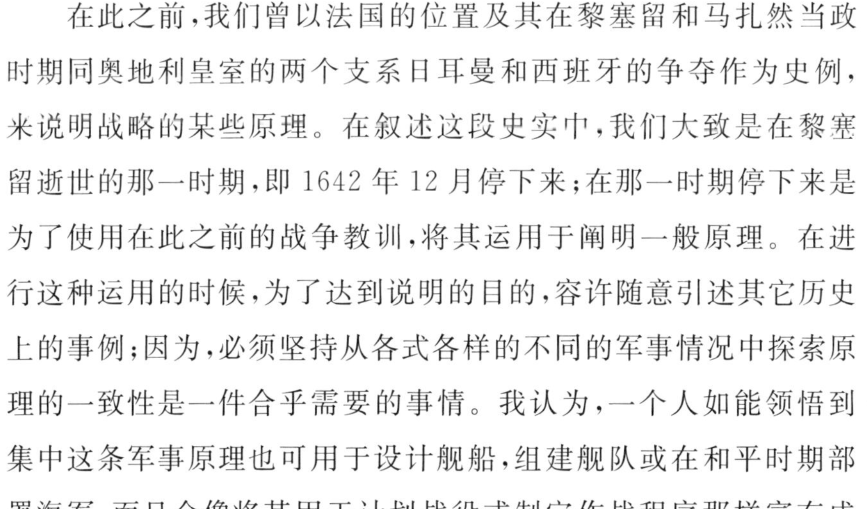

在此之前，我们曾以法国的位置及其在黎塞留和马扎然当政时期同奥地利皇室的两个支系日耳曼和西班牙的争夺作为史例，来说明战略的某些原理。在叙述这段史实中，我们大致是在黎塞留逝世的那一时期，即 1642 年 12 月停下来；在那一时期停下来是为了使用在此之前的战争教训，将其运用于阐明一般原理。在进行这种运用的时候，为了达到说明的目的，容许随意引述其它历史上的事例；因为，必须坚持从各式各样的不同的军事情况中探索原理的一致性是一件合乎需要的事情。我认为，一个人如能领悟到 62
集中这条军事原理也可用于设计舰船，组建舰队或在和平时期部署海军，而且会像将其用于计划战役或制定作战程序那样富有成

效，他就会获益匪浅。

现在我从黎塞留逝世开始继续讲述历史；目的依然只是提供大量的叙述，用以说明事件发展的背景，并指出军事上的教训。黎塞留死后，法国的大权在一段短暂时期内落入马扎然手中，他直接奉行恢复亨利四世和黎塞留的总体对外政策。欧洲局势仍然一如既往，法国同奥地利皇室的两个支系继续抗衡；但在战争初期，由于事件迭起，交战对手众多，各自目的错综复杂，致使情况混乱，难以找出连贯性或明显的特征，——后来才逐渐呈现出比较清晰的轮廓。概括起来，现在可以说，同法国结盟的有荷兰、瑞典和北日耳曼诸邦；而站在西班牙和奥地利一边的则有巴伐利亚及全部南日耳曼诸邦。开始时，这是一场属于宗教性质的战争，后来变为以政治目的为主。法国的力量越来越集中于其敌人的右翼，自己的左翼；即集中于日耳曼，特别是集中于比利时，当时称为西属尼德兰，它在意大利则是犹豫不决，而且在得到叛民支持的加泰罗尼亚地区也是如此。法国的内部叛乱已被黎塞留镇压。国家的内部力量已经集中并得到加强，得以努力对外。它已培养出一批军事将领，而且正在不断赢得一连串胜利。而西班牙则相反，国力日益衰

63 落，由于加泰罗尼亚以及葡萄牙的叛乱而不能自拔，葡萄牙于1640年重新获得于1580年被西班牙所剥夺的独立。加泰罗尼亚却未能获得同样的成功。

于是，法国日趋强盛，西班牙和奥地利却日益衰落。1646年法国和瑞典侵入巴伐利亚向其勒派军税，并通过这种手段使其脱离奥地利。随后法国又背弃了正在日耳曼作战的盟国瑞典，并将重兵投向尼德兰，在尼德兰它得到了荷兰的援助，但不久便遭冷

落。各同盟国所取得的成功引起了彼此之间的相互妒忌。在它们之间集中力量已不再成为可能，因为它们各自仍害怕看到对方过于强大。荷兰对此尤为显著，其力量主要限于海军力量，因受条件限制，它不可能在陆上力量或扩充领土方面同法国争雄。荷兰对于法国通过其尼德兰新领地将其边界推向自己这边，岂能坐视而不管。

其结果便是荷兰在一段时间里态度暧昧，无所行动，于 1648 年早期便背弃法国同西班牙单独媾和；同年晚期十月间，日耳曼皇帝和巴伐利亚将其盟国西班牙排除在外，同法国和瑞典以及它们的盟国签订了威斯特伐利亚和约。这笔交易标志着三十年战争的结束。西班牙拒绝接受条款，继续同法国单独对抗，双方都没有盟国。法国当时仅从日耳曼有所获得。它得到了我们所熟悉的阿尔萨斯地区，这一地区直到 1870 年普法战争为止一直归法国所有。这样，法国就将其边界向前推进一百英里到达了莱茵河；并依托割 64
让来的菲利普斯堡和布赖萨赫两座要塞加强了对莱茵河的控制，这两座要塞位于该河日耳曼一侧，恰恰位于阿尔萨斯边界的两端。将这两座要塞的位置同伊比利亚半岛战争的罗德里戈城和巴达霍斯进行对照(见图 8)，定会有所启发，罗德里戈城和巴达霍斯确定了在葡萄牙的英军和在西班牙的法军之间的作战正面。交战一方占据了它们便能巩固其后方的领土，并为其进行攻势运动提供前进基地。1812 年威灵顿占领了上述两地，作为重要的出发点，随后即向前进军将法国逐出了西班牙。

在威斯特伐利亚媾和之后，法西两国依然继续交战达十年之久，与此同时，欧洲舞台上出现了一支新兴力量。这就是奥利弗·克伦威尔统治的英国，克伦威尔运用铁腕和军事力量整顿了国内

秩序，这就使他能在对外政策上施加影响，而这恰是斯图亚特诸王从未能够做到的，因为斯图亚特诸王一直同议会议员们意见不一。在威斯特伐利亚和约签订三个月，即 1649 年 1 月，查理一世被斩首处决；此后将近十年，也就是法西两国继续交战的时期，正是英国护国公克伦威尔的绝对权威存在的时期。新政府所采取的首要步骤之一，就是重建海军，在新政府的领导下，当时的英国陆军已成为一支举世无双的精锐军队。这次海军改组有两个明显的特征：一，是用专为国家和战争而建造的舰船组成一支正规的常备海军，以代替过去根据形势需要依靠征用大量商船而组成的大部分
65 非正规兵力；二，是将这支兵力交付军人，即陆军的将校们对其在纪律、战术和战略方面进行训练和管理，由他们将其组成一个有效的军事组织。当时海员的传统习惯使他们不能适应新创立的这种军事状态；他们必须经由曾是陆军战士转成海员的陆军军人加以训练。结果便产生了一支具有上述独特意义的前所未有的军事化的海军。

由于拥有这样一支令人生畏的武装，它以具有同等效能的陆军为后盾，并受到六年战争的锻炼和屡战屡胜的鼓舞，于是这个岛国便放眼于欧洲，但眼光并不友善。做为一个强烈信奉新教的共和政体，它看到两个天主教王国正在交战。做为一个海洋和贸易国家，它隔海看到荷兰乃是其竞争对手，荷兰信奉新教又是共和政体，两国本应互相同情团结，然而旧恨未消，又因在航海和贸易事务中存在不平等而重结新怨。回顾五十年前，荷兰得到英国的援助，逐渐摆脱西班牙的奴役获得了自由，而如今却一直利用廉价的船只和工资进行竞争，暗中损害英国的航运，致使英国的运输业务

大部落入荷兰之手。

对于内心支持克伦威尔制定政策的动机，一直是不清楚，也存在争议，因为其政策本身在许多方面隐晦莫测，充满欺骗。可是我认为，其中奥秘在于他在政策上如同他在日常生活中一样，首先是一名宗教信徒。这就是说，除了毫无疑问的他的个人虔诚之外，他将世界上各种事件的发展都看做是上帝的旨意，只有他能领悟上帝的意图并同上帝合作。克伦威尔自认为是一个肯定无疑的完人，他和他的亲信掌握着真理并受到上帝的指引，这种信念极为危
险，它可以导致肆无忌惮，任意非为，这是一种欲达目的而不择手 66
段的信念。当时的政治家们对此并未提出异议。他们几乎全都认为，只要目的是需要的，手段是否正确而无须予以考虑。

新教也就是我们今天所说的公理会教派，他们都认为是同上帝的意愿合而为一的，新教在教义上属极端的加尔文派，而在教会管理上则属于独立派。在国内和在欧洲大陆确立新教就是奉行上帝的意愿；而要实现这一意愿，就要仰仗外交和武力，二者都是处理国际关系的主要工具。从世界局势来看，问题则在于军事。这是一个联合与力量的问题；英国的岛国位置和组织严密的陆、海军，使克伦威尔在两个天主教国家相互交战之时一直拥有一支举足轻重的力量，握有决定性的表决权，这种情况一直贯穿于克伦威尔的终生。法国和西班牙不久便意识到在它们中间站着一个能使天平发生变化的信仰新教的狂热者。

克伦威尔的第一个行动就是试图将所有新教力量在政治上集中起来。除向其他新教国家提议外，还曾向荷兰提议进行合作；但不是乞求结盟，而是对两个共和政体实行政治联合。荷兰对此

当然反对，当时荷兰控制了世界航运贸易的大部；而且暂时对它的危险的邻国法国还放心。此外，英国的过去历史和当时的力量都表明，对于荷兰这样的较弱伙伴说来，联合如果不是吞并，就意味着屈从。提议彻底失败了；但不要忘记，四十年之后当荷兰王子威廉三世登上英国国王宝座之时，这主张又重新提出并被实际接受。正是克伦威尔求之未得的这种集中，终于将路易十四的权势从其
67 顶峰上拉了下来；但荷兰也随之降至二等地位，这都是它的那个君临英国鼓吹欧洲联合的统治者所一手造成的。

英国航海条例就是对荷兰拒绝联合的答复，其矛头指向荷兰控制航运贸易的霸权，而且获得了成功。这一条例于 1651 年 10 月通过，而于 1652 年 5 月战端便已开始。条例并不见得就是挑起战争的决定性原因。它只不过是一个有所作用的因素；然而，我们的目的不是讨论当时国际关系纠缠不清的原因，而是研究战争的进程，不是研究战争的起因。随之这两个共和政体进行了两年的斗争；这场斗争对于集中这一课题提供了某些恰当的教益，同时又启示我们亲自去思虑当前的国际局势。

在克伦威尔政府之前，英国海军只是偶尔例外地在地中海出现。在那里进行贸易的商船只能自己照顾自己。我们知道，在英吉利海峡和爱尔兰海以及在大西洋同法、西两国进行贸易中，在某种程度上已经实行了护航制度，但这种护航制度却未扩展到地中海。那里的贸易由一家名为地中海利范特公司①的特许公司经营；其所使用的船只为了自卫按当时的标准规定拥有一定的体积

① 原文 Levent Company，或译东方公司。——译者

和武装,很少用于进行其他方面的贸易。地中海贸易在英国的贸
易利益中居于次要地位,英国在地中海的商船和海军舰只一直都
遭到荷兰的排挤。在斯图亚特王朝的最初几代国王的统治下,直
到克伦威尔当权为止,不可能实行强有力的对外政策;因为要想坚
持这样的对外政策,就必须召开议会筹措经费,为此则须对议会做
出相应的让步,而国王却不愿让步。因而海军数量不足,只得任凭 68
海盗横行。北非伊斯兰教各国的船只甚至成群结队地云集于英国
近海;届于 1651 年为止的六年间,就有一百五十艘英国船只遭到
他们的劫掠。法西两国的私掠船,在克伦威尔执政以前的时期里,
对英国船只同样也是随意掠夺。

克伦威尔的共和政体改变了这一切。国家有计划地自身担负起由海军保护贸易的责任,其范围是前所未有的。正如科贝特指出,这就必然在海军思想中提出一种新的战略观念,即必须控制贸易航线。控制贸易航线必须具备两个战略要素:(1)一支机动的海军;(2)靠近航线的港口,用为作战基地供海军驻泊。海军初次到达没有本国港口的海域时,只得依赖友好国家的港口,如杜威于 1898 年寄泊于香港直到宣战为止;但这种依赖既不方便又不稳定,这就导致必须直接获取港口。为了保护英国航运,英国海军进入地中海,经过数年之久几经辗转到达了直布罗陀、马耳他和塞浦路斯等地;最终又到达苏伊士、亚丁及其以远地区。顺便提一下英国还曾一度占领了丹吉尔;后来又一度占领了科西嘉;并几度长期占领了梅诺卡岛。

于是,当 1652 年战争爆发时,荷兰同英国除在本土海域驻有主力舰队外,双方在地中海都驻有海军分舰队。英国海军分舰队

司令部设在托斯卡纳的主要港口里窝那；托斯卡纳大公认为，他的领地成为英国贸易的商场和中心有利于他的统治。战争开始时，地中海的荷兰海军大部集中于土伦港外，其原因直至今日我们还
69 无法确知。英国对待法西两个交战国，表面上保持和平相处，但在他们之间克伦威尔当时的政策却倾向于西班牙；这就成为促成西班牙属地厄尔巴岛的隆贡港对英国友好开放的原因。马扎然统治的法国就不像西班牙当时那样乐于承认将其国王斩首的那样一个共和政体。但不久两国都开始企图得到克伦威尔的支援。

有一点大家必须特别注意，那就是在当时条件下地中海和北海所产生的问题，今日又在这些条件下再次出现在英国面前，而且就其要求的一致性而言，这也正是美国所面临的大西洋和太平洋问题。这是一种颇为有趣的情况，我们现在看到英国海军将其85％以上的战列舰恰好集中在克伦威尔执政初期英国海军必须坚守的地方；而且也是出于同样的原因，即靠近英国本土海岸兴起了一个新的海洋强国。1566 年以前，构成今日荷兰的各省全都是西班牙的属地。在其后的四十年里，即伊丽莎白统治的整个时期，它们进行斗争获得独立，主要是由于英国的援助，在斗争过程中其贸易和海军实力也随之发展起来。在克伦威尔就任护国公时，荷兰商船的数量已大大超过英国，这两支海军在开战之初，实际上可以说是势均力敌。这些情况以及由此而形成的两支海军的暂时部署，对于 1652 至 1654 年第一次英荷战争的冲突进程具有重要影响，这次战争恰好发生在法西战争的同时。这些虽然不是惟一的
70 因素，但却是首要的因素。荷兰共和政体的政治结构是一个松散的各怀猜忌的省际联盟，这同军事效率所需的行政和组织的统一

相互抵触,与此同时,克伦威尔的强烈军事观念却使英国海军在精神上和形式上成为一个前所未有的军事组织。然而,战争总是降福于奉行集中的一方。

冲突开始时,荷兰在地中海的兵力总数处于优势。英国的总兵力处于劣势而又分散。一部分随其指挥官驻泊于里窝那港;另一分舰队则远在地中海东部担任护航。我不想一一详细指出数支英国分遣队的运动。我们只要说荷兰指挥官恰好置身于它们之间,就足以说明问题;他首先对里窝那港(见图 6,形势 1,a)实行监视,或通常称为封锁;然后在内线进行明智的运动借以隐蔽其位置和意图,同时却又总是保持其中央位置,即位于两支英国分遣队之间。结果,按惯例得到若干艘较强商船增援的英国地中海东部分遣队,被迫于厄尔巴岛之外接受战斗(见图 6,形势 1,b)。由于处于明显劣势,该分遣队遭到痛击而避入隆贡港,损失军舰一艘;这艘军舰后来于里窝那的中立海域又被驻泊在该处的英舰夺回,并在隆贡港重新归队。这次战斗发生于 1652 年 8 月 28 日。

荷兰舰队继续游弋于厄尔巴岛与里窝那之间,保持其位置优势。然而,两名英国指挥官仍能互通消息并做出安排,一定要设法会合,待厄尔巴岛的舰船修复之后再战。英政府对里窝那的指挥官不满,而将指挥权移交给厄尔巴岛的一名指挥官,该指挥官对于他所能预料的每一意外事件都一一作了慎重的指示。然而,不论
是兵力和位置的对比形势都对他不利;而其对手又是荷兰的优秀 71
海员并据有中央位置。未能预料的事情——偶然事件终于发生了,最终的结局是里窝那的分舰队被迫单独作战遭到痛击,全队除一艘军舰外全部被俘(见图 6,形势 2,c)。此事发生于 1653 年 3

月初，即首次战斗之后的六个月。于是新任总司令除率领厄尔巴岛的舰船退出海峡之外别无他策。他只得如此（图 6，形势 2，d），英国放弃了地中海，从此在战争期间再也未能返回。

当时，即在第一次战斗之后，有关的两名英国军官和共和政体派驻在里窝那的外交代表，为了坚守和维护国家荣誉都曾写信迫切要求本国政府派遣援军；政府曾经同意照办。北海和海峡的早期战争事件，总的看来对英国有利，当时英国兵力雄厚；但在 1652 年 8 月于普利茅斯港外的一次遭遇战时，在条件相同情况下，大体上双方兵力相等，结果对双方舰队来说不分胜负（图 7，形势 1，a）。事实上，荷兰舰队司令勒伊特在这次战斗中未损失一艘军舰和商船，成功地率领一支护航队为其打开了一条通路；而英国人则退入港内再未出动，胜利可以说是属于荷兰。勒伊特目睹其所护送的船队全部进入大西洋，而后率领一些返航的商船驶回海峡，同舰队司令德威思所统率的主力舰队会合（见图 7，形势 1，b）。会合之后，随之于 1652 年 9 月 28 日发生了肯特之战（图 7，形势 1，c）。荷兰人在舰船数量和质量上均处于劣势；然而，双方力量为六十八
72 对六十四，接近相等，这就不由使人想起，荷兰人在地中海的巨大优势乃是处其在决定性中央战场于劣势这一高昂代价而换得的。

英国人赢得了明显的胜利。英国政府受到这次成功的鼓舞，认为这是一次决定性的胜利，加上季节已晚，荷兰人不会再大举出动，于是就将舰队分散去担负不止一项任务（图 7，形势 2，a，a，a，a）。在其余的一些任务中，来自地中海的呼声引起了重视；一支二十艘帆船组成的中队被派前往并已起航出发。然而，荷兰人并未气馁。他们派出一支三百艘商船组成的船队，由当时的海军名将

莱戈恩
地中海英荷海战形势图
1652－1653年
形势1
荷兰
英国
a
皮翁比诺
厄尔巴
科
西
嘉
b
蒙特克里斯托岛

莱戈恩
c
d
形势2
皮翁比诺
厄尔巴
科
西
嘉
蒙特克里斯托岛

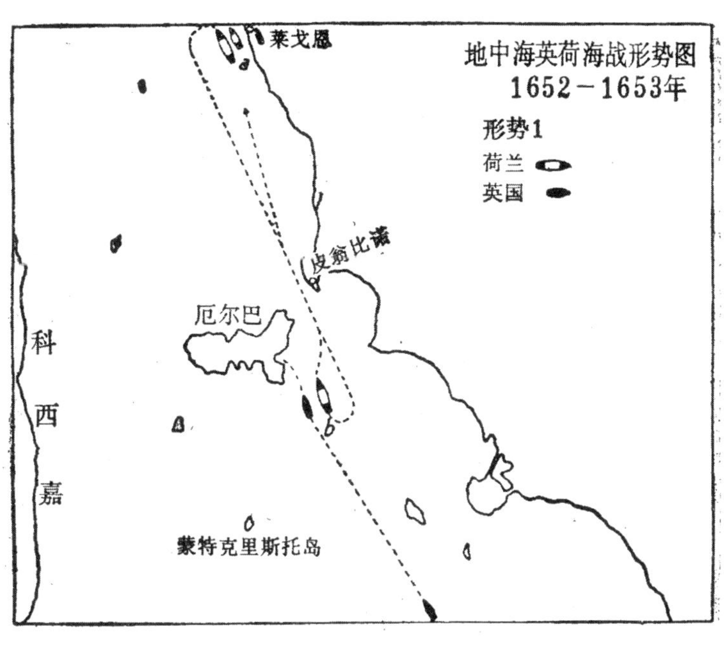

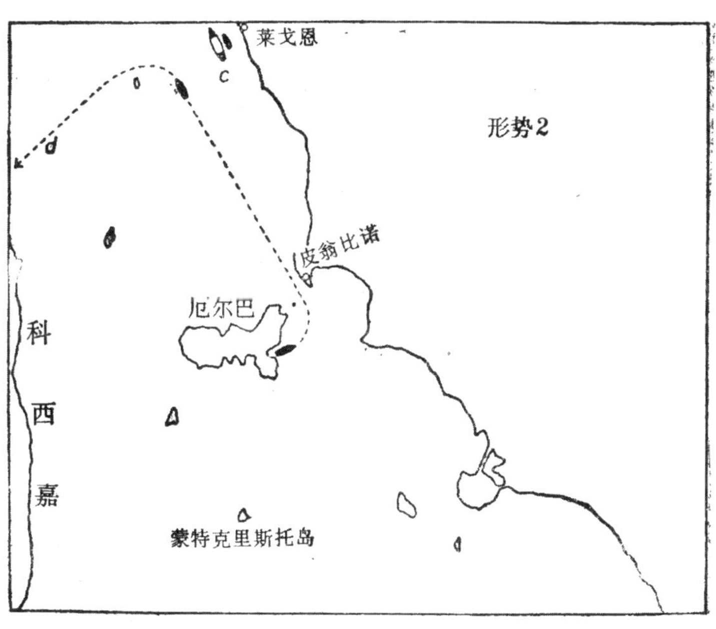

图 6

特朗普率领七十三艘舰船护航驶往大西洋。由布莱克率领的英国主力舰队，由于兵力分散被减少至三十七艘舰船，于11月30日一战遭到惨败（图7，形势2，b）。驶往地中海的分舰队于是被召回（图7，形势2，c）重归舰队。由于惨败，海峡在数周内充斥了荷兰巡洋舰，对此英国已无兵力可遏制。当此消息传至里窝那时，大公曾因其海域的中立地位遭到侵犯而震怒，于是也改变政策，不再容许交战国使用其港口。如前所述，这就迫使英国在地中海的军官只好放弃实行会合而后一战这毫无希望的企图。

当时，在精神上已彻底军事化，在行动上已有抵抗力的英国政府，在海军事务上吸取了这些教训，遂将全部海军集中于本土海域。十周之后，于1653年2月，特朗普率领一支护航队由大西洋
73 返航，他所率领的七十艘舰船同八十艘英国舰船相遇，于是发生了一场驶向海峡的边打边走的战斗（图7，形势2，d）。船队成为累赘，当然更加不利于荷兰人，而且其舰船数量又处于劣势。英国人牢记三个月之前的惨败，以及荷兰人善于在一切不利条件下还有很强的战斗力，主要依靠英国舰队的集中取得了战果。荷兰战舰有四、五艘被击沉，四艘被俘，约三十五艘商船被掠走。

恰在此时，陆军将领蒙克调至海军服役，他是一名经过尼德兰战争和最近内战锻炼的战士，数年之后又成为查理二世复辟的主要人物。他指挥一支分舰队参加上述战斗，时值1653年2月18日。在他的影响下，不容许进一步分散只够应付当前任务的兵力。英国的位置对于经过海峡或北海通往荷兰的商船航线较之当时的敌人据有战略优势，恰如今日其位置对德国据有优势一样。然而，如前所述，位置的优势，不论它如何真实和如何巨大，全在于对它

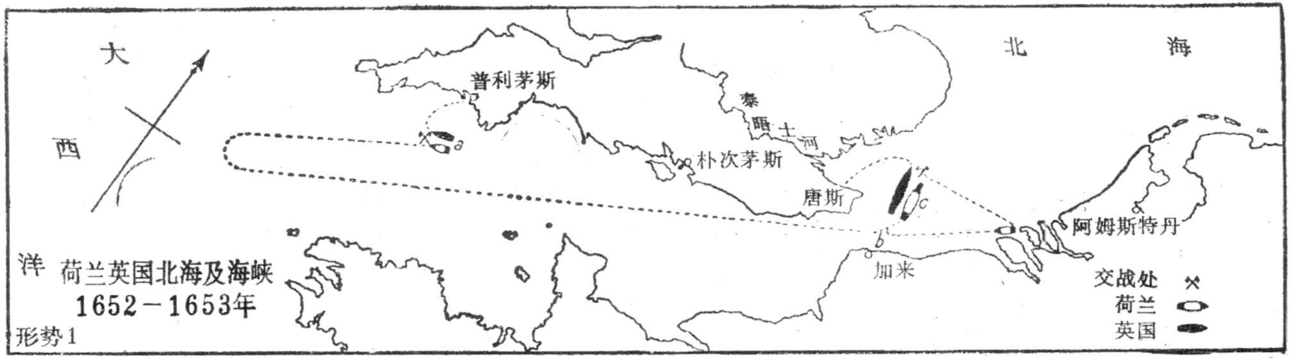
大
西
洋
普利茅斯
泰
晤士河
朴次茅斯
唐斯
北
海
阿姆斯特丹
加来
荷兰英国北海及海峡
1652－1653年
交战处
荷兰
英国
形势1

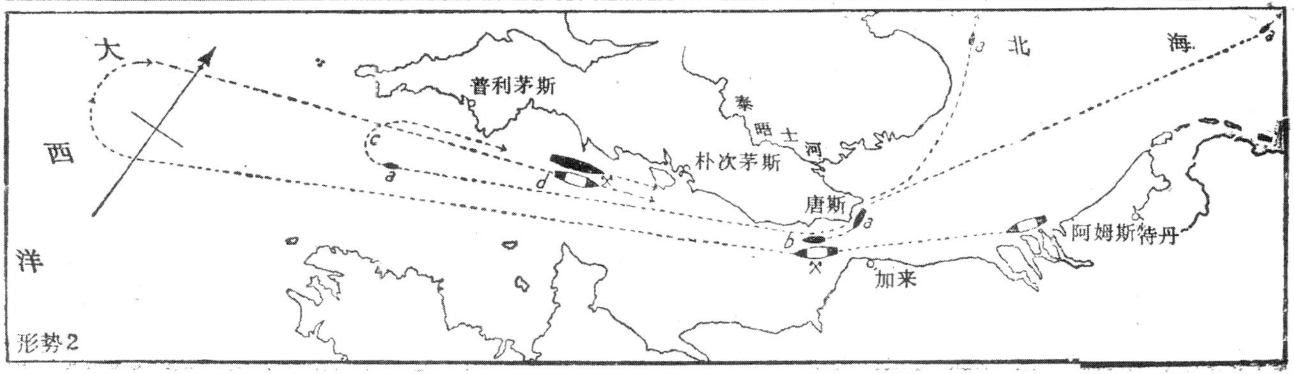
大
西
洋
普利茅斯
泰
晤士河
朴次茅斯
唐斯
北
海
阿姆斯特丹
加来
形势2

图 7

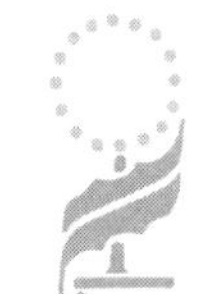

的利用。今日德国扩充海军至少部分应归因于对其所处位置的劣势的认识，而英国将其战列舰兵力集中于本土海域，正是对德国扩充海军的反应。两国的措施全都合乎逻辑，都是各种力量——战略的、贸易的和经济的——依据民众的权益而形成的必然结果。

1653年之中及其之后的英国海军的集中以及其舰队的良好军事组织和政府的明智军事远见，对这次战争具有决定性的影响。
74 经过十八个月对通往荷兰的航线实行控制之后，使荷兰的贸易陷于停顿。一千五百艘荷兰商船被俘。据说，这一数目相当于当时英国商船的两倍，通过这一对比可以看出这两个民族之间的互相猜忌以及英国制定航海条例的动机。荷兰已经税源枯竭，工厂倒闭，工作停顿。须德海桅樯林立，国内乞丐遍地，街头杂草丛生，阿姆斯特丹有一千五百幢房屋无人租赁。这并非战斗的结果，而是对主要贸易航线实行战略控制的结果。

克伦威尔于1654年同意的媾和条件，较其所能苛求的远为宽容。毁灭一个新教国家并非他的政策组成部分，蒙克是个军人，只看到当前的军事目的，对此大为不满；政治家克伦威尔却意识到在当时的欧洲局势中，英国需要一个强盛的而不是衰败的荷兰。和解和合作更适合于他的政策，在欧洲和其他大陆他的政策正在转向外部总体局势。在他生命的最后四年中，他决定要使英国和新教能从当时的法西战争中捞到好处。他的政策曾有一段时间在这两国之间犹豫不定，这在某种意义上和一定程度上一直使历史家们有些困惑不解。

在结束我们课题的这一部分之前，必须说清，我无意教条地坚持直接接触式的密集集中。对于集中，正如对待每一正确原理一样,必须从精神实质上,而不是仅从字面涵义上予以坚持和运用;必须结合理解,而不是仅从文字上进行实践。相互支援的思想是 75
不可缺少的根本思想;不论当时全部兵力如何配置,都必须做到使其每一部分都能由其他各个部分减轻其部分负担;而这一部分同样也要为其他各个部分减轻负担;同时,部署在固定驻地的兵力也要便于及时集中成密集队形。在空间上保持很大间隔的部署,也应做到能够进行这样的互相支援。日本海军将领东乡和上村在旅顺口陷落之前,出于必要的原因,曾是互相分离的;但他们凭借位于敌人两支主要分舰队之间的位置——中央,彼此互相支援。每一方都通过对其当面敌人实行控制来支援另一方。中央位置也要便于会合或增援——兵力转移——方能符合实用;例如 1904 年 8 月 10 日之战,当时上村曾经横越黄海海口趋前配合,但由于俄国舰队退回旅顺口,结果配合已不再需要。今日的间隔较之过去可以更加增大,因为蒸汽和电气已使运动较之过去更加可靠并使通讯联络更加迅速;然而,这种变化毫不影响根本要求,即部署数支分舰队时必须使它们能够互相支援,并在敌人通过联合以期吃掉其中任何一支分舰队之前,即能实际接触联合起来。这种想法,依我看来,绝不容许将现有的美国舰队分开配置于两处主要海岸。只有当每处的兵力都优于任何可能敌人之时,就如东乡优于旅顺口分舰队和上村优于符拉迪沃斯托克分舰队,或是牢固据有中央位置使它们能够及时会合形成统一集团之时,方可如此分开配置。

76 # 第五章　史例述评（续）

在开始今天的讲授之前，为使教学富有成效，我想围绕讲授的课题做一说明，在进一步举例论证集中、中央位置和内线等的内在战略优势的同时，我认为必须予以着重强调的主要教训乃是，当一支海军出现在远离本土的战区时，必然不可避免地要在那一地区取得些永久性位置，这样一些位置是保证海军进行有效活动所不可缺少的。

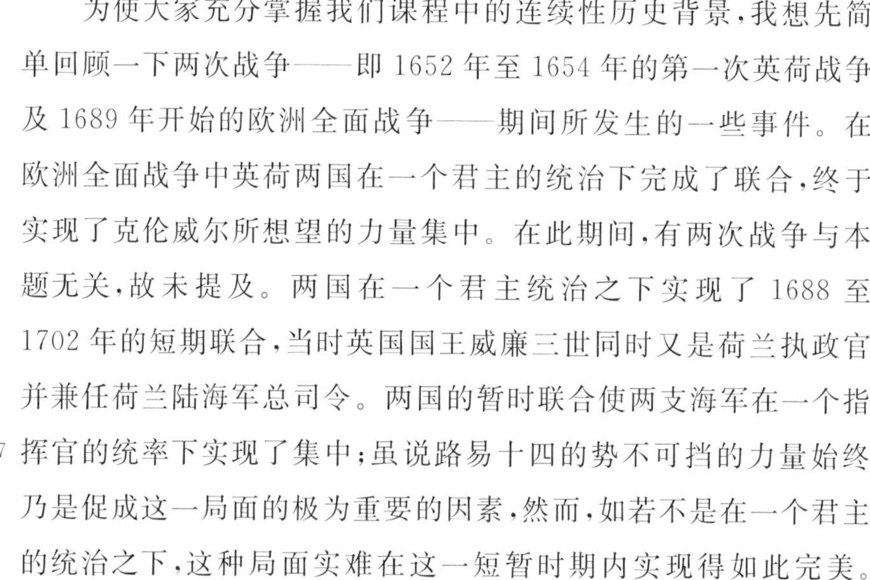

为使大家充分掌握我们课程中的连续性历史背景，我想先简单回顾一下两次战争——即1652年至1654年的第一次英荷战争及1689年开始的欧洲全面战争——期间所发生的一些事件。在欧洲全面战争中英荷两国在一个君主的统治下完成了联合，终于实现了克伦威尔所想望的力量集中。在此期间，有两次战争与本题无关，故未提及。两国在一个君主统治之下实现了1688至1702年的短期联合，当时英国国王威廉三世同时又是荷兰执政官并兼任荷兰陆海军总司令。两国的暂时联合使两支海军在一个指
77 挥官的统率下实现了集中；虽说路易十四的势不可挡的力量始终乃是促成这一局面的极为重要的因素，然而，如若不是在一个君主的统治之下，这种局面实难在这一短暂时期内实现得如此完美。正是这一原因促进了这一紧密联盟的形成，并一直持续到他死时

为止，这一联盟同时也是出于迫切需要。克伦威尔也曾想望过这一联盟，但未成功。因而他不得不打击荷兰，使这个无法成为其盟国而予以控制的对手陷于瘫痪以达到他所想望的集中。让我们首先了解一下在克伦威尔统治下这支集中起来的海军力量的行动和效果；然后再了解一下在一个首脑威廉三世的统治下的统一集中和在其直接继承者安妮女王统治时期的联盟集中的行动和效果。

尽管荷兰海军在我们前述的战争中得以幸存，但这支海军和荷兰这个国家由于遭受惨重损失已无意直接继续战斗。其结果是，只有英国海军凌驾于欧洲任何一支海军之上，实际上不是通过同荷兰结盟而是通过消除荷兰，海军力量才集中于克伦威尔之手；特别是西法两国只要继续交战，它们之间的海上力量就等于互相抵消。马扎然总结了关于法国海军破坏西班牙至意大利之间的交通线的卓有成效的经验，于 1642 年黎塞留死后，发展了他的海军政策，就是那种通常遵循的政策：派遣一支舰队进入一个新的地区。他曾寻求法国海军能够牢固立足的地中海的前进基地，在基地上扩大其活动和游弋范围，从而扩展法国的政治势力。他首先于 1646 年占领了厄尔巴岛和厄尔巴对面的位于意大利的皮翁比诺港；随之又力图在那不勒斯建立一个当然是对法友好的政权（见图 8）。这一继续向前推进的企图只获得了一时的成功。这些事 78
件都发生在克伦威尔执政之前的 1646 至 1648 年之间。

荷兰战争结束之后，英国舰队在直布罗陀海峡之内的最初出现和影响，即使在才能超群、果敢过人的克伦威尔的统治下，也如昙花一现，瞬息即逝，究其原因正是由于在当地缺少基地。虽说也曾产生过一些巨大影响，但这些影响却是瞬息间的；与其说是积极

的，不如说是消极的；而这些影响之所以令人瞩目，与其说是由于舰队的行动所致，不如说是单单由于舰队的存在所致。法国和西班牙的政策举棋不定，并非由于对英国舰队已经发挥的作用考虑较少，而是由于对英国舰队一旦投向某一方而可能发挥的作用考虑过多。这一例证充分说明军备本身甚至不需流血即可具备决定性的影响；而其影响则极为深远，最近以及现在的局势仍然可以提供一些实例。很有可能正是这种沉默无声的行动妨碍了克伦威尔清楚地认识到，当舰队司令布莱克所率的舰队于1654年11月，即同荷兰媾和后六个月，到达当时仍是西班牙港口的直布罗陀之时，单只这支英国舰队的存在就造成了何等巨大的压力。正当此时，法国的远征军已在那不勒斯登陆，再次试图使那不勒斯脱离西班牙。成功与否必然取决于对海洋的控制，当时法国由于国内的投石党运动，使西班牙得以重新夺回厄尔巴岛和皮翁比诺，从而更加难以确保对海洋的控制。位于直布罗陀的布莱克恰好横插在地中海的当时正在那不勒斯的法国海军和已从布勒斯特出发正在航途之中的一支巨大增援部队之间。

布勒斯特分舰队的迟迟不前使布莱克得以取得直布罗陀这个中央位置，并在该地受到盛情款待；因为当时英国虽然形式上既未同法国也未同西班牙开战，但众所公认，由于法国巡洋舰曾经捕捉
79 过英国商船，按当时的报复规定，法国处于不利状态，法舰一旦同英舰相遇即会遭到直接攻击。两年之前，即1652年，布莱克就曾在海峡对法国驶往敦刻尔克的增援部队进行过这样的攻击，直接造成当时属于法国的该港为西班牙人所夺取。如今，在那不勒斯无人不知，又是那个布莱克正在直布罗陀；而法国的另一支分舰

队还仍在大西洋，它位于何处，情况如何，全不清楚。实际上它已停于里斯本，无意前进。正当布莱克按照他自己的命令等候有关这支分舰队的消息时，那不勒斯的舰队还有时间可以逃往土伦，其代价是放弃其所担负的任务。假如布莱克立即跟进，很有可能将其摧毁；事实是布莱克仅仅依靠位置便将法国舰队逼走。虽然未曾交战，但却取得决定性效果。

科贝特公正地指出，这样的结果，我称之为“消极性”结果，易被忽视，或至少没能引起人们注意到其对未来行动的影响。例如，在最近的日俄战争中，旅顺口的陷落可当作日本人的胜利；但却无人注意到，旅顺口在陷落之前，其所牵制的满洲主力日军的数量比俄军的数量要多得多，而且还为波罗的海舰队的到达争取到充足的时间。波罗的海舰队没有在那段时间之内到达，并不能归咎于旅顺口的陷落。在我们面前的这个实例中，克伦威尔没有注意到布莱克的存在所产生的影响；或者说，假如他曾经注意到，但却没有受到足够的影响，使其将自己的注意力从大西洋和美洲转向地中海，他只知秉承伊丽莎白、德雷克和雷利的传统，仍将大西洋和美洲作为英国海军争雄的主要目标。

这一民族思潮的倾向同英国人的固执保守特点是同一的，同
时这一民族思潮也被其它同样强烈的新教传统所强调，新教传统 80
把包括法国在内的北欧国家联合在一起，对抗天主教的典型政治代表西班牙和奥地利。克伦威尔具体体现了这种思潮倾向甚至达到狂热程度。他仍然认为地中海是小事一桩。科贝特对此深感遗憾，因为地中海是他研究的主题。我自己则认为，单就政策而论，克伦威尔是对的；但我对他的作法并不谅解，尽管当时的外交手段

多以欺诈为特征。

且看他的所为，正当布莱克在直布罗陀为法国制造麻烦以支援西班牙之时，一支袭击西属西印度群岛的远征军却已悄悄整装出发。这支远征军起航于1654年12月，即同荷兰缔结和约的同一年，当时布莱克正在直布罗陀受到西班牙的殷勤款待，由于他的存在使法国放弃了觊觎西属领地那不勒斯的企图。西印度群岛远征军在圣多明各失败之后，于1655年5月夺取了牙买加；从此该地即为英国占有。

此事发生后的六个月，即1655年11月，英法正式媾和，以往存在的报复关系遂告结束，随之于1656年2月西班牙便向英国宣战。一年之后，即1657年3月，英法结成攻势联盟对付西班牙。联盟条款规定，由法国从西班牙手中夺得多佛尔海峡的敦刻尔克和马戴克并将它们让与英国，以酬谢英国舰队和六千辅助部队的援助。获得这两处港口，不仅使素为英国贸易之患的私掠船失去了一个司令部，而且还为克伦威尔支援北欧新教国家提供了一个
81 登陆欧洲大陆的桥头堡。这两处港口取代了其邻港加来曾经一度发挥的作用。马扎然对此当然不满；但联盟可以使其在尼德兰获得援助，在那里他要从西班牙人手中谋求利益，而且他还想欺骗克伦威尔为法国谋利。但他在这位摄政者身上却碰到了对手，克伦威尔坚持要将佛兰芒人的这两处港口拿到手；而它们终于在1658年7月，即克伦威尔去世前三个月为英国占有。西班牙遭到两强联合的强力反对，已经精疲力竭，又加内部腐败，一年之后，即于1659年，只得同法国签订比利牛斯和约。法国在尼德兰接收了阿图瓦省和比利牛斯山东面的鲁西永；此外，还向外扩展了其东部边

界,这是其野心的主要目标。西班牙同英法联盟的这次战争,终于使曾煊赫一时的西班牙王国一蹶不振。这是一个决定性的转折点,西班牙已明显地从其主宰欧洲的地位上永远跌落下来。

克伦威尔的下一代责怪他援助法国,使法国在路易十四的统治下拥有了巨大势力,成为主宰和威胁欧洲的国家。全面探讨这一问题并不属于我们的研究范畴,要想做出普遍能够接受的论证以结束这一争论,更是毫无希望。既有赞同又有反对,在二者之间作出定论,不是调和折中便是固执偏见,难以找出真正的原因。从军事观点来看,不言自明,克伦威尔已为英国奠定了牢固的国内基础,使英国拥有一支一流的海军和一支相应的陆军,获得了两处港口为一旦需要干预欧洲大陆,提供了有利的通道。一旦欧洲发生意外,当时很有可能发生,这就确保英国据有军事位置;同时,对于海外世界,在美洲和东方,其未来则取决于欧洲的实力均势,特别 82
是海军舰队实力均势。对于这些海外属地来说,欧洲各国则是作战基地。要想在海外有所得,必须先在欧洲取得决定性优势。

在即将到来的同路易十四的巨大角逐中,英国海军已不再居于首位,而是通过同荷兰结盟获得支援;英国陆军也是如此。查理二世复位不久即放弃了敦刻尔克桥头堡,将其归还法国,于是荷兰的港口遂就成为当时英国的桥头堡;同荷兰的结盟得力于强烈的民族和宗教的偏爱,这种偏爱曾经诱使克伦威尔将英国的活动集中于北欧而忽略了地中海,认为在地中海活动的时刻尚未到来。由此可见,他拒绝过分削弱荷兰是具有正当理由的。我认为下面的说法是不会言过其实的,自从威廉三世成为英国国王以来,其经历充分证明克伦威尔的政策是正确的;尽管当面对手不同,但态势

却无差别，活动轮廓也大致类同，即陆军在北欧洲作战，海军根据形势需要或在海峡或在地中海。克伦威尔的政策是以其在世时赖以立足的陆海军实力为基础，而不是以其无法预料的未来的斯图亚特诸王的方针为依据。是他们——斯图亚特诸王，而不是他——克伦威尔，助长了路易十四的势力。

难道还需我向大家提起，建立一支能够担负对外作战任务的一流海军和一支相应的陆军以及在北欧据有牢固的位置，不正是
83 今日英国正在努力达到的既定要求吗？而其海外属地的命运难道不正是需要依赖本土水域的巩固吗？但加拿大可能不在此范围之内。美国绝不能坐视加拿大遭受外国干涉而不顾。此时的法国、俄国和英国恰好代表着威廉三世时代的英国、荷兰和日耳曼；而舰队集中于北海又是荷兰国王统治时期的局势的再现。不过，今日的令人生畏的敌人不是法国而是德国。

从克伦威尔去世到驱逐詹姆斯二世的革命，即从1658至1688年，恰好整三十年。我将这一时期略过不谈。这一时期的英国政策，无论是对外政策还是军事政策都无法生效而陷于瘫痪，这是由于斯图亚特王朝的两代国王决意维持王权而不肯向民众让步。欲达此目的便需摆脱议会而独立，他们通过挑拨议会同路易十四互相斗争从而在某种程度上获得了这种独立；然而，军事行动需要军费，而军费只能由议会拨给。因而，查理二世和詹姆斯二世都同路易十四保持有金钱和个人关系，结果便造成对他的依赖。于是，法国得以继续侵犯欧洲，而英国只好缄默不言；尽管英国民众对此并非漠不关心。在海峡敦刻尔克和马戴克已被让与法国，在地中海丹吉尔已被放弃，这都表明英国的对外政策已变得软弱

无力和踌躇不决;凡是发生内部冲突的国家,不论是发生在地方集团之间,如十五年前美国的北方和南方,还是发生在民众和统治者之间,如现在摆在我们面前的斯图亚特王朝自始至终的实例,都无法制定卓有成效的对外政策。

当代法国海军著作家达夫吕伊海军中校说得既正确又有力:

“一个民族只要尚未巩固其统一,其所有的资源就只能够应付 84
其国内所需。这就是为什么英国在未同苏格兰合并之前,就无法奠定殖民帝国的基础。这就是法国海军应从路易十四时期算起的原因[①]。这就是为什么德国海军应从德意志帝国成立之日算起。”

当代有一件值得深思和牢记的重大政治事件,这就是德国海军的年度经费已从对法战争之后1875年的不足一千万美元,增至1905年的五千万美元而有余;而在其后的十年里,其预算每年超过一亿美元。还可补充一点,在奴隶问题尚未获得解决之前,在过大的州权时期以及南北战争以后对南部调整尚未结束之前,美国无法考虑建立一支强大的海军并扬威于海外。假如1898年达到顶峰的美西纠纷问题发生于退出联邦的战争[②]之前,北方这个政治共同体就会将战争仅仅视为只是企图夺取古巴以扩大奴隶制度的领域,因为尽人皆知这是南方首脑最为喜爱的计划。

关于巩固内部对于对外行动的影响,我们可从前面讲过的各个时期中,简明扼要地予以说明。1610年亨利四世逝世之后,经过十二年大空位的虚弱时期,于1622年黎塞留成为法国的统治

① 更正确地说应从黎塞留算起,是他巩固了法国的统一。

② 原文为 The War of Secession。——译者

者。1624 年，他全力以赴实现他控制北意大利和阿尔卑斯山诸险
隘以达到将奥地利和西班牙隔离开来的计划，他夺取了科莫湖以
东的瓦尔泰利纳地区，通过该区三条主要隘路可以通达上莱茵河
85 和因河。其间由于胡格诺派叛乱而演成内战。于是他不得不于
1626 年放弃瓦尔泰利纳地区，而将兵力集中于王国领域之内；我
们在大仲马的《三剑客》一书中所熟悉的拉罗谢尔之围，就是一次
突出的决定性事件，由于英国曾经威胁要进行干涉，这使黎塞留认
识到法国必须拥有一支海军。1628 年 10 月，拉罗谢尔陷落，这标
志着新教这个对法国的危险因素的最后终结。六个月之后，黎塞
留重返意大利，于 1629 年 3 月夺取卡萨莱，以此控制皮埃蒙特来
对抗西班牙。两年之后，即 1631 年，他资助瑞典，加强古斯塔夫·
阿道尔夫来反对奥地利。1633 年，他占领了洛林，又从洛林进占
了阿尔萨斯，拦截了奥西两国沿莱茵河流域的运动，以利于法国入
侵日耳曼。1634 年，瑞典在讷德林根遭到惨败，他便同瑞典和荷
兰这两个新教国家结成正式联盟，并于 1635 年同西班牙宣战。
1636 年，为了加强控制西班牙至北意大利的交通线，法国海军集
中于地中海，一直在那里称霸，直至 1655 年布莱克率领英国舰队
进驻地中海为止，从此情况才有所改变。这些连贯性的对外措施，
表明其统一内部所取得的进展，而内部统一则是黎塞留赖以制定
对外政策的宏伟规划的基础。

由于黎塞留的这些活动，法国开始稳步前进，以至威震全欧，这在路易十四亲理朝政的最初三十年里更为突出。从拉罗谢尔陷落直到英王詹姆斯二世被逐为止这一时期，即 1628 至 1688 年，恰好六十年。法国三大统治者黎塞留、马扎然和路易十四所推行的

连贯性政策是这一时期的特征。只是在马扎然的统治下中断了四年,即1649至1653年,当时内部发生了投石党运动,对外活动再 86
次被削弱。法国实力的巨大增长实出于多种原因;但可将其归结为主要两点:法国内部的牢固统一和欧洲的令人绝望的分崩离析。造成这种分崩离析的原因,主要是英国诸王推行漠视欧洲大陆权益的方针。尽管英王无法强力采取有违国家意愿的行动,但他仍然拥有阻挠实施国家政策的权力。法国实力过分增长所带来的巨大危险十分清楚;但由于英王的宽容,未能采取相应的反对政策。

在论述路易十四所进行的最后几次战争中,涉及1688至1713年这一时期,早在二十年前于此地讲授已经编印成书的题名为《海权对历史的影响》这门课程时,我就着手探讨这一时期。科贝特的《英国在地中海》一书也是论述这一时期,但他的目的不同。我着意于指出海军同整个斗争结局的关系;他则强调地中海在冲突中所具有的特殊重要性,这一冲突就其作战所及范围来看,其主要战场是在法国的东部和东北部边境。现将历次激战和围攻发生的地点列举如下:弗勒吕斯,蒙斯,那慕尔,施泰因刻克,兰登,布莱尼姆,拉米伊,奥德纳尔德,马尔普拉奎特,其中激烈的战斗主要发生于低地国家和莱茵河,而其对全局所产生的影响是确定无疑的,尽管尤金在北意大利和彼得伯勒在西班牙都取得了辉煌的战绩。然而,在拿破仑所进行的历次战争中,战争结局主要不是取决于武装冲突,而是取决于海军大部在地中海所施加的无声压力。

在这里我要重申,我在这一讲中所特别关注和在下面即将专门讲述的问题,就是永久位置(术语称为基地)同作战的关系;以及一旦国家政策迫使海军开赴新的活动区域,就会产生不可避免的

87 趋势，即出于需要，必须逐步取得一些这样的基地。这种位置就其永久性来说，不同于陆军或海军在战役中随时占有的位置，而类似于建立在国家边境上的永久要塞。在考虑中央位置，内线以及对交通线的影响时，对于暂时位置和永久位置来说，其要求都是共同的，一处可用为永久基地的位置，同样也能用于在战场上进行攻势作战或实施攻势战役；然而，新的作战基地长期拥有的自然条件还会引起一些其他考虑，这些考虑可从当前所论述的历史实例中举例予以说明。多瑙河的位置、总的流向和河床的自然特点形成了多瑙河的重要性，据此则导致在一些关键据点上建立一些设防阵地，即建立一些要塞，这些要塞既是当地的作战基地又可用以控制河流的通路。地中海的重要性同样也是由于它同周围国家的相对位置而形成的，这就需要据有一些设防港，这些港口既是舰队的基地同时还起到控制海上交通线的作用。海军基地同海军场站二者就意义而言并不相同。

首先，必须指出，整个地中海，特别是从意大利半岛至西班牙之间的地中海西部海盆本身过去曾经是，现在仍然是无比重要的军事位置（见图 8）。总之，这是科贝特的论题，他对这一论题的阐述可谓详尽至极。优势的海军力量在这里对巨大的争端曾经起过决定性的作用，支配着历史的进程；然而，想要充分发挥其作用，必须握有永久基地。结果便出现了直布罗陀，马耳他，塞浦路斯，埃及及非主要的梅诺卡等基地；法国的土伦，阿尔及尔，比塞大等基
88 地也是这样产生的。你们之中会有某些人活着看到一些德国港口列入基地名单上。而且除的里雅斯特和阜姆（即克罗地亚的里耶卡）之外，或许还有其他奥地利港口会成为基地。我们现在研究的

课题,可以追溯至 1688 年詹姆斯二世垮台以后的这一发展情况。

政治态势从而也是军事态势的关键所在,乃是法国的实力经过黎塞留、马扎然和路易十四的努力得到了巩固,并使法国以所拥有的中央位置和资源,得以称霸于欧洲。当时对外国资助军费的财主乃是法国,而不是英国。法国肆无忌惮地运用其实力不断进行侵略和扩张。这种普遍的危险促成了广泛的联盟,以便进行共同防御。英国、荷兰、奥地利、西班牙和萨伏依王室统治的北意大利——波兰以西的整个欧洲大陆——全都联合起来反对共同的敌人。

在始于 1689 年一直延续到 1697 年的这场战争中,尽管敌手众多,从各方进逼,但由于法国强大而又居于中央,联盟则如众所周知始终是软弱无力的。法国的领土野心在于夺取西班牙所属的尼德兰和莱茵河;它想通过征服向这两个方向扩充版图。因此,它的主要目的是以自己的左翼和偏左的中央攻击盟军的右翼,与此同时,其在西班牙和意大利的右翼则实行避战。依我看来,它的行动就是在上述两地实施佯动进行威胁,迫使反法联盟的成员只顾保卫自己,不再进行支援来妨碍它在东部和东北部的行动,但这并非其目的的全部。恰如陆军将领和海军将领使用较小的兵力于其避战的一翼一样,比投入主要行动的兵力相对减少,但应能达成目的;然而,一旦被攻国家为佯动——即威胁所慑服,便可能退出联
盟。这样一来,**全部**佯动兵力便可抽出去参加东北部和东部的主 89
攻,就如旅顺口要塞投降之后,围攻兵力开赴满洲一样。

切实可行的主张可能是,正因为法国决意以其左翼在尼德兰和日耳曼作战,盟国就应迫使它在右翼作战;这样一来,地中海这

一要素就会像既往那样，而今后仍将如此，发挥其作用。兰克说道："如今再次出现了过去两个世纪期间主要是国际政策支配策略方针的那种情况——即西班牙和西印度群岛同南意大利和米兰的联系居于支配地位。"这一政治联系是以地中海的占有期久暂而定。对于西班牙本身和其属国那不勒斯和米兰以及当时的结盟者萨伏依来说，地中海则是一个辽阔的中央位置。因为受到法国直接威胁的国家，西边的加泰罗尼亚和东边的皮埃蒙特(萨伏依)都同地中海毗连或接触，控制住这一水域，支援它们和反对它们的军事行动就会受到决定性的影响。

假如反法联盟能以一支强大舰队控制住西地中海，则这一水域便成为一个中央位置，一旦情况需要，由此即可对两侧实施支援，即支援西班牙或意大利。盟军在尼德兰的指挥官马尔伯勒同在意大利的指挥官尤金亲王在来往信函中屡次提到这一便利条件及其意义。利用海军实施控制，这在较早的国际环境中曾经有力地解决了西班牙同日耳曼之间的交通问题，如今又为两个方向上的行动提供了有利的中央位置以抗击在加泰罗尼亚和皮埃蒙特两个不相连的地区作战的敌人，敌人则会由于交通线漫长而且又困
90 难而无法联合。再进一步说，法国的作战战线从尼德兰延伸至加泰罗尼亚，而地中海就其相对位置来看，恰好压在该线的一翼，而法国却意欲将其重兵投向相反的一翼。这一位置便于对最外翼施加压力，即进行翼侧突击，假如适当利用这一形势就能有助于削弱法军在其他地区的行动。这就是地中海在 1689 至 1697 年和 1702 至 1714 年这两次大战中相继表现出来的更为特别突出的影响。

盟国的海军国家英国和荷兰，其基本海军力量优于法国；但要发挥它们的能力则需要时间，第一次战争开始之时，在英格兰、苏格兰和爱尔兰由于内乱导致詹姆斯二世被逐下台而出现危急局势，其舰队不得不羁留于英国诸岛附近。在英国战舰队于地中海绝迹期间，法国便在那里取得了决定性优势。在战争的最初两年中，法国从这支兵力中抽出数支强大的分遣部队派在英吉利海峡，继续保持其在海峡的舰船数目多于盟军。1690 年比奇岬之战，法国舰船以七十八艘对敌舰船六十艘；法国海军虽然控制了海洋，但在南方的海军没有采取行动，致使陆上形势未能得到海上支援而有所影响，如法国运用这支力量，形势就会迥然不同。相反，数支分遣部队每年继续驶往大西洋，直到拉乌格之战为止；这一战役失利的部分原因是盟军趁土伦分舰队未到即行发起猛攻。1692 年的这一胜利，使盟国将英吉利海峡和爱尔兰海牢牢控制在自己手中，从而建立起英国至欧洲大陆的交通线。法国舰队，共有帆船七十一艘，于 1693 年返回地中海，准备于 1694 年再战，1694 年又编
入一个拥有二十二艘舰船的兵力集团。然而，显然并非所有舰船 91
都能适用于作战。

由于法国迟迟未在地中海使用力量，故地中海的政治局势一直不稳定。于是在盟军恢复其与欧洲大陆的交通从而将尼德兰确定为主要战场之后，这便成为法国力量不断陷入分散的根源。在此之前的数年间，盟军的海军力量主要用于巩固威廉三世在不列颠诸岛的统治并在本土水域建立海军优势。显而易见，路易十四过高地估计了法国的持久力，结果造成负担过重，于是便决定加强在地中海沿海地区的作战以便可能诱使西班牙和萨伏依议和，使

法国兵力得以撤离这些地区,转而用于尼德兰和日耳曼。这就是法国舰队在当时法国海军名将图维尔的统率下突然调往土伦的目的。它开赴海上支援正在加泰罗尼亚海岸地区威胁巴塞罗那的法国陆军。与此同时,法国仍继续致力于迫使萨伏依退出联盟。

盟国所采取的对策,确切地说,即威廉三世的政策,是极为明确的,实践证明,也是不可抗拒的。其主力舰队在拉乌格之战的胜利者的指挥下追击敌人;它虽然到达战场较迟,但并不太晚。用熟悉的俗话来说,法国舰队首先到达战场,但人数并不是最多;这是一次舰船速度和作战能力的相对较量。由于处于劣势,它不得不仓猝退至土伦设防;法国陆军的作战行动也由于舰队的撤退而告结束;盟国的英荷海军的出现,使萨伏依深受鼓舞,它决意继续坚
92 持下去,并认为这是一个利用这一举足轻重的砝码进行讨价还价的良好时机。

基地这个问题就是在此时此地提出来的。在当时以及其后的五十年间,众所公认,由战列舰组成的舰队于每年10月之后,便不敢停留在比斯开湾。在1702年第二次战争开始之时,当时的总司令写道:"我们的巨舰所做出的任何贡献都无法弥补它们于冬季必须返回本土所造成的危害。"为了及时返回本土港口,必须不迟于8月离开地中海。这就使拥有土伦的敌人得以利用当年以及翌年春天英国人到来之前的良好时机在岸上恢复作战行动。显然,舰队为何必须撤离战场,其原因并不重要。而撤离本身,即兵力转移,才是关键所在。一支舰队不论是由于风浪危险,还是由于缺煤而被迫转移,其结果毫无不同。对于每种情况的补救办法,就是在当地获取基地。在我们面对的这一实例中,假如英荷舰队撤离地

中海，则巴塞罗那就可能陷落，西班牙就可能被迫媾和，萨伏依就可能在威胁和允诺兼施之下而退出联盟，于是在这些地区的全部法国陆军便可抽调出来去增援各方所公认的主要战场——尼德兰和莱茵河地区。

当时，1694年，大不列颠在地中海没有自己的港口。在查理二世结婚之时，由葡萄牙作为妆奁的一部分赠给英国的丹吉尔港，恰在1685年这位国王去世之前已被放弃。缺少永久港口就必然意味着缺少海军基地所能提供的一切，即安全防卫设施和资源；所有这些都必须预先准备就绪，但在尚未取得位置之前，这种准备就无从进行。在威廉三世当时所制定的决策中，就已经包含有直到十年之后才攫取到手的直布罗陀。科贝尔将这一决策公正地评价为海军史中最勇敢，也是最重要和最果断的行动之一。麦考莱 93
曾经指出(虽然与此并无直接关系)，就其在战场上的洞察能力而言，威廉三世并非一流将领，但在战争的所有转折点上，他却具有伟大政治家的无比精确的眼光。他具有战略家的本能，他深知要想使法国不在低地国家调集压倒的优势兵力，就必须使萨伏依和西班牙忠于联盟；而要想保住它们，惟一的办法便是继续维持盟军舰队在地中海的影响。要想达到这一目的，舰队必须留在该地和该地附近；于是，威廉这个不被信任的外国人，面对一切传统观念，不顾海军人员在专业上的反对，又没有英国内阁的支持，由他个人负责下令舰队于加的斯过冬。这样一来，舰队就能坚持活动到秋季作战的最后时刻，而冬季期间舰队就在近处，春季伊始即可返回。

值得注意的是，由于盟军海军的大部分停驻在地中海，于是保

持在海峡的兵力就减少到相对次要的地位，有朝一日，美国也可能被迫作出恰好与此一致的选择；即根据危险的性质，将舰队的全部力量或是调集于大西洋或是调集于太平洋，而使被放弃的海岸处于守势状态。在当前对威廉三世的决策进行初步讨论中，提出三个要素予以探讨，是会有所收益的，在以后的各章中还将以这些要素作为分类标题，对海军基地的必备条件进行系统阐述。这三个要素即是，(1)位置，或称态势更为贴切；(2)兵力；(3)资源。威廉最初不外是要求舰队留在外面。这遭到总司令的强烈反对。那里
94 没有港口；再加上如果舰队不返回本土，由于舰队不在就会导致大不列颠为入侵洞开门户。这后一观点，又是主张将美国舰队分开配置于大西洋和太平洋的论点。在港口方面，英国政府曾经建议舰队司令使用那不勒斯、墨西那和马翁港。他的答复是，那不勒斯尚未设防，就是说缺少力量；墨西那太小；马翁港不能提供给养。这就是说它缺少资源，如同墨西那缺少锚地一样。决定使用加的斯，不仅部分地满足了关于兵力和资源的要求，而且在态势上还据有优势，但仍然遭到舰队司令的反对，理由是这会导致英国诸岛的暴露。加的斯几乎同直布罗陀一样，可以对海峡进行监视；对于法国海军在土伦的分遣队及其留在大西洋的分遣队，又居于中央；对于向土伦方面和海峡方面进行运动，也是居于中央。加的斯拥有良好的交通线；来自英国的补给可以运达此地，充分弥补该港资源的不足。在其他方面也是应有尽有；锚地既宽阔又安全。

此时，法国海军处于劣势，加的斯的位置迫使土伦的海军不敢有所行动；海军的这种无所行动导致法国陆军在加泰罗尼亚地区的陆上作战陷于瘫痪，同时并坚定了萨伏依依附联盟的信心。英

国舰队于 1695 年期间留在地中海并返回加的斯过冬。于是,绝望
的局势激起了路易采取反佯动。他在加来集结了一支兵力进行威
胁,扬言要入侵英国。这种恐惧一直继续到以后的 1779,1781,
1799,1801 和 1805 年,并激起了一种喧嚣,要求将原定派往加的
斯替换回国待修舰船的海军分舰队保留在英国。于是在国内编成
的这支舰队在 1696 年便停留在唐斯。由于丧失战斗力的舰船返
回本国,而替换它们的舰船又被扣在国内,致使加的斯的舰队在舰 95
船数量上居于劣势,于是地中海便门户洞开。土伦舰队的战列舰
乘机逃至布勒斯特,那里的兵力集中引起了英荷舰队的类似的地
区集中。这是一个失策,因为,盟国就其综合优势而言,完全可以
在两个地区都形成有效的力量。现在的事实则是,留在土伦的舰
船业已开走,巴塞罗那已经陷落,萨伏依也已媾和。民众的喧嚣形
成了一股干扰力量,打乱了合理的军事部署。惊慌失措同愚蠢行
事有很多相通之处。

然而,英国舰队留在加的斯这一位置上却赢得了两年时间,起到了促使法国衰竭的作用。你们可能还记得,1776 年美国分舰队在尚普兰湖,仅以其存在便控制了这一水域,从而延滞了英军的前进,遂使美国在当年冬天仍能保住泰孔德罗加。翌年春天,英方集结了压倒的优势海军力量,美国分舰队被摧毁了,泰孔德罗加也随之陷落;然而赢得的延缓时间却使美军得以在萨拉托加站稳脚跟,导致 1777 年英国在伯戈因战役中遭到失败,随即全军投降。赢得时间是防御的巨大收益。利用这一方法,正如 1796 年曼图亚保卫奥地利挡住拿破仑的进军一样,英国舰队在加的斯则保卫了加泰罗尼亚、萨伏依和意大利。由此所赢得的时间,将路易十四弄得精

疲力竭，终于制止了当时法国的胜利进展。上述三个实例都是关于军事位置具有战略作用的极好例证。与此类似的赢得时间的实例还有：1800 年热那亚的法国守备部队为使拿破仑的马伦戈战役计划得以充分施展所坚持的长期抵抗；1899 年莱迪史密斯城所起
96 到的阻止布尔人前进的作用；1904 年旅顺口所进行的抵抗。

法国同反法联盟于 1697 年缔结和约。详细阐述始于 1702 年的下一场战争的发生，并非我当前研究的对象。其政治联合同前次战争大致相同；只是西班牙同法国结成联盟，目的是使一位波旁亲王继承奥地利最近的一位国王去世所空缺的西班牙王位。此事本身无关紧要，只是伊比利亚半岛除外；那里的民众感情，同拿破仑时期一样，拥戴他们所选定的国王。在日耳曼，巴伐利亚当时已同法国站在一起。萨伏依起初采取中立，但倾向法国，比较友好，然而不久（1703 年 10 月），由于法国的蛮横要求而一变友好态度转而采取公开的敌对行动。这次西班牙王位继承战争的深远影响，在于它稳定了欧洲局势，这一局势又酿成了以后长达百年的殖民战争这一争端。1713 年缔结的乌得勒支和约结束了这场战争，划定了这个世纪的特有的欧洲领土归属，建立了欧洲基地并依靠这些基地进行作战，终于将法国逐出了美洲和东印度群岛，奠定了大不列颠取代法国的地位。因此，国外的殖民地有赖于国内的巩固，国内的巩固先于国外的扩张。

鉴于对法国南部施加压力就会影响法国东部和东北部战线的作战，威廉三世决定发动新的战争来夺取如今已不再是联盟的加的斯，以便将其用为基地供活动于地中海的舰队使用。这一尝试于 1702 年虽已失败；但在 1704 年英国却夺得了直布罗陀，进而并

将其永久占有，而对加的斯英国却未能如愿以偿。97

正当此时，威廉逝世，由马尔伯勒接替他担任陆海全面战争的最高指挥官，他严守威廉对地中海的观点。简单说来，尽管这次战争的主要目的是争夺西班牙未来的统治权，阻止法国将一位法国亲王安置在西班牙王位上，支持奥地利对继承王位的要求，但马尔伯勒却将西班牙半岛的战争视为枝节问题，作为一种牵制；而盟军的海军则对巴塞罗那至热那亚的海岸地区施加压力，支援萨伏依封闭波河流域通往法国的道路，对法国来说，这是一条可以同多瑙河流域互相替换的向奥地利进军的道路。封闭对于法国来说也就意味着为奥地利陆军开辟一条进攻土伦的畅通道路。攻克土伦才是在地中海的真正的具有决定意义的目的。这将使盟军获得一处令人生畏的港口，一处直接位于海上作战现场的能够保证继续进行当前战争的永久性的战略位置；同时，法国海军则会由于失去土伦而局部地陷于瘫痪；而且土伦还将成为在法国南部登陆的桥头堡，盟军登陆的威胁必将迫使法国从增援尼德兰或日耳曼战线的法军中截留一定数量的部队。

这就是1704年海上战役明显的主要目的，直布罗陀就是在这次战役中陷落的。战役失败了，其原因过于复杂，难以在此细述；但舰队对萨伏依，即对法国的这一侧翼施加压力所产生的影响，却使日耳曼和上莱茵河主要战场发生有利的变化。保持萨伏依反法
有赖于盟国舰队的支援和联军陆军部队的增援。这样一来，就使 98
在意大利担任指挥的尤金亲王得以在1704年，即于萨伏依背离法国之后的那一年，于多瑙河流域同率领部队自尼德兰南部开来的马尔伯勒会师，形成这次的兵力集中；结果便取得了布伦海姆战役

的大捷，法国遭到了严重的挫折。这次胜利反转过来同时又解除了对萨伏依所施加的压力，这正是马尔伯勒采取大规模翼侧进军所要达到的目的之一；也是战争中各个事件相互影响的一个有趣实例。

马尔伯勒和尤金亲王坚持要达到攻克土伦这一目的，终于在1707年试图直接攻取土伦。这次又告失败；但盟国海军同陆军协同配合进行翼侧攻击所产生的影响，引起法国部队在该地区的大量集中，削弱了法国在其他地区的力量以致无法行动。这年之后，法国放弃了意大利。马尔伯勒在攻取土伦受挫之后，于1708年对英国内阁认为舰队冬季难以留在地中海的看法表示遗憾，他说："我坚信除非舰队留下来，否则你们在西班牙就将一事无成。"除直布罗陀外，还须有一处基地，这一要求由于当年取得梅诺卡岛而得以满足。该岛同直布罗陀一样，是根据和约割让予英国的。这样占有梅诺卡岛较之获取土伦更为有利，就像占有直布罗陀较之获取加的斯更为值得一样；这是因为它们是通过割让占有的，是永久性的占有，但对欧洲大陆的任何一处港口却都无法达到永久性的占有。

这样一来，乌得勒支和约使英国获得了固定的海军基地，成为英国海军永久掌握住的地中海的战略位置，英国海军得以利用其
99 机动能力，以难以预料和无法预料的快速，沿海岸线到处耀武扬威。根据法国和西班牙的领土分布特点，两国都需拥有一支像英国那样的优势海军，来承担大西洋和地中海的贸易和军事需要，就像查理大公曾经活动于多瑙河那样，活动于地中海及其入口处。海洋本身对于能以足够兵力将其占有的海军来说，就是一个链环，

一座桥梁,一条公路,一处中央位置。它能提供内线,中央位置以及军事上保险的交通线;而要想控制它则需要拥有我们正在讨论的那种固定的基地,即要塞。与此相似,1812 至 1814 年,所有类似优势的取得都是由于控制了美国的湖泊,这些湖泊本身就是地中海。威灵顿公爵曾经写道:"没有海军控制那些湖泊,则在该处边境上的陆战就无法取胜。"

100 # 第六章　基础与原理

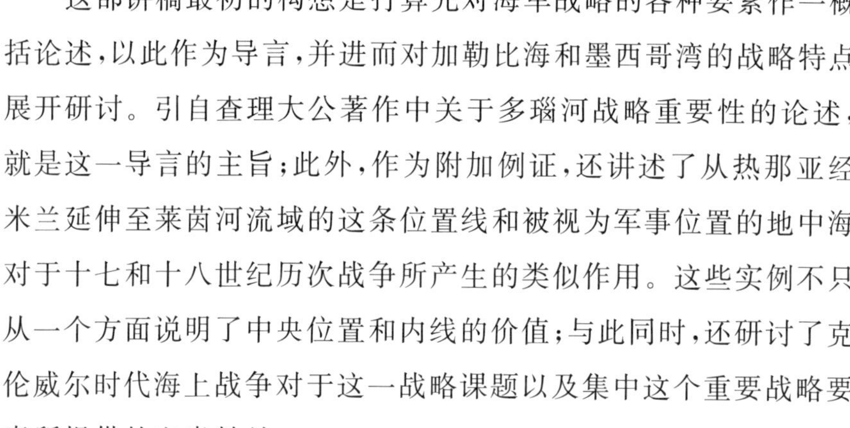

这部讲稿最初的构想是打算先对海军战略的各种要素作一概括论述，以此作为导言，并进而对加勒比海和墨西哥湾的战略特点展开研讨。引自查理大公著作中关于多瑙河战略重要性的论述，就是这一导言的主旨；此外，作为附加例证，还讲述了从热那亚经米兰延伸至莱茵河流域的这条位置线和被视为军事位置的地中海对于十七和十八世纪历次战争所产生的类似作用。这些实例不只从一个方面说明了中央位置和内线的价值；与此同时，还研讨了克伦威尔时代海上战争对于这一战略课题以及集中这个重要战略要素所提供的宝贵教益。

这部讲稿于 1887 年开始讲授，而美国从杰弗逊总统时期起，即从 19 世纪的最初几年，就已对加勒比海和墨西哥湾表示关注。随着岁月的流逝，由于美国获得了路易斯安那和佛罗里达，由于在美洲的西班牙殖民帝国的被推翻和独立社会代之而起，随之又宣布了门罗主义，其关注程度更加增大，但其目的却无改变。美国的
101 政策概括起来就是：进一步防止欧洲人推行殖民主义或全面控制，尽可能地防止欧洲人的干涉。扩充美国控制范围的主要目的，就是排除欧洲势力，其手段就是抢先占领地盘；对路易斯安那和佛罗里达的占领就是相继实施这种抢先占领的实例。这种传统做法曾

经推广到古巴；美国绝不能默许古巴转到一个海军强国之手。甚至就连反对可能导致海军设防的任何获取方式的杰弗逊总统，也认为将古巴列入美国的扩充规划是符合需要的。他肯定地说，在古巴之外，我们不应再期望前进。

然而，环境的力量将美国的现行权益推广到古巴以外的巴拿马地峡。这是由于从墨西哥手中取得了加利福尼亚并在该地发现金矿从而加速了太平洋沿岸的发展而产生的直接结果。巴拿马地峡的重要性，对于一个在两大洋沿岸都有领土的国家来说，当然从一开始就是极为明显的。巴拿马地峡过去对于西班牙也具有极为明显的重要性，当时西班牙殖民帝国的领土分布曾经影响过西班牙及其敌方的政策；当美国在两大洋海岸拥有政治和贸易权益时，地峡对美国的重要性就更加清楚。随着这些权益的发展，对这一重要性的认识也就成比例地与日递增。从那时起，以 1851 年签订的又于 1887 年续订的克莱顿—布尔沃条约为美国对外政策中最明显分界线，美国的对外政策不仅日益关注通航问题，而且还关注可能影响这一通航的一些位置问题，因为这些位置可以影响一些交通线，特别是影响这些交通线的那些特殊的极为重要的环节——巴拿马海峡。

可以看出，巴拿马地峡就其本身所特有的状况来看，简直是多瑙河得以控制其流域所具备的全部情况的再现；也是本讲稿开始时作为主题所提到的瓦尔泰利纳隘路对于由西班牙经意大利和日 102
耳曼而至尼德兰这条交通线的控制的重演。加勒比海就是地中海这一中央位置的再现。即使没有立即要修一条运河的计划时，即使问题像 1887 年那样仅是陆路运输问题；以及像现在的情况，虽

则运河现在已接近完成了，上述情况确实如此。一旦运河建成，水路交通可联接起来，它同其他实例类似之处必将更加确切无误；为便于海军在美国的东西两侧沿岸进行活动，对运河进行控制就必将成为绝对的需要。到那时，地峡将像位于各国之间的多瑙河障碍那样，横梗于两侧海岸之间；运河则将成为桥梁，要想保证通过就必须将其占有。丧失控制就是失去向任何一个方向进行集中的方便，多瑙河在日耳曼曾为一位将领提供过这种方便，瓦尔泰利纳地区在 16 和 17 世纪都曾为西班牙人提供过这种方便。这样一些条件便使巴拿马地峡既具有国际重要性，又对美国具有国家重要性；但美国的权益极为特殊而且至高无上，理所当然可以期望得到其他国家的承认。

自从这部讲稿初成之时起，整整过去了二十年，甚至从对其进行部分修订的 1897 年算起也已经历了十年，美国的对外关系已经全面改观。克莱顿—布尔沃条约，至 1898 年美西战争之时仍在生效；直到 1901 年才被海约翰—庞斯福特条约所代替。就对欧洲的关系而言，后一条约确认美国可在巴拿马自由行动；在这一问题上仅对英国负有外交义务。然而，这一条约的缔结之所以引人注
103 目，是因为它经过半个多世纪的交涉方告完成；由于美国关注其在地峡的至高无上的权益已经发展成为强烈的感情，故条约的结果十分苛刻。

美西战争导致门罗主义获胜，而这一战却又将美国推入欧洲各国所关切的事务之中，其程度是我们的先辈从未预料到的，这真是一种奇妙的讽刺。我并不是说，我们本身因此就受到了纯属欧洲纠纷的影响；而我是说，由于美西战争的结果，我们的对外关系

已经有所改变和扩展，因而欧洲各国的相对力量，即我们所说的实力均势，会随时而且出其不意地同我们发生密切的接触。所以我们必须小心翼翼地注视这一均势的变动，它就像钟摆那样不断地摆动，但并没有规律。

因此，我决意修改我在1897年所发表的已经不再能站得住脚的、但绝不是从来都未能站得住脚的意见，即没有必要将欧洲的政局列为美国海军学院课程的一部分。在早些时候，对这一提法确曾做过注释，加以谨慎限制，其注释是，欧洲各国当时致力于并在一段时间早就已经致力于殖民地的扩张，这种扩张所表示的精神可能使这些国家同美国的门罗主义声明发生冲突；由于所有这样的活动都要依赖于海权，所以学员在研究海军战略时必须予以注意。但现在的情况较之当时都要更加突出，部分原因是美国的对外活动已经扩大了范围，主要原因则是因为欧洲本身的内部关系及其对亚洲的关系正在经历着一场剧烈的变动，这种变动则会大大影响到一些欧洲国家意欲在美洲或亚洲反对或支持任一具体政治路线而实行干预的能力，特别是会大大影响到与其相关的海权。 104

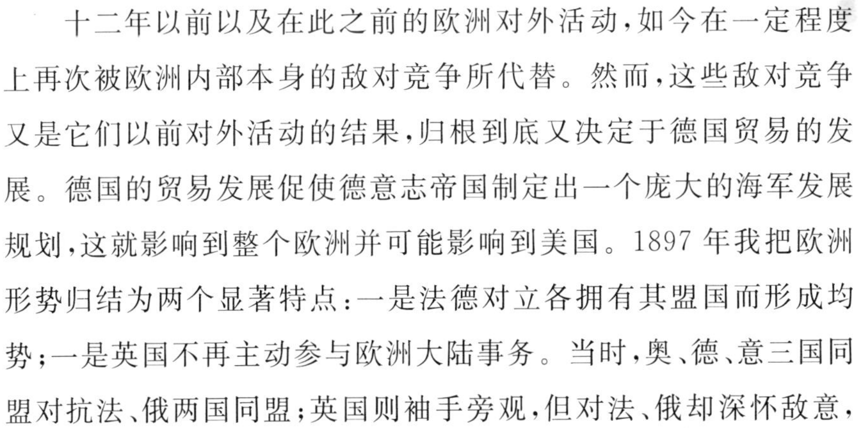

十二年以前以及在此之前的欧洲对外活动，如今在一定程度上再次被欧洲内部本身的敌对竞争所代替。然而，这些敌对竞争又是它们以前对外活动的结果，归根到底又决定于德国贸易的发展。德国的贸易发展促使德意志帝国制定出一个庞大的海军发展规划，这就影响到整个欧洲并可能影响到美国。1897年我把欧洲形势归结为两个显著特点：一是法德对立各拥有其盟国而形成均势；一是英国不再主动参与欧洲大陆事务。当时，奥、德、意三国同盟对抗法、俄两国同盟；英国则袖手旁观，但对法、俄却深怀敌意，

而对日耳曼诸君主和意大利却并不反对。这种敌意完全来自欧洲以外的情况——即在印度反对俄国，在非洲反对法国。后来，由于俄国被日本击败以及国内动乱而陷于瘫痪。一时只剩下法国独撑局面；在此期间，德国由于无陆上攻击之虞，得以拨出大批款项发展海军，以便保护其日趋繁盛的贸易。结果便出现了一支计划中的庞大的德国海军，随之德、法两国因摩洛哥事务发生摩擦；种种事件促使英国意识到所发生的海军危机，并促使它同法、俄取得些谅解——不管其谅解程度如何——终于结成了我们现在所熟悉的三国协约。简单说来，英国放弃了二十年前的孤立，站在两国同盟一边，结成了一个三国协约。

105 对于美国来说，这就意味着在门罗主义所涉及的问题上一度曾是我们主要对手的大不列颠，后来由于事件发展的必然结果，不再坚持反对立场，转而于 1898 年实际支持我们对抗欧洲，并终于承认了关于巴拿马的处理，签订了众所周知的海约翰—庞斯福特条约，现在，大不列颠在海军问题上，已不再像它过去那样，能够左右整个世界了，这对美国和日本来说，大不列颠由于内部事务缠身，除受相互负有义务的条约的约束之外，即使想要支持美国或支持日本，都将难能为力。英国同日本之间互相负有这样的具体义务。英国同美国却无这种义务；因而就产生了这样一些问题，英美两国是否打算互相支援，假如互相支援，那么这种支援将达到何种程度，或者一旦日美之间产生异议，英国将采取何种立场，这些都是直接影响海军战略的问题。[①]

① 自从这段内容写成以来，英日双方于 1911 年 7 月 13 日签订了一项新的同盟

大不列颠的确暂时还能钳制住德意志帝国，使其只能照顾其欧洲权益；然而，一旦一场海军灾难落到英国身上，使德国得以左右海军局势，世界上就将再度出现一支以优势陆军为后盾的优势海军，这支海军不是握在像英国那样拥有众多殖民地的国家手中，而是握在一个进入世界较迟未能拥有任何巨大价值的殖民地的国家手中。狭隘的世俗观念看不到像现在德国正在创建的这支海军，除当前直接目的之外，还有其他远大目的。这样一支海军的存 106
在对当前政局乃是一个经常起作用的因素；它所起的作用将依环境而定，并非总是可以预见的。德国的殖民野心尽管一时受到制约，但其欲望并未泯灭，仍然存在，依然想在国外获得属地以扩张其领土，建立海外基地以支持其贸易或政治权益，建立像当时有助于构成大不列颠帝国那样的同文同种社会，为移民建造家园，为工业寻求市场，为工业所需的原料开辟供应来源。

所有这样的情况和野心都是全面考虑过的战略必须予以论述的事件。通过不断地阐明门罗主义，美国担起了不使美洲一寸土地落入现在占领者以外的非美洲国家手中的责任。所有外国之间连续不断的战争胜利、购买、交换或合并（这并非不可能发生，荷兰同德国便是一例），都不得成为转移美洲土地的借口。门罗主义乃是一个内容广泛的契约；这一契约的唯一保证就是一支胜任的海军，因而，应对“胜任”一词下个定义。胜任并不单单依赖于现存的实力均势，例如当前英德海军相互牵制，致使门罗主义一时得

条约，有效期为十年。其条款中规定，任何一方均可同第三方签订像英美之间所签订的那种一般性仲裁条约，并将不再对另一方负有针对第三方的军事义务。

以保证实行。还必须考虑到妄图打乱这种均势的富有明显威胁性的政策，例如德国正式宣称，它的目的就是要建立一支“具有这样实力的舰队，即使是最强大的海军国家要想同德国交战就势必要甘冒有损其最高权益的危险”。这至少意味着，大不列颠从此以后不会再像1898年那样冒险支持美国反对欧洲的干涉；也不在摩洛
107 哥支持法国；也不同日本结成同盟反对德国。这对海军战略产生了极为明显的效果，致使多年来一直同美国不和主要是反对门罗主义主张的大不列颠也终于不得不采取实质上同美国一致的观点，尽管它对此并未发表正式声明。[①] 这种国与国之间的关系主要是政治家的利害关系，是国际政策问题；但海军和陆军的战略家也必须将这些关系列为必须予以考虑的资料，因为这些关系同其他要素一起决定着本国舰队的建立和规模。

我以赞同的态度在这里引述法国战略家达里厄的一段话：“在战略思想所引起的复杂问题中，再也没有比建立舰队更为重要的了；每项规划如不考虑到同大国的国际关系以及本国资源所限定的物资极限，就会建立在脆弱而不稳固的基础之上。”我还要重复一下冯·德·戈尔茨的一段话：“我们必须拥有国家的战略，国家的战术。”我要彻底否定我曾经说过的一句不够郑重的话，这句话所反映的风气曾经一度成为海军的传统，以致可能成为一句专业行话，这句话就是“政治问题属于政治家而与军人无关。”我在我的旧的讲稿中发现了我说的这些话，但我很快就从我的军事益友若

---

① 自从此段写成后，英国内阁阁员外交大臣爱德华·格雷爵士已于1911年5月23日发表了这样的正式声明(见1911年5月24日《邮报》)。

米尼那里得到了教益；我相信在我的今后出版的著作中，我不再赞成对外政策同军人专业无关的这种论点了。

遵循这一改变了的看法，我于 1895 年，又于 1897 年，按照我 108
的设想对欧洲局势进行了总结；指出当时的突出特点是在欧洲大陆上出现了实质性的平衡，形成了所谓实力均势；随着这种稳定的局面兴起了一场巨大的殖民运动，实际上所有的强国都已被卷入其中。我曾经指出，海军的战略家对此应该予以注意，因为美洲大陆的有些部分出于种种原因可能会被这一运动所吸引，而置门罗主义于不顾。

从那时起，情况发生了巨大变化，这种变化的明显特征就是德国工业、贸易和海军力量所有这三者的迅速增长；与此同时，其陆军优势也一直领先，尽管这一优势由于法国陆军的改进或多或少受到限制，就如德国海军的发展曾受到英国海上优势力量的限制一样。与德国发展的同时，俄国由于众所周知的原因已经趋于衰落；法国的人口已经停滞不前，而德国的人口却增长了百分之五十；德奥两国日益接近，其原因不单纯是由于条约对它们的约束，更多地是由于控制力量的增强。其结果是今日的中欧，即奥地利和德国，实质上形成了一个同一体，它在海上从北海扩展到亚得利亚海，在陆上则拥有一支欧洲联合起来都难以抵御的军事力量。这就是说，假如我对这些情况和相对于这个中央集团的其他各国的分散情况的估计是正确的话，那么实力均势就已不复存在了。

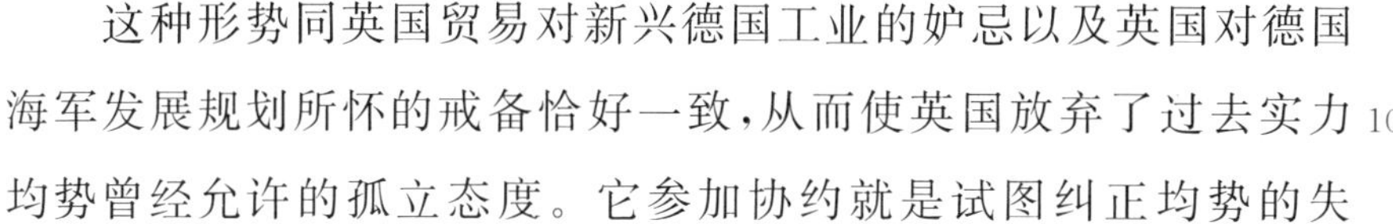

这种形势同英国贸易对新兴德国工业的妒忌以及英国对德国
海军发展规划所怀的戒备恰好一致，从而使英国放弃了过去实力 109
均势曾经允许的孤立态度。它参加协约就是试图纠正均势的失调;然而,尽管它们朝此方向努力,但却无力取得所期望的完满结果。均势依然难以稳定,致使欧洲的注意力集中于欧洲的局势,而不再能像二十年前那样集中于殖民运动。德国甚至通过其驻美大使之口正式向美国否认它有殖民野心,并由其外交部长予以证实,尽管这种野心于十二年之前即已众目昭彰。正如许多事件所表明的那样,这些殖民运动,的确可以说,已经进入稳定平衡时刻,而欧洲内部却极不稳定。

因此,对我们来说,重要之点则是蒸蒸日上的德意志帝国的实力,德国的国家效能作为有机实体已经大大超过大不列颠,而且可以证明,也已超过美国。这两个英语国家,各自拥有的财富较之德国都具有巨大的优势;如能共同行动,其优势必将更加显著。但两国运用资源的效能都无法同德国相比;而且又缺少明显的机会或公认的动机促使它们共同合作,就像德奥如今在欧洲合作那样。其结果致使德国可以依次一个一个地对付,其效果远远超过德奥单独任一方当时愿意考虑到的;因此,只要奥地利站在德国一边,欧洲就无力影响这一结局,德国也就十分清楚它可以为所欲为。

正是这一推理方式指明,德国的海军实力对于美国来说乃是
110 一件头等重要的大事。除英国海军之外,在欧洲没有能够制约德国的实力;假如英国的社会和政治局势如他们那时所希望的继续发展下去,则英国海军就相对力量而言很可能也将衰落下去,以致不敢冒险就广泛的政策路线抵挡德国,而只能在直接涉及最狭隘意义的英国权益中来抗拒德国。甚至就连这种情况有可能也会消失,因为大不列颠的国家生命力正在日益衰退,与此同时而德国的国家生命力却在蒸蒸日上。其实际情况是,德国按其两个世纪

以来的传统已经继承了一种国家控制的体制，这一体制不仅已经得到高度的发展，而且民众也已对其趋于习惯，这是一个巨大的力量因素；这一因素处在个人受社会即受国家控制的时代，正在日益增长已成为时代的特征。在这方面德国已经迈出了一大步。日本也大致如此。

当想起美国也像大不列颠和日本一样只有从海上才能接近时，我们就不难看出，最重要的是要在海上拥有一支力量来保卫我们的边境和支持我们的对外政策，我们的对外政策现时由两个主要部分组成；即门罗主义和门户开放。关于门罗主义，塔夫脱总统在其第一次致国会的咨文中提到门罗主义时曾经说过，它已明显地接近普遍接受；而要保持门罗主义未来的地位也已不再像过去那样令人担心了。欧洲已经承认这种局势，欧洲之所以向门罗主义让步至少部分地是由于欧洲的竞争限制了欧洲的干涉能力——这是一个可能突然发生变化的条件，就如十年来俄国的实力业已发生变化一样——尽管如此，但门户开放显然仍同门罗主义一样确实而且同样直接地依然需要海军实力做为后盾。由于门户开放的斗争舞台是在太平洋，于是巴拿马地峡便成为美国通向太平洋 111
的门户，而通向地峡的交通线则经过墨西哥湾和加勒比海。因而，现在对这一海域的关注比起我二十多年前最初对其进行战略研讨时就更为深切。它对门罗主义和普遍商业权益所具有的重要性，即使已有改变，但却依然存在。

当我第一次试图对加勒比海进行这种研讨并以其为例来阐述有关海军战略的某些原理时，欧美舆论对于海权以及海军战略所研讨的海权运用方法，几乎毫无任何明确的认识。这种对于海洋

漠不关心的冷淡态度，可在俾斯麦身上找到明显的例证，虽则他是当时欧洲最有创见的政治家。在对法战争结束和取得阿尔萨斯及洛林之后，他将德国说成是一个满足于领土扩张的国家。在对外政策方面，德国已经达到了俾斯麦为其所规定的野心极限；从此俾斯麦专心致力于国内的发展，这一发展必将使国家协调一致并确保俾斯麦为德国所赢得的统一和权力。俾斯麦的对外关系规划并未伸展到欧洲以外。当时他已经年迈，无法改变其固有观念，尽管他并未忽略要随着工商业的发展而产生的民众要求。

俾斯麦对于海洋漠不关心的冷淡态度同德国现今的情况形成了鲜明的对照；德意志帝国则是这种转变的最显著的例证，而帝国所取得的现代伟大成就首先则应归功于俾斯麦。自 1887 年以来，世界上新兴的强大海军就是德国、日本和美国的海军。时至今日，

112 欧洲的每个国家都清醒地认识到即将到来的世界权益，因而也是自己本国的关注，应当是在其他大陆之上。欧洲在其相对稳定的局势下，实际上在为冒险性的事业和决定性的事件提供行动基地，而行动的地点则在那些政治和经济的落后必须让位于进步的国家里，而这种进步几乎都带有革命的色彩。这些行动很少不经过动荡即能达成，而平定动荡就势必依靠武力。一个欧洲国家——只有俄国除外，在较少程度上奥地利也可能除外——只有通过海军才能动用武力。

由于人们日益认识到世界局势的发展和未来取决于海权，因而以这种关系为课题的著作也就自然而然地与日俱增。这已成为海军事务中一个新的特点。这并不意味着，这些新著的大部，如果说不是全部，所论述的资料以前不曾为人所知和未受到赏识。而

是意味着在使其系统化方面进行着一种新的尝试；即对资料进行整理，指出其重要意义，从中引出教益，将其系统地阐述成原理或定义，运用这些原理或定义便能更易于理解战略问题。对于某些已被认识的战争原理，普及的常识早已将其简要阐明，而具有远见卓识的杰出天才人物又将其进一步推向发展并另外又有所发现；然而，将这些原理融会贯通使之系统化，通过实例对其进行论证，将其确立为众所公认的理论**法规**，并在实践中加以运用，尽管其运用尚不够完美，所有这一切还都是在最近几年才刚刚得以做到。在古往今来的海军军人函件中，在政治家的活动和交往中，在海军通史中，到处都可以找到大量的实例来了解这些特殊要素本身所拥有的价值，以及它们同近期的和远期的权益的相互关系。

海军战役在某种程度上也可用为阐述战争原理的例证，意味 113
深长的是，那些最能引人入胜和以军事卓识而称著的海军战役，就其主要特征而言，乃是其指挥者往往是陆军军人多于海军军人。克伦威尔的海军在这方面对陆军的倚重是众所周知的。甚至就连改组舰队也委托给三名陆军上校，他们成为所谓的海上的陆军将军。这些措施可以说是对德雷克、霍金斯和雷利的海军和战略进行彻底的改造。其深远目的在于按照当时欧洲最为精锐的共和政体的陆军体制来改组海军；一切军事行动统由陆军军人操纵控制，其中最为杰出的人物就是罗伯特·布莱克。他死之后，一位富有才干的陆军军人和战略家蒙克继承了这一传统。

这些情况尽管有所改变，但却一直延续到威廉三世。在威廉三世的领导下，海军才在业务上彻底同陆军截然分开。然而，不仅威廉国王而且其军事继承人地面部队总司令马尔伯勒将军都曾系统地阐述过舰队的战略运动；他们认为陆军和海军都是构成整体所必需的要素，在这两位杰出的陆军军人相继指挥的一些战争中，陆军和海军相互配合实施了一些巨大的合同战役。特拉法尔加战役，在法国一方，自始至终都是拿破仑在掌握；科贝特曾经告诉我们，拿破仑所采取的主要方针却是由四十年前一位法国政治家制定而成的。在老皮特的领导下，这种协同作战都是由他亲自决定的；尽管他也曾用过专业顾问，但最后的战略决策仍然由他做出。但在美国独立战争和拿破仑的历次战争中像罗德尼、圣文森特和
114 纳尔逊都成了杰出的战略家。在特拉法尔加战役之前，英方的战役部署完全符合战略要求而且正确合理。

在前述各次战争的记载中，在同这些战争有关的函件中，甚至在较早的海军历史和人物传记中，都可以找到丰富的素材，从中推出“海战艺术”；但那是未经消化尚待加工的原料。这些素材本身虽然很丰富，但并不能提供艺术，正如砖头数量再多也不会给我们提供房屋一样。大概由于帆船的动力很不稳定，致使战争艺术在海军中的运用处于落后状态。一位海军将领不可能将其航程换算成需要的日数，而一位陆军将领却可将其里程换算成行军的日数。纳尔逊在追击敌人中，同西风拼力搏斗，而维尔纳夫在距二百海里之处却趁一阵突起的偏东风加速驶过直布罗陀而逃之夭夭。陆战虽然也变化莫测，但不像这样总是把握不定。航程受风水流速影响如此之大，致使战略配合乃至战术配合令人沮丧地难以掌握。在特拉法尔加战役中，风使纳尔逊无法以其既定方式来实施其计划，尽管他成功地保持了基本态势。由于欧洲的一流海军热心于舰船操纵，而对其本身的军事业务却冷漠视之，致使无意于系统研

究的风气大为增长。

回想起来，当这部讲稿最初写成之时，尚未出现过使用蒸汽舰队的海军战役。美国南北战争没有出现舰队对抗；因为只有一方拥有舰队，但就海权的影响而言，却取得了丰富的教益。1870 年的普法战争，1877 年的俄土战争，也都同样在这方面取得了教益。
自从这部讲稿完成以来，1894 年发生了中日战争，1898 年发生了 115
美西战争，1904 至 1905 年发生了日俄战争。对于其中的日俄战争，以后我们将进行专题研究；然而，尽管例证是引自这次战争，但绝大部分历史经验的研讨仍以风帆舰队为依据。

蒸汽使舰队的运动获得了相对的稳定性和准确性。如今，顶风和逆流只不过如同道路的泥泞和崎岖一样，都可以估算出来。计算螺旋桨的转数较之计算士兵两腿的运动，甚至可能更为容易。因此，海战艺术才有可能形成；而且也已成为刻不容缓，因为武器的迅速和多方面的发展引起了一场思想混乱，如有可能，必须采取一切手段结束这场混乱。再者，只要我们头脑清醒，信念坚定，我们便可以对公众的认识产生一定的极为需要的影响；因为在美西战争期间，明智的人士却发出了无知的喧闹，后来又提出了要求要把舰队分开配置。只要可能，我们就应抓住那些经历过一切变化考验而仍不失其为海战基础的原理；亦即抓住那些极为显著的主要原则，这些主要原则可用次要细则加以充实，而这些次要细则又是从这些主要原则中推出来的；遵循这些原理便可对这种或那种貌似有理的主张进行判断，视其同已经确立的真理是互相一致还是相互冲突，而断定其正确还是荒谬。

这样一来，当有人极力主张将我们的战斗舰队平均分开配置于我们的两洋海岸时，这种主张过去有过，将来一定还会有，我们就能确有把握地指出一系列的经验教训，如 1652 至 1654 年，荷兰和英国就曾如此分兵于北海和地中海，两个半世纪以后俄国也将
116 其舰队分别配置于波罗的海和旅顺口。我们还可以引述拿破仑对特拉法尔加战役之前的历史事件所持的意见，当时，康华里拥有内线位置和三十四艘舰船，而他却将其分为几乎相等的两个部分；一方十六艘，另一方十八艘，就像今天要求我们要做的那样；这种做法可使任何人都能预见到，一旦敌人发现其中一方，就必将居于显著的优势。

〔科贝特在其最近发表的《特拉法尔加之战》这部著作中，旗帜鲜明地反驳了拿破仑对此的批评并为康华里的分兵辩护，康华里必须对付同盟国在费罗尔的二十九艘舰船，此外还要对付在布勒斯特的二十一艘，他将他的三十四艘舰船分为两个集团，十八艘部署于费罗尔港外，十六艘部署于布勒斯特港外。根据我的理解，科贝特辩护的理由是，费罗尔的舰船可能开赴地中海，并在那里对英国政府为谋求同俄奥两国结成联盟而正在努力创建的态势进行遏制。

任何困难的军事形势都会引起不同的看法，但我们有充分的理由毫不武断地指出，拿破仑的判断大体上是对的，而科贝特的判断大体上却是错的。当时在费罗尔的同盟国分舰队于三四个月之前就已经有意地放弃了地中海而开赴西印度群岛。返航时，它们并未采取较易的航线驶往地中海，而是避易就难进入费罗尔同该港的援军会合。与此同时，恰巧布勒斯特的法国分舰队驶入外层锚地，在重炮掩护之下，准备尽一切可能配合费罗尔分舰队的开

进。当时的地中海总司令纳尔逊曾经追踪过现已集结于费罗尔的土伦和加的斯分舰队一直到西印度群岛。在西印度群岛没有发现它们，于是他就率舰队返回地中海；因为这是他的特定职责，在没有获得确实根据确信地中海安全无虞并有必要开赴他处之前，他 117
有责任预防万一。在接到直布罗陀所获取的土伦分舰队确已北上的情报后，他获得了这一根据。遂即他便率舰北上并同已经位于布勒斯特港外的舰队会合。所有这一切都可表明，纳尔逊已经认为危险已在北方，地中海已暂时安全无虞。这一总的结论得到了科林伍德的赞同，科林伍德只率为数很少的舰船留在加的斯港外，并继续负责兼管纳尔逊留在地中海的一支较小的巡洋舰部队。

其结果是，当康华里将其舰队分为两部，一为十八艘，一为十六艘，两部相距三百余海里之时，费罗尔的二十九艘舰船早已开赴海上，到达费罗尔的西—北西二百五十海里之处，就如俗称无形的罗什福尔中队那样占据了有利于在任何方向上作战的位置，于此关键时刻它正漂泊在附近海上而未被发现。而康华里指挥的分舰队处于此种态势之下，很有可能不是十八艘就是十六艘舰船，在没有支援的情况下，与同盟国的二十九艘舰船相遇；如在布勒斯特港外遭遇，那里的法国舰船还可能进行配合。

其结果毫无疑问会是一场英国海军技艺加勇敢的出色表演；还可能是一次以少胜多的辉煌胜利。但正如纳尔逊所说，英国在令人厌烦地等待了两年之后，需要的不是辉煌的胜利，而是全歼敌人。“惟有数量才能达到全歼。”他的另一句名言也同样正确，适用于我们这里所讨论的现实态势，“假如考尔德以其十八艘舰船正面对抗二十七艘或二十八艘敌舰，即使敌人将我们的舰队打垮，但他 118

在本年内再也不会对我们为害了。"然而，指出对态势抱适当的乐观态度是一回事，而赞许不顾后果的行动却完全是另一回事。十八艘英国舰船抗击二十九艘同盟国舰船，双方可能同归于尽，其留下的均势恰好仍同原来一样；而三十四艘英舰对付这一数量的敌舰就会全歼敌人。二十九对十八的差额，差不多正是纳尔逊不久之前曾经对他自己的分舰队所预期的同一差额，二十对十二；虽则他声明，他打算在这种情况下奋起一战，但他声明的言辞是很谨慎的，采取种种限制条件，这些限制条件表明了他对执行这一声明的严肃看法。〕

探索和创立主导性的原理——这些原理往往没有几条——围绕这些原理进行深思熟虑的思考将其归纳分类，将会减少模糊观念所造成的混乱，使思维达到既简明扼要又方向明确，从而收到简明的理解效果。必须指出，蒸汽机简便了海军的一切运动，不管是战略的还是战术的，还为交通这一要素赋予了前所未有的广度。交通对陆上战略可能具有最为重要的控制作用；恰如陆军必须依赖于交通一样，蒸汽舰船则有赖于不断补充其有限的储煤量，相比之下，风帆舰船的动力却无须依赖于供应。可能还必须指出，在长途航行中，总的看来，风力对于双方对手都是机会均等的，所以在风帆时代，就不会由于是否拥有足够的供煤站或战场是否同本土靠近而造成不平衡。煤炭可能比陆军在急行军中所能携带的给养延续的时日将较长一些，但在令人担心这一点上，二者的性质却是
119 相同的；归根结底，它们的动力分别是粮食和煤炭，而不是人的腿和发动机。

舰队无风即停的时代，诚然是已经一去不复返了；但装载可供

四、五个月之需的粮食和淡水即可不停地追踪敌人直到世界的另一端的日子也是已经一去不复返了。纳尔逊于1803至1805年之间，经常在舰上备有三个月的粮食和淡水，并曾力求备足五个月所需之量；这就是说，力求达到将近五个月不依靠交通运输。如果要想减轻战略上的困难而多载煤炭，则吃水就会增大从而造成战术上的障碍，致使航速降低，操纵不便；或则如不增大吨位，就势必牺牲装甲和舰炮，这就会使问题更加严重。罗日杰斯特文斯基在这方面的经验教训，现在依然使人记忆犹新并受益匪浅。他的困难在于补给，主要是煤炭，这是尽人皆知的；当其最后航程仅余一千海里之时，他却毫无必要地下令各舰满装煤炭，这种轻率的举动造成的后果十分惊人。他之所以有此举动，只能归因于缺煤的困难对其产生的心理影响，因为他明知战斗不可避免，而这一失策的举动必将使其舰船在战斗中处于不利境地，造成不堪设想的后果。

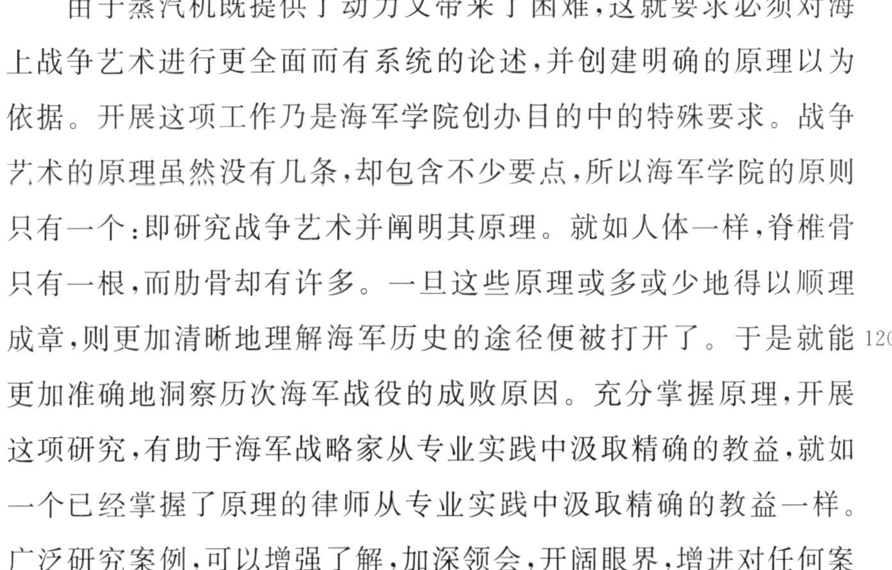

由于蒸汽机既提供了动力又带来了困难，这就要求必须对海上战争艺术进行更全面而有系统的论述，并创建明确的原理以为依据。开展这项工作乃是海军学院创办目的中的特殊要求。战争艺术的原理虽然没有几条，却包含不少要点，所以海军学院的原则只有一个：即研究战争艺术并阐明其原理。就如人体一样，脊椎骨只有一根，而肋骨却有许多。一旦这些原理或多或少地得以顺理成章，则更加清晰地理解海军历史的途径便被打开了。于是就能 120
更加准确地洞察历次海军战役的成败原因。充分掌握原理，开展这项研究，有助于海军战略家从专业实践中汲取精确的教益，就如一个已经掌握了原理的律师从专业实践中汲取精确的教益一样。广泛研究案例，可以增强了解，加深领会，开阔眼界，增进对任何案

件的关键特点的领会能力和理解速度，不为相对的非关紧要的细节所迷误。

当我还是一名海军军官学校的学员时，一位深有造诣的军官，已故戈尔兹伯勒海军上将，对我谈及他在法庭上旁听著名律师对一起疑难案件的辩论所感到的迷惑。当天晚些时候，他遇到了主持开庭的法官，他就对他说："的确，我真不理解您何以能够从双方提出的貌似有理的巧言的迷宫中找出自己的出路。"法官答道："在这类争论中，只有很少的，可能只有一件或两件事实或原则真正值得对其进行决定性的思考。将它们牢牢记住，而把其余论据当成枝节问题或无关重要之谈抛开，于是便可轻而易举地做出裁决。"这就是领会原理之后通过研究而形成的习惯见解所具有的优点。这样的决定性思考基本上符合于构成军事态势"钥匙"的主导特点

121 或特点。① 大量令人迷惑的事件聚集在一定的决定性思考周围，紧紧抓住这一决定性思考，你不仅能够更加容易地了解到特定实例中的决定性因素，而且还能使你越来越善于判断展现在你面前的任何军事实例；而且还是以通常所说的处置紧急军情所需的快速来进行判断。

从下面情况可以看出陆战对于海军研究人员所具有的价值。首先，陆战拥有更多的范围广泛的记述各个阶段的资料，因为陆战

---

① 克劳塞维茨曾以不无取笑的口吻提及战场或军事态势"钥匙"一词；这个词说起来或写起来都很容易，但其本身的释义却好像一部百科全书那样包罗万象。然而，这个词在其他方面的类似使用，证明将其运用于军事环境也是正确的。按这位著作家的评价，使用这个词具有特殊的优点，有助于掌握合乎需要的印象，因为在绝大多数的军事态势或军事问题中总有一个居于首位的主导特点，它可从许多细节中提炼出一个中心思想，依据这一中心思想可使目的和部署集中起来，从而达到计划的统一。

远比海战为多；而且还可能由于这些大量的资料经过很多努力，作了有条理的分析之后，已经从中引出了基础原理。再者，随着动力由不稳定发展到稳定，海军运动同陆军运动之间的差别也随之消失。因而，除非准备抛弃我们先人已经取得的学识将其视为无用之物，否则我们定能在研究杰出的军事著作家中找到最为充实的基础，并于此基础之上创立新的结构。且勿做徒劳之事，因为那是毫无用处的，我们应在坚实的地基之上开始劳动，接受已经完成的明显成果去着手创立。既不怀疑，也不畏惧，我们定会找到充分的差异；当新的建筑建成之后，谁也不会将新房误认为旧屋；不过二者将有强烈的相似之处，而其极为鲜明的对照将会更加清楚地表现出二者共有的强烈特点。

按通常为战略所下的定义，战略一词的运用仅限于军事联合，这种军事联合包含一个或更多的战场，这些战场或是各自独立，或是相互依赖，但总是真实的或直接的战争场所。这在陆上固属如此，而一位法国著作家却指出，这一定义对于海军战略实在过于狭隘，这一见解毫无疑问是正确的。他说："海军战略不同于陆军战
略之处在于，不论是在和平时期还是在战争时期都需要海军战略。122
确实如此，海军战略在和平时期可以通过购买和缔约在一个国家内取得在战争时期可能难以获得的优势位置，而赢得决定性的胜利。它善于利用一切机会于岸上选点立足，由最初暂驻成为最后的占领。"

海军战略之所以具有这种特殊区别，乃是由于海军能够到达领属关系未定或政治力量薄弱的地区，而陆军却只有依靠海军才能到达这样的地区，如果陆军要想在这样的地区作战，还须依靠海

军控制海洋。假如一个国家要想对这种领属关系未定的地区施加政治影响，它必须占有位置合适的基地；而且和平时期的贸易需要往往要求拥有这样的属地，正如这位法国著作家所说，一旦时机成熟便将其占有。

在欧洲，如今各国的强大陆军妨碍这种占有，除非以战争为代价；尽管面对最近波斯尼亚与黑塞哥维那之被吞并，这种说法很难再维持下去。的确在东南欧由于土耳其的衰落，这种绝大部分只能发生在海军才能到达的比较偏僻地区的情况，却出现在欧洲的后门之处；当时土耳其政局动荡，为奥地利提供了机会和借口采取行动，在战略位置上加强其力量，至少可以说，使其得以将力量推进到爱琴海，这是奥地利未来贸易所需要的目的地。还可以回顾一些更为久远的历史实例，英国在十年和平时期之内以表面上暂时性的条款和条件占领了塞浦路斯和埃及；对于塞浦路斯终于达到了正式割让，对于埃及则经过四分之一世纪之后尚未撤离该国。

123 英国在那里一直是占有者，谚语说占有者在诉讼中总是占上风，尽管法国和俄国长期以来一直不满，但最后终于表面上做出了让步。

同样，近年以来，法国占有了突尼斯的领土和港口比塞大，该港被特别推荐有作为海军场站的可能，其主要水文特点优于阿尔及尔，而且又靠近地中海的狭窄部分；即接近于直布罗陀海峡至苏伊士运河之间的交通线，这是欧洲至远东，至印度以及至澳大利亚航线上的紧要环节。还有德国从中国手中租借了胶州湾这一位置，德意志帝国的大臣当时宣称，出于贸易和政治这两个方面的原因——即出于海军方面的原因——长久以来即已预见到在远东需有一处基地。恰好时机适宜，于是对中国施加压力便得以获取到手。自从这部讲稿最初完稿以来，德国购得了加罗林群岛及其他一些太平洋岛屿，这些都是这位法国著作家所引述的证实这一真理的例证，他说："海军战略的最终目的就是既在和平时期也在战争时期奠定、维护和增强国家的海权。"我怀疑，这一道理到底是否就不适用于陆上战略；然而，陆上战略所关注的位置——陆战地域——已为众所熟悉，而且依据长期以来的传统法定权利已被稳固占据，除非付出战争代价，通常是无法易手的。外交官们无非是在军人取胜之后照例于条约上签署而已。而大部分海上战略据点，情况却不如此。这些位置却是在和平时期未经冲突而占有的。美国占有夏威夷群岛也是如此，这项任务直到这部讲稿写成之后
好久方告完成。这样一些属地之所以往往不需经过实际战争即可 124
占有，是因为其第一个拥有者由于衰弱而无法进行可能成为战争的抵抗；或是由于衰弱而感到需要同海军强国建立政治联系。

遵循这一观点可以联想到，海上作战所依托的位置即通过上述方法而占有的位置，总是远离占有这些位置的国家，所以海上作战的地理范围同陆上作战相比极为广阔。当已故谢尔曼将军为我审阅这部讲稿的初稿时，曾对这一情况惊诧不已。与国家整个海岸同时并存的基地，通往同样遥远的目标的长达数百海里的交通线，每日达数百海里速度的运动，所有这些构成了一幅雄伟的海上进军的想像画面而给人以深刻印象。

当前各国海军部署的调整，可以见到和平时期的海军战略另一实例，这种调整在很大程度上也是取决于有关的战略中心之间相隔很大距离而定的，例如美国的大西洋海岸和太平洋海岸战略中心，或英国在英吉利海峡和地中海的战略中心，便是如此。这种

情况在何种程度上是由于环境条件而造成，在何种程度上是由于国际条件发生变化而造成，在何种程度上则是由于现在的海军军人同墨守成规的老一代相比对于战略原理和战略要求更为深入注意和理解而造成，对造成这些情况的这些原因做出估计，将是非常有益的。我认为在这一方面可以确有把握地说，集中的必要性现在之所以得到确认，应归因于研究工作的进步，归因于对于原理有了明智的正确的理解和对于一个国家于和平时期将兵力分散配置
125 于许多地区这种过去做法在军事上的不合理和危险性做出了明智的正确评价；然而，这种正确评价得以通过特定方式表达出来，却是国际局势的变化的结果。英国舰队现在集中于本土水域就是一例。这是德国海军发展的直接反应。增强查塔姆造船厂的重要作用和在罗赛斯创建新的基地就是舰队部署变动的必然结果，两者都是和平时期建立或发展战略位置的例证。

美国战斗舰队集中于单一指挥和集中成单一整体，这是具有更大分析价值的另一实例。此事不仅说明简明原理对于海军领导人的见解所产生的影响，而且还具有特殊的指导价值；因为国际关系尚未迫使集中必须达到地区化，或是集中于大西洋，或是集中于太平洋，就如英国舰队业已集中于本土水域那样。这一集中纯属于对原理的认识，而不是为环境压力所迫。在海军中众所周知，这一认识是在海军学院举行的演习作业过程中首先形成的。美国舰队当前集中于大西洋，纯属出于遵循长期以来所形成的我们的主要危险来自欧洲这一传统观念。如今可能仍然如此，也可能已不再如此；环境，即国际关系的发展，将随时决定集中的地点，如同英国那样。循此思路可以看出，在战斗舰队进行环球游弋时，曾经一

度体现政府总体海军政策的小型中队和分散舰船已不再出现，这是特别令人注意的。

海军必须持续不断地进行集中，这是海上战略不同于陆上战
略的又一特征。这一特征表明海军具有陆军无法比拟的机动能 126
力，这是因为二者是在完全不同的平面上进行运动。一支配置得当的舰队，能以陆上无法比拟的快速驶至所需要的战略位置。这在另一方面就要求做好相应的准备，这种准备最低限度应能达到既迅速而又集中地到达目的地。所有这些都属于动员范畴；陆上和海上的行进过程无异具有共同性，二者的差异在于二者所及的范围和所行进的速度有所不同。海军的海上行进过程很简单，这又意味着海军能够达到迅速。而复杂则意味着多费时间。由于这些原因，所以陆军的平时配置必须直接参酌战时的需要，但由于另一方动员困难，故陆上允许分散兵力，而海军分散兵力就会失策。在动员陆军上，军事上所理解的集中如同动员海军一样，也是首要的目的；但却是第二步，即在局部活动动员若干军团之后才随之集中。而对海军来说，集中却是第一步，不论如何出乎意料，都应抢在战争爆发瞬息之前。其次就是辎重问题，即运输队问题，这是构成陆军运动的一个重大要素，但对海军来说却微不足道；海上运输队实际上同战舰具有同样的机动能力，因为开阔的海面能比陆上的道路提供更为广阔的方便。所有这些在机动能力上的有利条件在时间上便意味着快速；而这种运动所需时间的减少则意味着所行距离的增大，这就便于压倒兵力分散或毫无戒备之敌。就如当日本的鱼雷艇在旅顺口外对毫无准备的俄国舰队发起突然袭击之
时，它们是在远离出发地点数百海里之外挑起战端的。 127

查理大公说:“对战略据点的占有决定着作战的成功。”拿破仑则用“战争就是处置位置”的说法来表达这一意思。然而,必须警惕一种普遍的误解,即在人们的思想上对于海军问题似乎已经形成一种牢固的偏见。正是通过读书我才逐步地、信服地对这一问题有所理解;其结果正如我刚才所说,在弄通原理之后,通过博览群书而获得教益。若米尼关于占据很多的战略据点是可能的主张,我很久以前就已知道并在几次讲座中曾经引用过;然而只是通过读书以后我才认识到,每占据一处港口就会增加海军力量这种看法是何等的普遍。海军力量理所当然包括对战略据点的占有,但其最大的组成部分却是机动的海军。假如由于拥有许多港口而使你将兵力分散在各个港口之中,还不如不用这些港口为好。对此还应加上另一段话,也是若米尼说的,假如你没有把握控制整个战场,那么最好是占据能使你控制战场大部的那些据点。应当依靠已经取得的各个战略据点或由陆、海军强行占领的位置,将你能够坚守得住的位置向敌人方向推进,愈深入愈好;但在推进中延伸你的交通线时,应保证你在前进位置上的兵力不致遭到危险。

关于这种前进位置的好处,古巴岛提供了一个极为有力的例
证,美国能否有效地控制墨西哥湾,取决于美国能否在该岛占有一
128 处位置。当古巴还属于西班牙时,美国不得不以彭萨科拉和密西
西比河作为海军作战基地。在这种情况下,假如美国同欧洲的一
个国家交战,而古巴严守中立,敌人将舰队冒险开入墨西哥湾,则
其后方和交通线绝不会像今天这样暴露于以设防严密的关塔那摩
为基地的美国巡洋舰的攻击之下。当交战双方兵力相等时,一旦
敌对舰队想要驻泊于墨西哥湾内或进入加勒比海向巴拿马地峡推

进，则这处前进位置就会使其占有者拥有决定性的优势，为其提供便利去干扰和切断对方补给，特别是煤炭补给。单就墨西哥湾海岸来说，基韦斯特在某种程度上也能起关塔那摩的作用。二者结合起来就对海湾地区形成一个整体防御，这较之在这一地区的特定各点建立局部的陆上防御更为强而有力。如就对运河地区的影响而言，则关塔那摩在态势上显而易见优于基韦斯特。这种位置对舰队的威慑作用同对单艘快速巡洋舰或小分舰队的威慑作用，在程度上并不能等同一致，因为敌人可能会甘冒损失数艘巡洋舰的风险而进行骚扰。

在过去年代里，英国对法国各个港口的封锁，则是关于海军前进位置的极为重要的实例，由于封锁，英国贸易的安全才得以保证，对大举入侵不列颠诸岛才得以制止。当前英国战斗舰队集中于本土水域，其部署与上述封锁十分相似，显而易见，其目的在于以直接有效的集中对抗北海的德国舰队。一旦发生战争，无论可能采取何种特殊措施，该处总有一支明显优于德国的舰队，可以有效地掩护来自大西洋的所有英国交通线；实际上即连通世界各地的交通线，同波罗的海国家的联系可能除外。这一部署又切断了 129
除同波罗的海联系以外的所有德国海上交通线。同时还掩护了不列颠诸岛不致遭受大举入侵。

通过这些实例，可以明显地看出占有这种前进位置的全部理由。这样一来，你的舰队在背后既有可靠的位置可供依托，又有防护严密的交通线可同本土紧密相联，于是贸易、运输和补给等各种活动均可自由进行。当敌对双方兵力大约相等时，对方是不会冒险进入这样的海域，就如上述实例中德国不敢进入大西洋或美国的敌人不敢进入墨西哥湾一样，因为就在其进行冒险活动之中，其交通线就已暴露，而且一旦撤离时，它又远远离开了本土港口。古巴虽然掩护着墨西哥湾，但在抗击对北大西洋海岸的入侵中，则无法起到同样的实质性作用。一个世纪以前，英国对法国的封锁，恰好相反，一直推进到靠近法国海岸，从而掩护了整个大西洋和通向不列颠诸岛的所有水道。由于这种推进，在保持封锁期间，英国本土得以确保安全，免遭入侵，从而使联合王国的贸易避免了实质性的损失，其损失率每年在百分之三以下。

今天，仅就不列颠诸岛的地理态势而言，其本身对于德国来说就居于前进位置；其对北海的控制俨然就如古巴对墨西哥湾的控制，其对本土交通线的防御价值也相同。就连德国的巡洋舰——贸易破坏舰——要想到达英国的贸易交通线，就必须冲过北海的防卫，并在远离其作战基地从而造成煤炭补给不稳的情况下进行
130 活动。我们知道，对后方及其交通线进行防卫，并不能完全使补给船或贸易船完全免遭贸易破坏舰的攻击。在美国南北战争中，陆军的侧翼和后方经常遭到这样的袭击。对于这样的袭击，使用轻型舰或使用与对方进行这种袭击所使用的相同的巡洋舰只能予以遏制，但不能完全制止。

若米尼的经验较之美国南北战争还早半个世纪，他说："出色的袭击部队总能打乱护航队，不论其所取路线的方向如何，即使其方向是一条来自基地中心至作战前线中心的垂直线，在这种情况下最少遭受敌人攻击。"

然而，这种损害一般不应同切断或威胁交通线混为一谈。这只不过是战役中的轻伤，而不是致命打击；它令人伤透脑筋，但并不十分严重。它同在靠近交通线的巩固港口中拥有一支强大的舰队完全不同。

破坏贸易或破坏敌人交通线的袭击战，可以从遥远的殖民地位置上来进行。在过去的历次战争中，法属西印度群岛的马提尼克和瓜德罗普就曾被法国巡洋舰用为基地来袭击英国的贸易船和供应船。防备这些袭击，当时不能，现在依然不能依靠遥远的本土。必须在当地配置兵力予以解决。这样一些位置本身乃是前进位置的特殊例证，它们能起到特定的，尽管是有限的控制作用。例如，德属西南非洲，只就其态势而言，这样去骚扰英国与好望角以及沿此航线的以远地区的交通往来就方便得多。应付这种情况，同样也须在当地进行防备。英国舰队集中于北海在这一方面确实能起到作用，但这一作用却是间接的。存在的问题是，这种战前组成的特遣舰队到底能同德国在北海的总体作战计划，协调一致到何等程度；更进一步的问题是由于特遣舰队的补给通过英国巡洋 131
舰在北海和海峡设立的巡逻线非常困难，其作战效率到底能够维持到何等程度。

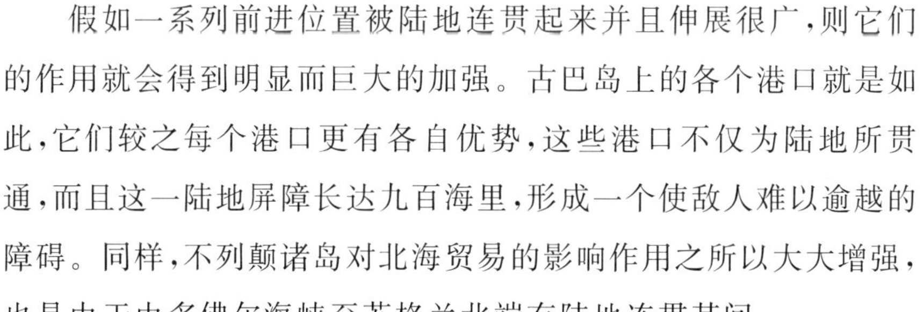

假如一系列前进位置被陆地连贯起来并且伸展很广，则它们的作用就会得到明显而巨大的加强。古巴岛上的各个港口就是如此，它们较之每个港口更有各自优势，这些港口不仅为陆地所贯通，而且这一陆地屏障长达九百海里，形成一个使敌人难以逾越的障碍。同样，不列颠诸岛对北海贸易的影响作用之所以大大增强，也是由于由多佛尔海峡至苏格兰北端有陆地连贯其间。

由此可见，在海上区域内，例如在墨西哥湾和加勒比海或是在太平洋这两处美国极为关注的海域内，确定战略据点时，必须在它们之间做出如下选择，首先应选出对于控制战场最能起到决定性作用的那些点；其次选出最能充当最前进位置的那些点。一旦战争不幸爆发，美国即能将它们牢固占有，并通过中间位置或交通线将它们连结起来，共同形成一个结合完善的紧密配系，除非一支巨大的优势兵力，否则任何力量都无法将美国逐离这一配系。

第七章　基础与原理(续) 132

一、战略位置

任何地方的战略价值取决于以下三个基本条件：

1. 它的位置，或更确切地说，它的态势。一个地方可能具有强大的力量，但其所居的位置就战略线而言，却不值得予以占领。

2. 它的军事力量，攻势力量和守势力量。一个地方可能居于适宜位置，并拥有巨大资源，但由于脆弱而很少具有战略价值。它虽然是天然的不坚固，但另一方面却可赖人工加强其防御力量。“设防”一词意即予以加强。

3. 它的资源，本身的资源及其周围附近的资源。资源的丰富与贫乏的利与弊，尽人皆知，无须赘言。直布罗陀便是一个引人注目的实例，它攻守兼宜，位置极好，只是缺乏天然资源。英国过去全凭控制地中海才保持它的这个前哨。缺乏天然资源，可赖人工为之补充，而现在较之过去补充范围更为扩大。马耳他和梅诺卡岛，情况也是如此，只是程度有所不及，一般说来，对于海上战略据点，其周围的友好地区愈小，资源愈少，其力量也就愈弱。1798 至 1800 年，法国在瓦莱塔的守备部队，遭到英国所支持的马耳他岛 133
岛民的群起反抗，从而断绝了对马耳他岛资源的利用；而海上又遭到严密封锁，故其抵抗终以精疲力竭而告终。由此可见，大小两岛，其他条件相同，小岛的战略价值小于大岛；因而像基韦斯特那样的据点，位于狭长的通路受到限制的半岛顶端，其价值远不及彭萨科拉；假如古巴是个繁盛的国家，也许还不及哈瓦那或西恩富戈斯。

为举例说明一个大岛比一个小岛或一些小岛优越，我愿为大家从美国独立战争时期的一份官方备忘录中读一下著名舰队司令罗德尼的意见。他曾长期在西印度群岛，拥有和平时期和战争时期的双重经验。“波多黎各掌握在大不列颠手中，必将产生无限的重大影响，它比所有加勒比岛屿合在一起还要有价值——该岛易于防守，而且防守所需的费用又比那些岛屿低廉；防守那些岛屿就要分散兵力，倘遇敌人攻击则易被征服，而该岛既能牵制法国又能牵制西班牙，还能使他们的圣多明各岛永远处于危险之中，该岛掌握在大不列颠手中还能切断欧洲至圣多明各、墨西哥、古巴或拉丁美洲大陆的所有供应线；假如英国移民于该岛，还可迅速援助牙买加；而且一旦得到开发，则可雇到比整个向风群岛所能雇到的船只和海员还要多。”

我以前曾经说过，海军历史可为研究军事学术的人员提供丰富的资料，上述那一段话就是这方面的一个实例。有关战略据点的全部有利条件，这里均已罗列无遗，尽管不像军事学术论文的目的那样完全条理化和系统化：关于态势，指出了该岛同牙买加、圣多明各和其他西班牙属地的相对关系；关于守势力量，指出了由于它的集中可同小安的列斯群岛的分散相比较；关于攻势力量，指出了它对西班牙同其殖民地的交通线的影响；关于资源，指出了该岛

为数众多的英国臣民及其事业以及所拥有的英国船只和海员。

一个地方同时具备态势、内在力量和丰富资源这三个条件，就会成为战略要地，并可能具有首屈一指的重要作用，当然并非总是如此。因为，必须记住，还有其他方面的一些考虑，尽管单纯从军事观点来看，这些考虑是次要的，但它们却会提高一处港口的重要价值，甚至还是战略价值；例如该港是一处巨大商埠，一旦它遭到打击就会影响该国的繁荣；或是一国首都，一旦沦陷，不但有其他重要意义，还有政治影响。

在三个基本条件之中，态势最为重要，是必不可少的；因为力量和资源可赖人力予以补充或增进，然而，一个港口如位于战略影响范围之外，则其态势是人力无法予以改变的。

一般说来，态势的价值取决于其接近海上航道的程度；取决于接近那些贸易航线的程度，当这些贸易航线被画在海域上时便成为海图上假想的相似之线，但这些线确实存在而且极为有用。假如这处位置同时位于两条航道之上，那就是说，它接近于它们的交叉点，其价值就会更加增大。一处交叉路口基本上就是一处中央位置，它便于向各个方向进行活动，而且有多少条通路便有多少个方向。凡是熟悉陆战艺术著作的人，都承认这种相似的比拟。如果限于地形，通路变得很窄，则其价值也就变得更为显著，诸如直布罗陀海峡，英吉利海峡以及狭窄程度较小的佛罗里达海峡。每处入海口几乎都是狭窄的，贸易经过入海口进入并扩散到全国各地；诸如密西西比河河口，荷兰和德国的各条河流的河口，纽约港的入口等等。然而，对海来说，港口或江河的河口则是**终点或货物集散地**，货物在远运之前于此装船转运。倘若通路窄成一条运河 135

或一处河口，则船只必须到达之处几乎就要缩小成为几何学定义中的一个点，于是其附近的一些位置就会具有巨大的控制力。苏伊士今天就是这种情况，巴拿马不久也将如此。

由此类推，狭窄海域中的位置比起那些大洋中的位置更为重要，因为很少有可能迂回绕过它们。假如这些海域不只是旅程的目的地——“终点”——而是连续航程的“公路”的一部分；就是说，假如贸易船只不只是到达此处，而是途经该处驶往以外的其他各地，则过往船只的数量必然增加，从而各控制据点的战略价值也必增大。这里不妨以地中海为例，来阐明我所附加的“终点”和“公路”这些词的含义。在苏伊士运河凿通之前，地中海东岸和地峡均属终点。船只不能通过，货物有待转运。自从运河通航以来，地中海东岸就成为公路上的一个点，而其海域也成为贸易公路，而不再只是终点。当然，美洲的地峡及其未来的运河也是同样如此。如以百慕大同直布罗陀甚至同马耳他相比，仅就其位置而言，则可立即看出后二者所具有的优势，并可以此为例来说明有关狭窄海域的论点；因为船只必须紧靠它们通过，而百慕大做为一处补给站，尽管也具有优势，其所居态势有利于对通常的贸易航线实施攻势活动，但毕竟可以绕道将其避开，尽管有所不便和延缓时间，但仍然可能做到。

构成陆上战略和海上战略条件的根本不同之点，在于陆上充
136 满天然障碍，需靠人们的双手来排除和克服这些障碍，才能打开交通和道路。就天然条件而言，陆上几乎是障碍重重，而海上则几乎是坦途一片。因此，可供陆军通行的道路数量有限，而且它们各自所具有的有利条件通常已尽人皆知；而舰船在海上从一点至另一

点可能通过的路线却数量无限，尤其是蒸汽舰船还可绕道迂回。风向和水流等条件必然同所选取的短近距离一起将舰船束缚在一定的通用航线上，但在这些航线范围之内，仍有很多巧妙办法可以避开敌人的搜索。如罗德尼在其呈送英国海军部关于一支从西印度群岛返航本土的护航队的紧急信函中曾做了说明，这支护航队将不采取直接航线，而是航抵英吉利海峡以西至少六百海里的同一纬度之处，然后向东转航以迷惑敌人使其无法确知护航队的位置，同时并使英国海军部能够确有把握地对护航舰船进行增援。在其后的一次场合中他曾写道：“我曾严令指挥官不要试图驶向英吉利海峡，而是取克利尔角的纬度向西至少九百海里，再行继续向前航行。”拿破仑曾以精炼的语言说过，海军作战的决定性要素即是“采取隐蔽航线使敌人丧失时机”。

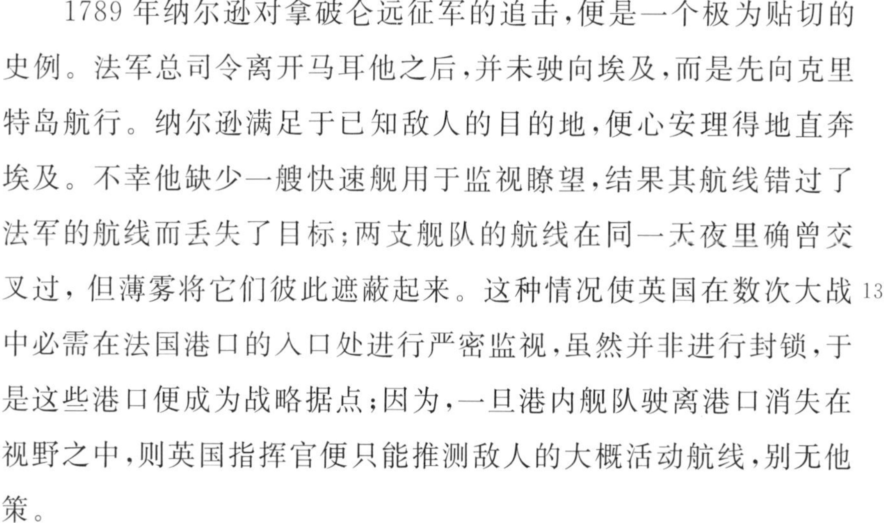

1789 年纳尔逊对拿破仑远征军的追击，便是一个极为贴切的史例。法军总司令离开马耳他之后，并未驶向埃及，而是先向克里特岛航行。纳尔逊满足于已知敌人的目的地，便心安理得地直奔埃及。不幸他缺少一艘快速舰用于监视瞭望，结果其航线错过了法军的航线而丢失了目标；两支舰队的航线在同一天夜里确曾交叉过，但薄雾将它们彼此遮蔽起来。这种情况使英国在数次大战 137
中必需在法国港口的入口处进行严密监视，虽然并非进行封锁，于是这些港口便成为战略据点；因为，一旦港内舰队驶离港口消失在视野之中，则英国指挥官便只能推测敌人的大概活动航线，别无他策。

将 1905 年东乡大将的疑虑同 1798 年纳尔逊的疑虑加以对照，便可从中找出深受当代发展条件限制的基本类似情况，这是一个令人深感兴趣的例证。纳尔逊并不知道法国舰队已开往何处；他只能依靠推断，依据种种迹象和分析当时的政治形势来进行推断。东乡也不知道俄国舰队的可能意图，是打还是逃，虽则其最终目的地只能是符拉迪沃斯托克；但对其可能采取的航线却只能求助于推断，在推断中气候条件起很大作用。二位将领的分析都是正确的；但由于缺乏情报，他们都经历了焦虑不安、犹疑不决的时刻。东乡大将的一个参谋写道："就连确切断定敌人必将取道对马海峡的东乡大将，当敌人预期到达的时日已过而并未出现时，也开始感到焦虑不安。"可以毫不夸大地说，尽管东乡把无线电的作用都算在内，但直到日本侦察船发现敌人为止，他也并未先于纳尔逊得知敌人的位置和活动。如其说他失掉了接触，毋宁说他从未得到过接触。只是别的船只，而并非他自己的舰船，非正式地提供过一般的情况。恰如纳尔逊在尼罗河一样，东乡在看到敌人之前，也是毫无把握；前者是从战列舰的桅顶进行瞭望，后者是派出一艘侦察船在距离旗舰一百海里之处进行监视。二者所处的困境，都是由于不能在敌人的出发港口或在其航线的某一必经之点对敌人监
138 视。对这一失策是否应予责怪，那是另外一个问题；造成这种困难的原因，在于未能将侦察活动推进到足够的远处。

由于开阔的海洋可以提供许多机会来避开被认为是危险的位置，所以在一定区域内一等战略据点在海上要少于陆上——这一实际情况自然便提高了现有的这些战略据点的价值。例如，夏威夷在太平洋的总体方案中，就是一个异常重要的战略据点。这是一个巨大的运动中心，一处无价的中途站；又是一处具有巨大天然攻势力量的前进位置，适于用做作战和补给维修基地；但在对贸易

的控制方面,其作用却因海面广阔,便于舰船对其避开而有所降低。另一方面,由于它是美国的属地,敌人无法将其用于战争或贸易,这就使该点除攻势价值之外,又具有守势价值。海洋的确如实体现了查理大公所想像的情景,他说:“在开阔地区,到处可以通行,敌人在这里不会遇到障碍,可向各个方向运动,这里或是没有战略据点,或是虽有而不多;反之,在起伏不平的地区,却可遇到众多的战略据点,这里天然条件构成的道路不可改变 ,非循其而行不可。”

恰如一艘舰船从欧洲驶往中美洲,它首先通过一片完全开阔的地区直至西印度群岛为止;在那里它进入起伏不平的一处,到处充满了价值大小不一的战略据点。

成为问题是过往**贸易的数量**,还有**港口靠近航线的程度**。这两种影响中的任何一种都会影响到位置的价值。正是德国工业、商业和航运的巨大增长,才使大不列颠由于拥有不列颠诸岛这一 139
战略位置而成为德国的眼中钉。德国贸易的增长同大不列颠的战略位置结合在一起,彻底改变了欧洲的国际关系。与此类似,巴拿马运河这一新的商业条件,也将改变加勒比海附近的各个港口和太平洋许多港口的战略价值,这是由于途经这条航路的贸易增长所致。试想,一旦苏伊士运河重新关闭永不再开,则好望角的各个港口和地中海的那些港口都要受到影响。好望角航线的发现对威尼斯和热那亚命运的影响,是我们在这一方面所拥有的历史明证。海权首先从属于商业,商业则沿着最为方便的航路前进;随之而来,军事控制又促进并保护着贸易。海洋除了用为连结国与国的公路系统之外,别无可用。海或水乃是天然形成的流通媒介,恰如

金钱被人用来交换产品一样。其流通方向或流通数量，二者之一一旦发生变化，人类的政治关系和实业关系也必随之改变。

通常，无论是在陆上还是在海上，有用的战略据点总是位于公路经过之处，尤其是位于公路交叉或汇聚之处；最为重要的则是位于种种障碍迫使平行道路汇聚一起并使用一条隘路之处，就如必须通过桥梁一样。值得注意的是，海洋固然比陆地开阔，障碍较少，可是一旦遇有障碍就会确实更无法逾越。舰船无法从障碍的上方越过或从其中间穿过，只有迂回绕过它们。历史事迹，诸如拿破仑通过小圣伯纳德，麦克唐纳通过施普吕根以及 1877 年俄国人
140 通过巴尔干山脉等，都似乎表明，没有步兵不能逾越的地方；但现代舰船却不能像古代划艇那样能够拖过旱地。因此，在陆上有时扼守的似乎可能是惟一可以通行之路，也可能意想不到地被敌人绕过，例如波斯人通过山间小路在德摩比利进入希腊的后方，而舰船确实只能循已知的航路。凡是航道众多的地方，如向风群岛和西印度群岛之间的诸多航道，每条航道上各个港口的位置价值则与航道数量成比例地降低。

举例说明，马提尼克岛的洛亚尔港和圣卢西亚岛的卡斯特里港本属优良战略据点，假如有一条连绵不断的陆地从海地岛东端通过向风群岛直到中美洲，其间仅在上述两岛之间断开，就会大大影响到两岛的价值。这样一来，两岛的影响就可与直布罗陀并驾齐驱。正因为它们是现在这种样子，所以它们只能同夏威夷和百慕大并列；而且还有所不及，因为它们的位置虽然优越，但却不如夏威夷和百慕大那样独一无二。它们在各自区域内均有其竞争对手，而夏威夷和百慕大却没有。毫无疑问，不论向风群岛有无内在

军事力量,敌人的舰船和补给船只都可绕道迂回驶向地峡,故其位置价值显著降低。一旦巴拿马运河建成,牙买加就无法避开,奇里基礁湖尤其不能避开,科隆则完全无法避开。英法战争期间,驶往地峡的舰船,要想避开从圣卢西亚岛附近通过,就可通过阿内加达海峡或莫纳航道;实际上法国人往往成功地取道这条航道以避开罗德尼的警戒线。

二、军事力量 141

现在,我们来开始研究任何一处位置的战略价值的第二个要素,即军事力量,攻势力量和守势力量。

不妨设想有一个点,其位置虽好但实际上却无法防守,因为防御工事的耗资可能高于该地设防后的价值。如有一处更为强固的地点,尽管稍远一些,则宁可舍近而求远。

一处港口的强固和脆弱取决于许多有利的和不利的要素所构成的特点,所有这些要素可以分别归入两个范畴,即守势力量和攻势力量。

1. 守势力量

海港的防御,同其攻势用途不同,可以分为两个方面:(1) 防御来自海上的攻击;即军舰的攻击。(2) 防御来自陆上的攻击;即部队的攻击,部队在没有抵抗的情况下,可能于海港的某一接近点登陆并进入要塞的后方。

海港设防是为了便于发挥攻势作用,设防海港的攻势作用总是派出军舰向海上出击，海可以恰当地被称为这种港口的前线，而陆地一侧则为后方。

最近对旅顺口的围攻战，恰好为刚刚提出的课题提供了例证。旅顺口针对海上攻击和陆上攻击于前线和后方都进行了设防，而攻击也是来自两个方面。这次围攻战又为另一课题提供了例证，即这部讲稿最初的草稿所提出的就“防御”一词的狭义而言，港口
142 防御主要属于陆军分内之事。俄国海军对防御的贡献微不足道。假如它拥有较好的精神和物质条件并有效地予以利用，它本来是可以通过攻势作战，即通过出击和骚扰敌人为坚守该港做出极为切实的贡献。在任何总体战略计划中，坚守能力乃是守势力量的主要要素。防御的巨大收益，就该词的严格意义而言，就是拖延时间。旅顺口的防御为俄国人赢得了时间；防御愈顽强，赢得的时间就会愈长。当时，它已为波罗的海舰队的到来，赢得了足够的时间；而且无人能够说出，到底拖延多长时间才能有助于陆上战役的延长，因为只要俄国人能够顽强地坚守住，陆上战役就会使日本人一筹莫展，难能为力。

在这次战争中，俄国海军在海上俘获了一艘日本运输船，该船装有进攻旅顺口所需的大部分攻城大炮，这是海军通过这种性质的作战活动为防御，即为拖延时间而做出贡献的一个例证。这就明显地延长了围攻时间。这是一次对围攻者的交通线的攻击。这种性质的攻击，除使敌人遭到实际损失外，还会迫使敌人煞费苦心加以提防，这就明显地拖延了这场决战的时间。然而，这种活动，就其结果而言，属于防御性质，但就其方法而言，却并非如此。因此，完全可以称为攻势防御，它对任何防御计划都是绝对必需的。

拿破仑曾经说过,如果单纯依靠防御,如果没有准备进攻的措施,或虽有而不用,则任何位置都无法持久坚守。对敌人必须不断地加以扰乱,否则他就会获胜。在战争史上曾有一个时期,这一真理极为清楚,人人都能领会,而对消极抵抗的外界状况也已有了如此彻底的了解,因此,假如不谋求解围,则被围要塞的坚守能力几乎能像数学演算那样予以准确地计算出来。在配合密切的海岸防御 143
配系中,这些反击、骚扰,即攻势防御,均由海军承担。

狭义的海岸防御,当其活动仅限于击退直接的攻击时,则主要是由陆军负责;因此,这种防御的准备规划基本上也属于陆军。正因为如此,用不着海军军官分派陆军各个勤务部门进行准备工作;但必须指出,依照公认的传统,计划防御工事及监督其施工的任务统由工兵负责。

还必须指出,诸如外线用以掩护一个地方的对陆防御工事所需的范围,以及随之而来的为保证维持这些工事所需的守备部队的数量等这类战术考虑,均属于专门的陆军军事学识问题。当海军的需要在以后的处理中发展时,这一点则更为明显,即有关在国内和海外选择海军场站的问题,必须经过陆海军共同协商做出稳妥的决定。实际上,凡是涉及海岸作战的每个问题和每项准备,都体现出陆海军共同联合以达成同一目的这一特征。

在所有这类协同配合中,总是存在着相互抵触的状况,正如在绝大部分战役计划中和在用于进行战斗的一些位置上一样,不是这里强,就是那里弱。战争在其所有的各个方面不断提出困难和有利以供选择。指挥官的艺术就在于尽可能在它们之间进行有效的协调,在于突出相应的优势使其居于最为重要的位置,在于只要切实可行即应置各种困难于不顾。那种力求避开危险或对危险过分胆怯的态度是最为令人沮丧的。

旅顺口围攻战证实了另一条将被普遍运用的真理；即海岸要
144 塞遭受陆上攻击而被占领的危险性大于海上攻击。圣地亚哥也是如此，尽管其对海防御并不完善。原因极为明显：舰船和浮动设施无法安装陆上工事所能安装的等重大炮和同样装甲。除这一劣势之外，现代战争对于舰船来说还增加了水雷危险，它对舰船运动的可能影响，在日俄战争中得到了如此频繁和如此惊人的证实。而对陆上要塞来说，这种类似的危险却毫不存在。简单说来，在炮台的所及范围内舰船并非炮台的对手，恰如骑兵和步兵在其各自特定的范围内各有所长一样。一艘舰船无法对抗一座与其造价相同的海岸炮台，而海岸炮台也无法同舰船赛跑。前者的特点在于以其笨重来发挥其巨大的守势力量；而后者的特点则在于灵活机动。

四周皆水的国家或其陆地边界同军事力量较弱国家接壤的国家，如大不列颠和美国，往往容易犯这样的错误，只针对来自海上的攻击来防守自己的港口。这适用于只做商用并非海军活动必不可少的港口；因为可以用于海岸设防的经费总是有限。然而，海军的任何活动，如同一切陆上作战一样，都要依托基地。基地实为不可缺少的基础，攻势的上层建筑就是在这一基础上建立起来的。因此，重要的海军场站应能确保不受来自陆上和海上的攻击。伍德将军最近于波士顿附近举行的联合军事演习，其目的就是证明这一事实，该城的轻易陷落充分表明需有陆上防御。纯商业城市的设防必须充分考虑到下述情况：只有当敌方想取得充分战果，取得决定性的军事收获时，如摧毁一处重要的海军基地时，才会动用

一支庞大的远征军;而小股登陆部队,尽管它也可能想要夺取一处 145
商港,但只能依靠出其不意的奇袭才能达到,就其效果而言这只不过是一种突然袭击,它易于遭到截击,而且绝不会造成决定性的军事优势。

1888 年 8 月英国举行的对抗演习,正如所预期的那样,证明了兵力封锁无法防止个别一些军舰逃逸。当它们逃逸之后,恰好证实,首先,封锁部队无法得知其逃向何方;其次,海港防御单独依靠海军是难以奏效的。当逃逸的巡洋舰出现在英国的六处港口面前时,这些港口由于没有设防只得马上承认无能为力并不得不缴纳赎金。

自 1888 年以来,随着水下定位水雷的发展,港外的敌人布设这种水雷,便更加易于进行封锁,使封锁更加名副其实。这种水雷对于巡洋舰,甚至对于中型巡洋舰,尤其是对于一支战列舰舰队的影响,不仅仅在于可能造成实际损伤,还在于会被人硬拖延时间。这种时间的延误就其最为严格的意义而言,确实是一个战略性的因素。恰如日俄战争所证实,位于港外的舰队可在相当广阔的范围内选择其位置;而位于港内的舰队要确定一条安全的水道作为航线,则不可避免地要花费一定的时间。尽管确实如此,但并非绝对如此。

在各个时代和各种条件下,技艺和警戒总是能够使一方或另一方获得较好的成果;尤其是位于港内的一方。我设想简单运用
三点法来确定一条通过推测雷区的直线水道,其办法是于夜间设 146
置三个信号灯以供观察;这样的水道既可在夜间也可在白昼予以清扫;清扫之后,进行适当的巡逻,以防敌人再次布雷。指示灯指

明已经扫清的水道，为舰船导航。然而，这种方法尽管可能行之有效，但其实际运用及其繁多的要求都表明二十年来情况已经发生了巨大变化。显而易见，位于港外的一方也必然想方设法以求制止这种活动，结果必将引起陆军称之为“前哨”战的大量战斗。

1888 年遭到巡洋舰勒索赎金，否则便将遭受炮击，这就证明：商业港口需要对海设防；而在对陆一侧无需设置工事。巡洋舰无法抗击即使寥寥无几的几座重炮，也没有兵力可以试图登陆。对于一支舰队或一支登陆大军来说，一处单纯的商港作为对象实在太小，正如法国人所说，“得不偿失”。这种远征的直接目的是攻取海军基地。如今，炮轰不设防的海港已为国际公约所禁止，问题仍然在于一个国家的不设防政策能够允许敌方船只不声不响的占用其方便港口到何种程度，例如进行加煤、修理和要求补给等。不消说，对这类船只的任何干扰就是战争行动，随之而来必将立即剥夺掉该港的不设防资格。

关于岸防舰今天较之过去已很少听到，现就这一问题略谈数语。浮动防御只限于守势防御，这就是说，只有当敌人认为应该进
147 攻时，它才能发挥其攻势威力，而其攻势威力又不及同等的岸上炮台，其原因有：(1)它不能承载陆上工事所能承载的同等重量；(2)它暴露于各种样式的攻击之下，如鱼雷攻击和撞击等，而陆上工事则无此虞；(3)它的主要优点是机动，而这又恰好是它的弱点，因为仅仅为了对其进行操纵就需占用大部人员或警卫部队。除此之外，还有一点需要考虑，尽管这一点在别处我尚未见到，但我认为却很重要，这就是主要依靠军舰的海岸防御配系，往往易于使军舰集结于敌人真正目标以外之点，从而使被攻击的目标失去掩护。

陆上工事却可避免这种错误。1801年,纳尔逊在制定防御东南海岸特别是泰晤士河的总体计划中,曾起草一份文件,这份文件证实了他的全面的军事天才同其所取得的更为辉煌的战绩是完全一致的。在这份文件中,他特别强调,他们曾称其为封锁舰的岸防舰,决不得以明显的情况危急不得已为由擅自移动。它们的泊位是经过周密考虑而仔细审慎选定的,不应受轻率的意见的影响就加以改变。永久工事是在稳定时期根据正确原理建立起来的,其优点是无论受到何种惊慌都不能移动。美西战争期间,美国舰队的配置提供了一个引人注目的值得研究的问题,即公众的恐慌对军事部署的影响,对于这样的问题,历史可以提供出许多实例。

稍加思索,就可看出由海军使用鱼雷艇和潜艇对海岸实施的防御模式,现在大为人所注意,其活动严格说来并非属于守势,而是属于攻势。对于海港防御,鱼雷艇的作用几乎完全限于攻势,即攻势防御,因为一支舰队对一处港口的攻击通常均在白昼实施,而 148
鱼雷艇在港口总体防御计划中主要限于在夜间发挥其作用。鱼雷艇的主要作用是对试图停泊立足于港口附近的敌方舰队实施攻击。

自从这部讲稿成稿以来,鱼雷艇的巨大推广和发展,仅就其经验而言,似乎并未影响这里所阐述的总的原理;在实战中同二十年前研究人员所掌握的结论也并无任何矛盾。鱼雷艇在靠其本身力量单独行动时,总是于夜间实施攻出。白昼它们只是进一步完成战列舰实际上已经造成的破坏;而这一任务只有在一支舰队对要塞实施严厉攻击的特殊情况下,或许才可能由鱼雷艇来担负。那时,它们对那些受创的、特别是落在其友舰后面的敌舰施以最后一击。鱼雷艇的规模的增大已超过了开始时的一、二级，正如当时曾经预期的那样，它们得以装载火炮装备；而敌对双方鱼雷艇之间的炮战，恰如陆上围攻战的散兵交接一样，在旅顺口之战中曾常见到。假如俄国的防御任务由日本担负，无疑对港外舰队定会实施更多的鱼雷攻击，进行攻势防御。日本在航道上沉船，毫无顾忌地试图堵塞港口，这使人确信，如果日俄双方调换位置，则试图在港口附近坚守阵地的舰船定会遭到同样强力的攻击。

掩护海岸要塞这类战略据点的防御设施，不论是天然的还是人工的，在一切战争中都有着极为重要的作用，因为防御设施所提
149 供的对进攻者的这种被动抵抗使防守者能够以较小的兵力阻挡一支较大的兵力，其被动力量可以变为相当于一定数量的兵力，并可使坚守一方抽出恰好相当于这一数量的兵力参加机动野战部队。旅顺口的得利于地势条件的防御，迫使围攻一方在围攻中不得不动用较多兵力来对付坚守一方的较少兵力。这就清楚表明，俄军参加野战多出很多的兵力，恰好是日军用于野战所少的兵力。这样坚守的地点可以达到很多目的，在某种范围内，它们是控制任何战场所绝对需要的。这些地点无论是对海作战或是对陆作战都是不可缺少的；但从有利于达成作战目的来看，应该承认，它们不及野战部队。现根据归谬法举一极为罕见的情况为例，假如一个国家此类哨所过多，以致其守备部队占去该国的整个陆军，显而易见，不是放弃其中的若干哨所，就是任凭敌人纵横无阻，二者必居其一。因此，若米尼指出："当一个国家将其大部兵力投入其强固地点，它就接近于毁灭。"这在日俄战争中就得到了证实。俄国将其舰队藏在旅顺口和符拉迪沃斯托克不出来；而且不知是出于选

择还是由于需要,并坚持这一方针,这就预示着它在战争开始时对日本所拥有的实际海军优势的消失。

在海战区域中,海军相当于陆地战场上的野战军;而设防的战略海港在舰队战斗或战败之后则成为赖其实施避战的港口,供修理和补充供给使用,实际上它们相当于梅斯、施特拉斯堡和乌尔姆等这类要塞,军事著作家认为对于这类要地必须根据战场的战略性质有系统地予以占领,并以其作为基础建起国家的防御。但基 150
础绝不能当作为上层建筑,它是为上层建筑而存在。在战争中防御的存在主要是为了进攻能够随意进行。在海战中进攻由海军承担;假如防御也由海军承担,则无疑是将其部分训练有素的人员锁闭在要塞之中,而这种防御完全可以由没有独特技艺的部队承担。对于这样一种重要主张,我必须加以推论;设若为数众多的港口的防御交由海军承担,经验证明,在这些港口之中的海军势必将一再被分散,因而其效能必将陷于瘫痪。前述那次英国夏季军事演习在英国引起的惊恐,作为民众对战争的认识,使我深感兴趣,同时并深受启迪,某些报章对此已有所提及并提出了补救办法。由于数处海港暴露在一支小分舰队炮击之下,并随之而被勒索赎金,所以极力主张,必须建立一支能够向每处港口派遣一支小型分遣队的强大海军。假如将海军分割到如此程度,那海军还有何用处?然而公众的呼声,往往会淹没掉军事经验的声音。

公众对军事部署的不安,其影响在美西战争期间表现得最为突出。众所周知,公众的不安是通过国会议员表达出来的,从而打乱了舰队的部署,使舰队无法对敌方港口进行必要的封锁。如果打乱了部署的舰队面对着的是一较强干的劲敌,定会让这股西班

牙分舰队可能进入西恩富戈斯港。在那里西班牙分舰队会获得西班牙陆军主力的支援。加之美国当时正规军极为弱小，疾病流行季节又已开始，这样一来，局面就会和孤立圣地亚哥的结局完全不同。

151 这种思想方法还要有所发展。在战争开始时惊慌失措、无缘无故惶恐不安的人，往往正是和平时期反对进行合理准备的那些人。如果不是我所得到的消息不正确的话，有一位赢得了顽固反对发展海军的一些地区大为赞同的参议员，却又同那些叫喊最凶的人们一起主张派出海军兵力对他自己的毫无危险的那个州进行地区防御。在这两种情况之下，其影响都要导致缺乏理性的结果。很久以前一位英国海军将领曾经说过：“与其等到来年夏天法国舰队进入海峡之时，才被吓得惊慌失措，倒不如现在就惊恐不安，我们反倒会有时间进行准备。”这一说法比起他那常被引用的“存在舰队”理论更为值得永记不忘。

凡将海军用于单纯防御，随之就必然要求拥有为数众多的小型舰船，这就是炮舰政策，道理极为简单，一旦吨位用于建造大舰，就无法将其再行化为小舰。美国早期单炮塔低舷装甲舰，由于其舰体小、造价相对的低廉，故可大量建造。它们颇能适用于配置广泛的单纯防御方案；这是现在已被唾弃的陆军**警戒线**政策在海军的类似产物，这一政策乃是将可用的兵力配置在为数众多的易受攻击之点，以此来试图保卫陆上边境，而不是将其集中于中央位置。时至今日，这种低舷装甲舰，因其适合于海军总体政策，所以仍有人对其寄予信赖，这同在每处港口分散配置一至二艘舰船的主张是密切相关的。距今数年之前，我恰好曾读过一份精心制定的保卫我们大西洋海岸的方案；它主张按各个港口的重要程度，对

每处港口分别配置一艘、二艘乃至三艘单炮塔低舷装甲舰;而这一方案竟然出自一位训练有素的海军军官之手。幸而近二十年来,已经可以看到,海军“只用于防御”的观念已经让位于对海军的作用较为正确的军事理解;这种对海军在进攻活动中的正当功能的理解,必然导致对战列舰的肯定,恰如防御主张对小型舰船的肯定。 152

关于将海军作为单纯消极防御工具使用的每项建议,经过详尽细致的检验,即可发现它是错误的:这些各式各样的结果,都产生于一个基本事实,即海军兵力的突出特征乃是机动性,而消极防御的突出特征则是固定性。我所知道的惟一例外,就是有待保卫的水域既广且深而无法修筑永久性工事,即固定工事来控制其外围。曾经有人提出在切萨皮克湾的入口处修筑人工岛进行设防,我想以此为例予以说明。这一设想完全出自于两处海角相隔太远,无法对入口进行控制。情况确如以上所述,我认为使用岸防舰以代替人工岛将是一个错误;然而,一旦水深达到四十英寻,如有可能便要不可避免地求助于确能抵御水下攻击的浮动防御,因为舍此则别无他策。

这一例外使这一法则显得更为重要。一处港口的严密防御力量取决于永久工事,但对这些工事的准备则非海军军官分内之事。海军之所以对其关心,乃是因为当这些工事发生效能时,海军便可解脱掉对这处港口的任何担心;从而由守势活动转入攻势活动,这是海军的正当职能。

还有将海军视为守势力量的另一种见解;即拥有一支相当规模的海军,通过其对海洋的控制,便可防止入侵。这非常明显并在很大程度上是正确的,而且这是极为重要的战略职能;但这同我们

153 现在正在讨论的海港和战略据点的守势力量完全不同。因此，现在暂不涉及，但要提防这样一种观点，即既然海军可以担负防御，就无需再对战略港口进行区域防御；也就是说，无需设防了。这种观点断然认为，陆军兵力能够永远地、在一切环境中，都无需安全的作战基地；换句话说，也就是它永远都能避开而绝不会遭到突然而来的灾祸。

现在，我已经向诸位陈述了种种理由，来批驳那种认为在狭义上海军总的说来就是海岸防御的适当工具的观点，这一观点将海军限于防守港口。将上述各种理由概括起来，可以归纳成以下四条原理：

(1) 以同等攻击能力而论，浮动炮台或机动能力很小的船只在抗击海军攻击方面的防御能力不如陆上工事那样强而有力。

(2) 将身强力壮以航海为业的人员用于防御港口，就等于将攻势力量禁锢在低级的，即防御的岗位上。

(3) 使海军人员从事防御并脱离海洋，必将损伤其士气和技艺。这在过去的历史上已不乏其例。

(4) 使海军放弃进攻，就等于使其放弃正当的、也是最为有效的职能。

2. 攻势力量

一处海港，如不考虑其战略态势及其自然的和后来获得的资源不计之外，则其攻势力量存在于其本身的下述能力之中：

(1) 能够集结并掌握一支既有战舰又有运输舰船的庞大兵力。

(2) 能够将这支兵力安全而顺利地投送到深海。

(3) 能够给这支兵力以不间断的支援直至战役结束。在这类支援中,提供坞修方便总是被视为最为重要的支援。

可能有人具有充分理由认为,这种不间断的支援既要依靠该 154
港的战略态势及其资源,同样也要依靠其力量。对此的答复应当是:这决不意味对于构成一处港口总价值的各种不同要素,可以明确而绝对地加以区分。将不同要素分别列成标题,只是为了便于分类和更为明确地抓住这一主题。某些必要条件或多或少都会涉及力量、位置和资源所有这三个方面,并不可避免地会重复出现在不同的标题之下。

(1) 集结。可以看出,入口处的水深和可供大型舰船使用的锚地范围,都是攻势力量的要素。水深不足,最大的战舰便无法进出,没有广阔的水面,所需的舰队便无法集结。然而,深水可能成为防御上的弱点,因为敌方的重型舰船也能驶入。对于次要的仅仅适于用作破坏贸易基地的港口,如北卡罗来纳的威尔明顿港,其入口处的深度很大,不仅不能增强攻势力量,反而会丧失守势力量。

在海岸上应具有合适的地点以便建立船坞和仓库,供舰船维护、修理和补给之用,这是攻势力量所必需具备的条件。这种地点应位于不致遭到敌方毁坏的隐蔽之处,这是守势力量的一个条件,对于上述锚地的要求也是如此。适于陆军设营和驻扎部队等等的地点,理所当然可以包括在攻势和守势的军事力量的诸要素之中。当在皮吉特海峡取得了建设海军造船厂的厂址时,曾为远征军建立这种性质的营地提供了机会,这是一个特殊实例。原来的委员

155 会以此为由曾建议取得一处广阔地面；但这一建议未被采纳。

(2) 投送。将一支兵力安全而顺利地投送到深海，这就意味着，这支兵力一旦准备就绪，借助于能够允许进行必要机动而不受干扰的外部水道条件，或是依靠港口的防御能力来掩护舰队，便能不受干扰地立即出航并在敌前列成战斗队形。当然，舰队完全可以而且能够以其自身的能力来保证其自身的机动自由；但从一种队形变换成另一种队形所花费的这段时间，总是危急时刻，而这种机动又必须在敌人到达之前完成。为了完善该处的攻势力量，应使其能够以其自身手段来掩护舰队进行这种队形变换；超出这一范围，港口的攻势力量再也无法达成这一目的。

这种情况类似于陆军通过隘路——隘路过后，必须确保有展开的余地。假如出口狭隘，舰队必须先开出港外才能进行机动。在这种情况下，攻势力量和守势力量的两种条件再次发生冲突，因为入口狭隘曲折则易于防守。1887 年当这部讲稿写成时，一种广泛的、或许甚至是一种占据优势的海军意见坚持认为，撞击在海战中仍将起最为重要的作用，对此进行回忆，令人颇感兴趣。由此可以断定，双方舰队势必舰首彼此相向进行接近，而其展开也必定意味着组成横队，使各舰舰首朝向敌人。当时在我写成刚刚读过的这一段落时，我心目中首先想到的正是这一展开方式。经验和进步使火炮恢复了其主宰地位；由于舰身的长度大于宽度许多倍，所以舷侧火炮的数量大大超过纵向火炮的数量。小型的单炮塔低舷
156 装甲舰则不在此例。随之而来，展开也就意味着以驶向敌人的纵队来改变航向，使所有舰船的全部舷炮列成一条战列线，将所有火炮对准敌人。

设若一支舰队能以横队驶出港口，当其接近敌人时一齐转向，便能实现这种展开；但港口的航道对于这种队形一般是过于狭隘。舰队通常必须成纵队驶出港外，并经过逐步运动形成横队。港外敌人正等待着这样的行驶出港，势必伺机展开，横阻于水道出口之处，位于炮台射程之外，但在出口范围之内，以便能够集中火力攻击纵队的各个先头舰船，使后续舰船无法展开其炮火进行支援。

这一方或另一方所布设的水雷区，就如日俄双方曾经大量布设的那样，都会影响到天然所构成的条件。布设水雷可以说是创造人工的水道条件。港内一方布设水雷的目的，在于使敌方由于惧怕水雷而与其保持远距离，不在其展开地点范围之外，而且其效果还可借助于大力使用鱼雷艇和潜艇予以加强。在旅顺口，俄国的水雷和担心鱼雷攻击确实迫使日本舰队固定停泊在长山列岛，因而俄国舰队出港展开时并未遭到干扰。

另一方面，港外的舰队则希望以布设水雷来阻止出港的舰队使其在驶出岸炮能支援的范围之前无法实施展开。日本人当时确实并未试图如此部署；因为其三分之一的战舰兵力于开战之初即
被打掉，这种危急情况导致他们宁可寻求设有水上栅栏防护的安 157
全锚地，而不愿为了取得对敌人纵队先头各舰的集中优势而持续地接近港口使其装甲舰暴露于鱼雷攻击之下。日本人的水雷区威胁着出口，迫使敌方舰队延缓时间，以便自己的舰队能在敌人脱逃之前赶到；然而，这种战略上的优势却未能伴之以战术上的优势，即在敌人实施展开的紧急时刻将优势集中于敌人的先头各舰。

设置水上栅栏锚地，布设水雷区，集中攻击敌方的先头各舰，所有这些部署均属战术范围。而我的主题却是战略。恕我明显离题，原因是海军作战基地的力量影响整个战场，属于战略考虑范畴。战术上的有利和不利是强或弱的要素，因而对于这些要素进行综合考虑，又理应归于战略范畴。在最近战争中运用水雷区所开创的新条件，对于海军基本攻势力量这一要素，亦即众所公认的顺利而安全地向深海投送海军兵力的能力，已经产生了影响。

这些战术上的考虑，还同一个极为重要的战略问题有着极为重要的连带关系；即对于一支兵力大略相等的以牵制港内敌人运动为任务的港外舰队，究竟应该占据何种位置方为适宜。霍克和圣文森特在他们的时代里即已做出答复：靠近港口本身。纳尔逊则更加倾向于冒险，他说：远离港口，足够让给他们以出港机会；要使他们这样做。因为我们所要求的是战斗。其不同之处在于细节，因为他们的目的都是截击敌人，只是采取的方法不同。不妨顺便提起，纳尔逊是采取欲擒故纵的策略，以致在一段时期里不免要因失去同敌人的接触而陷于极度痛苦的疑虑不安之中。

158 战略对这一问题的答复恰同历史经验所做的答复同样确切可信。担负截击的舰队必须逼近港口的出口，使敌人无法出航。按照纳尔逊的办法，一出航就可能被截回，但也许截不回，所以还是不要冒险为好。无线电大大有助于重获敌踪；但只有在发现敌人时，无线电才能发出有关敌踪的消息。日本人在旅顺口是将其主力舰队配置于内长山列岛，这一解决办法获得了成功，因为俄国人既无魄力又乏机智。假设日本人株守于内长山列岛，如俄国舰队利用夜间扫清航道并设置适当的指示灯标，再稍加发扬“鱼雷何所惧”的精神，乘夜突围，完全有可能转移到符拉迪沃斯托克。这些困难并未超过从前曾经时常克服过的那些困难，但其战略态势却

可大为好转。日本人清楚地意识到,这对于他们会是一个明显的挫折。在敌人位于内长山列岛和港口本身前面这样两种假定情况下,关于使俄国舰队如何开出旅顺口的战术问题,会为战术研究提供有趣的题材,并可从中得出有益的战略结论。

假如一处港口有两个相距很远的出口,则其攻势威力必将随之增强,因为敌人没有能力同时在两个出口配置足够的兵力。纽约港便是具备这种优势的明显实例。假如两处出口,一靠海峡,一临海洋,并都适当设防,则敌人不将其舰队一分为二配置于无法互相支援的距离之上,就无法接近两处出口。一支敌方的联合舰队无法控制纽约港的两处水道,除非它恰好位于纽约城的正面,即两条水道汇合之处。皮吉特海峡的奥查德港也具有同样的优势,但程度稍差一些,并受到委员会的重视,将其选为建设海军造船厂的

厂址。法国的布勒斯特港也是如此,在帆船时代,其特点尤为突 159

出。无线电通讯可以使敌人很容易地从一处入口或从中央位置运动到另一处入口;但其所取得的超过帆船时代的效果,却比原来设想的要低。纳尔逊在距离加的斯五十海里之外,通过一系列信号船,经过两个半小时之后获悉敌人已经出航。他对敌人进行截击的机会,却与位于类似位置的蒸汽舰队利用无线电所获得的机会相同,甚至或许更好一些。以蒸汽为动力的突围舰队的速度完全可以抵消港外舰队迅速获取情报的速度,或许还可能超过抵消。同盟舰队驶离加的斯港航至特拉法尔加港外曾经花费了二十四小时以上。

只有两处出口之间的相隔距离,能使敌人在港内舰队预示有意出航之时起直至在港外编成战斗队形为止这段时间里不能集中

于该港的一处出口之前时，则这两处出口才能充分发挥上述攻势优势。对于蒸汽舰队来说，具有如此有利条件的港口几乎没有；帆船对风向和风力的依赖，形成了战术和战略要素，如今对于这些要素已无须再予以考虑。圣文森特勋爵曾经一度写道："赶快前进，因为我们知道在东南偏南的南风之下，一艘战列舰也别想离开布勒斯特港。"如今可以清楚地看到，敌人通过布雷即能为出航造成这种类似的延缓。

构成战略港口攻势力量的第三个要素，如前所述，乃是在掩护一支海军兵力出航之后，随之在预定行动的整个过程中给以不断支援的能力。

显而易见，任何特定港口的这种支援主动性军事行动的能力，将取决于军事行动的场所和性质。在日俄战争中，日本的各个造船厂既是舰船进行装备和补给，又是舰员进行休整和舰船进行修
160 理的场所。它们就是这样紧跟着为舰队服务；充当其后盾。俄国本土的港口只能派出舰船，但却无力在战场上对其进行支援。一支在旧金山装备起来的舰队开赴远东作战，就必然要求拥有一处较之该港更为靠近的港口对其进行支援。朴次茅斯和普利茅斯于一个世纪以前直到今天仍是英国在海峡的巨大造船厂；但英国的两位最有才能的指挥官霍克和圣文森特却不许他们的舰船于此两港的任何一处寻求支援。为了进行补给，安排舰员休整以恢复精力，清理船体和翻修动力等等，舰船一律须去托贝港。

所有这些不外是重申，对于海港来说，位置，即态势，在战略价值诸要素中就其重要性而言居于首位。这再次证明了拿破仑的说法："战争就是处置位置。"在美国南北战争中，联邦的舰船是在北方各个造船厂装备起来的,但在作战中,却由洛亚尔港、基韦斯特、彭萨科拉等较近的基地对其进行支援。这是一种常见的情况;的确,随着海军作战范围的扩大,这种情况就会愈加习以为常。如有可能,最好是将最初的装备和随后的支援二者结合在一地,置于同一防护之下。由于太平洋问题的危急程度日益增进和巴拿马运河接近完成,墨西哥湾和加勒比海的重要性也随之增大,因而,对于北方的各个海军造船厂能否适应现在正在讨论的可能发生的这种紧急情况,必须予以仔细调查清楚,此实为当务之急。

伴随舰队所进行的支援,主要意味着完成下述两件事:(1)使补给源源不断地运送出去;(2)使返港维修的舰船迅速恢复原状。

"补给"是一个含义广泛的术语。它包括大量的不断消耗的各
种物品,而这些物品又必须定期派出补给舰船方能得到补充。它 161
还包括通过轮换舰员的制度来保持舰队的现状。这就包含后备力量,以便不仅能用新的舰船更替长期航行在外并已用旧的舰船,而且更为重要的是并能更新舰员。在这种更替和更新能力中,于船坞则是最为重要的独一无二的要素,因为它必不可少,而且准备又费时较久。

历史实例具有实际力量,值得反复论述。不论日本船坞的能力是否足够,在旅顺口陷落之后,日本政府感到最为紧要的大事就是使其所有装甲舰一律入坞并在最短时间内将其全部修复。这是一项必须完成的颇为令人焦虑不安的任务;从东乡发出的"帝国安危全赖今日之战果"这一信号来看,可以想见其不安的程度了。决定当日战果的要素之一,便是这些船坞应在俄国人尚且犹豫不决的这段延缓时间里,将其所派出的舰船全部坞修完毕。这样一来,日本舰队的这些旧舰经过整修又重新恢复了原状汇集在一起。假如各个船坞在整个战争中，能够经常接受二艘装甲舰入坞和其舰员进行休整，形成一支后备力量，以替换其他舰船而且在紧急关头还可扩充舰队总的实力，则情况可能更好。同时整修所有舰船绝非良策；而日本的装甲舰为数不多，前线经常需要，被迫出此，殊非得已。一支这样的舰船后备力量相当于工程师所掌握的安全系数。

或许有人认为，这种支持舰队作战的能力列入资源这一项目更为确切，关于影响海港战略价值的诸多要素前已作了概括，资源
162 则为三大项目的最后一项。诚然，这种能力是资源的一种，然而，当其作为攻势力量的组成部分加以考虑时，其价值就更为显著。假如将船坞的能力归类于资源这一项目之中，则战争的攻击力有赖于这一能力的事实，就会得不到足够的重视。

一个单一的主题不能细分为互不相关的项目。细分本身并非目的。它不过是进行正确思考和更为透彻地考虑问题的一种手段而已，因为只有这样，思维才能更有系统。全面概括列成标题，还有助于确保在专门确定或选择位置中，不致忽略应予考虑的项目。

三、资源

海军的需要既多且杂，一一罗列，颇费时间。满足这些需要的资源，可以分为两大类，天然的和人工的。后者又可相应而确切地再仔细分为人们在从事和平职业中为国家的需要所开发的资源，以及人们直接而专门地为维持战争所创造的资源。

在其他方面均皆等同的情况下，最为有利的条件则是丰富的

天然资源同便于进行贸易的优良位置相结合,从而吸引人们于此定居并开发其周围地区。一处港口的现有资源如纯属人造并专供战争使用,则其价值远远不及从事普通职业的人们提供所需资源的港口。用我们的主题术语来说,一处海港虽有良好的战略态势和巨大的军事力量,但其所需的资源必须从远道运来,则其较之拥有富裕而发达的友好地区为其后盾的类似港口就要差得多了。直
布罗陀和一些小岛上的港口,如圣卢西亚和马提尼克,与英、法、美 163
的港口比较都有这些缺陷;假如古巴已被从事工商业的人们开发起来的话,甚至还不及像古巴这样的大岛。从一个国家的海军所需的资源来看,商业和海军的相互依赖关系真是再清楚不过了,国家的强大有赖于和平贸易和航运。和平贸易和航运同单纯军事性质的海军相比,前者是自然成长,后者为强制助长。

在各种资源中,干船坞居于首要地位:(1)因为它们的建造需时最长;(2)因为它们便于进行各种修理;(3)因为它们具有同时对数艘舰船清洁船体和进行修理使其迅即归队的能力,以保持舰队的攻击力。

干船坞是战略海港的缩影,代表着战略海港的三种要求。在位置上它们必须尽可能地靠近战场。力量则由数量来代表,船坞愈多,港口的攻势力量就愈大。就资源而言,更是一目了然;船坞乃是一项重大的资源。在仔细考虑选定海军造船厂厂址时,只要便于开凿船坞,便具备了天然资源,而随后的建造则属于人工范围。显然,一处商港在紧急情况时将以其用于维持商业的船坞来补充这些资源,这就足以证明前已说过的关于一国民众在其从事平时职业中所开发的资源可能提供的广阔基础。

164 第八章　基础与原理(续)

战　略　线

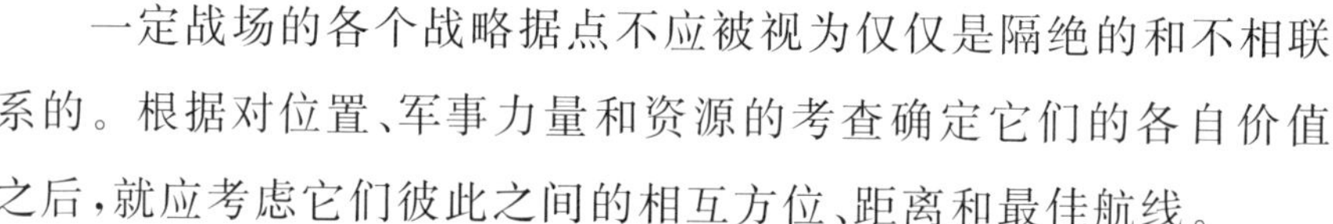

一定战场的各个战略据点不应被视为仅仅是隔绝的和不相联系的。根据对位置、军事力量和资源的考查确定它们的各自价值之后，就应考虑它们彼此之间的相互方位、距离和最佳航线。

军事著作家们将联结各个战略据点的线称为战略线。在陆上，可能有数条线，即实用道路，连结两处战略据点；其中任何一条线可能在不同的时间内会有不同的名称，以表示其当时的特殊用途，如作战线、退却线、交通线等等。在海上，其他情况也都等同，只是舰队所选定的这条线按其通过该线所需的时间计算应当最短；然而，这一近乎自明之理的明显论述，却时常由于环境特殊而屡屡有所改变。

不久之前，当罗日杰斯特文斯基的舰队离开法属交趾支那，或更为严密地说，离开马鞍群岛最后向符拉迪沃斯托克挺进时，其情况就是一个可供说明的例证。首先，问题是采取直接航线从台湾和大陆之间通过，还是取道台湾岛外侧。最后决定取道后者。离开马鞍群岛之后取道日本海，这是一条可供选择的最短航线；然而
165 还可取道日本以东通过津轻海峡，尽管这难免会有拖延更长时间

的危险,但显然却会获得有利时机,应当予以仔细权衡。东乡大将所占据的位置是经过审慎选择的,在二者之中的任何一线截击敌人都是方便的;但东乡却经历了三十六个小时的极度焦虑不安,因为俄国人并未出现,也未获得有关他们的消息,这一情况表明,局势发展会有几种可能。东乡深信俄国舰队**必经**对马海峡,设若罗日杰斯特文斯基决定取道另一航线,则东乡的自信力便会成为有利于俄国人的因素。有些人的气质使他不会很快就放弃其信念,也有些人的气质难以忍受焦虑不安。

在地球表面连结两处海港的线可能发现有无数条,它们大体上可分为两大类:一些是横越公海;一些是沿循海岸。只要一看墨西哥湾的海图便可证实我的这一说法,从密西西比河河口或从彭萨科拉到基韦斯特就有两条可供采用的航线。利用公海通常总是捷径,但需有军事力量控制海洋;当尚未握有这种控制时,舰船便要被迫通常是在夜间顺岸航行,并利用海岸构造所提供的港口进行隐蔽或取得其他支援。拿破仑一世企图入侵英国时所用的船队就是采取这种方法。组成这支船队的大批舰船是在许多不同地方建成的。它们为了到达集结点布洛涅港,曾不得不通过控制英吉利海峡的英国巡洋舰所组成的交叉火网。尽管遭到一定的损失,但由于紧靠海岸使敌人无法安然跟踪,同时又有精心布设的固定岸炮和流动岸炮为其提供岸上掩护,故这次集结得以顺利完成。

在 1812 年的战争中,美国的沿岸贸易也是被迫采取同样的规避方 166
法才得以幸存下来,但却没有那样的支援。在纳尔逊时代,沿着尼斯与热那亚的里维埃拉(今利古里亚)一线,同样采取这种方法也获得了成功。只要公海为敌方所控制,就得求助于这种通常都是

在夜间进行的方法；因为，陆上交通尽管比从前更为发达可靠，但仍不能取代沿岸贸易。只要看看从美国的特拉华到纽约和东部各州在海上煤炭运输就可以理解，它绝不会轻易地让位于铁路或为其所取代，从而使社会遭到重大损失，工业受到重大干扰。

中立国的沿岸海域在某种程度上可被用为向交战国港口挺进的部分路线，如这一路线因靠近敌人而受到威胁时，例如，设若英国同德国发生战争，在英国海军控制北海的情况下，德国舰船一旦驶抵法国或挪威沿岸海域，便可在规定的 3 海里限度之内安全航行。

战略线中最关重要的是涉及交通运输的那些线。交通支配战争。这在陆上尤其如此，因为陆军一刻也离不开常需更新的补给。它对交通的短暂中断的忍受力远远不如舰队，因为舰船自身的船舱可携载大量需由交通输送的物资。当舰队在海上与敌人周旋时，交通在实质上不会成为地理线，像陆军必须循其而行的道路一样，然而，舰船却无法携载超出其船舱限度以外的必需品和补给品。首先是燃料，其次是弹药，最后则是食品。由于水运较之陆运方便，这些必需品可以伴随舰队一起运动，而陆军的辎重队却无法
167 做到，辎重队只能跟进，而不能陪伴随行，因为陆路狭隘难行；而海路却宽阔畅通。

总而言之，所有的军事组织，陆上的或海上的，终归都需依赖畅通的交通才能同本国的实力基础取得联系；交通线具有双重价值，因为它通常还是退却线。退却是依赖本土基地的最终表现。就交通而言，补给自由和退却畅通乃是保证陆军或舰队**安全**的两个基本条件。拿破仑于 1800 年在马伦戈又于 1805 年在乌尔姆曾

将自己的部队成功地配置于奥军的交通退却线上，其兵力足以阻止敌方从其基地向前输送补给或其军队退回到基地。在马伦戈曾发生过战斗，而在乌尔姆却无战斗；但每处的结局都是取决于同一条件，即交通线为敌方所控制。在美国南北战争中，当法拉格特的舰队从密西西比河上游掌握了交通线之后，密西西比河的各个炮台立即被征服。1796 年的曼图亚也是如此，当拿破仑将其军队配置于该城守军的退却线上之后也立即被征服。它整整坚守了六个月之久；但战役的其余部分都是外围的奥军竭力要将法军逐离退却线，以便增援守军或使其得以撤退。

罗日杰斯特文斯基驶向符拉迪沃斯托克的运动，实质上是向本土基地撤退。日本人则堵在其交通退却线上拥有足以将其击败的兵力，就如拿破仑在马伦戈对付奥军那样。我认为在美西战争中塞韦拉之所以驶往圣地亚哥，是由于他深信或担心在西恩富戈斯港外，即在其退却线上会遇到一支就他的舰队现状而言他无望取胜的兵力。情况并不像他所猜测的那样，这是美国安排海军的耻辱，造成这一事实的原因远远超出海军当局以外。西班牙海军 168
部长在西班牙议会上声称，塞韦拉之所以驶往圣地亚哥是因为他除此之外再也无处可去。据闻桑普森已守候在波多黎各。这一实例说明在同一边境上拥有两处港口的优越性——此处系指古巴南岸——同时又说明一支敌对兵力位于交通线上所造成的影响。

圣地亚哥和西恩富戈斯说明拥有两处退却港口的有利条件；而罗日杰斯特文斯基则经历了仅有一处退却港口的有利条件。对于一支以既定海岸为基地进行攻势作战的舰队，在该海岸拥有两处港口还可在以下两个主要方面不利于交通：一，敌人的袭击舰船无法集中于一条交通线上，必须一分为二，其威胁也就随之而减半；二，两处港口必然不会像一处港口那样拥挤。这一问题同对舰炮的补给极为相似；一批补给究竟能够供应多少门舰炮？拿破仑发表过下述定义：战争艺术在于为维持生活而分散兵力，为遂行战斗而适当重视集中。准备两处或更多的补给港口，就是分散维持生活的手段而无损于舰队的集中。

圣地亚哥和西恩富戈斯——还可加上哈瓦那，因为它与这两处港口同位于一条紧密贯通的海岸线上并有陆上交通同它们相联——可以说明，一条拥有数处适宜港口的海岸线实质上就是一处相互衔接的漫长基地。利用配置于其中的鱼雷艇和巡洋舰，便可或多或少地防护其附近海岸免遭敌方巡洋舰的骚扰。这样的海

169 岸线便是一条拥有数处战略据点的战略线。位于紧靠战场的海上边境的数处据点，出于战略原因，必为一国所占领，这是屡见不鲜的。一旦需要进行大规模作战时，便可在不只一点之上进行准备。当拿破仑于1798年远征埃及时，法国在地中海沿岸只有一处堪称军港的土伦；但其分遣舰队却是在法国所控制的数处其他港口之中做好准备才参加主力舰队出航。其他原因也可能造成类似的分散活动。再者，海军的补给或修理如单靠一处兵工厂实在冒险，敌人的封锁或攻击一旦奏效，则依靠该港的一切作战活动就会陷入瘫痪，而对于一支败退的舰队，如只能向一点撤退，则其更易于遭到截击。一支舰队在遭受决定性惨败之后，必受丧失战斗力的舰船的拖累，如其只能向一处港口撤退，则其困窘处境实难想像。这就可以形成一条基本原理，即每条海上边境应当至少有两处充分设防的安全港口能够承担任何或全部修理工作。在这种情况下，

一旦摆脱敌人,超出其视野,则敌人的追击就会受到挫折;但若只有一处港口,则敌人就会知道你驶往何处。例如,尽管东乡无法确知罗日杰斯特文斯基究竟是取道朝鲜海峡还是津轻海峡(见附图3),但他知道罗日杰斯特文斯基必定要驶往符拉迪沃斯托克。假如两处港口靠近的距离适当,则情况就会更好,因为敌人当时根据少量迹象无法断定退却舰队的目的地。

切萨皮克湾和纽约是美国大西洋海岸的两处主要天然补给基地,也是主要兵工厂的所在地。正是由于这些原因,它们还是战斗失利时可供退却的适宜港口,故应在该处积储各种物资;而且由于 170
既适于补给又适于避战,故而无论是对陆还是对海都应设防。在该海岸上的其他港口,如波士顿、费城、查尔斯顿以及其他等地,可供临时进行分散补给和准备之用;但由于它们在被用于对舰队补给中居于次要地位,故将它们做为商港来进行防卫就足以满足需要了。为了节省物资和经费,除极为必需外,不许增多海上要塞;而且查理大公的见解看来可能切实可行,他认为对于陆上边境只要有一处一级要塞和一处二级要塞就足以满足需要,这对于海上要塞来说依然正确。至于陆上如何处置,这不在我所要论述的范围之内。可以看出,纽约港因其具有天然优势较之诺福克更有发展前途;因为它有两处入口,又因纳拉甘西特湾可以包括在纽约总体防御计划之内。这对舰队来说,实际上提供了三处入口或出口。

符拉迪沃斯托克和旅顺口为这一主题提供了例证,尽管它们的态势由于有朝鲜半岛横亘其间而大为复杂。就其态势而言,它们的相互关系,恰如美国大西洋同墨西哥湾海岸港口之间横亘有佛罗里达半岛一样;或者更为明显,有如旧金山之对诺福克。就最

后一例而言，其间距离更为遥远，俄国波罗的海同其远东诸港的间隔距离也是如此；但其效果却仍类同。这些港口之间的水上交通由于有陆地突出于其间而更加困难，这块突出于其间的陆地不仅增大了其间距离，而且还提供了一处明显的战略位置——这些战略位置，以第一例而言，靠近于朝鲜半岛尖端，以第二例而言，靠近于佛罗里达半岛尖端，以美国大西洋同太平洋海岸而言，则靠近于
171 巴拿马运河——当敌方舰队确信逃敌必将经此附近之时，便可集中兵力于此待机。在所有的沿岸作战中无不如此；故海角正如突出部一样被公认为危险之点。但长岛对于纽约则明显不同，反而产生了有利影响。其大陆的凹入部分恰为长岛所遮蔽，就像一道土堤一样。这样便使防御一方能于出航之前进行集中并迷惑敌人使其无法确定堵截两处出口的那一处为好。

位于同一海上边境的所有设防港口，都是构成作战基地的组成部分，作战基地本身可以恰当地称为战略线。在这些港口之间，必须采取措施确保其交通既安全而又迅速；因为分散乃是迅速准备的需要，而集中则是有力实施的根本。

海上边境的设防港口之间需有安全而迅速的交通以便行动时刻一到便能集中兵力，这一论述完全符合于我们曾经提到的陆上作战基地必需具备的条件之一，这就是在实际战线后面应能保证部队和补给能自由调动和输送。莱茵河便是一个例证。一旦法国意欲入侵德国，这在历史上不只发生过一次，法国的军队总是配置于莱茵河西侧，而他们对于桥梁可能加以控制，也可能不予控制。无论情况如何，法国总是能够在莱茵河后面调动其分散于临时营地的部队，并将其集中于所欲集中的地方，而不为敌人所察觉，除

非通过间谍或发生背叛。而强行侦察又很困难,或无法实施。在这种调动中,莱茵河曾经形象地被称为帷幕,它像帷幕一样遮住了视线。长岛海峡,若其东端设防,也可为舰队的作战活动提供类似方便。按照前已提出的建议,纳拉甘西特湾应包括在设防基地范 172
围之内,于是,就自然特征而言,长岛则居于中央。

然而,这一条件对于舰队的舰船通常并不实用。它们从一处港口向另一处港口运动通常总是在外海,即在基地正面进行;根据对所经海域的控制程度,或是直接或是沿岸进行运动。南方各州海岛后面的内线航行,确实使人联想到一条理想的边境,在这里最大吃水的舰船可在基地后面从一处港口运动至另一处港口,就如航行于为横亘的陆地所掩蔽而不会受到攻击的港口的两个入口之间一样;但这只不过是理想而已。然而,这种内线航行仍可有效地加以利用,它便于轻型舰船——其中以鱼雷艇和潜艇最为适宜——以迫使敌人不敢贸然接近的数量优势进行集中和出击,从而在外海保持一条畅通无阻的水路。日本人吸取两次严重灾难的教训,被迫小心翼翼地将其战列舰移至远处以防水下攻击,其根据乃是坚信利用鱼雷战能为单舰和小分队从受威胁海岸的一港航至另一港确保一条具有军事意义的通路。1898 年美国舰队于圣地亚哥港外的部署再也不可能重演。

沿岸的浅水区可为鱼雷艇的作战活动提供类似方便;其原因或是由于通过这些浅水区的航道错综复杂,或是由于它们的存在使重型舰船处处都无法通过。尚德卢尔群岛和一些浅水区连贯形成的岛链成为密西西比湾的边界。为小型鱼雷艇建起了由渡口至莫比尔的连贯航道体系。部分古巴海岸也具有类似特点。假如密

173 西西比和莫比尔是美国在墨西哥湾的作战基地的两个据点，在海域为敌所控不容许采取直线航线的情况下，则连结这两处据点的海岸线——由于保持有为数众多的鱼雷艇活动于该区——便会成为一条相当安全的战略交通线。在莫比尔以东，这种起伏不平的地面已不复存在；然而，由于莫比尔靠近彭萨科拉，这就使同样性质的防御有可能延伸到彭萨科拉。

一条拥有两处或更多的重要战略据点的海岸线，可被视为一个整体单位，即一条战略线，舰队具有种种理由可以不必经常集中，这种情况显然是有可能发生的。最近的一些实例总是发人深省。那是由于俄国人被分开在旅顺口和符拉迪沃斯托克两处，俄国舰队才可能被最初估计错误而被分开配置。舰队可能是由于准备仓促，修理未毕，正在坞修，或是由于战争意外的爆发而被分开配置。丧失战斗能力的军舰，只能进入其所能投奔的港口。8月10日交战之后，俄国舰队依然如此分开配置。大部舰船返回旅顺；一艘战列舰驶往胶州湾。日本海海战之后，俄国舰船便四处溃散。战败舰船的这种溃散，乃是巨大胜利的通常结果，恰如在陆上取得真正巨大胜利之后，崩溃即会随之而来，胜利者的责任就在于乘胜追击，进而使散乱之敌军土崩瓦解。这种各处溃散情况的再现是战争的永久特征，战略和战术必须根据各个时代的特点对此进行研究。各个时代的作战方法因其所用工具性质的不同而各异。帆船和汽船具有完全不同的效能；但在同一时代里，掌握在敌对双方手中的因素，则是或应当是相同的。帆船不会同汽船对抗，因为它们不会共存于同一时代，帆船总是只对帆船，汽船总是只对汽船。

由此看来,关于将一支已经分散的舰队重新集结起来或是使一艘失散的舰船安全归队的问题,还会重新提起;因而,提出利用 174
当时的手段达成这一目的的方法,决非一种枯燥的学究式的趣味。尽管作战异常艰难,结局甚为难以料定,也决不能认为这一考虑无法实现而将其束之高阁。努力排除不可能性往往就能获得成功。当一艘装甲舰或一支小分队必须驶往另一处港口同主力舰队会合时,应当集结一定数量的鱼雷艇伴随航行,这种航行通常总是在夜间进行;因为阴暗乃是有利于弱者的帷幕。熟悉当地条件较之根据海图掌握当地情况,也是一个更为强而有力的因素,尤其是在夜间。这一点,再加时间选择得当——简言之,所有因素——总是有利于当地海军采取这种措施。然而,这并不是说,他们就无须冒险了。没有冒险就不成其为战争。就使用鱼雷艇部队而言,全部历史,包括日俄战争在内,都已证实小艇能够轻而易举地沿着受到外海敌方兵力威胁的本国海岸前进,虽然有时也曾被擒。

海岸附近有碍航行的障碍物,在战略上颇为重要并可被视为外围工事:一般说来,它们属于防御价值这一标题范畴。它们与其说是能够挡住敌人,不如说是便于实施攻击。荷兰海岸附近的障碍物,在往昔历次英荷战争中曾经起过显著的作用;但随着舰船尺度的增大,防御上的优势已不能补偿攻击威力上的损失,荷兰的战舰由于必须在本国的浅水区活动,故同法英两国军舰相比,其尺度较小,抗风浪能力也较弱。因而,荷兰的战线在任何一点上总是弱于其敌人对其攻击的力量。由此可见,对于荷兰海军来说,浅水区 175
的战略价值反而成为其战术弱点。

在此之前,只是就具体战场对海战战场的战略据点进行了研究,即研究它们的固有重要性,它们的相互之间关系及它们对舰队的关系。但如不进一步研究宗主国同殖民属地或海外权益的相隔距离,以及对占有者来说这一距离对其殖民属地的或海外权益的价值的影响,则有关这一主题的论述就还不够完整。这是该主题的一个分支,它专门对照陆战来研究海战。世界上的军事强国几乎都位于欧洲大陆,设立了很牢固的边界,在大陆战争中它们所防守的或所攻击的任何一点的距离,至少在最初都不很远。当海成为边界的一部分时,海就成为所有国家的公共场所,而在大陆上却找不到与此相应之地。一个国家的武装部队一旦越过其陆上边境,不是进入中立国家,就是进入敌对国家的领土。如果是一个中立国家,未获其同意就不能前进;如果是一个敌对国家,则进军就须逐步渐进并审慎从事,除非拥有压倒的军事优势,或立即获得大捷。假如最后目标还很遥远,则其间必有一个或更多的中间目标应予夺取并加以固守,将其作为向目的地迈进的连续步骤;而这样的中间目标总是障碍重重,必为防御一方顽抗之地。

毫不顾及这样的障碍及其对交通线和退却线的威胁而长驱直入,这就要求准确了解敌情,正确判断自己的部队向既定的远方目
176 标挺进的能力以及在敌人能够动用其资源之前克服其抵抗的能力。这就是说,你必须深知敌人在力量上还暂时远远处于劣势,并确有把握在敌人准备试用拳脚和武器之前,就一举击中其心脏。攻击其力量中心,必须先截断其军事组织的力量的来源,攻占其内线交通枢纽,阻止其协同行动,这种大胆而适时的运动可能迫使敌人屈服。这就是现代战争的目的,同时也说明了迅速动员的巨大重要性。

在海战中能取得这样的胜利，或是由于击败了敌人有组织的兵力，即其战斗舰队，或是由于攻取了 位置，二者相比，前者居多。假如舰队由于突然出现一支优势兵力而陷于无法活动境地，则同样的局势也必随之产生，尽管这种局势并非定局，也难以持久；但如决定性的失败随之相继而至，就会使局势成为定局。如前所述，不论是海上的还是陆上的任何位置的价值纵然极为真实，但却全赖于对其加以利用；即全赖于武装力量为了防御和进攻而将其占有。海上并非没有值得占取的有利位置；只是较之陆上却独具特色，有组织的兵力才是决定性因素，这一断言在海上更为适用。舰队本身可以说就是位置。舰队的覆灭或其在敌前处于绝对的劣势，不管这种失败发生在哪处位置，都意味着整个殖民体系和其他属地的立即瓦解。假如英国海军在北海被德国击败，则英国的所有殖民地都将暴露于攻击之下，并使它们同宗主国之间无法联合
力量互相支援。除非英国海军得以重新恢复，否则，帝国的任何海 177
岸位置的陷落，只不过是时间迟早的问题和敌人的努力与否的问题而已。到那时，既无接防援兵，也无野战部队。每一不相连的位置都只能依靠其自身的资源加以维持，一旦资源耗尽，就只得屈服，就如旅顺口一样；又如 1780 年的直布罗陀，如不是得力于英国海军，也会如此，英国的海军就是它的野战部队。从另一方面来说，只要英国舰队能够在北海和不列颠诸岛周围保持优势，则整个帝国体系就会屹立无恙。全局的关键掌握在舰队手中。

这并不是说，一支具有威力而尽管处于劣势的海军，就不能以巧妙的规避并随之以突然的袭击在世界的遥远地方攻取一处或更多的位置，而且，譬如说，就地设防自固，以待对方遭受失败和国内

形势达到最后明显好转。而位于遥远地区的当地作战基地的重要性，例如近年来胶州湾对于德国的重要性，可能激起这样的尝试。于是便出现了这样的问题，即优势海军国家是否甘心情愿容忍持久较量来驱逐入侵者。格兰特将军于1863年春天曾经担心过，如果他从维克斯堡周围的作战中退向孟菲斯，并按照谢尔曼将军紧急提出的行动方向采取一条新的进击路线，则美国民众就会因之失望而趋于停战。这是战争的诸多问题之一，即对时机的深谋熟虑。拿破仑曾经说过，战争的艺术在于争取最多的有利于己的时机。优势的舰队握有最强的一组牌，但最强的一组牌并不一定总能取胜。同你对立的对手的特点和技艺则是重要的因素。基于这
178 样一些原因，必须将战争的普遍原理同特定地区的具体情况二者结合起来，对时机进行探索；这样才能使一个指挥官适于在可能发生的特定危急时刻进行广泛的思考和迅速定下决心。

行动上的充分准备和迅速果断，对于这样的尝试当然大有好处，就在其他军事行动中也是如此；而在人生处事中亦复如是。然而，一个大国的兵力不论是进攻还是防御一处相距数百或数千海里的遥远而隔绝的属地的能力（不论该属地如何强固），同其支援其国内的或本土边境的类似防地的能力相比（不论这些防地是位于海上还是位于陆上），两者之间存在着公认的差异。例如，直布罗陀假如位于英国海岸，则其防守必将比较容易。魁北克陷落于七年战争之中，但就在这同一时期，法国的国内要塞却未发生过这样的不幸事件。假如英军更为迅速果断，敢于冒险，罗什福尔的确有可能于1757年即已陷落；而这样的结局必然要经过成功的奇袭才能取得，而不会像魁北克那样经过持久作战才得以永久占领。

在其他方面均皆相等的情况下，距离愈远，防御和攻击的难度也就愈大；凡是拥有许多这类据点的地方，其防御难度则同其距离、数量和分散程度成比例而增加。一个有这样负担的国家，其势态不管如何避免不了，都要违背集中和保持交通紧凑的原则，而这些原则恰恰是正确的战争部署的必要条件。英国海军大臣于1780年告诫罗德尼，海军不能到处分兵。有些据点由于舰队不能即时到场而必须放弃；在这种环境中，只要敌人手中握有舰船便能以迅雷之势夺取一点并站稳脚跟而无法将其赶走。梅诺卡岛就是 179
这样于1756年从英国人手中被夺走，英国舰队在宾的指挥下未能在守备部队投降之前将敌人舰队赶走；而法国在持续的七年战争期间却一直掌握着该岛，尽管英国海军一直处于优势。在英国舰队完全恢复运动自由之后，英国舰队是在战争结束之前恢复了运动自由，如果它认为值得，该地无论如何是可以用武力予以收复的。由于英国攻占了法国大西洋沿岸海面上的贝尔岛，在媾和时便以此岛换回了梅诺卡岛，取得这样的结局双方都感到稳当又很便宜。1798年马耳他以同样的方式为拿破仑所占有；而且，尽管法国没有海军驻在地中海，但马耳他和埃及为法国所控制达两年以上，后来，英国人在付出巨大努力之后，才将法国人赶走。

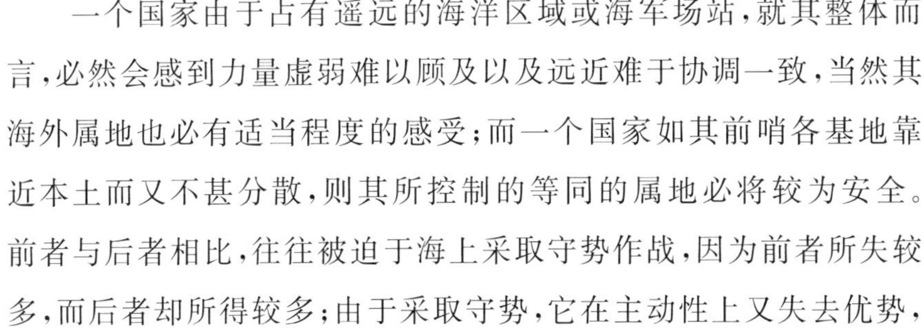

一个国家由于占有遥远的海洋区域或海军场站，就其整体而言，必然会感到力量虚弱难以顾及以及远近难于协调一致，当然其海外属地也必有适当程度的感受；而一个国家如其前哨各基地靠近本土而又不甚分散，则其所控制的等同的属地必将较为安全。前者与后者相比，往往被迫于海上采取守势作战，因为前者所失较多，而后者却所得较多；由于采取守势，它在主动性上又失去优势，

而主动性则是攻势作战的特征。这种情况构成了英帝国联邦的主要军事问题，数年以来，一直深使英帝国焦虑不安。澳大利亚、新西兰、南非和加拿大均为联合王国的自治领地。它们各自都感到，有如当日的梅诺卡和马耳他一样，单靠自己无法独自在海上应付大不列颠的若干可能敌人。若以正式独立代替现有的自治，就势必使其各自依靠其自身独有的资源来对付这些敌人中的任何一
180 个；与此同时，对方想要完全征服，即夺取并永久占领，尽管或许可能发生，但这却是一项过于艰巨的尝试，而强求割让一处特定港口或地区，或索取其他商业的或海军的特权做为媾和代价，这确是可能的。

大不列颠和法国围攻塞瓦斯托波尔并非想要取得该地。它们之所以围攻该地是因为这样可使俄国在交通方面同它们相比陷入极为不利的境地，迫使俄国去防守一处远离其国家实力中心的海上要塞；其遥远程度堪与最近发生的满洲战争相比，只是环境有所不同而已。赢得胜利之后，它们便将该地归还给俄国，但却强求以不同性质的条件做为回报。美国并不曾为了取得古巴而入侵该岛，而是迫使西班牙放弃在古巴的地位，这是用其他方法无从得到的。假如美国同日本发生纠纷，一旦美国海军被击败，日本不会谋求吞并美国太平洋海岸的任何部分；但会要求夏威夷，或要求让其劳工向该岛自由移民，或二者兼而有之。香港、胶州湾、旅顺口、台湾都是类似这种强取的实例；美国占有关塔那摩港，虽未同样引起反感，但却以实例说明，海军战略应善于利用形势获取有利位置。为取得这种类型或那种类型的租借地，于是，英国的殖民地就会遭受攻击，受到战争的骚扰。在可能发生的若干意外情况下，敌方的

分舰队不仅可在英国海军追击之前到达这些殖民地的海岸，而且英国可能也会感到对其进行追击并不完全有利，惟恐派出分遣队会削弱本土舰队，而使不列颠诸岛本身的安全发生问题。这是一个数量对比和安全系数的问题。

在美国独立战争期间，在法兰西第一共和国和法兰西帝国的 181
早期战争中以至现在，英国的形势一直如此。虽然其他国家，特别是法国，它们的殖民帝国的幅员和分布较之过去大为扩增，从而其易受攻击的地点也成倍增长，但它们的属地一般没有什么经济发展，其中没有几处能像英国的一些自治领、殖民地和海军场站那样，具有商业价值或者具有国家的和军事上的重要地位。英国的属地为数众多而又遍布各地，尽管过去和现在它们在促进贸易和为战争活动提供基地方面为英国带来好处，但它们过去是现在依然是危险的根源、防御措施紊乱的根源，以及因此而造成的脆弱的根源。何时何地可能遭受打击，实难确定。一位法国海军军官在谈到大不列颠海军的巨大发展与其易遭攻击之点分布很广同时并存这一情况时，曾经一针见血地指出："英国满握财富，却为贫穷所困。"纳尔逊时期的辉煌胜利——尼罗河之战，圣维森特之战，特拉法尔加之战——彻底摧毁了敌方的海军，但却掩盖了一个事实，即不论英国的动机如何，每次战争就其军事性质而言都是防御性的，而对法国来说，尽管其海上地位脆弱，但却拥有进攻优势。列阵于法国海岸之外的英国海军，站在防御的第一线；等待和渴望战机，确实如此，因为英国人深知只有在战斗中才能找到最好的时机摧毁威胁其本土或其殖民地的那些舰队。但在攻击之中，英国海军仍然只是保卫国家的海上和海外权益。然而，它为 保护整个帝国

所取得的胜利，却突出了这样一个事实，即舰队的优势在于其本身
182 所占有的决定性位置。

现将基钦纳爵士于1910年访问澳大利亚和新西兰时在其致当地政府的备忘录中所写的一段话引述于下。“帝国的生存主要依赖于保持一支胜任而又有效的海军力量，这是英国政府坚守的信条。只要这一条件得以实现，只要英国确保其海上优势，那么英国的自治领就不会被有组织的海外入侵顺利而永久地征服，这是一条众所公认的原理。”

然而，在将这一原理应用于澳大拉西亚之时，他却强调不能忽视对于时间和空间的考虑。他指出，海军有可能被迫将其兵力集中于某一战场；而在另外一些海域（即集中战场以外的海域），英国的海军力量同敌人相比，可能暂时继续处于劣势，并且可能还要经过一定时间才能确实控制这些其余的海域。因此，他认为所有自治领均有义务建立一支能迅速果断地应付企图入侵的军事力量，从而确保本区的安全和坚定公众的信心[①]。其整个论点也同样有效地适用于美国联邦的各个自治州社会，在那里，且不说应予负责的外围地区，单是其大西洋和太平洋海岸就相距遥远；同英国与澳大拉西亚之间的距离十分相近。

可以看出，英国已往战略的成功，就在于其舰队派出足能胜任的分舰队驻泊于敌人海军船坞港口之外。安特卫普、布勒斯特、罗
183 什福尔、土伦以及同西班牙战争时有关的西班牙港口，形成了一条作战战略线，该线被英国海军占有起到了双重作用。占有了这条

① 《邮报》1910年4月18日。

战略线就阻止了若干港口的敌人分舰队的汇合；这样便制止了它们的集中，集中乃是影响战争的重大因素。这一结果对于当时存在的整个不列颠帝国，即对于联合王国及其殖民地来说，则属于守势。就攻势而言，这些主要位置对封锁敌方海岸则起着掩护和支援的作用。我向诸位重新提起这些易于理解的情况，是为了引起大家注意下述事实，即如今德国已经取代了法国和西班牙而成为危险的海军强国，而同样的情况确实还会重现。英国舰队集中于北海。它在那里捍卫着英国的全部权益，即捍卫着不列颠诸岛、英国的商业和殖民地；就攻势而言，则控制着德国商业的海上通道。

拿破仑远征埃及，突然占领了这一重要位置，这是一个十分引人注目的特定实例，它作为许多进攻英国或其殖民地的行动的一个典型，确实恰当其分，我们以其为例便可立即看到，法国处于攻势，而英国则处于守势，尽管英国在尼罗河进行了出色的攻击并赢得了全胜；可以说是海军战史上的最大全胜。拿破仑对其陆军提出的警言是，“士兵们，你们是英格兰陆军的一个侧翼，”——即指最后侵入并攻陷英格兰的那支陆军，这一警言含有实情；因而，其进军印度这一意图的现实性，确实值得怀疑，否则，便是曾经有过军事成功的良好时机。

他既经指定了决定性之据点，在确有把握的时刻，即在敌人尚
未做好对其实施拦截准备之前便能到达并夺取其目标的时刻，并 184
直接向该点挺进，这与他的大胆的作战方式是完全一致。当他扬帆起航时，英国在地中海只有三艘战列舰。英国部队之所以陷入兵力匮乏的境地，是由于法国有西班牙与其联合，而并非孤军一支。驻泊在地中海的法西联合舰队在数量上居于优势，迫使英国

舰队撤离，并往大西洋集中；于是便造成基钦纳爵士当时所指出的类似态势，其随之而来的最后结果，正如他在备忘录中所预言的那样，当英国海军于大西洋确定了控制之后，便又返回地中海。假如奥地利在对英战争中能同德国订立攻势同盟，那种情况则又会重演。我之所以提起此点，是由于人们倾向于认为拥有蒸汽机、无线电和所有现代发明之后，已往的基本特征就不会重现；我们全都承认在细节上是不会重现的。自 1793 至 1795 年，西班牙曾同英国结盟；自 1796 至 1800 年，西班牙又成为英国的敌人。如今，奥地利并非英国所担心的主要敌人；但奥地利却关心能够看到英国撤离地中海，因为它渴望在地中海谋得一席之地。奥地利同德国还不能说它们抱有共同目的；但它们有互相支援的共同利益，而它们的特定目的将会在世界策略的相互配合中得到最大的推进。

埃及的地理位置一直使其拥有独特的战略价值，它在 1798 年
的政治形势，从各个方面都造成它有被顺利攻占的可能。它位于
许多道路——水路和陆路的交叉之处，经地中海可达欧洲，经红海
可达印度洋，稍加思索便可看出，埃及所处位置对东西方来说，恰
185 如奥法战场上的多瑙河隘路或 17 世纪西班牙经日耳曼至尼德兰
这条交通线上的瓦尔泰利纳要隘；一句话，一个西欧国家要想控制
东方，就必须在政治上控制埃及。立即直接进攻印度本身，这是不
可能的；然而，在埃及去攻占一处前已提到的中间目标却是可能
的，待在那里立足已稳之后才能继续推进。恰如查理大公从波希
米亚出发，首先巩固多瑙河流域，然后再向莱茵河挺进，法国进军
印度也是如此，它必须首先夺取埃及，然后再向东方推进。在埃及
与法国之间，还有另一处重要据点，一处中间目标，这就是马耳他；

尽管拿破仑需要急速进军，但为了夺取该岛，他还是中途停顿下来。这次远征的最后失败，决不能抹杀法国正在对大不列颠采取进攻这一事实，而英国则对法国的远征目标捉摸不定，并因拥有众多的据点需要掩护而分散兵力，致使法国在两处最为重要的据点上，即在埃及和马耳他成功地建立起并在一段时间内保持住控制权。

在这里或许还要提及，尽管地中海海域狭窄，但英国总司令圣文森特勋爵和纳尔逊以及英国海军部均在信函中表明，他们对法国的远征目的地都十分迷惑不解。拿不勒斯或西西里被认为是最为可能的目标；纳尔逊在其一封信中写道："马耳他是通往西西里的直接道路，"这就说明它必将成为一处最为有用的中间基地。

法国攻取大不列颠的最大而又最远的属地印度这一企图，到此为止已获得成效。然而，从此以后，法国的冒险却开始遇到困难。本来只要港口得以清理，敌人已被肃清，便可能继续前进，实现在望的目的；但当这一切都业已完成之时，英国并未受到致命损 186
伤，而进攻英国的法国却被迫由进攻转入防御。要想进一步取得有效的进展，就必须巩固住征服的成果，并建立起同本土的交通联系。拿破仑对陆上战线的谋划深有远见；但在条件不同于陆战的点上，却遭到了失败。一位法国著作家说，拿破仑从未达到"确切领悟海上困难"的境地。陆军已经进入敌境；并攻取了第一个目标；但打击并未致命，而其自身的交通联系却陷入了致命的危险之中。他无法投送轮换部队进行补充和增援，恰如二十年前直布罗陀的处境一样，因为敌方海军控制了海洋这一中间区域。由于天才和幸运相结合，法国已将陆军力量越过海洋投送到遥远的距离

之上，并在一条长长的公路上夺取两处遥远的没有防御力的海军场站。法国能否保住它们呢？我们知道它没有保住；就趋势而言，它无法保住；但只要它仍然保住它们，就证明其企图并未放弃。在埃及和马耳他，法军曾经一度经历了由进攻转为防御的过程。位于这两处前哨的部队变成了守备部队，但战场上却无野战部队。两地之间以及它们同本土之间的交通联系已被阻塞；不论占领能够维持多久，除牵制敌人兵力之外，便别无其他成果可言，除非敌人对于斗争感到厌倦，而英国一度确曾如此。虽然尼罗河之战促进了并清楚地预示出不幸的结局，但从英法两支海军的各自条件来看，这种结局无论如何都是不可避免的，只是拿破仑未能领悟罢了。整个战役自始至终都可作为证实基钦纳爵士评论当代形势的
187 例证。由于最近数年之间战事所造成的当时陆海军情况，英国海军被迫撤离地中海，但当优势的英国海军重新获得行动自由之后，损失惨重的最终结局便立即降临法国。

拿破仑远征埃及同其两年之前即 1796 年在意大利所获得的陆战大捷，具有发人深省的相似之处。1796 年，他从热那亚的海岸以类似速度挺进一百二十英里到达阿迪杰河一线，控制了维罗纳要塞，并于两个月之内巩固了该地。从若干条件来看，主要是地形条件，此处无须列举，阿迪杰同其桥头堡维罗纳构成了一处战略中心，位于拿破仑的出发地热那亚的海岸同其最终目的地维也纳之间。它对战役的关系，恰如马耳他之对埃及；但这一位置的有利天然条件，却受到曼图亚要塞所构成的人为条件的限制，曼图亚要塞位于阿迪杰河以西，即在其后方，为庞大的奥军守备部队所占有。只要曼图亚要塞得以守住，则拿破仑对阿迪杰地区的占领就

是不完整的，也是不巩固的。由于必须拿下曼图亚，他的进军就必须停顿下来，就像在马耳他一样，曼图亚从翼侧威胁着他向奥地利进军的路线，恰如马耳他从翼侧威胁着通往埃及的路线一样。曼图亚将其阻留了八个月，但他在战场上保持了一支富有控制能力的陆军，就如大不列颠在后期于地中海拥有一支富有控制能力的海军一样；这样的机动兵力都在各自的情况下确保了交通的畅通。曼图亚陷落之后，他便继续前进，恰如攻取了马耳他之后继续其航程一样；虽然他随之也取得了重要的进展，但他自己却部分地将其归因于奥地利的优柔寡断，而英国对待埃及却并未如此，即或某些英国代表也确曾犹豫不决。拿破仑曾经说过："假如奥地利人不是 188
求和而是继续后撤，他们可能将我的部队拖垮。"这正是发生在埃及和马耳他的情况。法国军队在那里就被拖垮了。

自从这几次讲稿写好以来，日俄战争又提供了一个类似例证。旅顺口就是俄国的马耳他和日本的曼图亚。俄国人按其和平时期战略，将其国家兵力投送到远离其国家力量中心的旅顺口，并在那里建立起基地。当战争来临时，他们就像法国人在马耳他一样，无法保持其陆上或海上的交通。于是，该地终于陷落；此外，港内舰队威胁着日本同满洲之间的交通，故需攻陷这座要塞，为此日本不得不从其能够用于对付北面俄军主力的兵力中抽调极为庞大的部队来攻取该地。战争开始时，日军进展迅速直达辽阳，但于该处被阻达六个月之久，只前进了三十五英里，主要原因是由于围攻旅顺口。旅顺口攻克之后 他们做好了继续前进的准备，恰如拿破仑攻克曼图亚一样；但俄军意在退却，他们收拢兵力，向其基地撤退。于此紧要关头，调停开始了。日本人面临的困难正如拿破仑向维

也纳进军时所面临的困难一样；但日本人并未像他那样虚张声势，而是采取了像他劝告执政团那样的行动，即“切勿超越条件伸手过长。”

法国未能保住已为其征服的埃及和马耳他以及战前就已为其
189 所控制的其他遥远据点而遭致失败，而英国在美国独立战争中也无力维持其殖民地；不仅是美洲大陆的殖民地，还有西印度群岛，在某种程度上还有印度和非洲，以及经过六个月围攻之后而陷落的梅诺卡等殖民地；两国情况相互雷同。这一失败是由于各个位置距离太远，位置数目过多，分布很广，从而导致兵力分散。失败还由于下述事实，即英国虽然拥有一支优质海军，但却错误地认为法西联合海军对其来说过于强大。这两个国家在不同时代所遭受损失的范围表明，一处战略位置所具有的力量，按其同本土相距的遥远甚至对最近战场的影响，都会有很大的折扣。从位置本身以及这些实例中可以明显看出，靠近本土所具有的巨大优越性。这就是日本在最近日俄战争中对俄国所拥有的巨大优越性，现在日本在西太平洋的活动中较之所有其他国家仍然拥有这一优越性。在我们所说的远东，日本的国家实力中心靠近于可能发生国际纠纷的地方。假如奥地利成功地将其政治占领通过西巴尔干半岛推至萨洛尼卡及其周围地区，就像俄国经过西伯利亚和满洲推进到旅顺口一样，那它在地中海就会拥有这样的优越性，这必将引起意大利和俄国的担心，两国君主在拉科尼吉的会谈表明，他们对这种前景深怀戒备。

进行快速长途远征，海上较之陆上更为适宜，因为海军具有较大的机动性；但就效果而言，其决定性作用却不如进攻其宗主国或

制服其舰队所取得的同等胜利,因为这种打击只是触及其四肢,而并未击中其心脏。坚持这种远征较之其实施更为艰难。尽管在已有海底电缆和无线电的时代里很难做到对攻击目标进行突然袭击,然而远征军一旦出发离港,只要保密得当,还是可以有希望做 190
到使追击舰队迷失方向。但当远征的直接目的得到实现时,袭击一方便由攻势转入守势而惶恐不安;而且为了保持其征服成果,必须控制住交通线,即控制住海洋。

还须指出,这种长途海上远征,只有在登陆点上不会遇到有效抵抗的情况下,才有希望获得初战胜利,初战胜利乃是最后胜利的基础;而最终胜利则取决于登陆之后敌方舰队不会前来干扰。塞瓦斯托波尔和旅顺口的情况就是明证。两处登陆均未遇到适当抵抗,登陆之后敌方舰队对于围攻一方的交通也未进行骚扰。在美国独立战争期间,法国和西班牙从英国手中夺取了许多小岛以及相距很远的力量又薄弱的彭萨科拉,但它们对于牙买加或直布罗陀的攻取却未得手。在梅诺卡,结果却不相同;尽管攻克该岛曾费时六个月之久,原因是英国无法抽调舰队派往该处,以致未能做到像在牙买加那样截住敌人的远征,或像在直布罗陀那样对围攻进行骚扰。牙买加之所以得救,是由于罗德尼在法国舰队出航之时便遭到袭击,结果不能有什么登陆企图了。在直布罗陀,由于敌方控制了陆地,无法抵制其在陆上建立战线;但英国舰队通过投送补给不断干预,遂使围攻未获成功。

所有这些考虑都表明,于国外水域确立和维护国家权力的最为重要的基本条件,便是拥有一支优于任何可能对手的舰队。这 191
只不过是再次肯定陆战原理,即决定性战争的有效工具乃是野战

军,而不是守备队。占领港口,军事上加以固守,固然确有价值,甚至必要,但对舰队来说,却居于次要地位。占据遥远地区的战略据点,这是一个使我们现在很感兴趣的特殊问题,对它进行考虑时,只要完全遵循拿破仑关于“战争就是处置位置”的格言,我们便能为自己确有把握地创造一条战略警言,即在海战中舰队本身就是全局的关键位置。关于这一警言,可用下例予以证实。日本在日俄战争中最初将舰队的大量补给物资储存于其在长山列岛的设防的永久基地,但后来为了便于管理便将其大部保管在船上。载有补给物资的舰船可以伴随舰队活动,于是舰队便自身携有基地,并可占领一处方便的港口,尽管这处港口并未设防,但舰队本身的力量便可暂时提供必要的防护。因此,必须集中精力于提高舰队的海上军事效率;但在坚持这一正确专业思想的同时,我们必须避开绿水学派的极端偏见并牢牢记住,一支还要兼顾其基地安全的舰队,其有效活动必然要受到削弱——在战略上和战术上都要受到削弱。

一支舰队,如同一支陆军一样,需要拥有设防的作战基地,但必须遵循一定的明确原理对其进行选择和准备。

首先,应当尽量减少必须认真地坚守的战略据点的数量,以便尽可能少地消耗宗主国的国力,使其得以集中用于那些要害之地;而在其他各地,只有用大炮对着海面试试它们的运气。假如敌人
192 明智,便不会在这些地方浪费时间和力量。另一方面,对要害各点必须极其认真地加强力量,严加守卫。假如敌人是针对整个配系对其采取攻势,则每处被攻之点,必须做好准备坚守到在其天然优势允许的最长时间。坚守一天便为共同防御赢得一天时间。1862

年当美国南北战争处于十分严重时期，假如位于新奥尔良下方的杰克逊和圣菲利普要塞能够尽可能长久地坚守下去，则对于联盟军和整个战役便可能产生极为严重的影响。由于日军必须动用必要数量的部队围攻旅顺口，故旅顺口的抵抗曾经严重地削弱了日军主力的推进，从而为俄军的整个作战计划赢得了兵力和时间。假如其最初阶段的抵抗能更为成功地将围攻一方阻拦于远距离之外，则罗日杰斯特文斯基到达之时，很可能还会发现其旅顺口的舰队依然存在。1800 年热那亚的法国守军伤亡惨重，但他们的坚忍顽强却为拿破仑赢得了时间，使他得以将其部队配置于奥军通往其本土的交通线所经之地。在布尔战争中，莱迪史密斯的坚守，在较小范围内也起到了类似的作用。

拥有大量分散的海上位置的国家，必须仔细研究，它能够维护多少位置，并应当维护哪些位置；与此同时，另一方面，当一个国家认为必须在特定地区建立其权力或准备将来对其进行维护时，它就必须进行孜孜不倦的调查，明确应当努力的方向，以便固守那些在战略上应予坚守而又能守得住的港口。例如，德国最近对胶州湾和美国对夏威夷和关塔那摩所采取的措施，都可对此作为例证。

其次，构成特定国家海上配系的各种港口，都按其重要程度而
具有明显的顺序。对于所有国家来说，本土港口居于首位；因为一 193
个国家采取守势的可能性总是存在的，自卫不仅是国家的第一需要，而且还是个基础，只有在自卫的基础上才能有国外的活动，不论是去远方还是近处。一个国家的政权在本国尚不稳固，便无从进行扩张活动。只有确保自卫，才能维护国策，这就是二者之间的极为重要的相互关系。由于国家政策因时代而改变，故港口的价

值也随之而不同。不过，在任何特定时代里都有或多或少比较明确规定的国策；遥远港口乃是舰队必不可少的部分，必须将它们同本土港口视为一个整体，一个配系，而不应仅仅将其看成是孤立的位置。

现以现代史上的主要海洋国家英国为例。当英国踏上海军强国的征途时，其敌人是荷兰，其大的造船厂设在查塔姆港。如今德国已成为同英国相竞争的海军强国，于是新的位置罗赛斯便同查塔姆的作用相对应。英荷对抗之后，继之两国便结成同盟，全面联合对抗路易十四。于是，军事政策将英国引至地中海，在此之前，商业权益已经将其海军吸引至地中海支援其商船。对丹吉尔的占领和通过设防和筑堤对其进行的开发，乃是英国权益在这一水域所取得的但却遭到夭折的第一个成果；当其在本土水域确立自卫之后，相继取得了直布罗陀，梅诺卡，马耳他，于是，地中海便成为英国国策的第一目标。上述三地严格说来都是要塞。

进入 18 世纪以来，英国在地中海的权益依然如故，但同西印
194 度群岛和北美洲相比，则已退居第二位。通常被人称为旧式“土耳
其商人”的生意，已退居西印度群岛的糖业、美洲大陆的谷物和烟草，加拿大的毛皮和纽芬兰的渔业之后。依我看来，牙买加在加勒比海是最有控制力的位置，从 1782 年同盟国家为征服该地所进行的准备的规模中，我们可以推断出该地设防和守备的强固程度。法国已经变成敌人，并在整个世纪中一直如此。这一情况在英国国内突出表现在朴次茅斯和普利茅斯这两处船坞港口的重要地位正在日益增长；而英国在美洲大陆的殖民地，包括现在的美国在内，却似乎只拥有海岸防御。不言而喻这是由于它们就其人口而

言已经强盛，就其范围而言相当遥远，只要英国海军在海上于其所到之处继续保持优势，外国就无法征服它们。法国对路易斯堡和魁北克进行设防和守备以对付围攻，正是由于加拿大人口稀少和法国海军处于劣势，不论是从陆上和海上都无法确保其安全。它们的陷落突出表明，在设防中还有一项考虑太容易被忽视：即一处设防的地方一旦落入敌人之手，不仅位置的优势，而且工事所具有的力量优势，都将转为敌人所有。一处殖民地港口假如一旦陷落，总是希望它不致提供直接的人造防护工事来抵御从陆上对其进行收复；例如，1760 年魁北克便是如此，随之在冬天便取得了沃尔夫大捷。由此可以得出结论，在应予设防的地方，工事和守备部队二者都应能充分胜任应付一切可能事变。

在上面提到的各个时期里，英国的国策是同其几乎连续不断的战争同步发展的。因此，设防场站的规划都是未经研究而产生的；这同英国宪法的产生极其相似。美国很少发生战争，其对外政 195
策的发展未受军事气氛的影响，而军事气氛往往促成不知不觉的准备。为了说明情况在变化，回忆可能会发人深省，当构成这一论述主体的这部讲稿刚写成时，美国、德国和日本尚未拥有装甲舰队；当时古巴、波多黎各和菲律宾仍属西班牙，而夏威夷则系一独立社会。还可补充一点，不论是美国海军总部，还是陆海军联合作战部，都尚未建立。

在这里详细讨论美国港口的设防规划，当然不够妥当，原因极为明显，上面提到的那些部门毫无疑问正在处理这一问题，这里无法提供准确详情。但却可将某些总的战略考虑归纳如下。

首先，一处海军场站到底应该具备哪些必不可少的军事条件？

显而易见，它对战争应当有用。近来，建造和装备一艘战列舰至少需要两年时间，由此可以立即清楚地看出，海军造船厂不能将建造舰船做为首要的军事目的。假如一处海军造船厂建造的舰船质优价廉，而且建造速度很快，这些都是良好的工业或经济的依据条件；但它们都不是军事的依据条件。海军造船厂的最高职能乃是在战争中维护舰队的效能；特别是能在最短时间内修复因日常勤务或战斗而遭受损伤的舰船。和平时期的功用并不能补偿战争中的需要。为使选定的特定地点符合这一目的，必须考虑到其战时的使用效能；进行这种考虑时，正像我们前面所提到的那样，可从位置、力量和资源三个方面加以分析。在资源方面，首要的就是供
196 应丰富，能保证迅速完成坞修；符合这一要求的地点，较之不符合这一要求的地点，更为适宜，尽管后者或许可能在位置或天然资源方面拥有某些优势。显而易见，这三项必需条件可能在不同程度上同时存在，这就会使决心趋于复杂，如从建造舰船加以考虑，则无须也不至趋于复杂。

这一原则适用于不论是本土的还是海外的所有主要海军场站。在本土，每条海岸边境应有两处这样的海军场站；一处可能是主要的，另一处则是次要的，正在发展之中。关于本土以外的海军场站的数量和选定，则依国策而定。假如国策集中于本土附近的权益，如集中于加勒比海地区，则这一地区的海军场站的发展，可以近似于本土港口的条件为依据。例如，在美国南北战争中，罗亚尔港、基韦斯特、彭萨科拉和新奥尔良都曾是海军场站，但发展十分有限。那次战争的特点是对方没有舰队，舰船可派往北方船坞进行修理，前线的兵力则是通过轮换予以保持。

对于每一支部队都需有一定的轮换制度;但应当认识到,坞修地点应尽可能位于由莫比尔至诺福克或至纽约的距离之内,这种设施只要能够达到,便应予以保证。美国南北战争中,多数舰船均属中型,很少类同,除偶尔几次战斗之外,基本上未曾集中过;作战时间则由拥有海军的一方审慎选定。在舰队对舰队的场合,每方的大舰数量有限,一艘或数艘舰船如需修理,这将是非常紧迫的,则不应驶往很远距离和等待很长时间。

当这部讲稿刚写完时,美国只有一项堪称为政策的对外政策, 197
即"门罗主义"。现在,则有两项,第二项即"门户开放"。毫无疑问,对外关系会带来许多各类问题,而政府则是依据一定的既定原则来处理这些问题的大部分。这些原则既明确又固定,故可称之为政策;但它们只适用于特殊的和偶发的事件,故对上述两项政策不会产生连续不断的影响。这两项政策都是依据坚定而又具有决定作用的国家态度以及国民的基本福利而制定的,因而具有制造舆论的作用,并能持续不断地影响外交。门户开放按惯例系指商业机会均等,它同亚洲向美洲移民这一问题具有地区性的密切联系。亚洲移民又同门罗主义紧密相关,因为,极其明显,亚洲人不同于欧洲人,他们在社会中不与人混杂。他们虽然比邻而居,但却自成社会,不同广大人口结成一体。这样一来,在一定地区一旦亚洲人占据优势,便成为一种真正的吞并,这种吞并较之政治吞并更为有效,门罗主义正是针对这种吞并而制定的。夏威夷便是一个恰当的实例;日本反对夏威夷政治上归属美国,如非更为迫切的问题转移了其注意力,无疑其反对会更为强烈。美国的太平洋沿岸地广人稀,如任亚洲人自由移入,其结果必将意味着为亚洲人所占

领，即亚洲在美洲开拓殖民地。这是美国政府所不能接受的，因为太平洋各州对此强烈反对，别无其他原因。

结合实际情况，制定国家政策，导致美国于太平洋设置海军场
198 站，恰如地中海进入英国权益范围迫使其在那里逐渐获取海军场站一样。门罗主义是美国惟一的积极对外政策，它同避免与外国卷入纠纷的消极政策，形成了鲜明的对照，国家权益业已逐渐而迅速地集中于加勒比海，因为通往巴拿马地峡的通道穿过这一区域，而巴拿马地峡正是门罗主义的焦点所在。这就是本讲稿最初写成时的情况。当时，太平洋问题及其特有的国际意义尚未显露端倪，很少引人注目。现在，由于上述若干原因，太平洋已具有现实的直接的重要意义；实际上，这种兴趣转移的情况，可同18世纪后半期英国政治家们所评价的从加拿大至委内瑞拉的西大西洋的地位已超过地中海的情况相提并论。地中海并不因此而不再重要；它只是丧失了领先地位。同样，加勒比海仍然重要；甚至尚未完全丧失领先地位，而是同太平洋并驾齐驱。巴拿马运河即将建成，加勒比海和太平洋之间的联系必将日益密切，在这两个方向上选定的港口足能而且应当形成一个严密完整的体系，其中每个部分的设施和持久能力都应按其对整体的关系而占有一定比例。

最后，维持任一设防海军场站体系，归根结底还是要依赖海上优势，即依赖海军。一处完全孤立的强固哨所，尽管能将其陷落时日延缓很久，但陷落终将难免。自1779至1782年，持续三年之久的著名直布罗陀围攻战就是一个最为引人注目的实例。对直布罗陀所施行的一切攻击均告粉碎；它一定会陷落；只是依靠英国海军
199 输送补给的能力和技术，方使其得以幸免。我们可以说，只有活跃

在战场上的野战部队才能解救被围的堡垒。

在战争中,海军的固有的主要目标乃是敌方的海军,这是对这一结论性论述的直接推论。由于敌方海军必须在其分散的各个战略据点之间保持联系,因而,对舰队的打击就是对其各个战略据点的最实在的打击。往往可以看到一种值得惋惜的情况,一支巨大的海军兵力,面对位于其所及范围之内的敌人,却将其力量用于无关紧要的陆上海军场站。如 1778 年和 1779 年期间,法国舰队在德埃斯坦的指挥下于西印度群岛的活动便是如此;或者甚至攻击如直布罗陀那样的重要海军场站,却置敌方舰队于不顾。舰队和港口彼此相互为用;但除本土港口之外,港口需要舰队更甚于舰队需要港口。因此,舰队应当攻击敌方海上的有组织的兵力,从而切断其与港口之间的交通联系。

200

第九章　基础与原理

——远程作战与海上远征

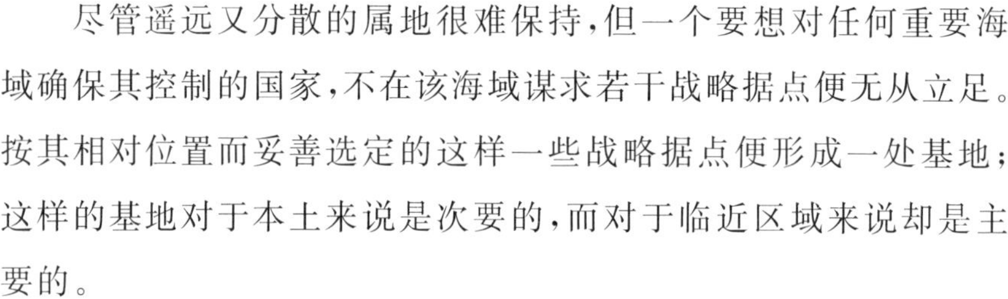

尽管遥远又分散的属地很难保持，但一个要想对任何重要海域确保其控制的国家，不在该海域谋求若干战略据点便无从立足。按其相对位置而妥善选定的这样一些战略据点便形成一处基地；这样的基地对于本土来说是次要的，而对于临近区域来说却是主要的。

一支陆军部队远离本土赴外出征时，必须在战地附近按照建立第一基地所遵循的同一原理建立第二基地，二者之间要有可靠的交通联系起来，这是军事著作家们所制定的一条原理，它在这里仍然适用；只是应当记住，安全的海上交通意味着海军优势，尤其是当本土同前进基地相距很远时，更是如此。这样的一些次要基地同本土边境的那些基地一样，都应按照同一原理建立；即为了方便起见，必须有两处设防港口，其中只有一处需要居于头等地位。它们必须互相靠近以便能互相支援，但其靠近程度又应不致使敌人无须分散其主力舰队便能有效地监视两处港口。1803 至 1805 年期间，英国舰队在纳尔逊的指挥下对土伦实行监视时，曾有马耳他和直布罗陀供其使用。它们不仅分担了支援舰队的任务，而且
201 互相支援并分担了保卫英吉利海峡至东地中海这条漫长商业交通

线的责任。假如俄国这次战前便将其整个舰队派到远东，便会在数量上超过日本并能立足于旅顺口和符拉迪沃斯托克。另一方面，日本拥有濑户内海和多处出口这一有利条件，便于采取出敌不意的联合运动[①]。吴港位于濑户内海，拥有两处或更多的相距很远的出口，这样的港口拥有两处港口的优势，而又具有将活动集中于一处港口的有利条件。正如在这些实例中，当拥有两处港口时，作战基地便包含两处或更多的据点，这样的基地便可被视为一条线，就如本土的海岸边境一样。理想的条件乃是这些港口应当具有水陆交通之便。位于古巴、海地、牙买加诸大岛上的港口，例如圣地亚哥、西恩富戈斯、哈瓦那都具有这样的优点；但在小安的列斯群岛的任何一岛上的两处港口却都相距太近。它们实际上就是一处港口。

假如海战的想定战场范围很广并含有许多可供战略使用的据点，则对这些据点的选择也就关系重大。假如据点居于中央，其影响所及就更为平衡，由此可以比较容易地到达战场的所有部分；然而，假如其影响并不能延伸到该区的边缘，则其同本土的交通联系便将处于危险之中。譬如牙买加，就其中央位置而言，它是加勒比海地区的一些最为重要据点中的一个，但若英国力量仅局限于牙买加，则其来自本土的交通联系，势必要通过被其他国家所控制的航道，于是安全便无保障。1798 年，埃及同法国的关系也是如此，假如没有马耳他或一处与其相应的据点，尽管埃及对欧洲和印度来说居于中央位置，也必然会产生上述牙

① 见 38 页图 3。

买加同样的结果；实际上，尽管英国不时地控制着埃及这一位置
202 中，但它对其同埃及的交通联系一直深感不安，尽管它握有直布罗陀和马耳他，二者都能确保抗御奇袭并能对舰队提供隐蔽所。在海外位置中，那些距宗主国最近的位置按顺序居于第一位；只有这些位置安全可靠，才能由此及远。例如直布罗陀可视为通向埃及所必需的第一步；圣卢西亚岛至少可视为通向牙买加的一个方便中途站。中央位置按顺序居于第二位，尽管它们在特定区域内就其重要性而言居于第一位，例如马耳他之于地中海和牙买加之于加勒比海。那些距离有关国家最远的位置，无论如何重要，总是最为暴露，例如埃及和巴拿马，这就必须注意通过中间据点来加强其同本土的交通联系。英国便拥有一系列这样的据点通达印度。

从上述这些考虑中可以看出，当一国政府认识到特定地区的国家权益可能成为诉诸军事行动的特征时，就应组织一些有资格的人士对该地域进行详细研究，待搜集到必要的资料之后，便确定哪些据点具有战略价值，占据其中哪些据点最为有利。当这样一些位置已被占领时，现在占有者的占有权通常便应受到尊重，至于在何种条件之下可将这种占有权利置之不理，这需由政治家们来决定而与军人无关。然而，可以设想一旦时机成熟，一个国家为了保护其认为极为重要的权益，可能行使其战争权利；而对海域的控
203 制可能成为战争需要，即使并非其主要目的。一旦形势如此，则所谓的“战争行动”便将随之而来。该国的目的可能在于取得控制或是扩张其已有的控制；或者，另一方面，可能只是企图制止对其逼近的威胁，以保卫其现在占有的地区。

假如目的在于取得尚未得到的控制，则这样的战争就其目的而言属于攻势，而且在作战上也必然如此。然而，军事行动可能并不直接指向想要取得的目标。可能在敌人更为重视的另外某一点上，同时也是对敌人更易于实施攻击之点；而向该点进军较之直接攻击可能更有把握地到达真正目标。这里，问题涉及整个作战实施。对于挑起战争的政府来说，也如同总司令所面临的情况一样，要想将敌人逐出某一位置，面对这一位置，存在着正面攻击还是迂回夺取的问题。正面攻击需要更多的力量，迂回夺取则需要更多的时间。美国独立战争期间，法国和西班牙曾经试图从英国手中夺取直布罗陀便是一个例证。对直布罗陀——英国属地中最为强固的军事要地——曾施以直接攻击，结果遭到失败。假如将同样的兵力灵活地用于直接攻击英吉利海峡和英国海岸，在当时海军在数量上占有巨大优势的条件下，很有可能从英国手中强行索回直布罗陀而不致失败。战争中的征服地往往只是在结束战争签订和约中做为交换手段才具有价值。在拿破仑一世的信函中，充满了关于这种意图的指令。

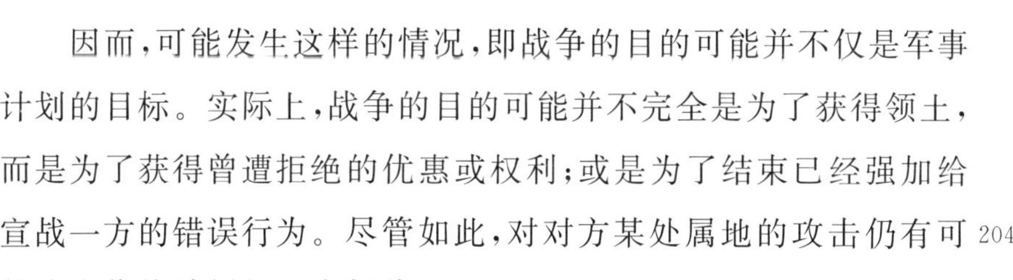

因而，可能发生这样的情况，即战争的目的可能并不仅是军事计划的目标。实际上，战争的目的可能并不完全是为了获得领土，而是为了获得曾遭拒绝的优惠或权利；或是为了结束已经强加给宣战一方的错误行为。尽管如此，对对方某处属地的攻击仍有可 204
能成为作战计划的一个部分。

摆在我们面前的例证受我们主题的限制，只涉及对海域的控制，控制以环境为转移，可以部分控制亦可全部控制。一个国家必须具备下述两个条件方能进行这样的战争并取得预期的战果：

第一，边境相当安全可靠，不致遭受致命损伤；第二，海军在当前的条件下能同敌方海军争夺对海洋的控制。边境或海岸，就其最广泛的意义而言，乃是整个战争的根据地，以其为基础进行防御，相当于较小范围的作战基地，由此发动单一的作战活动。海军乃是实施进攻的主要武装；但在防御中则起次要作用，在攻势海战中它居于领先地位。甚至在大规模的联合作战活动中，舰船仍起着主要作用；只有在敌方没有海军的情况下，舰船才无用武之地，如塞瓦斯托波尔之战即是如此。当时有两条交通线通往战场：一条是陆上交通线，完全处于俄国实力范围之内，另一条是海上交通线，完全控制在同盟国家手中，敌人将其舰船上的装备拆除之后便将舰船沉掉。因此，这一战便成为对一座巨大要塞的围攻战，而围攻一方的交通线丝毫不会受到干扰。在 1779 至 1782 年的直布罗陀之战中，进攻之所以失败，完全是由于同盟国家的海军软弱无能所致；如其海军称职，则英国舰队便无法投送补给。

在超出本土直接相邻地区范围的海域进行战争的问题，只不过是一般军事行动的一种特殊事例。这一事例便是海上远征。远
205 征的国家在遥远的水域可能已经拥有也可能尚未拥有可以用于战争目的的位置；然而，不管它处于那种情况，都要采取攻势运动，以便占有或至少控制敌方的领土。即使战争的主要目的在于防御，而防御最好仍是以进攻活动来达成。

这种作战行动不同于其他，它具有独自的特点，表现在搭乘舰船的陆军分队在海上期间处于无能为力的状态，其安全完全依赖于本国海军对海洋的控制。不论这支分队是大是小，士气如何高昂，纪律如何严格，技能如何高超，但在航渡期间则处于瘫痪状态，

无法进行有效活动。这一期间的危险性以及随之而来交通线所承担的风险，而交通线则始终依赖于对海洋的控制，所有这些都是考虑这一主题时必须牢记的突出因素。

首先，仅就这种远征的主要特点概括提出几点粗浅的看法；然后，扼要地叙述两项历史实例并加以讨论作为例证。

本土边境相当安全可靠，海军足能同敌人争夺对海洋的控制，这两条基本要求前面已经阐明，其次就是制定最佳的特定作战计划来达成你的目的。这包括选定一处基地，一个目标和一条作战线，这三项对于每一作战行动都是必不可少的。

关于在你要想控制的海域以外的其他区域攻击敌人的问题，由于涉及范围过广，暂搁一边。这里所指的最终目标应当是对于总的态势可能具有最为重要影响的位置、线或区域；用通常的说法，就是关键或要害。假如你所指向的特定区域明显地距离你的一处海上边境较之距离其它处海上边境更为靠近，则作战计划的 206
基地便应设在靠近的海上边境，除非另有重要原因，如缺乏良港或现成的船厂。正是由于德国如今已经成为具有威胁性的海军强国，所以大不列颠除已在查塔姆拥有船厂外，又在北海的罗赛斯另设船厂——一处出色的坞修船厂。这显然是为了在北海作战对德国海岸进行攻击，英国基地已从以普利茅斯和朴次茅斯为界限的海峡转移至北海。同样，奥地利和俄国已将其海疆推向地中海，因为它们的其他出海口都分别远在亚得里亚海的顶端和黑海，由于过于遥远而且其通往海上的交通在军事上又过于暴露，故不适于充当作战基地。

另一方面，美国在其墨西哥湾海岸拥有一条基地线，这条基地线较之诺福克和纽约这两处位于大西洋海岸的主要天然海军场站，明显地靠近地峡和加勒比海西半部。然而，随着战列舰尺度的急剧增大，又加在密西西比河坞修困难，墨西哥湾各处港口能否与大西洋各港同样地提供主要的作战基地，实在值得怀疑；由于它们的位置靠近，用于物资补给还有价值，但不适于进行较大的修理，因而能否构成中间前进港口也确实值得怀疑。与此同时，关塔那摩和基韦斯特在为指向地峡的作战中，由于位置靠近并能互相支援而具有明显的优势，以致即使它们只有二等的坞修设备，也能高度符合需要并且极为方便。这当然要承担某些军事上的风险；例如，大不列颠设在直布罗陀的船坞，情况便是如此，在现代条件下该船坞便位于阿尔赫西拉斯海岸射程之内。

207 大型海军船厂标示着基地线的位置，而且在很大程度上并标示着其长度。这些船厂所建造的鱼雷艇和潜艇作为当地资源，有助于防护它们之间的海岸线及其两端的稍远地区免受敌人攻击。关于从这种固定基地出发向选定目标运动的问题，则涉及对作战线的选择。在开阔的海面上，最直接的航线就是最天然的航线，如其他情况都等同，也是最佳的航线；然而，会有许多情况可能影响到决心。其中最为重要的就是同对方海军力量相比的己方的海军力量，这一力量不仅取决于总吨位或金属重量，而且还取决于总吨位在各级舰船之间的分配和取决于每级舰船在武备、装甲、速度和煤炭续航力等方面的特点。所有这些质量都关系到战略实力要素，有时它们是互相矛盾的；而且要在它们之间进行调整可能就会严重地影响到战略计算。这就说明，国家舰队的组成实际上就是一个战略问题。在已知交战国家的各自海军实力及其与争夺目标的相对距离的情况下，假定双方——防御的一方和进攻的另一方——争夺同一目标，它们也会影响到作战线的选择，因为有待保卫的交通线的长度实质上会影响到对抗双方的力量。正是在这些线上或长条海域里，特别是快速巡洋舰更能干扰作战行动，迫使对方从舰队中抽调巨大比例的兵力来制止它们的活动。这些线愈短愈多，距敌港愈远，敌人的任务也就愈重，而这些线很可能就会更加安全。

我们即将展开广泛讨论的大规模海上远征——一批战舰护送 208
一支搭乘运输舰船的陆军部队——对于某些人来说，似乎是不可能的，好像是一场空谈，过去从未发生过，今后也不可能发生，然而，请记住，它确实在近代最伟大的将领的指挥下曾于 1798 年发生过，而且这次远征受到一代海军名将纳尔逊所指挥的同等规模的舰队的追击；现在这里所提出的问题，也一定是拿破仑和纳尔逊二人当时所曾经仔细思考过的主题。要使这样的事情永远不会再度发生，那就必须认识到西印度群岛和加勒比海的未来明显的重要性，它们是通往巴拿马地峡的通路，而且通过巴拿马地峡延伸到太平洋各地；还要认识到加勒比海任何两点之间的距离，就其航渡时间而言都很短。还需记住，加勒比海的海域较小，其长度仅及地中海的一半，因此，一旦环境特别有利于这种冒险时，大规模的远征便有可能发生。

当己方的海军力量大大超过对方时，这样的大部队渡海远征，便能够或是全部或是部分获得安全保障。在拿破仑所进行的历次战争期间，英国就曾不断地以陆军部队，往往是庞大的部队进行海上远征。美国在墨西哥战争和南北战争中也是如此。1830 年法

国征服阿尔及尔以及英法于克里米亚战争期间也都是如此。在这些实例中,安全几乎毫未成为军事问题;但当双方兵力接近相等,甚或一方明显而突出地居于优势时,情况便有所不同。在拿破仑时代,尽管英国海军大大超过法国,但其任务繁多而又艰巨,换言之,它无法到处分兵把口,这就经常为对方分舰队造成同其重要运
209 输船队遭遇的机会。因此,须对运输船队进行直接保护,这就是说,必须有一支武装舰船伴随其活动,这些武装舰船的力量要同航运事业的重要性相互对称。在我们的时代里,仍需记住,这样的运输船队往返时都要像这样有武装舰船保护防卫;而绿水学派或存在舰队学派则主张,当敌方舰队存在于必经舰线附近之时,这种运输船队就不应出航。在美国独立战争期间,对抗双方的海军力量实质上相等,交战双方都曾派出过这样的运输船队。

在除掉确保作战线全长安全所需兵力之后,如仍拥有一支大大超过对方的海军时,则不妨对渴望夺取的目标立即实施攻击;愈快愈好。假如在采取这样的行动中,你经过一处为敌人所控制并能掩护其舰船的港口——一处可使敌人具有某种截击你方煤炭或弹药补给可能性的位置——则对这一位置必须严加注意,务必使其不足为害。

例如,牙买加和圣地亚哥紧靠向风海峡,该 海峡是美国大西洋各港口至巴拿马地峡的直接航道;加的斯和直布罗陀紧靠所有航船自大西洋驶入地中海的必经航道。这样一些位置的军事特点是,"它们从侧翼威胁着航道。"假如他们把战舰藏在港内,则航线就须用兵力予以防护,这支兵力的组成及其驻泊地点靠近该港的程度,应以能够阻止港内舰船的活动为准。当敌方在蒸汽行驶航

程范围之内任何一地拥有一支优于这种分遣队的舰队时，则这支分遣队就会暴露在组成这支舰队的舰船面前。例如，1799 年法国布勒斯特舰队突然出现在地中海时，英国海军却分散为若干部分，210
其中可能不止一个部分连续不断地有效地被逐个击破。分遣队还会削弱主力部队的实力；但并不一定，也不会总是削弱到妨碍向目标挺进的那种程度。英国由于拥有各式各样的重要权益，有军事上的也有商业上的，而且又分布很广，故以前就曾感到其海上航线在许多地方受到许多港口，诸如布勒斯特、罗什福尔、费罗尔、加的斯、土伦以及一些稍远一点的海港，从侧面的威胁。它必须在每处港口前面配置同港内兵力相称的分遣队以对付这一困难。这种连续不断的兵力部署及其在阻止敌方数支分舰队联合起来进行攻势行动之中所发挥的更为重要的军事作用，往往会掩盖这样一种实际情况，即这些不同的海上位置就是这样地遭到监视和钳制；恰如一位陆军将领在陆上保卫其进军路线以防来自一座要塞的威胁一样，如果不能将这座要塞攻克，则其位置就会威胁他的交通。

近来有一种倾向，对于翼侧位置对交通线的作用产生怀疑，认为不如对交通线的目的地点进行集中设防更为有效。存在的二者之间并无矛盾，因而没有必要进行这种对比。马耳他对于来自在埃及作战的西地中海国家的一支远征军的交通线能够施加强有力的影响，但这并不能否定位于埃及本地的机动的或设防的军事力量的价值。1813 年威灵顿于葡萄牙控制了托里什·韦德拉什这处坚不可摧的设防位置以抵御陆上攻击，确保其在里斯本的海上基地的安全；而活动于菲尼斯特雷角外的微不足道的美国私掠船

竟能严重地扰乱其同英国诸岛的交通联系。

假如有这样一处据点，它位于或靠近于你的作战线，如今这条
211 作战线又成为交通线——即在该线上你的战斗舰队可以安全通过，而对于运输舰船却不安全——但通过迂回航线却可避开该点，完全摆脱敌方的搜索并获得相对安全，则你便可能改变你的交通线。也可根据该港的特点或港内战舰的已知数量，派遣一支大型分遣队护送运输舰船通过该线全部比较暴露的部分，不时地启用该线。例如在1779至1782年这段很长时间里，英国就是以大型护航船队在战斗舰队的保护之下对直布罗陀进行救援。

对舰队进行补给的方式有两种：一种是单独由补给舰船伺机通过他们自己的海军巡逻所控制的航线输送补给；另一种是由一支大型护航船队在一队武装舰船的直接保护之下进行输送。可能两种方式均能使用；主要补给则须依赖护航体制，并偶尔单独由运输船予以补充。护航船队必须严加防护，因为敌人必将监视其航行并试图将其摧毁，这是敌方的次要的正规作战方式之一；因此，为了护航船队的安全打一仗，将被视为当然。单独的补给舰船则须仰赖其速度，仰赖对避险航线的选择，仰赖巡洋舰级的军舰进行海上全面警戒。不论采取哪种特定方式，如能拥有两条或更多的补给线通往目的地或通往舰队所在的位置，则总是有利；此外，连续使用单艘舰船进行补给比起使用大型护航船队也更为方便，因为大型护航船队在任何情况下都必须加以保护，这样就会削弱作
212 战兵力。美国正准备在巴拿马地峡设防并派兵警卫这处要塞。显而易见，一旦发生冲突，便能极为便当地既可从海湾，又可从大西洋，还可从太平洋进行补给。

一支舰队离本土前往相当远处作战时，不应只靠一条补给线。总的说来，对于作战兵力或战斗准备来说，集中乃是正常部署，但补给体制，如果能够避免，却不应集中于单线。这一说法实际上是梯也尔引用拿破仑下述简明精辟名言而予以运用："战争的艺术在于巧妙地实行分散便于生存，并在这种方式之中你又可能迅速地实行集中以便进行战斗。"

假如由于监视中途港口必须削弱兵力，并因而形成敌我兵力相等；或是所余兵力虽然仍居优势，但在适当的援兵到达之前却不能利用战机制服目标的抵抗，在这种情况下兵力则不应分散。而应当或是夺取这一途中的港口，或是，如你认为现有的补给足以维持到决定性活动完成为止，则你便可继续前进，暂时放弃你的交通线，恰如俗语所说，断绝同你的基地的联系，使敌方的翼侧港口无从遂行其意愿。当然，如此重大的步骤，除非燃料这一重要必需品确实不会短缺，就决不应采取。一艘舰船没有军火，可以逃跑，只有一半口粮，人们还可活命，但如没有煤炭，则这艘舰船既不能战又不能逃。

如果，恰如假设那样，目标乃是陆地的一部分，即敌人控制的一处港口或一座岛屿，则征服之后未必就能像夺取陆上要地之后那样，立即对战争起到决定性的控制作用；因为必需而有限的陆上
交通线往往聚集在通往一处陆上地区的要冲，占据这要冲便掌握 213
了绝对控制权，而在海上却几乎没有完全类似的要冲。这是由于前已粗略提到海洋极为开阔，可以采取多条航线航行，以避免于特定的战略位置近傍通过。一处陆上战略位置所具有的许多重要性在于陆军被迫须循一定的道路而行，如果改取其他道路，便会招致

过分的不利。诚然，如今海上也有一些类似的要地；例如直布罗陀。如果占据了博斯普鲁斯海峡或达达尼尔海峡，便可绝对地钳制住黑海的俄国海军；而且不难想像，假如有一个海上强国控制了北海两岸，同时另一个大体相等的海上强国位于英吉利海峡和比斯开湾一线，则掌握多佛尔海峡的一方便能严重地阻止另一方的活动。像苏伊士这样的运河也是相当于这样的一个据点。

然而，以上数例实属罕见；海上区域的要冲的威力同陆上战场的要冲相似，只是程度有所不及。前面所举的史例，如拿破仑占领埃及和马耳他，恰恰说明了这一点。当时，法国掌握了西方控制东方的钥匙，但却未能加以利用；最后反被其敌国的海军从其手中夺走。掌握住道路的交叉点，确实是件好事，但如你本身既不能利用这些道路，又不能阻止敌人利用它们，则又有何益？

由此看来，假如你先发制敌得以攻占你所要取得的目标——或是由于战争准备比较充分，或是由于行动比较迅速，或是由于比较靠近战场——则在你尚未建立起海军优势从而控制住你与本土相联的通路以及你刚刚攻占的位置附近的那些具有重要性的通路
214 之前，你还不能认为你的征服已经稳固。诚然，征服本身使敌人失去一处必需的基地或许还损失一大部分舰船，这才有可能建立起这种优势；更为常见的则是，由于你的舰队在数量和质量上优于对方从而出现这种优势。显而易见，对于那些早在战争爆发之前即已掌握的位置，也是如此；例如巴拿马运河地区和夏威夷，惟有依赖舰队的力量，才能最后保持住它们。必须记住，门罗主义并非军事力量，只不过是一项政治宣言而已。

假如决定性的海军优势并不存在，那你就应当做好准备打一场海战，这一战的结局将决定你新取得的位置的最后命运；就如拿破仑远征埃及初战告捷，但随之尼罗河一战法国舰队全军覆没，于是初战胜利便被断送。东乡大将对其位于对马海峡之外的舰队所发出的信号，“帝国兴亡全赖今日一战”，尽管主要是激励爱国热忱，但最终仍不外是这里所阐明的一般军事真理的特殊运用。日本人由于预先有准备，技能熟练，迅速果断，抢在俄国人行动之前，恰如拿破仑抢在英国人之前那样，将本国的部队派至海外。日本已经在朝鲜和满洲获得了巩固的立足点并夺取了旅顺口，恰如法国夺取了埃及和马耳他一样。左右局势的位置钥匙已经掌握在日本人手中；但若东乡舰队战败，则必前功尽弃，就如布吕埃斯败于纳尔逊从而断送了拿破仑的战绩一样。相反，俄国人也同时派出了罗日杰斯特文斯基的舰队以相同的方式迫近其渴望取得的位置，为了远程作战，俄国舰队满载煤炭并伴有护航船队同行；然而，在其接近到达点的航程中必须首先不惜一战，在这一战斗中俄国舰队、煤炭和护航船队全都同归于尽。

这场不可避免的战斗如能在位置陷落之前而不是在位置陷落 215
之后进行，则情况的确可能会非常之好。假如你方远征队向着脆弱无力、并越来越糟的陆上防御进攻，而敌方舰队同你方舰队大体相等，则敌方舰队必将在离港口的一定距离之处向你发动进攻，而你由于在这样的远征中必须照管运输和补给舰船而受到拖累。假如敌方舰队是向本土港口移动，而你的目的在于对其进行阻拦，如东乡对付罗日杰斯特文斯基那样，那就会更多地出现上述情况。

假如 1798 年纳尔逊追上了拿破仑，他就应当并定会在海上发动进攻，因为他早已为此做好了系统的准备；而且，假如他对战舰的突击获得成功,他便能有效地制止拿破仑的远征。1759 年当法国已经做好大举入侵英国的准备时,以及 1795 年当提出建议从土伦派遣一万八千人的部队再度征伐科西嘉岛时,法国当局经过争论认为法国舰队应当首先同英国舰队会战,这正是因为敌方舰队同己方相等,必须将其除掉才能确保航道安全。不过,必须看到,法国人的技能总的说来居于劣势,尤其是法国的海军将领更是如此,这就是促使法国海军部长如此极力主张上述做法的基本原因。

在这样的联合远征中,究竟舰队和护航船队应当同行,还是须待制海权解决之后护航船队再行活动,这是一个有争议的难题。与其做出硬性的教条式的定论,倒不如反复思考再提出看法为好。

216 显而易见,问题主要取决于目标的距离。1759 年法国和 1803 至 1805 年拿破仑都试图入侵英国,现在德国也在经常设想入侵英国,在这样的入侵中,由于目标和预期的海战地点都距离很近,能够迅速获悉战果,不会丧失宝贵时间,便可随即运送陆上部队乘胜追击。敌方将无时机重新组织抵抗。因而,没有什么适当的理由事先把陆军暴露出来,使其共同遭受一旦舰队不是战胜而是战败所带来的灾难。因此,拿破仑于 1805 年将其陆军部队控制在布洛涅,就是等待其舰队出现在海峡,以便在海峡取得他希望的六个小时的制海权。据说,1759 年也是采取这样的做法。

但如目标相距遥远,如埃及之距离法国,或巴拿马之距离美国或欧洲,或夏威夷之距离太平洋海岸的每一个部分,则在海战胜利之后,应随即迅速登陆,以免敌人利用部队到达所需的这段很长时间获得喘息机会。在这种情况下,随之而来的登陆是必然相连的行动,对于适当地乘胜追击则是一次非常重要的必然相连的行动;

说进行这样的追击的工具应当近在手旁，看来是完全符合所有一般原理的。这就是说，护航船队，即陆军部队应当跟随舰队，而其数量至少应能保证攻占一处位置并加以固守以待援兵到达。这同敌前强渡江河的方法完全一致。渡海不外是渡江规模的扩大而已。其随行陆军部队的数量比例只要同固守位置以待援兵这一当前任务相称；但数量比例主要属于细节问题，并非原则问题，而且将受到许多其他细节的影响。当然，决定性的细节应当是不使过多的部队暴露，以免战舰战败时而被俘。

其次，近距离入侵可分为大规模的主力战和具有佯攻性质的 217
牵制战。后者按其规模，较之大规模作战可能承担风险，自然可以承担较大比例的风险；因为总体危险并不那么大，即使失败也不会那么惨。对于用一艘艇可以承担的风险，就不宜动用一艘舰，对于用一艘舰可以承担的风险，就不应轻率地动用一支舰队。从战略上看，牵制战的胜利对于战争的胜利尽管可能具有突出的作用，但却不如大规模的主力进军所获得的胜利那样极为重要。大规模远征，即大举入侵，应具有牢固持久的特点，既要速战速决，又要稳步推进，其配系必须严谨，每走一步要把其它的各方面都加以衔接，从整体来看，乃是一次持久的连续作战，就如 1870 年德国入侵法国那样。牵制战，尤其是海上牵制战，假定仅是一场瞬间战斗，或者，最多是一场根据情况所发生的变化而进行的战斗。因而，实施牵制战的一切作战手段必须随时都能使用，以便到达目的点之时，全军可以即时展开；这就意味着陆军部队必须伴随舰队同行。在英国的传统做法中，陆军部队伴随舰队的实例多不胜举。诸如多次对西印度群岛的远征，1762 年对哈瓦那的远征，法国革命战争

中的其他远征以及 1801 年法国对埃及的远征，都属这类远征。这些远征，规模虽然大小不一，但都是海军同陆军一起航行。

然而，从英国的实际战例中可以看出，假如英国海军并未拥有那样的优势，则其战绩也不会那样辉煌。1796 年杰出的陆军将领
218 奥什远征爱尔兰的作战行动更具有说服力。他的部队曾定为两万人，但出发时却未足此数。他们希望以这支部队构成爱尔兰人全面叛乱的骨干；也就是说，其最后步骤取决于爱尔兰内部情况的转变。无论其影响如何，这只不过是一场牵制战；而要使这场牵制战获得成功，就应在舰队抛锚之后，陆军部队立即随之登陆，而他们正是这样做的。1690 年法国企图入侵英国。这只能是一场牵制战，因为它期望发生一场支持詹姆士二世的叛乱。舰队没有携载陆军同行。在比奇岬一战取得巨大胜利，迫使英荷联合舰队退出海峡；但由于陆军不在手边，以致无从扩大战果。

通常，如果海军在适当时期内还不居于优势，那就不应试图进行大规模的渡海作战。其理由前面已经讲过，即在战争中，主力行动的每一步骤必须相互紧密衔接，如果海军不能控制海洋，也就无法做到这一点。然而，有希望的牵制战，即使海军处于劣势，也是可以允许进行的，但必须仔细考虑，权衡得失，看看是否得多于失。当双方海军接近相等时，如 1690 年及美国独立战争期间，其具体作法一般都是双方毫不犹豫地在适当的护航之下派出小量的陆军部队。

防御一方的舰队选择何处位置用以进行搜索来发现和打击途中的远征军，这是属于战略范畴的问题。1805 年纳尔逊从西印度群岛返航欧洲时，对其下属舰长们宣称，假如遇到他所追踪的同盟

舰队时，当时敌舰二十艘对他的十二艘，他定要同敌交战；但他又说，不接近欧洲，他就不会交战，除非机会过于诱人不可抗拒。我 219
并不确切知道，他为了达到这一目的而选定这一地点的任何理由。据我推测，面对这样的差距，他必定追随敌人观察战机；然而，如果毫无有利战机，他无论如何也会进行交战，因为在此之后和在此之前，他都曾说过："当敌人将我彻底战败时，在这一年里，他对英国就再也不能为害了。"这是一个正确的战略思想。如入侵部队被束缚在一条或有数的几条航线上，则选择何地进行交战，在一定程度上仍然掌握在防御一方的手中，取决于其对入侵一方动向的了解。

举例说明：假如纳尔逊于 1798 年尼罗河之战之前就已确知法国舰队的航行去向并选择他的攻击地点的话，那么最好是选在靠近埃及之处；因为假如法国人战败，在离法国这么远地方纳尔逊则能比较彻底地摧毁敌人；反之，假如他被打败，亦由于远离英国而不致使本土物质上遭受很大损失。如果导致一方希望在某一位置进行交战的理由确有依据，则这一理由也会促使另一方，如有可能，力求避免在该处应战。总的说来，迫使入侵者应战的地点，应当距离其本土基地愈远愈好；但须记住，在目的地附近取得小胜或部分胜利，并不一定就能阻止远征军的登陆。假设从古巴出发对圣卢西亚进行远征。在这种假设情况下，防御一方的舰队很可能采取攻势行动，力图对远征军进行中途拦截并在其航线上进行骚扰，这种战法可使防御一方在自由机动方面取得决定性的优势，因为它没有运输舰船需要照顾。这种骚扰和等待时机正是纳尔逊所 220
倡导的战法，他还主张在距离敌人目的港足够远的点上发动坚决的攻击，一举结束会战。而攻击方式则属于战术范畴。

假如海军决定性的优势尚未存在，则在攻占目标之前或之后，必须进行一次会战；假如存在这种优势，就应充分加以利用，于所到之处将残存敌舰悉数摧毁。至于海军处于劣势方面的问题，就无须讨论了；因为根据我们的考虑，面对优势舰队，除非只是牵制战，这样的长途远征根本没有理由的。当拿破仑于1798年以十三艘战列舰驶向埃及时，英国在地中海只有三艘战列舰，纳尔逊在援兵到来之后，采取主动仍然得以追上并超过远征军。即便这样，英国舰队的兵力仍然稍逊于法国。另一方面，法国在同年和1796年对爱尔兰的远征都遭到彻底失败；尽管原因很多，但实际上终究还是归因于海军处于劣势，正是由于处于劣势才迫使他们选在一年之中风暴最大的时间远征，以为这对规避最为有利，不料却因此使他们陷入灾难之中。假如选在较好季节，则英国海军的控制作用会就更为直接，更为显著。切勿将此评论理解为对于特殊行动含有谴责之意。这种特殊行动只是为牵制战而设计的，显然它是经过严密构思并能经受前所提及的标准的检验；即预期所获得的利益明显地超过失败所遭致的可能损失。

因此，这样一支远征军在途中应尽可能集结在一起。在这段
221 时间里，它毋需为交通而担心，因为急需的补给伴随其一起航行。于是，担心的不是战略问题，而是战术问题，即如何保护运输船队的问题，以及一旦同敌人遭遇面对敌人如何进行机动的问题。其警戒和通讯由轻巡洋舰担任；战斗序列中的重型舰船则保持在舰队司令及护航船队进行支援的所及范围之内。

战斗舰船的这种持久集中，乃是极其重要的基本条件。尽管可能出现需要另行分兵的情况，或者派出分遣队可能有利，这些战

斗舰船都不应再行分散。1796 年法国远征爱尔兰时，假如其陆、海军指挥官坚持同战列舰在一起而不脱离战斗兵力，本来很可能会像两年之后拿破仑在埃及那样确有把握地完成登陆。拿破仑可能接受了这次教训，他始终同舰队司令坚持在一艘最大的战列舰上。运载陆军部队开赴埃及的护航船队是从几个港口出发在途中集结起来的。当奇维塔韦基亚已经在望时，法国舰队司令曾向拿破仑呈送一份书面命令，请求派出四艘战列舰和三艘护航舰前往保护来自该港的船队，直至其同远征军主力会合为止。拿破仑在此命令上批示："假如在这次分兵之后的二十四小时内发现十艘英国战列舰，而我将只有九艘而不是十三艘。"法国舰队司令对此无言可答。这一事件对于意图和目的必须集中这一论点提供了颇有价值的例证；或者用拿破仑的名言："目的的专一"亦即兵力的集中是一样的。法国舰队司令的观点是，通过分兵他既能保护主力船队，又能保护即将到达的分遣队。拿破仑则看到，对二者进行防护，二者都有可能暴露而遭受覆灭之灾；因为，假如分遣队同英军遭遇，其对比将为十三比四；若主力同其遭遇则将为十三比九。即使分遣队拥有九艘舰船，也不见得就比拥有四艘更为安全，主队的情况也是如此。那支较小的船队在暂时无法避免隔绝的时刻里，222
就只好任其冒险。这一实例恰同建议将我们的舰队分开部署于大西洋和太平洋完全一致；同俄国在最近这次战争中的错误部署，性质也完全相似。

只要陆军部队仍在海上，护航舰队就以护卫该部队为中心进行部署，这在性质上属于战术范围，其所依循的法则同每支陆军部队在行军中准备同敌遭遇所遵行的法则是一致的；但当目的地已

经到达并已获得胜利时，陆军部队便自保安全，舰队为护卫陆军部队而进行的战术部署便告解除，随之而来的便是有关陆军交通联系，控制海洋以及舰队如何部署以确保最好地达成这些目的战略问题。像马耳他这样的位于交通线翼侧的中途敌港，到时便可能牵制舰队的全部、至少是相应的力量。

上面我们就一般原理对当前的主题进行了论述，间或附以例证。现在我们将较为详细地列举两个远征史例予以讨论。两个史例相隔两千年，但它们所提供的共同教训有力地说明了重大的普遍的战略原理具有永久性。

爱德华·克里西爵士在其所著的《世界十五次决定性战役》一书中，将公元前415年雅典人远征叙拉古[①]的失败列入这些战役之中(见图9)。姑且不论这一特殊主张是否得当，但这一事件对于研究军事历史持怀疑态度的人来说，肯定很有价值，因为它表明在物质或机械发展的一切条件下，战略问题尽管受到每个时代战术上的困难的影响，但却依然如故。

223 问题所涉及的时代是罗马同迦太基大战(史称布匿战争)之前的两个世纪，雅典拥有当时世界上极大的压倒优势的海权。其海上权力延伸至爱琴海诸岛并控制了其资源，并以达达尼尔海峡两岸和现在我们称之为土耳其欧洲部分的大陆为巩固基地，由此雅典的贸易推进到黑海当时和今日的产麦中心克里米亚。在将近二十年的时间里，雅典曾同以斯巴达为首的伯罗奔尼撒(今之摩里亚)半岛的诸联邦进行战争。雅典由于缺少像英国那样的既有力

① 今西西里的锡拉库萨。——译者

量同时又安全的岛国位置，眼看着阿提卡城下的小片领土被敌人的巨大优势陆军毁坏殆尽；但它依靠庞大的海军和商业财富，换言之，即依靠其海权，一直傲然固守。它依靠海权在敌方海岸上控制了两处遥远的前进哨所：一处位于皮洛斯角，今之纳瓦里诺湾，即1827年英、法、俄联合舰队在爱德华·科德林顿爵士的统率下摧毁土耳其海军之处；另一处在纳夫帕克托斯，位于科林斯湾入口。两处哨所都是颇有价值的战略据点，既可用于入侵敌国领土，又可用以切断来自西西里岛的谷物贸易，该岛居民是同斯巴达有血缘关系的希腊人。此外，克基拉岛，今之科孚岛，同雅典结成紧密联盟；古时，从希腊开往西西里岛的桨帆船的航线就是沿岸航行至科孚岛，然后越海至艾厄皮吉恩角，今之圣玛丽亚—迪莱乌卡角，由此沿意大利海岸前进，该岛对其控制者的价值是显而易见的。因此，它被选为运输船的集合点；然而，能将所有这些力量要素结合在一起的乃是雅典的海军。

这就是将近公元前413年雅典决定征服西西里岛首府叙拉古 224
作为攻取全岛前奏时的形势。在导致雅典采取这一郑重步骤的许多动机中，其中包括谋求海上的势力范围，这就大大超过以往的任何企图，我们在这里只关心军事；对于其他动机只是附带提及，因为我们的注意力主要放在这次远征本身，而不在于整个战争。

在攻击西西里岛的军事原因中，首先是由于岛上的希腊城邦中的大部分是一个对雅典怀有敌意的种族的殖民地，所以就担心岛上的希腊城邦会连同其舰队参加当时正在进行的战争。假如这一担心很有根据，则正确的军事政策不但能证明趁其准备尚未就绪即发起攻击是应该的，而且还会要求这样做。因为，假如联合得以实现，势必使赖以维持雅典安全的制海权遭到严重损害。这一形势很像1807年英国政府在哥本哈根俘获丹麦舰队的情况，当时英政府得知拿破仑同沙皇达成默契，打算在其海军总体政策中迫使丹麦海军同其合作。第二个原因则是，当时历年来富饶的西西里供给了敌人小麦，正如雅典从黑海获得了粮食补给一样。假如拥有足够的力量来实现这一目的并控制住主要港口，则上述两点共同证明，这一计划从军事观点来看是切实可行的；但雅典入侵军的统帅对当时的海上困难不可避免地缺乏经验，我对此做出权衡之后，仍然相信雅典的海权力量足能胜任这一任务。

关于总体的军事政策，就叙述到此为止。现在研究一下这次远征的特定战场的种种条件。

225 雅典在希腊诸邦中距离西西里最远。对手的领土伯罗奔尼撒半岛恰在西西里和雅典之间。雅典拥有位于该半岛南端外海的基西拉岛（凯里戈岛）和位于西面的克基拉岛，同时它依靠其海权力量还控制了爱奥尼亚海的其它岛屿并占领了纳夫帕克托斯和皮洛斯两港。沿雅典舰队经常过往的意大利南岸直到墨西拿海峡，每一座城邦都怀有敌意或持不友好态度；而位于该线两端的塔兰托和洛克里，一个位于意大利靴跟，另一个位于意大利 靴尖，更是怀有强烈的敌意。位于墨西拿海峡的墨西拿，由于政权更迭，如今已站在反对雅典的一边。接着便是西西里东岸的三个友好城邦，再过去便到达第一个目标叙拉古。关于这次不幸的远征，再也不能做进一步向前推进的设想了。

选定叙拉古做为目标完全正确。它是来自西方的殖民地的对雅典形成整整一系列危险的前线和中心，基地和柱石。假如雅典的海上兵力确如事件所表明的那样强大，则对叙拉古实施直接攻击便是正确的。在具体实施中，远征军必须在一些能够掩蔽敌人舰队的敌方的战略据点近旁通过；但雅典领导人确有理由估计，这些战略据点如果没有援助，就不敢采取反对行动。这一估计是对的；它们对雅典怀有猜疑，除供应淡水和允许抛锚外，拒绝给以援助，但没有一个沿海城邦敢于举起手来反对这支海上力量。同其基地相隔绝的雅典人拥有一支在援助到达之前即能挫败叙拉古的兵力，他们确有理由依靠其对海洋的控制就能吓倒靠近其交通线的那些敌对城邦。实际上，这些敌对港口，除塔兰托之外，终于允许围攻叙拉古的雅典人从他们市场上获得补给，并成为雅典人的新的供应和资源基地。

这就是已经发生的情况。关于可能发生的情况，一位叙拉古 226
人在公众集会上的演说中，进行了令人惊佩的阐述，叙拉古拥有一支虽居劣势但却相当可观的舰队，其所处的战略条件对于战舰和运输船组成的远征军增添了许多难以摆脱的战术困难。此人名叫赫摩克拉底，他建议主动利用位于雅典作战线翼侧的战略据点塔兰托，向那里派遣一支舰队威胁敌人的交通，阻止其前进，或者，如其继续前进，则一旦时机成熟，即纳尔逊所说的不可抗拒的过于诱人的时机，便对其采取攻势行动。赫摩克拉底的演说词如下：

“在我看来，还有一点比所有其余各点更为迫切，更为重要；尽管由于你们过惯悠闲的生活，可能不会获得你们的赞同，但我还是要大胆地提出来。如果我们西西里岛全体居民，或者至少我们叙拉古人，同其它能够援助我们的人们，立即将所有准备好的舰船开赴海上；携带足供两个月之用的粮食，如果我们能在塔兰托或艾厄皮吉恩角迎击这些雅典人，在那里使他们确信，在他们进入征服西西里战争之前，他们必须打开通过爱奥尼亚海这条通道，我们应当以极端的恐怖措施来打击他们。我们要无限制地使他们迷惑，使他们感到我们会从友好港口冲向前去保卫我们的外围工事，因为塔兰托会欣然接受我们；而敌人则要随同他们的笨重运输船通过广阔的海域，经过漫长的航程，必然难以保持正规队形。这样一来，其进程必然缓慢，只能力求在前进中确保其队形，于是我们便有成千的机会对其实施攻击。如果他们迎战而一齐冲向我们，他
227 们就必须用力划桨，待他们力气耗尽时，我们就向他们进攻；[1]或者，一旦情况不利于战斗，我们总是能够设法退入塔兰托港内。”

“这样一来，雅典人在海上就经常处于待战状态，他们只带有小部分给养，当他们沿着无法取得补给的海岸航行时，他们就会陷入巨大的危难之中。假如他们决定继续停留在他们的补给站”即留在科孚岛，“他们就会不可幸免地被封锁在那里；假如他们冒险出航，他们就要不可避免地将其驳船和供应船留下，”因为在当时的战斗中它们会造成战术困难，“而且由于无法保证能够受到海岸各城邦的热情接待，他们必然会极度惊慌，”为其交通而担心，“我

① 雅典海员是最精练的，他们的战术方式是依赖其高超的技能，以自己的船首去撞击敌人的船舷，以己船最强的部分对付敌船最弱的部分。进行这种机动，桨手们必须全力以赴，精力充沛。叙拉古人把他们的大划船的船首增强到不正常的程度，以船首对船首，就像两只鸡蛋硬碰硬一样。叙拉古人技能低劣，假如雅典桨手以充沛的精力操纵其较易操纵的战船，则他们就无法保证进行这种特殊的撞击。而罗马人一旦同敌人接触，却不会因桨手疲劳而受影响；因为他们是将敌船拴住，由精力充沛的战斗人员冲上敌船。所有这些特点均属战术范围；其中每一项，恰如1800至1812年美国海军以二十四磅炮取代十八磅炮一样，都有其真实的战术上的根源。

坚决认为，在这些阻碍所造成的巨大思想混乱中，他们绝不敢从科孚岛出航；或者，至少当他们犹豫不决，不知所措而派出监视船查明我方舰船数量和位置时，这一年中的季节也就拖延到冬天了。”

从这篇演说中可以明显地推断出在战略以至战术范围内影响 228
海上作战的更深一层的细节；那就是，古代舰队如打算使自己要在海上维持一定的时间，就如在这一史例中从科孚岛直航叙拉古，就不得不装载大量的粮食和淡水，这就会使战船加大吃水，造成机动迟缓而又困难。换句话说，关于选择航线所进行的战略考虑，即选择较短的航线还是沿着友好海岸前进，也涉及舰队效能这一战术问题，其中速度和旋回能力最为重要。这样的思考也适用于在敌人战术所及范围之内，像罗日杰斯特文斯基曾经实行过的超载装煤。还须值得注意的是，由于划桨极度劳累，必需为桨手提供充足的营养品，而热天又特别需要饮料。

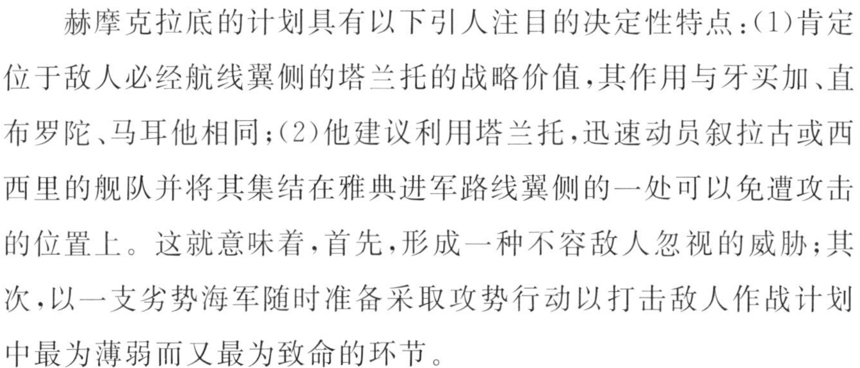

赫摩克拉底的计划具有以下引人注目的决定性特点：(1)肯定位于敌人必经航线翼侧的塔兰托的战略价值，其作用与牙买加、直布罗陀、马耳他相同；(2)他建议利用塔兰托，迅速动员叙拉古或西西里的舰队并将其集结在雅典进军路线翼侧的一处可以免遭攻击的位置上。这就意味着，首先，形成一种不容敌人忽视的威胁；其次，以一支劣势海军随时准备采取攻势行动以打击敌人作战计划中最为薄弱而又最为致命的环节。

从赫摩克拉底的建议中，我们得到一种真实而丰富的战略思想，尽管由于战术条件而受到限制，这种战略思想是在两千年前由一个从未听说过学术上所使用的“战略”或“战术”这类术语的人提
出来的，而且他也并未试图将这些法则有系统地表达出来。然而，229

假如有人想从这位不教自会的天才的正确卓识中有意作出臆断，认为将战争作为一门艺术来研究是毫无用处的话，那么这篇演说所受到的冷遇和侮辱以及一名反对派演说者所发出的保持过分的民族自信的狂妄自大的呼吁，就会将其臆断迅速纠正过来；反对派的这种希腊式的投人所好的“讨好演说”，可在修昔底德所著的史书中读到。赫摩克拉底的忠告遭到蛮横无理的拒绝，结果造成雅典人得以长驱直入，继而导致叙拉古被围、受难、险遭不测，前面提到的与它友好的意大利—希腊各城邦也改变了态度。不管叙拉古公众集会的动机如何多种多样，错综复杂，但只要懂得战争原理，就会为正确的策略提供一次机会；使这座城邦免于濒临毁灭，只是由于雅典将领无能，这座城邦才未被推翻。

然而，还必须补充一点，尽管赫摩克拉底的计划不仅正确而且极其符合当时情况，但并不一定就能确保叙拉古的安全，因为其力量过于弱小。这一计划极为巧妙；其所能获得的机会也最多；然而，假如雅典人的技能能够胜任，则较强者终将获胜。实际上，赫摩克拉底所提出的将叙拉古的舰队调往塔兰托，恰好说明一支“存在舰队”既有力量又有其局限性，关于“存在舰队”过去和现在一直都在谈论不休。塔兰托定能吸引住雅典的攻击，因为对方海军恰好在此；就像旅顺口曾经吸引住日本的注意力和 1898 年美西战争中圣地亚哥曾经吸引住美国的注意力一样。舰队定能使叙拉古得救，至少可以迟滞至塔兰托陷落为止。叙拉古的暂时安全，则将说明一支“存在舰队”的影响；而其在塔兰托陷落后被征服，则将表明这样一支明显居于劣势的舰队的局限性。

230 伯罗奔尼撒战争中的这段插曲，尽管就其结局而言只能如此，但却为我们指出了任何时代渡海远征的所有情况。现将其列举如下：雅典为本土基地；克基拉和其他各点为前进中途基地，它们对于雅典所起的作用，如同直布罗陀、马耳他和海外加煤站过去曾经和现在仍然所起的作用一样；叙拉古为目的地；横渡爱奥尼亚海或沿意大利海岸前进所必经的国家，有的保持中立，有的态度不明，有的心怀敌意；塔兰托和其他姊妹城邦为敌方前进据点；雅典的海军力量较强；叙拉古的舰队虽然较小，但数量相当可观；交通困难；供应船队成为战术上的累赘；舰船长途超载航行造成战术上的困难，这在今天依然存在；因桨手疲劳而造成战术上的困难，这种困难现已消失；于中途迎击敌人阻其前进是明智的；于本土采取守势待敌是危险的；应将攻势理解为海军的真正职能。所有这些概括性的要点及其许多较小的细节，都可在这次雅典远征中找到，其中大部分还包括今天应用的一些原理。实际上，将这次古代桨船远征放在显微镜下，则每种海上入侵的主要特征就会一目了然。

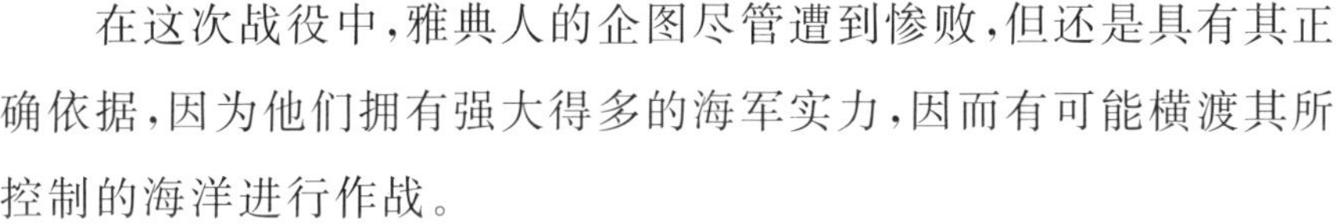

在这次战役中，雅典人的企图尽管遭到惨败，但还是具有其正确依据，因为他们拥有强大得多的海军实力，因而有可能横渡其所控制的海洋进行作战。

而对于1798年拿破仑远征埃及，却不能下同样的断言(见图11)。姑且不去分析这位法国将领决定采取这一行动的错综复杂的动机，很可能他深受其性格的影响，深信战争的机遇，在此次战 231
役之前和之后，长期以来他经常如此，从未失策。而且，当远征军离开土伦时，英国在地中海只有三艘战列舰，尽管它们存在，但他可以置之不理。因而，这是一次极为合理的良机，远征军在阻击兵力到达之前便可完成登陆任务。一旦登上海岸，他便可依靠被征服国家的资源及他本人卓绝的军事和组织才能求得进展，这种想法并非全无道理；而且似乎还有一个可信的理由，假如其舰队采取类似赫摩克拉底所建议的方针，便可大大增加英国舰队司令的困惑，从而增加自己获胜的机会。

当拿破仑在埃及立足已稳时，他已达成了第一个目的，至此其攻势目的已经达到，随之便需以其劣势海军转而对英国采取守势。其所处的位置恰同叙拉古相对于雅典的位置，因此必须考虑“如何使用其舰队”这一问题。身为陆海军统帅的拿破仑对此深感忧虑。许多政治上和行政上的考虑，理所当然地要对他产生影响；但从纯粹军事观点来看，他的决策显然考虑到最坏的可能。

同本土保持畅通的交通联系，不仅是他获取最后胜利所需要，而且也是法国陆军在埃及维持生存所必需。毫无疑问，他有能力击败埃及的抵抗；然而，由于战斗和疾病必然要遭受很大损失，如果前进，而前进则是必然的，由于不可避免地要分散兵力，损失就会更大。这就需要不断补充兵员。而诸如战争所需要的各种弹药和装备等这样的补给又须从本土运来，更不用说由于陆军部队发
232 觉已经失去返回法国的任何可能希望而产生的精神影响。舰队在有利的环境下，也还能同陆军合作；事实确是如此，巡洋舰在几个月之后的对叙利亚的远征中，就同陆军进行过合作。

英国舰队是威胁这一切的危险。假如任凭这支舰队毫不受阻地到处游弋，则沿线的一处或数处港口，例如掌握在法国手中的马耳他，便无法保持交通畅通。尽管法国舰队司令一直满怀乐观，深信其力量能够抵御英国舰队，但众所周知，当时英法两国的舰队在数量上不相上下。

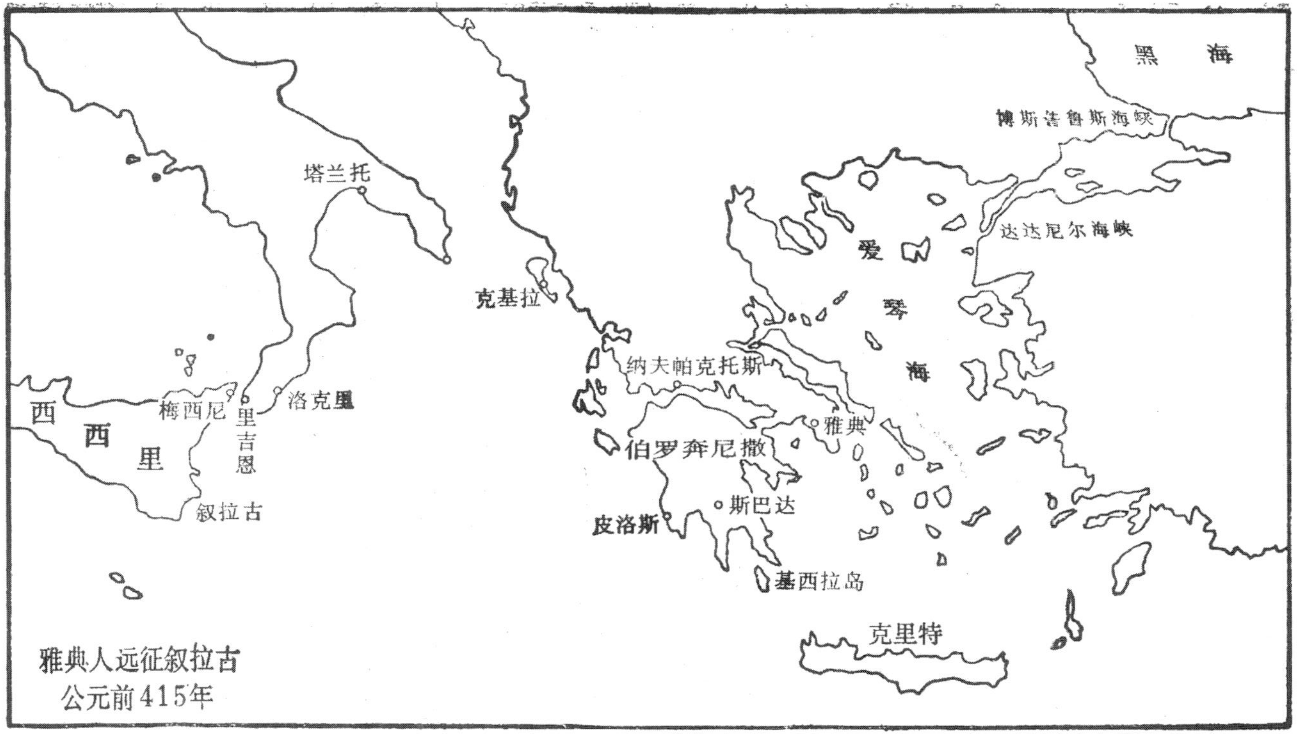

黑海
博斯普鲁斯海峡
达达尼尔海峡
爱琴海
塔兰托
克基拉
纳夫帕克托斯
洛克里
梅西尼
里吉恩
西西里
雅典
伯罗奔尼撒
斯巴达
皮洛斯
叙拉古
基西拉岛
克里特

雅典人远征叙拉古
公元前415年

图 9

事后的评论总是高明的，评论责备拿破仑远征埃及的企图如同雅典远征叙拉古一样是一种妄想。在对这一问题进行一定考虑之后，我认为尽管失败的可能性多于成功，但确实存在着对其有利的时机，这足以证明这一企图是有其道理的。许多军事评论只责难已遭失败的冒险。作为一名军事研究人员，首先必须牢记拿破仑的名言，“不敢冒险，便无法进行战争”。夸大“存在舰队”的论点及其对敌人的威胁作用，实质上就是假定战争只能在而且一定要在没有冒险的情况下才能进行。当格兰特将军不顾谢尔曼的真诚规劝而经维克斯堡南下时，他是冒了何等的风险，还有法拉格特，当他经过各个要塞南下新奥尔良而任凭这些要塞控制其背后的河流时，他又是冒了何等的风险。

拿破仑的命令既清楚又明确，如果亚历山大旧港港口的沙洲
233 水够深的话，他要求战舰定要驶入该港；假如水不够深，便开赴当时法国占据的科孚岛或土伦。这些命令首先是舰队的安全；其次如有可能则将舰队置于拿破仑亲自控制之下。将舰队保持在亚历山大港，实有两点不当：第一点属于战术范围，舰队虽然获得了毋庸置疑的安全，但却容易遭到敌人的封锁，而且面对积极主动的敌人很难出港并进行编队；第二点则是战略上的不便，舰队出现在该处便会将英国舰队恰好吸引到来自法国的运输舰和补给船的会聚点。法国海军占据这一位置，便完全抛弃了海军固有的特点，即机动和攻势——赫摩克拉底则非常注意保证这一特点——而且无法达到同本土保持交通畅通这一目的，尼罗河之战以后所形成的局面即是如此。一位法国海军军官实事求是地指出，由于出口困难，一支劣势兵力便可将驻泊在亚历山大港的舰队堵在港内，当舰队以

纵队驶出狭隘入口时，其先头舰船便要遭到这支劣势兵力的痛击。

法国舰队司令违背了这些命令，于是情况更加恶化。他锚泊于亚历山大港附近的一处开阔锚地，除水道有利以外，可使敌人毫无困难地实施攻击；而其所采取的加强防御的部署既迟缓又欠妥。在一次军事会议上曾经讨论过舰队是在行进中还是在锚泊中迎敌的问题，会上决定抛锚待敌；其停泊线就是根据这一观点设置的。必须指明，这一决定是战术性的，而非战略性的，而且违背了拿破仑在其战略部署中关于海军实际任务的命令。在战术上，法国舰队被其指挥官置于被动的守势地位，抛弃了其运动、机动和攻击的能力。在战略上，拿破仑这次则是依赖“存在舰队”的威慑作用以 234
对付土耳其。

然而，众所公认，战略失误比之战术失误，其影响更为深远，假如战略部署不当，则战术成功便无从发挥其充分作用。因此我们可将注意力集中于战略错误。即使尼罗河之战的结局有利于法国，其舰队在此役之后能按拿破仑的命令撤离，进入亚历山大港，也无助于埃及远征取得积极效果。在这种假设情况下，法国舰队如能对孤立的英国分遣队加以打击使其遭受一定损失，甚或使其丧失战斗能力，便能对英国海军取得优势；但拿破仑将法国舰队保持在亚历山大港的目的，在于将其掌握在自己手中，这就必然要使胜利成为徒劳无益，因为法国舰队不论位于何处，都会像磁石一样将一支兵力相当的英国分遣队吸引在该处，这样一支分遣队位于亚历山大港外，恰好占据了最为有利的位置，以截击来自法国的补给。

假设拟定的战略部署是错误的，那么应当如何使用海军呢？

正是在这种情况下，明白而坚定地坚持原理，则会获益匪浅。

将“原理”一词仅限于精神活动，则是狭隘的理解，恰如道德原理有助于完善人生一样，正确的军事原理则有益于军事行动。同时还须承认，将原理运用于特定事例，不论是用于战争还是用于修身，往往颇为困难。

假如采纳，哪管是无意识地采纳赫摩克拉底所遵循的原理，使担负守势作战的那部分海军做好准备随时承担攻势活动，实施威胁，那么便可立即看到，这一规定只着眼于舰队的安全而压制舰队
235 的运动能力，就如将舰队封闭于亚历山大港内，很可能是错误。如在该处被英国舰队发现，便会像被老虎钳夹住一样。

舰队如不驻在亚历山大港，那又该开赴何处呢？拿破仑提出了两处可供选择的港口，科孚岛和土伦。在这两处港口中，(1)舰队不致像在亚历山大港那样，轻而易举地即被封闭在港内；(2)敌人如要封锁则需一支较大的兵力；(3)舰队既用于封锁，便较少可能阻拦法国同埃及的交通联系。不错，在土伦，英国舰队恰好位于法国起运大部补给的战略据点；但驶出较驶入被封锁的港口总是更为容易，同时，为了封锁一支庞大的舰队，冬天敌人很难坚持在土伦港附近。

科孚岛是拿破仑可供选择的第三个港口，其位置较之土伦具有极为明显的决定性优势。英国舰队如对该岛进行监视，就势必要远离土伦和埃及之间的直接航线达三百海里以上，帆船至少要航行两天，更不用说还有接受情报的困难。一支处于守势地位的海军的职责，就如位于埃及的法国海军相对于英国海军那样，乃是采取行动或以采取行动相威胁，依靠攻势来保持交通畅通。只有发挥舰队在广阔海面上的运动能力，遇有机会便量力采取主动，才

能达到这一目的；因为主动乃是采取攻势一方的特有权利。在一条确定的航线上保持交通畅通，其手段不外是将敌人引离或逐离该线。如果没有足够的力量将敌人逐离，则应试图进行牵制，即在其他地方并尽可能从许多方面威胁其利益，利用战争所熟知的一切诱敌手段使敌人不断误入歧途。正如通常就战争而言，这就是 236
处置位置，因此，对于一支要想发挥这种影响的兵力来说，为其选定一处主要的海军场站乃是一个具有头等重要意义的问题。科孚岛并非没有缺陷，但较之任何一处法国当时所控制的港口，却具有更好的条件，因为，只要有一支法国分舰队存在于该处，就会将敌方的舰队远远拖离生命攸关的交通线。相反，马耳他却同土伦一样，会将敌人的舰队恰好拴在需要保持畅通的航路上。

引离或牵制敌人，意味着己方力量较之敌方处于劣势，就如同当时法国海军同英国海军就整体而言所处的相对地位那样。然而，尽管你在总体上较弱，但当你同某一分遣队相遇时，假如你较强，那就应在对方获得增援之前立即进行攻击。这种力量薄弱的分遣队往往是由于敌人担心其已经暴露之点而派出的；例如前面曾经提到，拿破仑的舰队司令布吕埃斯曾经想从其主力舰队中派出一支分遣队，因为他担心来自奇维塔韦基亚的部队的安全。因此，弱方的目的应当是尽可能多地保持制海权；决不分散其战列舰，而应将其集结在一起机动，出没无常，造成草木皆兵之势，引起敌人对许多方向产生忧虑，这样诱使敌人派出分遣队；简言之，就是要造成达夫吕伊所说的不利于对方的“兵力转移”。如果对方一旦失误，不是其各个分遣队将逐个遭到攻击，便是其主力如被过分削弱便会遭到攻击。

这些运动均带有战略性质或战略目的。如果这些运动导致同敌人兵力的一部分相遭遇——假定敌我双方兵力对比为二比
237 三——则取得了战略优势。在随之而来的战斗中，就要力求增加这一数量优势，集中成二对一，或至少在某种程度上对敌人一部分军舰形成优势。但这属于战术范围，更确切地说，属于大战术范围。

现在让我们将这些原理运用于摆在我们面前的可能发生的情况之中。实际情况如下：纳尔逊是在 1798 年 6 月 28 日第一次出现在亚历山大港外，先于拿破仑三天。在那里他没有发现法国舰队，以为弄错了目的地并急速赶回墨西拿海峡，因为他极其担心那不勒斯和西西里。假如在 7 月间正当纳尔逊回航之际，法国舰队按前述主张起航，则当纳尔逊重返亚历山大港时，便会发现如下情况：法国陆军携其给养已经登陆，无法截击；其运输船和巡洋舰已在亚历山大港内，无法接近；敌方舰队已经离去，其所担负使命有多大的危害已无法可知。若以全部兵力留在该处，则毫无用武之地。以全部兵力进行追踪不论按什么准则都是正确的；不过，如果他去追踪，就会使亚历山大港成了不设防港，留下一支分遣队进行封锁，譬如说留下两艘战列舰（当时纳尔逊没有巡洋舰），这确实具有极大的诱惑力。

然而，亚历山大港并非法国势力范围内惟一的港口，它同法国控制地中海的整个体系相联。就在此时，法国还牢固握有土伦和马耳他；而且也抓紧了科孚岛，后来该岛在相当一段时间里曾经抵抗过土耳其和俄国的联合海军分遣舰队的攻击。法国竟然不去加强其在马耳他和科孚岛的力量，这对它的敌人来说至关重要。因此，英国对土伦、马耳他、亚历山大和科孚岛所有这四处据点，都需

予以注意；然而，纳尔逊如不分散其舰队，就不能对所有这些据点进行有效的监视，也就无法切断它们同埃及的交通，如果分兵，则势必使每支兵力脆弱至无望的程度。一年之后，于 1799 年，就出 238
现了这样的实例，前面曾经提过，当时布勒斯特舰队进入地中海导致英国分兵。[1] 法国握有能使英国分兵的能力，而那不勒斯、西西里和撒丁这些英国的盟邦和友邦又毫无防卫条件；全都暴露于海上攻击之下。简言之，法国舰队由于拥有数处具有适宜空间和良好位置的可供隐蔽的安全港口，在其未被逼入绝地之前，便于实施其可能采取的任何作战行动；此外，还拥有巨大力量对站在英国一边的国家加以危害并向它们勒索资助和给养。仅在六年之前，拉图什·特雷韦尔率领的法国海军分遣舰队就曾以炮击相威胁迫使那不勒斯王国一度屈服。

由此看来，只要法国在地中海拥有一支十三艘——即尼罗河之战的法方的舰船数目——战列舰组成的随时可战斗的实体，这是一支除巡洋舰外略优于纳尔逊舰队的兵力，则纳尔逊的舰队就须对数个不同的、但却都是重要的目标加以注意。这些目标是，上述的四处敌方港口，敌方通往埃及的交通线，需要英国予以防卫的盟邦。除这些目标外，还有一个目标，就是法国舰队。毫无疑问，纳尔逊的才能定会引导他扑向敌方舰队，这是在这样战略形势下的关键所在。但并非每位舰队司令都是纳尔逊；即使是纳尔逊，在他尚未找到和击溃敌方舰队之前，也无法有效地阻止敌人的交通联系。尼罗河之战以后，纳尔逊的军舰分散了：有些开到那不勒

① 见《海权对法国革命和帝国的影响，1793—1812》一书，第一卷第 304 页。

斯，有些开到马耳他，有些开到直布罗陀，有些则在亚历山大港外。
239 这样的分散配置充分表明总体形势非常危急，但设若此刻法国的十三艘战列舰集结于科孚岛，则这样的分散配置简直就是愚蠢至极。由于敌人的舰队已不足为虑，所以上述每支英国小型分遣队均在后来选定的位置出色地完成了任务并全都安然无恙。

然而，一旦法国舰队既不在地中海海面又不在科孚岛港内，而是确实安全地停泊于亚历山大港内，则纳尔逊的任务当然也就比较简单了。只要对该港实施封锁便能切断法国的交通联系，并使其无须再为那不勒斯和西西里的命运而担忧。英国舰队这样配置于法国可能派出的任何增援的必经之路，则土伦便失去其大部重要作用；而纳尔逊便可从其十四艘军舰中毫无危险地抽出两艘，而不是三艘，来封锁马耳他，这一任务还可由巡洋舰予以完成。必须记住，在亚历山大港，法国舰队必须通过狭窄的航道才能驶出，而且只有在水深足够时才能通过，这就使其在战术上处于不利条件，而港外一方，在夏季则可借助顺风进行逼近。换言之，法国舰队必须以纵队冲出，面对强敌只有使其舰船越过队首才能展开，故其先头舰船会被逐个击破。

可能会有反对意见，认为法国舰队的素质如此低劣，即或根据建议将其用为游弋分舰队，其结局也只能是灾难。这种看法还有些依据；正如众所公认，而且还有政治上和执行上的理由。假如是对拿破仑统率下的法国海军的管理全盘进行批评，则对于这些考虑理应加以强调。但这里只是将这一事例引为例证来阐明战略，故而对于这些考虑可以不予理会；就如在研究抽象的军事问题时，
240 可以假定实际的等同是以数量的等同为依据。只有不可救药的空

谈理论的人，才会否认环境可以有力地修正那些对于极为可靠的一般原理的运用；然而，只有从众多的事例中除掉每一事件的特殊条件，才能引出原理，而使属于所有事例的共同真理变得清楚明了。

如像这里所主张的那样来使用法国海军，可能会对纳尔逊产生特殊影响。必须记住，我们如今观察事物仍不外是美国俗语所说的“事后聪明”，纳尔逊确曾一度晕头转向，“狼狈不堪”，那就是当他第一次赶到亚历山大而未发现法国舰队的时候；当这一切都已过去之后，他曾极其忧郁地谈起他的健康情况，并将其病源归咎于其所度过的“焦虑热”。如今我们可将这里提到的意外事件轻轻地一笔带过；但这位伟大的海军军人对这意外事件却深感有压力也深知其分量。此外，也可以这样说，假如纳尔逊搜寻法国舰队两次落空，或者费时数周之久，他就会被解除指挥权，他的第一次失败就已闹得人言籍籍；而当时几乎没有另一名海军将领能同势均力敌的法国舰队进行决定性的周旋。内皮尔曾经估计过，拿破仑在战场上可以抵得上三万军队；可以毫不夸大地说，在全面对付敌人舰队方面，纳尔逊抵得上三艘战列舰的增援部队。法国舰队只要能够成功地避开追击并造成恐惧，就可能使英国付出失去其极为能干的海上指挥官的代价。

我们还可以怀着更大的兴趣注意到，我们在这里曾经提出法国海军采取赫摩克拉底所建议的方针，而这一方针的原理与某些著名的陆战战例完全相同。1794 年，奥地利、英国、荷兰三国联
军，面对法军的胜利挺进，经比利时后撤，在到达某一点之后，便各 241
自分兵；英荷军队退向荷兰，妄想以直接阻拦掩护荷兰，而奥地利则取道日耳曼。若米尼在《共和国之战》一书中指出，假如他们不

进行这种愚蠢的分兵，而是将其全部兵力集结于慎重选定的位置上，来掩护其通往日耳曼的交通并向通往荷兰一线的那侧靠拢，因为荷兰是法国的目标，则法军便不敢擅越该点而将其交通暴露于攻击之下。法军在其触及荷兰之前，就应当被挡住并在其敌人选定的战场上进行一次决战。

1800年，这一原理又一次支配拿破仑命令马塞纳将一支守备重兵投入热那亚。在这支守备部队位于奥军交通线翼侧期间，奥军不敢越过它，不敢以全力沿里维埃拉河前进对法国南部实施攻击。奥军被迫动用一支庞大的分遣队对该地实施阻拦，由于从主力部队中抽出这支分遣队，致使这次战役受到严重影响。1808年，约翰·穆尔爵士从葡萄牙向西班牙的萨阿贡的著名进军（见232页图10），再一次真实地体现了这一原理。法国交通所受到的威胁阻止了拿破仑的进军，延缓了对西班牙的迫不及待的征服，为奥军做好准备而赢得了时间，致使这位皇帝并未迅速实现其征服，而是陷入了持久的消耗的半岛之战，这对拿破仑的命运具有决定性的最后影响。内皮尔机敏地指出，假如穆尔无此一举，则其个人历史可能永无动笔之日。

应当永远记住，这种部署之所以有力量，不单是依赖于固定的要塞，更多地则是依赖于具有活力的士兵、军队或海员，要塞则有助于促使人们达成其目的。用拿破仑的话来说，“战争就是处置位
242 置”，但位置本身的作用不如使用位置的人们的作用那样大。1798至1800年期间，马耳他对法国毫无用处便是一个明显的例证。它从翼侧威胁着从西方至地中海东部的交通；但因港内没有配置舰队，这一位置便毫无用处，充其量不外吸引住英国的一支小小封锁兵力而已。

第十章　基础与原理 243

——作战行动

前讲开始就海上远征这一课题做了概括的论述，并随之列举了这种远征的两个特殊史例加以说明。鉴于例证说明过于琐细，深感应当提醒大家注意下述主要问题：当一处海域的要地或这种海域的任何一处具有决定性重要意义的前进位置已被一支联合远征军夺取之后，如何才能做到真正地从战略上使用海军兵力呢？其答案是，当取得这样的成功之后，这支远征军的下一步任务应当是保卫和维持已经取得的成果，从其出发以来所采取的攻势转入守势，在这种守势中海军所担负的真正职责则是攻势防御。当第一个目标已被占取之后，到此为止为远征军所束缚的海军便被解脱出来，而由陆军担负起对征服地的防御或继续进行征服，舰队则负责保卫交通，并担负起其固有的海上职责。但海军只有将敌人的海上兵力逐离或引离争夺区域或战役的要害据点，才能完成这一任务。假如力量较强，便应求战，一有可能便逼敌交战；假如力量较弱，便应力求将敌人引开，并对其他战略据点或重大权益实施威胁以使敌人分散其兵力。必须指出，假如一个国家在战争中被 244
迫依赖海军进行防御，则这恰好正是海军防守本土海岸线所应发挥的作用。

1812年初，拿破仑皇帝在其下达给马尔蒙元帅的训令函件中，曾经讨论过有关陆战中的某种类似态势，当时马尔蒙元帅在西班牙指挥驻扎在萨拉曼卡周围同罗德里戈城要塞相对峙的那部分法军部队（见图10）。这一要塞尽管曾经强固有力，但却被威灵顿指挥的英军一举迅速攻克，其速度之快类似于奇袭而非围攻。毗连葡萄牙的西班牙西部地区已被法国占领，而英军则想从这一地区将其赶走；因为在此期间，由于对俄战争逼近致使拿破仑皇帝将大量精锐部队集中部署于大举远征俄国，故法国在西班牙被迫采取守势。

这样一来，葡西两国的边疆就相当于我们的海洋区域：它既不属于此方也不属于彼方，既为一方所占据，又为另一方所觊觎。该区有两座主要要塞，相当于设防港口，一是位于北部的罗德里戈城，一是位于南部的巴达霍斯，二者都已被法军占领。有权使用这两座要塞，取决于控制这一地区。如上所述，罗德里戈城已被英军迅速攻克。巴达霍斯也已受到威胁；它是边境的两把钥匙之一，如今只有这一把仍为法军握有。在罗德里戈城被占领之前，巴达霍斯已有一段时期处于被威灵顿包围的状态了，威灵顿利用了法军的惨败，于前一年即1811年撤离葡萄牙，乘军力虚弱这一有利时机。

在巴达霍斯被围和罗德里戈城陷落之前，马尔蒙就已继任了
245 司令官。他集结起他的机动兵力野战军，相当于海战中的海军，便向巴达霍斯开进。威灵顿无法一面围攻一面迎战，于是便解除围攻，退入葡萄牙，并从那里向塔古斯河以北进军到达阿尔梅达，面对罗德里戈城并对其进行监视。马尔蒙也回师北上到达萨拉曼卡，假如马尔蒙仍然以集中防御待敌，做好准备，一旦需要便转入

攻势行动，则其所握有的兵力定能将威灵顿的兵力吸引住；但他却想出了主意，要派出部队支援正在东部围攻巴伦西亚的絮歇元帅。当他南下向塔古斯河运动时，英国人起初以为他想要从巴达霍斯入侵南部葡萄牙；但当他派出五千人的部队向东挺进时，威灵顿便认识到南部葡萄牙不会受到威胁。他还看到法军在北部西班牙暂时已无有力的法国部队，因为马尔蒙已将其大部炮兵和骑兵随同分遣队一起派遣出去了。于是，英军便猛扑罗德里戈城并在野战军——相当于海军——到来支援之前将其攻克并加以固守。战机紧迫，就工程技术标准而论，未待时机成熟，该地便遭猛攻。威灵顿的命令宣称：“罗德里戈城今夜必须迅速攻占；其部队深深懂得，这预示着法国的回援部队已经逼近，要求他们必须奋勇争先。”

拿破仑的训令函件正是针对从此以后所发生的总的态势，他对马尔蒙写道：

“你的部队如今已很强大，重新装备了攻城炮，士气和数量都已恢复，为了保护巴达霍斯已无须再向该地开进。你应将部队以师为单位分布在萨拉曼卡外围，为了维持生存应充分向外延伸，但要保持适当距离以便能在两次行军之中将全军集结起来；”即在两日之内。“你的全部部署应能使敌人相信，你正在准备采取攻势并 246
以前哨战不断保持佯动。在这样的态势之中，英军的一切运动便都在你的掌握之中。假如威灵顿向巴达霍斯进军，可任其所为；你则立即集中部队直扑阿尔梅达，你可以确信他一定会迅速回师对你进行抗击。但他精通军事业务，决不会犯这样的错误。”

在这里，法国野战军乃是一支相当于海军的机动部队，它通过牵制敌方的野战军来保护其已得的据点巴达霍斯；即将其引开去或使其继续远离其所要想取得的位置。在第一例中，巴达霍斯由于马尔蒙部队逼近将威灵顿逐离从而得救。在第二例中，罗德里戈城由于马尔蒙指挥失误和分散兵力而失陷；致使英国野战军夺走一处重要位置。在第三例中，巴达霍斯之所以能够保住，不是由于直接守卫，而是由于持续的牵制威胁英国不容忽视的权益而获得间接效果所致。

1804 年和 1805 年，拿破仑皇帝同样曾大规模采用这种牵制攻击方法，当时他想将英国舰队的大部引离欧洲，并趁其不在欧洲之际而将自己的海军集中于英吉利海峡，以掩护其对英国的突然袭击。必须记住，在此期间，法国为保卫其海岸线而处于守势。按其预定计划，土伦、罗什福尔和布勒斯特的舰队全部驶离其港口到西印度群岛会齐，而后整体返回海峡。预期英国海军将会跟踪，但
247 却苦于不明法国海军的目的，于是法国海军便可先期返回欧洲，将海峡控制一段时间。这一计划由于种种原因而告失败。于土伦港外待敌的英国舰队总司令纳尔逊，确曾追随土伦舰队到达西印度群岛；尽管英国舰队起航较法方迟一个月，但其素质较好，同拿破仑的计算相反，却先期返回欧洲。出乎拿破仑意料之外，纳尔逊在安提瓜便以其非凡的洞察力推测维尔纳夫率领的舰队已返欧洲；纳尔逊驶离直布罗陀海峡虽较同盟舰队晚三十一天，但他返回那里却只比同盟舰队晚到四天，并在它们进入费罗尔前一周便返回英国。

还可加以补充，拿破仑除以其集结在西印度群岛的舰队进行主要牵制以外，在他的那一时期的信函中充满了关于诱使英国分舰队驶离比斯开湾和海峡的种种策略。

可以看到，法国舰队在这种情况下驶往西印度群岛要想产生而且已确实产生了的效果，恰好正是前讲中所讨论过的法国舰队驶往科孚岛对于地中海局势所能产生的效果。英国舰队被引离追往西印度群岛；也就是说，远远离开了拿破仑计划的战略中心，战役要害点多佛尔海峡，恰如科孚岛远离亚历山大港和该港通往法国的交通线一样。假如纳尔逊是一名普通指挥官，他定会留在西印度群岛直到获得确实证据证明法国舰队确已离开该群岛。这并非臆测。许多人强烈要求他留下来；舆论对他施加压力；但他具有无限的远见，尽管缺乏确切证据，但通过对论据的权衡对比，他却能得出正确的结论。假如他在可靠的情报到手之前一直留在那里，其结果将有二十艘盟国军舰在欧洲支援拿破仑的集中，而英国 248
的集中却会因缺少纳尔逊的十二艘军舰而遭到削弱——总的差额将达三十艘战列舰。

这里我要提请大家注意，在这一实例中拿破仑的计划显然源出于 1762 年当时法国首相精心制定的方案，两者极其相似。[①] 拿破仑可能是从法国档案中得知这一方案；但纳尔逊却未必知情。

对于上述两种方针，海军必须择一而行，或是逐离，或是引离，但需再次指出，就总体作战而言，海军是采取守势，而就其本身行动而言，则是采取攻势。还可进一步指出，拿破仑下达给马尔蒙的命令正是如此。他写道："欧洲的总局势已经发生转折，迫使朕不得不放弃今年对葡萄牙的远征，"也就是说，不得不放弃一次攻势战 役。因而，他规定了总的防御态势，但保留一处攻势威胁；以此

① 见科贝特著：《七年战争》，第二卷 302—307 页。

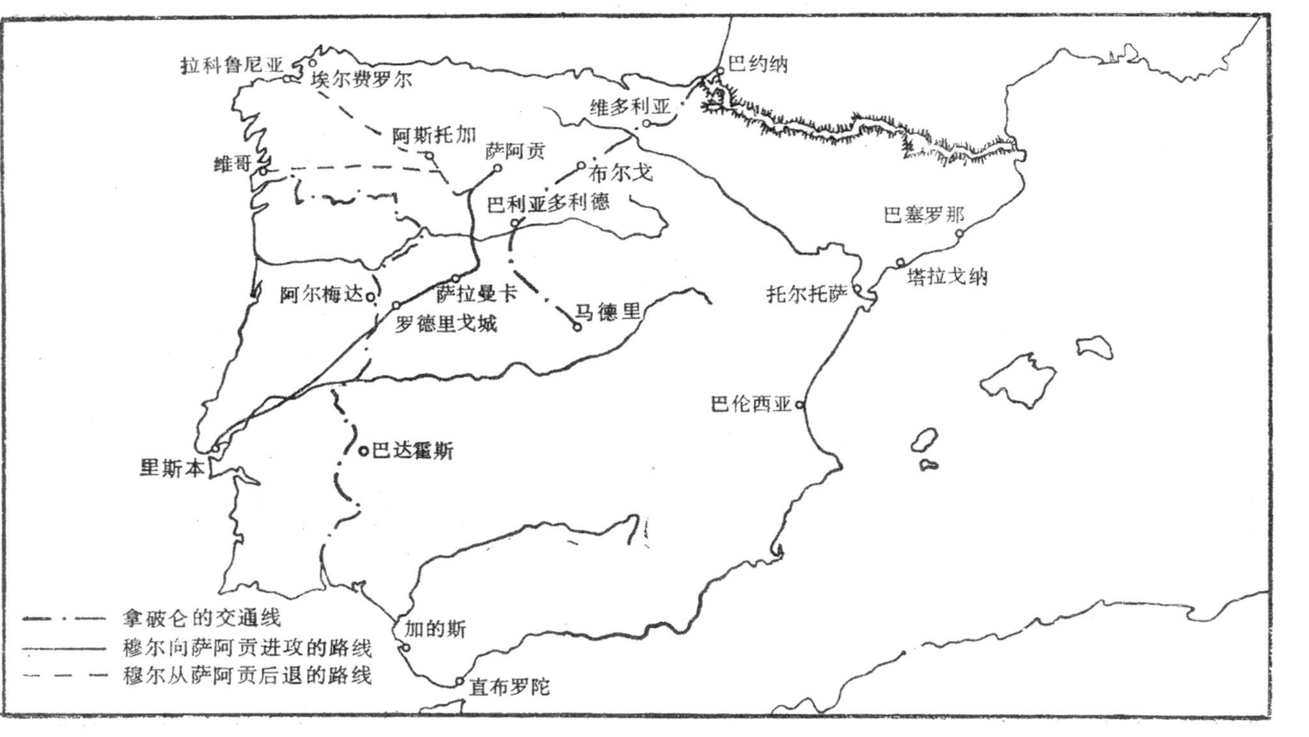

图10　西班牙和葡萄牙1812年形势

来保卫巴达霍斯和护卫萨拉曼卡所掩护的从法国至马德里的交通线，但萨拉曼卡在三年前就遭到约翰·穆尔爵士的威胁，严重地影响了拿破仑的计划，以致在成败的关键时刻，他被引离其战略中心，战役要害点。

当时，就实际的或设想的征服而言，这样的形势恰好还说明海军同本土防御的关系。在上述两例中，一个国家一旦实际占有属地，便处于守势；然而，假如由于需要或由于方针错误，而将其海军保持在港内或紧靠于港口也使其处于守势，那就是将其商业及其同海外的交通联系放弃给敌人。这就是美国在 1812 年，除贸易破坏舰外，没有海军可以派往海外，故不得已曾这样行事。这样的放弃不一定就会导致毁灭，尤其是，如果国家很大，因而可以依赖内 249
部资源，或其陆地边境同一些中立国家毗连，则可以通过它们进行迂回贸易。如其海岸线过长，敌人无法进行有效封锁，则可由中立国货船载运而不致使商业完全遭受损失；但要承受屈辱和物资上的损失，而一个大国则不应冒此风险。任何本土海岸防御方案达到真正的全都齐备，海军就须强大到或是能将敌方舰队逐离本土海岸，或是通过对敌方权益实施适当威胁将其引离。只有如此运用海军，才能使海军名副其实地成为海岸防御的最佳手段。

在这一方面，我想介绍一种论点，因其在这里完全适用，这一论点将在下讲中予以详细展开；即海岸要塞不应像通常那样被认为在职能上主要是担负防御。海岸工事，其作用限于迫使敌方舰船对己方海岸保持一定距离，但其对陆一侧却是暴露的，可能仅是防御性的；一处能够保证海军安全的正规设防港口，只有当其作为一处要塞时，才只具有防御性质，就如梅斯或美因茨一样，

而当其驻有一支能够进行野战的陆军时，便能迫使敌人保持一支足够强大的分遣队同其对峙，以阻止守备部队可能发起的任一攻势行动。

甚至在我们的不太成功的1812年的战争中，也有例证可以说明，能够掩蔽海军分舰队的港口具有这种进攻性质。驻泊在纽约港的约翰·罗杰斯指挥的海军分舰队，就是一支能够进行攻势活动的守备部队；而且这支分舰队也确实进行过攻势活动。英国人得知它已集结出航，但却不知其意图何在。结果，由于他们在美国沿岸的海军分舰队很小，只得将其军舰集结在一起，以免单艘军舰
250 同美国海军分舰队遭遇。这种被强制的集中再加上英国还需保护其自己的贸易，致使英国只好放松对美国港口的监视，以致大部返美商船得以安全抵达。这种预期的防御效果的取得，归因于罗杰斯的攻势游弋，其构思和实施完全归功于罗杰斯。这种持续不断的攻势活动，有赖于能够保护舰队的港口。否则，舰队就会像在旅顺口那样被摧毁；或像在圣地亚哥那样被逐离。

循此方向，我们还可以就海军究竟应该具备何等规模这一问题进行探讨，以求得出正确的理解。这支海军的力量及其动员和维持供应的能力，应能使外国在考虑诉诸武力时，由于这支海军或对其本土，或对其属地，或对其商业所构成的直接威胁而深感忧虑。这样的影响将会遏制战争；而遏制则无非是以另一种形式实施牵制。德国政府在其1900年所正式通过的海军规划中，曾就军事意义简明扼要地宣布其出自官方的目的："德国必须拥有一支具有这样力量的海军，甚至对于最为强大的海军强国来说，同德国交战就会使其陷入危及其自身霸权的冒险之中。"不幸，这一旨在针

对英国的目的会使美国作为海军国家远远落后于德国。

具有控制能力的据点或据点配系——按众所熟悉的说法就是态势要地——会成为任一攻势活动的目标，这已被认为是一条适用于任一战场的战略原理。这一战略原理还可用以下说法予以论述，即向前推进，或作战正面，自始至终都应尽量前靠，并在其所有部分之间均有交通紧密相连以形成完整的配系。这是因为在这种配系范围之内的所有一切，即位于这种作战正面后方的所有一切，251
都处于你的控制之中，因而对你较之对敌更为有用；对敌较之对你更为危险。这会暂时为你增加资源；假如媾和时仍为你占有，你就会在随之而来的讨价还价之中，即在通常委婉地称为“和平谈判”之中，处于优势地位。

1793 至 1815 年法国革命和帝国①战争期间，英国对法国及西班牙各港口的封锁是海战为这样的前进作战正面提供的最为重要的实例。部署在布勒斯特、罗什福尔、费罗尔、加的斯和土伦诸港外面的英国舰队，通过主要是由巡洋舰编成的中间分舰队互相联系，对较小的出口实行监视并在附近海面进行搜索，实际形成一条连续不断的作战线或作战正面。英国本岛及其殖民地和海上贸易得以保证安全，就体现了这种控制的功效。整个海洋，即位于这一作战正面后方的区域，除奇袭之外，在所有方面都可确保安全。这可由英国商业的损失甚微（不及船运的百分之三）和敌人的所有入侵企图均告失败得到证实。

舰队在海上所保持的这种前进正面，相当于陆军在陆上凭借

① 系神圣罗马帝国（962—1806 年）。——译者

其优势所保持的正面。显而易见，如能握有附近的设防地域，则这种优势便会有所增强。例如，1796 年拿破仑在其向奥地利进军中，发现自己受到位于其前进路线翼侧的曼图亚要塞的阻挡，于是他便将阿迪杰河一线连同横跨该河的维罗纳要塞作为其作战正面。维罗纳有能力经受住围攻；它能由相对少量的兵力进行防御
252 便可守住；在那里可以妥善保藏储存的补给；它能使部队保持高昂的士气，并能保证部队通过该河，由一侧转至另一侧。所有这些都能增强法国陆军本身的力量。因而，在阿科拉之战中，拿破仑冒险以一支很小的守备部队守卫维罗纳，与此同时，而以其主力乘夜渡过阿迪杰河下游，并对挺进维罗纳的奥军的后方发起攻击。这次战役充满了冒险和谲诈；但拿破仑却获得了成功，他之所以能成功只不过是因为他利用了要塞。这座设防要塞为其陆军所需要，同样，一处设防要港则为一支在攻势防御活动中敢于出击的海军所需要。拿破仑占据了这一位置，利用阿迪杰河和维罗纳得以增强力量，借助阿迪杰河近旁的加尔达湖得以向北伸展，从而便控制了其后面的波河流域和意大利南部的全部资源；恰如英国沿法国海岸线配置其舰队从而控制了海洋一样。

这条海洋线同样可以借助强固要地予以加强；即借助朴次茅斯和普利茅斯等本土港口以及直布罗陀、马耳他和马翁等海外港口予以加强。这些港口都不像维罗纳那样暴露，易遭受攻击；并可就地提供补给、维修和改装等支援。一旦遭到在逃的敌人分舰队的突然侵袭，这些港口还可提供掩蔽。单艘军舰和劣势分舰队可在这些港内获得安全。除这种防御用途之外，这样的位置还具有攻势能力，因为它们靠近大的交通线，从而可以对其进行翼侧威

胁。例如，直布罗陀和马耳他可对经过地中海的所有航线，普利茅斯和朴次茅斯可对通过海峡的所有航线，牙买加可对通过加勒比海的所有航线，进行翼侧威胁。同样，布勒斯特、加的斯以及其他
港口可对英国的南航诸线进行翼侧威胁；除此之外，还由于其他原 253
因，英国必须对它们进行遏制，恰如拿破仑必须遏制曼图亚一样。

现对加勒比海地区加以全面阐述，这是美国可能有机会要求权势并运用权势的一个地区，而且假设所有岛屿开始即被敌人占有，如果古巴能够转入我们手中，我们便将控制一处十分重要而又有用的位置；但依此还远远不能控制整个加勒比海。假设对方海军兵力最初开始时与我接近相等，恐怕我们也无能为力控制整个加勒比海。在这种情况下，作战正面应尽可能向前推进。例如，美国可能希望占领萨马纳湾并控制莫纳海峡；或者，如有足够力量，我们可以希望将我们的作战正面，即由战斗舰队所保持的战线向南和向东推进，以便不断袭扰敌人并保护经向风海峡通往地峡的汽轮航线，这些航线由于我方作战正面的推进，将位于我方舰队的后方。

假定古巴现在归我们所有，它便能掩护我方通向墨西哥湾的后方，而墨西哥湾则是国内作战基地的一个重要部分。我们假定敌人的基地可能位于小安的列斯群岛，并假定双方海军兵力相等，则双方之间的海域必将成为必争之地，或是时常易手难以稳定。敌方舰队及其基地的位置，将指明下一条作战线的方向。

敌人不论是由于战争运气，还是由于原本就未占领而失却了古巴，但仍然可以占据牙买加以及向风群岛的某些港口。英国的实际情况便是如此，它占据着圣卢西亚和牙买加。在这种局势下，战争的主要利害关系必将暂时集中于古巴和牙买加周围，它们必

将成为战役要害点。英国、圣卢西亚、牙买加、巴拿马地峡这一系
254 列据点，几乎是现存的英国、直布罗陀、马耳他、苏伊士地峡另一线的准确翻版。假如驻泊在牙买加的舰队较之驻泊在古巴的舰队处于劣势，则古巴舰队占据牙买加前方的位置，便能切断其同向风群岛的交通和来自该群岛的增援，又能掩护自己本身同古巴和美国的交通以及汽轮航线，并通过上述行动迫使港内对方舰队出战，以消除这些对己不利的条件。这一实例如同其他实例一样，表明敌方舰队的位置及其海军基地标示着作战方向；就如旅顺口决定了日本的海军作战方向及其陆军在陆上的艰苦攻击，以及 1898 年圣地亚哥决定了美国舰队和陆军的行动方向。日本人和美国人随之所采取的行动，在前一例中是迫使俄国人出战，在后一例中是迫使西班牙人出战，俄国人和西班牙人二者都仅仅由于认为舰队会自取灭亡而力求避战。

因此，在占据要地之后，不应停止作战。必须不屈不挠地继续打下去；这一论证亦适用于后续作战，即为了确保要地，应当对敌方舰队实施追击并予以歼灭。作战目标不只是地理上的点，而是敌人的有组织的兵力，这在海上比在陆上可能更为确切。像埃及和多瑙河隘口那样的位置之所以重要，不仅仅也不主要是因为那里便于放置大量的无生命的物体，而是因为从那里大量的训练有素的战士或武装舰船利用这种方便能够在不同的方向上作战，所以它们较之数量较多的较为不利的位置更有价值。任何人工设防
255 的地点也是如此；其主要价值在于机动部队便于运动。因此，随着占有这样的位置而拥有这种便利条件，便有义务对其加以利用。至于如何利用？军事著作家们对此问题都有明确无疑的答案。若

米尼说，敌方的有组织的兵力，即其在战场上积极主动作战的野战军，则是拿破仑的喜欢找的目标。

假设你已占有一处这样的战略位置，在经过若干次战斗之后已将敌方舰队从你的后方和直接正面的战场上驱逐出去。这就意味着，除遭到突然袭击之外，你的本土交通是安全的，你的海军已建起暂时优势。假如敌方舰船仍以有组织的集团而并非以零散的巡洋舰继续留在你的现在位置之前的一定战场范围之内，这一定是因为它们还有支援供应点可为依托以维持生存，并需对这些点进行防御。否则，这些舰只还能保持在一个有限的水域范围之内便是不可思议的；因为，像加煤和补给这样的活动，如不受干扰，尽管也可在海上实施，但如敌方优势舰队就在附近并能通过监视侦察船和无线电报获悉情报，则便无法进行。因此，这样的补给点或基地必然存在，它们标示着你的下一条作战线的方向。

在我们记忆犹新的海洋历史时期，一向具有很大优势的英国海军阻碍了海军战略产生出众多的恰当例证，不然有关的实例就可能已经产生。这一优势对敌方基地同其所欲取得的任何目标之间的交通加以长期控制，这一控制断绝了施展战略的所有其他来源，因为，就其全部含义而言，交通支配着战争。交通这一战略要素淹没了其他一切要素。这种一强独霸的优势，成为一句不甚确
切的法国谚语的来源：“海洋只容纳一位霸主。”[1]这在表面上看来 256
似乎有理；但如理解为：这意味着对海洋的控制从来就是毫无争议的，海上霸主地位从来就未曾认真争夺过，那就大错而特错了。对

[1] 法文原文：“La Mer ne comporte qu'une seule ma,tresse.”——译者

海洋的控制甚至就其总体情况而言，尤其是在特定的有限区域之内，都曾不时地和长期地处于不稳定状态；天平不时地不是倾向于这一边就是倾向于那一边。斗争双方的海军不断地巡航于其水域，相互进行挑衅。这在美国独立战争期间已成为引人注目的明显现象；而在1756至1763年的七年战争时期，在某种程度上也是如此。

例如，1759年对魁北克的攻击和随之而来的加拿大全境的陷落，就是以1758年夺得位于布雷顿角的路易斯堡这一要塞作为第一步。以前曾以密集队形或大型分遣队的形式往返于法国与加拿大之间的法国舰队，从此便失掉了一处不可缺少的能够影响圣劳伦斯河交通的作战基地。

法国革命和拿破仑时期，英国在大部时间内曾是海上的唯一霸主；可是1796年它却被迫撤离地中海。地中海这一有限海域自1793至1798年，曾是均势不断发生变化的长期海战战场，最后，尼罗河一战才确立了英国的霸权（见图11）。因此，探索这一时期的重要事件是颇为值得的，因为这些事件为我们一直正在研究的事物及其正确处理的必要步骤提供了例证：这就证明我们的研究并非空谈而是出自事物的本质。

257 1793年英国舰队会同其西班牙盟军进入地中海。由于法国南部不肯效忠于革命政府，从而产生了夺取土伦及其舰队的机会；这就确定了盟军的最初目标和作战线。你们一定记得将近九十年之前马尔伯勒公爵对于夺取土伦十分重视，以及1707年尤金亲王曾费尽全力试图达到这一目的，但却遭到失败。（参见原文第97页）土伦一经占领，则法国海军在地中海的一切活动必将从根本上陷入瘫痪，同时在很大程度上依赖于海军活动的意大利北部和沿里维埃拉[①]一带的陆上各战役也必将陷入瘫痪。1793 年土伦之所以得以解救，是由于盟军内讧；盟军舰队进入港内，盟军陆军占领了该港外围各线。英国舰队司令想立即夺取或摧毁港内的法国海军分舰队，于是便要打击敌方的有组织的兵力；但却遭到其西班牙同僚的反对，这位同僚参加过以往的历次战争，他充分认识英国海军的优势，并对之深怀妒意，这支法国海军分舰队如被摧毁，则英国海军的优势必将增大。英国舰队司令不敢冒此危险，惟恐同盟破裂；于是这一政治考虑便使法国舰船得救，其中大部舰船，后来参加了尼罗河之战。如果没有这些舰船，拿破仑就无法发起对埃及的远征。

法国政府不久便对土伦发起围攻。拿破仑观察战术态势清楚看到，只要夺得一处位置便可以重炮控制锚泊的舰队。盟军果然撤离了土伦。西班牙人撤回到自己的港口；英国人由于失去了自己的位置，不得不采取通常所走的第一步。他们必须取得一处前进位置，以供改装、修理和储备给养之用，一句话，即取得一处当
地基地，从那里控制土伦并支援奥军在里维埃拉一线作战。只要 258
遇有机会将土伦控制在他们手中，便能摆脱当前的处境。他们曾经短时地在靠近土伦的耶尔湾取得了一处位置；但该地过于靠近大陆，过于暴露，惟恐重蹈被驱离土伦的覆辙。因而，随即将其前进基地移至圣菲奥朗佐湾，这是科西嘉岛北部的一处港口。由于岛民对法国的暂时不满，英国人得以占据该岛以及该岛的其他

① 今称利古里亚。——译者

港口。

他们占据了这一前进位置并加以守卫，只要岛民同他们站在一起，派去的兵是足以胜任的。科西嘉、土伦和热那亚之间的水域已成为必争之地，英国在该处居于优势，但其控制并不能说已达到不可争夺的程度。这一附近海域可能只有一位霸主，但这位霸主并非没有对手。这种情况恰如我们所设想的两支舰队，一支驻泊于古巴，另一支驻泊于圣卢西亚或马提尼克。1795 年，英国舰队同土伦军舰交战两次，但都未获决定性战果。从圣菲奥朗佐湾基地出发，沿着里维埃拉这一作战最终目标坚持作战，以支援奥军对法国的进军；但也未能取得决定性效果。从 1794 年起到包括1796 年上半年这一段时间，双方不断发生冲突；法方以土伦为依托，英方则以直布罗陀及其在圣菲奥朗佐湾所夺得的前进基地为依托。关于这一时期，纳尔逊在几年之后曾经断言，假如英国舰队司令得力，法国便无法像他们所做到的那样保持其前方的位置。假如这一断言正确，那就意味着拿破仑于 1796
259 年 4 月接管在意大利的陆军部队指挥权之时，就一定会发现奥军已经向前挺进，英国海军已经控制从尼斯到热那亚的海岸线，从而他的战役计划定会不同。他的第一步运动，可能的插入奥军及其皮埃蒙特盟军之间断然将它们分开来，只是由于英奥军队忽略了机会，才使拿破仑于一开始便得以立足于萨伏依，远远超过尼斯。然而，尽管如此，拿破仑的交通联系，即无论是增援部队还是补给及军火的输送，仍须依赖十分困难的陆上运输，只能沿着极坏的陆路行进，而无法利用受法国重炮掩护的便利的沿岸水路。

你们在这里可以观察到，最终目标是意大利北部和里维埃拉，英国的盟国占领了它们就会危及土伦；你们还可以看到，中间目标是圣菲奥朗佐湾，它对于维持英国海军作战极为重要。纳尔逊断言这些这样构成的作战活动，只要领导胜任必定能够获得成功。时间极为充裕，共有两年之久。正当此时，拿破仑来到了。他运用已掌握在他手中的有利条件并通过他自己的巧妙部署，经过两个月便赶走了奥军而置身于阿迪杰河并进入维罗纳。在此位置以西和以南的所有反对拿破仑的抵抗都被粉碎。意大利北部的全部海岸线都为法国占有；无数的法国别动队通过这一带的各个港口乘小船航渡到科西嘉，以加强那里早已开始的反英情绪。与此同时，西班牙慑于拿破仑所取得的胜利，转而同法国结成同盟。随之两国舰队便结合起来。他们将其有组织的海军兵力联合在一起，其中在土伦得以幸免的法国分遣队成为重要的组成部分。面对这一形势，英国被迫放弃其前进位置，将其舰队撤至直布罗陀，后又从那里再退至里斯本。

英国海军的有组织的兵力所进行的这一运动，并未遭到盟国 260
舰队的骚扰，此后不久盟国舰队便各自分散；西班牙舰队驶往卡塔赫纳，法国舰队返回土伦。西班牙人随之又试图将其军舰开往加的斯。英国舰队司令率舰出航同西班牙人相遇于圣文森特角外海。尽管在数量上处于劣势，但他深知其军舰在质量上却处于优势。据闻他曾说：“英国极需打一次胜仗”；而西班牙人却为其提供了一次战术“机会”，他奋勇战斗并痛击了西班牙人。西班牙人退入加的斯湾，英国人施行封锁将其封闭在那里，英国本土大力增援加强了封锁兵力，以便能从其中抽出一支分遣队以对付谣传的正

在土伦进行准备的远征。这支分遣队委托给纳尔逊指挥，他在埃及海岸附近发现十三艘法国军舰，并经尼罗河一战将其一举歼灭，时为 1798 年。法国和西班牙在地中海的有组织的海军兵力，当其称霸于地中海北部之时，不善于利用时机，竟自分为两部，致遭各个击破，从而在这次战争的其余时间里，整个地中海转为英国控制。拿破仑于 1797 年即已迫使奥地利媾和，于是再也没有能由英国舰队给予支援的任何奥军作战行动了；但英国舰队自己的作战正面却由于时机的需要从直布罗陀驶往梅诺卡岛，该岛是由直布罗陀驻军总司令在获悉尼罗河大捷消息之后而予以占领的，所以又驶往西西里和那不勒斯，进而又取道仍在法国手中的马耳他继续推至亚历山大和地中海东部，当时拿破仑就在该处。

从这一简要概述中可以明显看出，海上独霸的局面过去从未有过，即使在英国全盛时期也未有过，控制的争夺不一定采取以盛
261 衰为标志的连续作战的方式。事实上，就在尼罗河大捷之后的翌年，一支由二十五艘战列舰组成的法国舰队便突入地中海，打乱了英国的整个部署，最后会同十五或二十艘西班牙军舰集中成一个拥有四十余艘军舰的集团，驶达布勒斯特。假如地中海有一处港口能够容纳这样一个军舰集团，它们可能便会留在那里；这样一来，形势如不发生逆转，也会逐渐改变。事实上，甚至在布勒斯特，他们也因缺乏给养而挨饿；这种结局恰好表明需要拥有具有适当设备的基地，同时还表明英国对海洋的控制并未能达到不可动摇的程度。当时英国在海上比过去任何战争中都更为强大。在美国独立战争时期，西印度群岛和北美洲经历了类似的控制海洋的争

夺；在此时期，叙弗朗[①]在东印度群岛所进行的战役也是一个引人注目的例证。

从地中海这一实例中可以明显看出，一支海军兵力在远程或前进作战中，需要拥有设施适当和位置适中的当地基地。美国独立战争时期，出现了一个惊人的类似实例，只是规模较小。1782年和1783年，法英两国在东印度群岛的海军分舰队，实力大体相等。当时的战场为科罗曼德尔海岸，即印度斯坦的东侧，该战场受到当地海岸条件的限制。自11月至次年3月这一期间，该处东北季风强烈吹向海岸，海军无法实施协同作战。在此季节里，英国人撤至拥有修船设施的孟买。法国人除毛里求斯之外再无更近的类似港口，而且他们以前所进行的所有战役之所以均遭失败，都是由于他们在科罗曼德尔海岸或其附近缺少一处前进基地。恰在此时，当时拥有锡兰的荷兰于1781年加入对英战争，英国人曾从他 262
们手中夺去了位于锡兰东北海岸的亭可马里港；也就是说已将科罗曼德尔海岸向南延伸。不过，他们未能有足够的时间为该港正式设防，或许，更可能的是，忽略了设防时机；于是法国舰队司令叙弗朗便以巧妙而又神速的动作一举占领了该港。这正是他所需要的前进位置，当冬季来临之时，他便退入该港进行修整，从而得以紧靠战场，这对岸上的法国的盟国具有颇为重要的政治影响。英国舰队驶往孟买，实际上有四个月或更长的时间脱离该地。假如英国保住亭可马里，则法国舰队便只得开往毛里求斯，不然就得抛锚于危险的避风海岸附近，而同这样的海岸几乎无法保持交通联

① 法国海军军官，全名为 Pierre Andr'e de Suffren de Saint-Tropez。——译者

系。结果，叙弗朗于下一季节，较之英国人提前两个月出现在战场上，假如没有和平调停，他可能还会取得决定性的胜利。

从上述实例中可以看到，兵力接近相等的双方之间的海上战争，可能采取旷日持久的连续作战的形式，这就为战略结合提供了广大活动范围。实际上，在美国独立战争时期，叙弗朗战役就是这一时期的一个插曲，在北美洲和西印度群岛海域就曾出现过海军兵力均势的类似例证；天平不时地不是倾向于这一边就是倾向于另一边，直到 1781 年发生约克敦决定性结局为止，1782 年罗德尼的胜利才标志着这两个地区斗争的结束。甚至当一支舰队对另一支舰队拥有明显优势之时，也可产生同样的普遍结果，尽管程度不甚显著。作为夺取最后胜利不可缺少的魄力和快速，也取决于是否在当地拥有作战基地，这也是极为清楚的。这就是在最近的日

263 俄战争中日本对俄国所拥有的一大有利条件。但也有可能，敌方的当地基地设防过于坚固难以攻击，或者攻击一方的力量过于薄弱难以迅速攻克，例如旅顺口所发生的情况。

就经验而言，当地基地如果适当设防，便很少会遭受攻击，除非对方在海上建立起优势。1760 至 1762 年，英国曾经从法国手中夺得马提尼克岛和瓜德罗普岛，1794 年和 1810 年又重新将其占领；然而，在这一时期中间的美国独立战争期间，英国人对此两岛并未试图占领。部分原因是他们的陆军忙于在美洲大陆作战；部分原因是由于他们不愿冒险在这些岛上屯驻庞大的陆军分遣队，惟恐一旦海军失利，就如 1779 年在格林纳达那样，便会导致岛上陆军投降。他们确曾夺得圣卢西亚；但这发生在 1778 年战事刚刚开始之际，原因是他们自己在巴巴多斯的当地基地于法国完

成其防御准备之前便获得了增援。这是一次成功的奇袭。在同样的情况下，西班牙人和法国人直至1782年他们在加勒比海拥有优势兵力为止，确实未曾企图夺取牙买加。随着罗德尼战胜法国舰队，这一企图便行告吹；这就是说同盟已被各个击破。他们兵力的一部分（法国人）的失败使西班牙人也就无足为害了。

从你自己的最为靠前的位置到你想要攻击的位置的距离，可能是一个更为困难的因素。从古巴进攻向风群岛，比如说进攻马提尼克和圣卢西亚，二岛以其位置控制着加勒比海的门户，极为明显，这一进攻实施起来远比从古巴对牙买加实施类似的攻击更为复杂。假如波多黎各岛有一处港口可以充分防御大举进攻，则该港按其所处位置作为进攻向风群岛的作战基地较之古巴岛任何一处作战基地都要更为方便。我认为圣托马斯就适于建立这种防 264
御；而其位置也比波多黎各为好。

当一支舰队由于其第一次前进以及需要保护其第一条交通线，如从美国港口至古巴，而在数量上已经受到削弱时，假如敌人仍然相当活跃，那它对于第二条漫长的交通线，即从古巴至向风群岛或至巴拿马地峡，就是一件须认真考虑到的事实。对第二条前进线的保护可能会使舰队的力量降低到同敌人相等，敌人拥有在其自己基地附近作战这一优越条件。在这种情况下，舰队无法在自己的船舱中装载定量以外的补给，应由补给站补足——假如有这样的补给站提供补足的话——补给站设在第一次装载前往的位置前方某一距离上。萨马纳湾或波多黎各便可用为这样的中间补给站，即前进补给站；它们相当于前述的圣菲奥朗佐湾，或相当于美国南北战争期间的罗亚尔港和基韦斯特，或相当于美国进攻圣

地亚哥中的关塔那摩。这样的补给站只要不遭袭击便可保证安全，因为可以设想，只要对敌人的运动进行充分的监视，便可防止其对补给站的突然大举进攻；而己方舰队由于已经前进则已位于敌方舰队及其基地面前。假如这样的前进据点或中间据点不止一处，就应在其中进行仔细选择；不但要看到它们固有的有利条件，而且还要看到它们与舰队的可能运动以及第一条和第二条交通线的相对关系，因为这些交通线必须由舰队抽调兵力加以保卫，而舰队则应尽可能避免分散。

我们曾经提到巴拿马运河的防御问题，这一问题对于加勒比海具有极重要的战略意义，可以看到，要想保护和控制地峡，与其对地峡本身进行直接防御，无论是仅仅设防进行消极防御，还是派
265 出舰队驻防于设防的地峡进行积极防御，都不如对敌方的一处基地，比如说对马提尼克或圣卢西亚采取进攻措施更为有效。因为，如果这些岛中的一岛——假设该岛为敌方基地——遭到联合远征部队的进攻，则这样的进攻只要拥有充足的兵力，便能使战场远离运河，并能保护战场以西的全部交通。这样与积极进攻的精神结合便构成一个前进作战正面。这样的进攻即使最终遭到失败，但在其进行期间，还是会产生上述效果；假如一旦成功，敌人便被夺去一处必要的基地，如要收复这处基地，便要卷入不断的军事行动，这样便会收到夺取该基地时所起到的那种同样的保护性效果。

假如在你第一次占领的位置同敌方基地之间只是一片毫无障碍的水域（如古巴同马提尼克之间，假如萨马纳湾不能利用），则可派一批运输船伴随舰队，最主要的是运煤船；特别是当你的优势可以允许抽出一定比例的军舰陆续供给煤炭，而不致减少参战军舰的数量使其低于敌方力量时。在特拉法尔加战役之前，纳尔逊就是这样将每六艘军舰编为一组轮流派往得土安装水。由于一支这样的分队不在战场，致使纳尔逊在战斗之日只拥有二十七艘军舰，而不是三十三艘。假如他能在海上补充淡水，从而将其舰船集结在一起，则战果定会更为显著。美国战列舰"马萨诸塞"号就因在关塔那摩加煤而失去参战机会。

必须记住，在战斗之日，运输船队总是战术上的一个弱点，而且不免要使一些强大的战舰的速度减慢。假如敌人所期待的增援部队不能在已知时间之内到达，那么在这样的前进中，速度问题便 266
居于次要地位；而且，鉴于趁敌人仍然处于劣势之际加以攻击，这在战术上更为需要。因此，在即将交战之时，就无须再顾及运煤船及其他累赘船只的安全。在进行这样的一些计算中，更多的是要看双方舰队的各自实力。对于运输船来说，最好的防御就是对敌人进行攻击，使其无法应付，恰如对地峡的最好防御就是攻击敌方基地。这是历史上老一套的打法。1782 年，法国远征牙买加时，德格拉斯发现罗德尼对其进行跟踪追击，于是他便将其运输船送到邻近的瓜德罗普岛各港，而后才投入战斗。

从你的新基地进一步向前推进时，可以不必因考虑距离太远而有所顾虑。需要采取的下一航程有可能是短程，就如从古巴至牙买加；或则有可能敌方舰队仍在海上，在这种情况下，它便成为巨大的目标，现在如此，将来也将永远如此。敌方舰队仍在海上，可能是由于正从你已经占领的位置向其远方基地撤退；或是因为自知已处于劣势，或是因为遭到一次或大或小的决定性的失败。这就需要迅速行动，以切断其退往打算要去港口的归路。假如确

有根据坚信你能以优势兵力赶上并超过它，就应尽一切努力以求实现。对敌人的退却方向必须清楚无误，否则便应查明，而且必须记住，敌人正在退往的基地同其舰队是一支力量的两个已被分离的部分，必须防止已被分离的二者结合。在这种情况下，常以部队疲劳、道路崎岖等为借口缓慢地在陆上追击，这决不适用。失去战斗力的战舰必遭舍弃，或令其跟随运煤船同行。这样的追击对于追踪的舰队来说只有一点不利，这就是追踪的舰队正在远离自己
267 的供煤基地，而被追踪的舰队则正在接近其供煤基地；在计算准确的情况下，这就会给追踪的舰队司令带来巨大的忧虑。这种忧虑则是对于将才的考验和磨炼。在这种情况下，将失败归咎于缺煤，则应严加追查；并公正处理。而在其他所有方面，则必须确实拥有优势，因为没有其他条件便无法进行这种艰险的追击。追击的目的在于获得巨大胜利，而胜利通常总是同优势成正比，不论这种优势是固有的，还是取得的。纳尔逊曾经说过："国家的需要就是歼灭敌人。唯有数量才能保证歼灭。"

假如这样的追击发生在战斗之后，则几乎总是弱方——退却一方——因舰船失去战斗力而感到苦恼，他可能不是被迫舍弃失去战斗力的舰船，就是被迫进行战斗。因此，战斗之后需要毫不松弛地奋力追击，就如在战斗中需要勇敢一样，都是绝对必要的。巨大的政治成就往往来自正确的军事行动；对于这一事实，任一军事指挥官都不容忽视。对于那些政治成果，他可以不必很好理解；只要知道那些后果可能发生也就足够了，但他如果丧失了经过努力可以达到的目的，那就不能宽恕了。若米尼指出，1796 年法军将领让其部队休息了两个小时，以致未能切断奥军的一个师与曼图

亚城之间的通路，当时奥军的这个师正谋求进入该城避战，由于他的疏忽，奥军得以避入该城。拿破仑对此从未宽恕。1690 年，法国舰队司令图维尔在比奇岬战役之后没有奋力追击战败的荷英舰队，致使那次胜利未能获得决定性战果，反而有助于把英国的王冠加在这个反法联盟的核心人物荷兰国王的头上。因而，胜利之后随之而来的松弛，便会对整个战争结局不论是在陆上的还是在海上的都产生决定性的影响。我认为，事实证明，表面肯定“存在舰队”的理论，对于海军战略艺术是有害的。阻止对英国入侵的并非
战败和失去战斗力的英荷两国的“存在舰队”。而是由于图维尔的 268
软弱无力和迟钝或是法国运输舰船的毫无准备。

同样，1795 年舰队司令霍瑟姆拒绝猛追惨败的法国舰队，这无疑不仅使当年的战役未获决定性战果，而且还使拿破仑得以于 1796 年遂行意大利战役，他的全部发迹历史及其对历史的影响，便是由此开始的。正当他以压倒之势进军西班牙占领其首都致使其庞大计划似乎已成功在望之时，他的这煊赫发迹史却遭到突然的致命一击，一位更有胆略的英国领导人约翰·穆尔爵士已将其一支小小的陆军开至位于法国同马德里之间的拿破仑交通线翼侧的萨阿贡。穆尔遭到反击，就像被一阵旋风卷到拉科鲁尼阿，并被赶入海中；但西班牙却得救了。拿破仑皇帝已无法挽回他失去的时间和机会。他已不能亲自重返马德里，只得将只有他这位至高无上的天才方能胜任的任务委托给几个部属。从军事观点来看，他的没落就始于那一天。威灵顿通往滑铁卢大捷的全部发迹历史便孕育于穆尔的大胆构想之中。内皮尔写道，如其不然，意大利半岛之战，历史学家便无从写起了。

一位海军将领可能不一定能预见到他作战所造成的遥远结局，但他却能确有把握地采用纳尔逊在上述实例中所表达的原理，当纳尔逊听到他的舰队司令霍瑟姆谈到他们干得十分出色之后便说："即使十一艘军舰已有十艘被俘获，如果我们还能俘获其第十一艘，我将永远不说干得出色。"

在对马海峡遭遇之前，罗日杰斯特文斯基舰队同东乡舰队之
269 间的相互关系，酷似被追击舰队同追击舰队之间的关系。俄国舰队在旅顺口分舰队屈服之前便已出发，旅顺口事件之后，其所处地位恰如一支惨遭失败首先必须尽力逃入自己港口的舰队。这种局势十分明显，以致许多人感到只有退回波罗的海才是惟一出路；但罗日杰斯特文斯基却断然认为，在日本人忙于修理舰船，清理船底和补充舰员而尚未获得对其实施截击的最佳条件之前，他必须迅速驶往符拉迪沃斯托克。但俄国政府却未下达这样的命令，反而决定令其停留于贝岛（马达加斯加岛北部），等待涅博加托夫率领的增援部队。两种观点在理论上可以说都有某些道理；但考虑到增援部队系由各式各样的不同舰船组成，质量低劣，俄国人的首要目的不是战斗而是逃入符拉迪沃斯托克，而且，尤其是日本人又渴望利用俄国舰队所耽搁的时间以实现罗日杰斯特文斯基所担心的目的，这样看来，罗日杰斯特文斯基或许便是正确的。不管怎么说，他从 1 月 9 日起在贝岛一直耽搁到 3 月 16 日；后来又在法属交趾支那的金兰湾从 4 月 14 日耽搁到 5 月 9 日，此时才同涅博加托夫会合。这表明除去加煤和整修的时间之外，总共耽搁达六十天至七十天之久；从贝岛到对马海峡实际只航行四十五天。由此看来，如果不是由于等待涅博加托夫，俄国分舰队本来可以提早两

个月，或约于 3 月 20 日到达对马海峡。

东乡勿需同一支快速舰队争先，由于得力于位置，他已经占先；但他却需选择最佳位置以便实施截击，而且还要确定他的总体行动方针：例如，是否需要前进迎敌；是否需要以其优势的鱼雷艇兵力对敌人进行骚扰，以击伤或消灭一定数量的敌方舰船，进一步 270
削弱其已处于劣势的兵力；还有关于他可使用的侦察舰的方向及其行动。他的行动可以视为他对这些课题所表示的意见。他没有前进；他没有在遭遇之前试图进行骚扰；他将其全部作战兵力集中于他所预期的敌人必然沿其前进的航线上；而他对敌人的活动却一无所知，只是在交战当天的早晨才获得情报。这样，他做得已经够好的了，但要说他还可以做得更好一些，这也不为过分。不管怎么说，日本人拥有这次海战胜利的大部条件，其中主要之点同我们的课题有关，必须加以注意。他们首先通过一次奇袭使敌方舰队遭到严重损伤，这就为他们在敌方舰队被迫无法活动期间赢得了充裕时间和机会。随之，他们便攻陷敌方两处海军基地中的一处，并消灭了隐藏在其内的分舰队。这样他们便开始了对敌人进行各个击破，并使日益接近的增援舰队只有一处港口可以投奔。

假如一支快速舰队已经消失在视野之外，而且只有一处隐蔽港口可以投奔，理所当然，追击应当直接指向该港；假如港口不只一处，则追击舰队司令就须决定将其舰队指向何处，并要向不同方向派出通讯船去发现敌人和传递情报。承担这种任务的巡洋舰应当使其了解舰队想要或可能进行的运动，当实际可能时并应成双派出；因为，尽管有了无线电报，已无必要派回一艘巡洋舰传递消息并留下另一艘巡洋舰同敌人保持接触，但可能发生意外情况，对

于如此重要的情报，似乎仍以加倍谨慎为要。这同重要函件必须一式两份完全一样；因为无线电在获得消息之前是不能发挥作用
271 的，而要获得消息就必须看到目标。还须记住，无线电发送的消息可能会被截获，而对发信者造成严重的不利。虽然派船传递消息较之无线电波传送更为安全，但很有可能会二者结合起来同时进行。

因而，在理论上，为了取得圆满战果——譬如说为了俘获纳尔逊所说的第十一艘军舰——作战的目的应当是在整个战场上将敌人逐离其每个立足点，尤其是应当将其舰队摧毁或加以封锁。在掌握了决定性位置从而完成了大部分任务之后，进一步的努力应当指向——可能不须直接攻击——那些仍能为敌人用作基地的据点。这样做时，绝不要分散你的舰队，除非拥有压倒的优势，而且绝不要将交通线伸延到你的保护能力范围之外，除非进行一次持续时间有限的突击。

如果被迫在敌方设防港口及其舰队之间进行选择，则舰队会被视为真正的目标；但对港口实行封锁或加以攻击，则可能是诱使敌舰进入攻击可及范围之内的最为可靠的手段。例如，在美国独立战争时期，对直布罗陀的围攻，就迫使英国舰队不只一次地进入敌方封锁舰队作战所及范围之内，以便输送补给。而同盟军却并未实施攻击，只有一次除外，那是没有吸取教训。科贝特在其《七年战争》一书中非常公正地指出，宾[①]在那次值得庆贺的失败中，以身殉职，假如他能转移到附近海湾去攻击法国运输舰船，则法国

① 宾（John Byng 1707—1757 年）英国海军将领。——译者

舰队司令就必定不得不进行攻击，其结果可能会对英国较为有利。这样的运动主要是打击敌方的交通，假如达成这一目的不致使你自己的交通过分承担风险，那就完全符合已被确认的战略原理。对敌方主要基地实施有效的军事封锁，则会迫使其舰队或是进行 272
交战，或是放弃这一战场。因此，恰如前面所曾指出的那样，在叙弗朗于印度海域所进行的战役中，只要亭可马里为英国所占有，则施以威胁便可迫使英国人出战，尽管那不是他们的主要基地。海军一旦放弃战场，则基地港口会由于物资匮乏而终于陷落，例如直布罗陀，假如不是英国舰队按期返回对其进行补给，那它必定陷落。不过，这样的结果总不如对敌方海军取得一次胜利那样完满，这样的胜利会导致同样的结果，而且是既对敌舰又对港口所取得的双重胜利。

假如敌人在战场上有两处或两处以上的补给港口共同组成其基地，而且这些据点都能满足前面所提的条件，也就是说它们不应互相靠近，致使一支舰队便能对两处港口实施监视，那么任务就会变得更加艰巨。美国大西洋海岸的两处最为重要的海军场站诺福克与纽约，就具备这样的条件，二者相距二百五十海里；如果一支美国舰队正在退却，则纽约的第二入口，即经由长岛湾的入口，连同纳拉甘西特湾一起便会对追击之敌进一步造成困难，而有利于美国舰队逃脱。一处港口拥有两处相隔很远的入口，其优点接近于两处港口所具备的条件，这就为失去接触的敌人造成巨大麻烦。东乡司令官恰好正是面临着这样的错综复杂的局面。通往符拉迪沃斯托克的航道共有三条，彼此相互远离。在符拉迪沃斯托克港的前方有一处位置可以密切监视三条航道；但万一机遇不佳，恰逢

大雾，俄国舰队便有可能溜走，不消再走多远便能进入港口，此外还要担心，即使俄国舰队战败，其漏网之舰仍可逃入港口，这样一
273 来，便不会取得决定性的胜利。战斗之后的翌日，找到一些漏网的俄舰，假如靠近符拉迪沃斯托克，它们便有可能逃入该港。

在前面曾提到的拿破仑下达给马尔蒙的训令中，根据其兵力部署，估计到各种不同的时机，认为可在萨拉曼卡附近展开战斗。他写道，但愿能够如愿，因为，一旦英军在离海如此远的地方遭到失败，就会全军覆没，从而葡萄牙就会被征服。英军离海的距离就是距其隐蔽所的距离。约翰·穆尔爵士的功绩就在于他在拿破仑的猛追之下，避开了决战，将其部队带到海边；尽管疲惫不堪，士气低落，但却得以免遭于难。必须记住，在最近的对马海战这一实例中，日本人在临战之前业已失去同敌人的接触。在东乡之前一个多世纪，罗德尼截击驶往马提尼克岛的法舰，却屡遭失败，因为法国人选取了向风群岛之间的许多水道中的一条进入加勒比海，从而得以躲开侦察，待到发觉为时已晚，已无法进行截击。即使在马提尼克岛前方进行游弋也无济于事，因为法国人在瓜德罗普岛还有另外数处隐蔽所可供使用；此外，频繁不断的贸易风和其间的平静无风，使实施封锁的帆船常处于下风——无法保持其阵位。

在所有这些情况下，其指导原理则是，你的兵力不应分散，除非它已强大到足以到处都能对敌人构成优势，而且你的目的应是将敌方基地削弱成为单独的据点，敌人便有可能通过正规作战或由于敌人的疲惫不堪在那时被逐离该点；或者，如果敌方舰队要想向该点输送补给，或到该点进行隐蔽，则至少必须接受战斗。例如，1794 年以及 1808 至 1810 年，英国从法国手中夺得马提尼克

和瓜德罗普二岛，使法国失去了在西印度群岛的所有立足之地，从而使英国在加勒比海的商业得到了安全保证。由于正规作战一般 274
说来较之袭击所需时间要多，如果有一处以上的基地港口，则最好是先强攻夺取其较弱的一处，其最强的一处成为前面所指出的单独据点，留待以后通过正规作战这一危险较小的手段使其陷落。1798 至 1800 年，法国在地中海占有马耳他和埃及。马耳他的设防力量是众所周知的；而埃及却无法与其相比。埃及经过长期封锁之后，才由一支强大的舰队和一支庞大的陆军以强大的联合袭击将其攻陷。马耳他是由于它的交通被切断陷入困境而屈服。旅顺则是通过强攻被攻克。假如罗日杰斯特文斯基不经战斗而能抵达符拉迪沃斯托克，则战争就将继续下去；在这种情况下，日本人可能会满足于封锁该港，依靠其舰队确保其后面的海区，以保证其满洲陆军的交通安全。

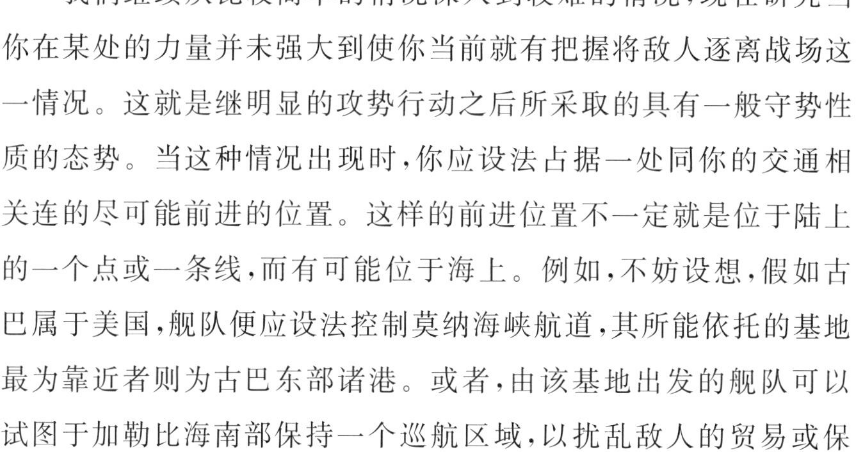

我们继续从比较简单的情况深入到较难的情况，现在研究当你在某处的力量并未强大到使你当前就有把握将敌人逐离战场这一情况。这就是继明显的攻势行动之后所采取的具有一般守势性质的态势。当这种情况出现时，你应设法占据一处同你的交通相关连的尽可能前进的位置。这样的前进位置不一定就是位于陆上的一个点或一条线，而有可能位于海上。例如，不妨设想，假如古巴属于美国，舰队便应设法控制莫纳海峡航道，其所能依托的基地最为靠近者则为古巴东部诸港。或者，由该基地出发的舰队可以试图于加勒比海南部保持一个巡航区域，以扰乱敌人的贸易或保护自己本国的权益。还可在前进位置上静待预期的敌方攻击——可能敌人会试图收复已被占领的位置——此时舰队的任务则是阻

275 滞、扰乱和最后对敌施以攻击，正如前面在谈及敌人对你的推进采取行动时所建议的那样。

现在正在讨论的这样的前进位置，其作用在于掩护其后方的陆区或海域，对付和阻碍敌人的前进。因此，必须严格依据战略考虑仔细加以选择；只要情况未变，就不必考虑继续不断向前推进。所以，选定位置既要考虑到位于其后面的交通线，又要考虑到来自敌人方面的交通线；即既要考虑到它所掩护的那些交通线，又要考虑到它所威胁的那些交通线。1796 年，拿破仑将阿迪杰河一线作为其防御正面，以掩护其后方的全部陆区，并赖此对其部队进行补给。同样，1794 至 1796 年，驻泊在科西嘉岛圣菲奥朗佐湾的英国舰队，依托该湾作为基地，并由此处将其作战正面推至土伦港的门口。这样就将强有力的法国舰队封锁在港内，从而对通往直布罗陀的交通加以掩护，并保证了英国在地中海的贸易安全。

如果不致过分冒险，则应将作战正面向前推进到临近的交叉点或狭窄航道并将它们包括在内。尽管辽阔的海面并无天然战略据点，然而，最佳通商航线的交叉点及强烈的逆风和逆流障碍，都会使某些点和线较之其他点和线更为重要。强固港口、浅水海域或其他航行障碍的存在，都会对预定的作战正面产生影响。例如，一支前进到莫纳海峡水道的舰队，除古巴的那些港口之外，再无更近的设防港口可为依托，然而，可以大胆地在萨马纳湾设立一处储
276 煤仓库，这样就会有助于舰队留驻于该地，即使作战失利丢掉这处煤库，也不致造成致命损失。敌人的前进一旦出现，则一切阻滞或妨害其进一步前进的措施便都会发挥作用。必须不厌其烦地指出，舰队在海战中乃是主要的力量因素；然而，拥有强固据点作支

持的舰队则比其它什么都没有的舰队更为强而有力。

现在，我们已经使我们的远征舰队从目前为止的攻势和推进中转入停顿状态。由于已经取得战果，由于战斗或延伸战线需要抽出分遣队从而使舰队蒙受损失，以及由于在作战正面上遇到困难，所有这些因素或其中某些因素，都会使舰队需要暂时停顿下来，就如拿破仑在我前面刚刚讲过的情况下所做的那样。这种停顿，目的在于确保已经取得的远征战果；在于加强新基地中的补给港口，以便将其防务可以交由陆上部队承担，从而使海军分遣队从这一防务中解脱出来；在于在这些港口中储备足够数量的补给，使其能够长时间独立而无须依赖本土和同本土相连的第一条交通线。当拿破仑已经立足于维罗纳和阿迪杰河时，除了被围的曼图亚要塞外，他不仅有效地控制了这一位置以南和以西的整个意大利地区；而且他还使其交通线紧靠法国而远离敌人以免遭到截击，因而无须再派出分遣队对其进行警卫。这些交通线如同位于法国国内一样。

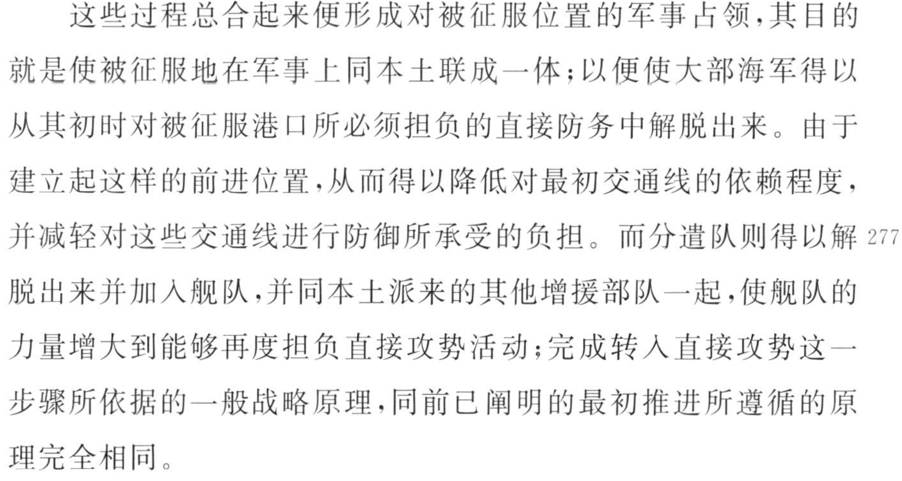

这些过程总合起来便形成对被征服位置的军事占领，其目的就是使被征服地在军事上同本土联成一体；以便使大部海军得以从其初时对被征服港口所必须担负的直接防务中解脱出来。由于建立起这样的前进位置，从而得以降低对最初交通线的依赖程度，
并减轻对这些交通线进行防御所承受的负担。而分遣队则得以解 277
脱出来并加入舰队，并同本土派来的其他增援部队一起，使舰队的力量增大到能够再度担负直接攻势活动；完成转入直接攻势这一步骤所依据的一般战略原理，同前已阐明的最初推进所遵循的原理完全相同。

有关防御的原理有待于更加详细地进行探讨，这些原理在谈及对方在你推进期间所采取的行动时，曾不时提到过。

关于防御方面的建议，不可能像关于进攻方面的建议那样令人满意，至少要肤浅一些，因为防御不外是在于善处逆境；其所为并非所愿，而是在不得已的环境之下，尽力而为。

但在某些方面，防御确实有优势，其所拥有优势甚至可以通过已被喻为战争准则的以下说法予以证实："防御乃是较之进攻更为强而有力的战争方式。"我对这一说法确实并不喜欢，因为在我看来，这似乎是对防御姿态的决定性特性的误解；但如加以适当限制，却也能说得通。这一说法意味着，在特定的作战中，或甚至在总体计划中，防御一方由于暂时并不向前运动，便能加强准备，进行深思熟虑和采取持久部署；而进攻一方由于处于不断运动之中，便易于失误而使防御者有机可乘，而且在任何情况下，进攻者都不得不接受对其不利的条件，这已成为其所面临问题的组成部分，即当其正在进军之中，防御者则正在加倍准备。这种准备的极端实例就是建立持久性的设防阵地；而其类似的实例则是在仔细选定的地形有利的战场上待机出击，并将军舰按严格的序列布成横队
278 使舷炮得以展开以待敌人，敌人则须以纵队接近，因而不利于发扬舷炮火力。仅就这一点而言，防御者所采取的*方式*较之进攻者当时所采取的*方式*更为有力。

你们只要仔细加以深思便可认识到，在对马海战中日本舰队处于守势，因为其目的在于制止、阻挠俄国舰队的企图。实质上，不论他们采取何种战术方法，都是意在将其舷炮于通往符拉迪沃斯托克的航道上横向展开以待敌人。俄国舰队则处于攻势，我们

还不习惯于这样来看待俄国舰队；他们如有可能，便要冲向符拉迪沃斯托克。他们如有可能，便须保持通往该地的航向，并冲过日本舰队的拦截。总之，他们处于攻势，其接敌方式只能是舰首朝前的纵队队形，这是一种较弱的队形，一当到达开火距离，便须在战术上放弃这一队形。

在美西战争期间，塞韦拉在抵达圣地亚哥港之前的运动也具有攻势性质，而美国则取守势姿态；这就是说，他在设法实现其目的，而美国海军却在防止其达成目的。西班牙拥有三处主要港口，哈瓦那、西恩富戈斯和圣地亚哥，我们不能肯定西班牙舰队奔向何港，我们必须将兵力布置于两处港口之前，敌人企图入港就须不惜一战。我们拥有足够的力量进行这样的部署。因此，应予拦截的两处港口，显然应当是哈瓦那和西恩富戈斯。为了防御我们北部海岸这一设想的需要，而将西恩富戈斯开放。假如塞韦拉驶往该港，则他便会在美国快速舰队到达之前抵达该港。因而，将快速舰队保持在汉普顿锚地仅是假想的需要，但这依然足以说明海岸防御不强会对国家军事计划产生影响。

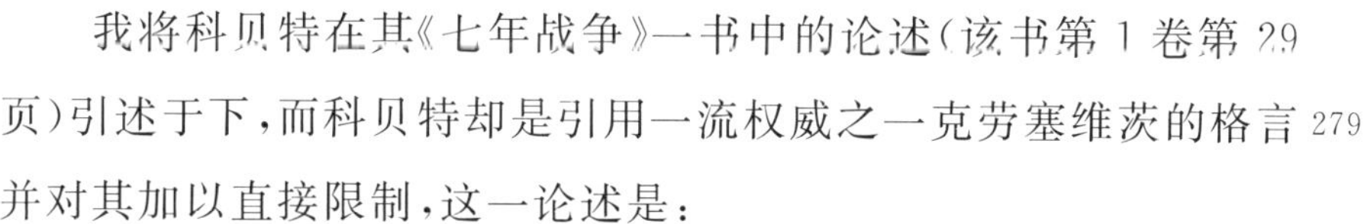

我将科贝特在其《七年战争》一书中的论述（该书第1卷第29页）引述于下，而科贝特却是引用一流权威之一克劳塞维茨的格言 279
并对其加以直接限制，这一论述是：

“当我们说防御乃是更为强而有力的战争方式之时，**指的是，如果计划得当，它只需要一支较小的兵力**，当然，我们只是仅就只有一条一定的作战线而言。假如我们对于敌人将要攻击的大体作战线确实一无所知，我们也就无法将自己的兵力集结于该线，于是防御就会脆弱，因为我们被迫分散兵力，以便能在敌人可能选择的任何一条作战线上阻止敌人。”

然而,显而易见,一支强大到足能在数条作战线上阻止敌人的兵力,就应以其所拥有的优势采取攻势。在上述实例中,面对塞韦拉的逼近,美国的真正集中方针却不得不让位于分散,即分兵于西恩富戈斯和哈瓦那。不是在一处位置上发挥其决定性的优势,而是在两处位置上维持勉强的均势。假设敌人的技能和训练水平同我相等,其结果可能是或胜或败;其唯一的补偿便是敌人会被打得溃不成军,以致按纳尔逊的说法他在当年的季节里再也无能为害了,而另一支美国分舰队便会控制海域,就如 1904 年 8 月 10 日以后东乡所做的那样。从纯粹的军事观点来看,深感遗憾,西班牙人和俄国人所表现的军事才能是如此低劣。

防御的根本不利条件极为明显。它不仅是弱方迫不得已而采取的态势,而且当作战线不只一条之时,这是常有之事,防御方还会苦于难以进一步确定敌人可能在何处发起攻击。这样便会导致倾向于需要分散兵力。防御的有利条件前已充分阐明,主要是可
280 以从容准备,采取多种预防措施。当你采取守势之时,必须认识到你自己本身已无持续向前推进的可能性,而敌人却具有以优势数量的兵力出现于你的正面之前的能力;除非你能于中途对其进行骚扰,造成足够的损失,以缩小悬殊的兵力差别。一俟这一悬殊不复存在,你便应采取攻势。另一方面,采取守势时,理所当然,你应握有一支虽属劣势但却具有相当规模的战斗舰队,而且还要拥有海上边境,在这一边境上据有一定数量的非经正规作战便无法夺取的港口,以便武装舰船在这里进行备战并作为基地退入其中进行休整。没有这两个要素,就不可能有真正的防御。

然而，这里当前所考虑的问题，不是关于本土海岸的防御，而是关于全部或部分为我所控制的海域的防御。除非这一区域紧靠本土，则国家权力就不会像在本土那样获得全面发展和巩固。加勒比海靠近美国，故美国在该处合法取得的各个地区，诸如巴拿马运河区、波多黎各和关塔那摩，同欧洲各国拥有的同样地区相比，便具有特殊的价值。又如日本在远东所拥有的位置，使其在维持和巩固权力以及继续作战方面，较之每一个欧洲或美洲国家具有极为明显的有利条件。然而，在相隔距离非常接近相等的地方，位于两个远隔的竞争对手之间的我们当前所设想的海域，便会成为必争之地，如同从前的日耳曼诸邦和多瑙河流域处于奥地利和法国之间那样。在美国独立战争时期的海战期间，包括西印度群岛 281
和十三个美洲殖民地在内的这一地区，其情况便是如此。群岛和大陆连同其间的海域，乃是当时海战的主要战场，它们距交战列强法国、英国和西班牙的距离实际上相等。在陆上，控制如此遥远的区域须依赖两个要素：掌握一些据点作为基地，以及拥有一支机动的野战军；然而，采取攻势还是采取守势，却要取决于其野战军同敌人相比是强还是弱。海军则是海域中的野战军。

在防御中，强固要地具有极为重要的作用。当一支陆军以优势兵力向前推进时，那些属于它的强固要地，便都将处于其后面，即位于其后方。于是，它们便成为集结补给、辎重和增援部队的安全据点。如果严加守卫并确保其同野战军的交通安全，则野战军便可自由机动。

查理大公在更加详尽地论述作战基地时曾经指出，这一论述也适用于中间据点，他说：“这些据点必须严加设防，使其能够独立,而不致担心设在那里的弹药仓库会有丢失之虞,也不致被迫抽调分遣队对其进行守卫,从而往往产生削弱野战军的不利影响,这样才能合乎需要。一位总司令首先被迫掩护其弹药仓库并留下部队对其进行警卫,他就决不会采取迅速而大胆的行动就好像他已具备了才能能从弹药仓库退出一阵后,又肯定仍会发现依旧完整无损。”

任何海军作战基地如果没有适当的防御,也会同样如此;而且它对舰队来说更为有用,更加需要,当其未加防御之时,就可能使舰队暴露,海军的行动就会受到更大的妨碍。

查理大公的论述来自沉痛的经验;如果不是他个人的亲身经验,至少是他国家的陆军的经验。或许由于奥地利人属于日耳曼
282 血统,他们作战所及的各个国家均与其有着血族关系,因此没有像当时法国人那样以肆无忌惮的手段依赖当地国家以求生存。于是他们需要大量仓库,而且并非总有设防城镇可以安置这些仓库。因而,他们或者不得不留下大量军队对其进行守卫从而削弱主力;或者就要试图以主力对其进行掩护从而严重损害主力的行动自由。

值得注意的是,那些极端鼓吹将海军用于海岸防御的人,却对设防大肆诋毁,这就会使海军陷入类似的困境。

切勿由此推论,认为设防最强的要地就不需要守备部队予以警卫;然而,城垒的威力相当于众多的部队,而且可由素质不适于野战的部队对其工事进行警卫。对于海港也是如此;如果海港并未充分设防,则海军便须承担大部防务;如果设防充分,则海军便不需派出分遣队承担此项任务,其防务则由不适于海上勤务的陆军部队承担。这样的要地是进攻一方所依托的最好基点;在永久属于一国统辖的地区里选择这样的要地；应当参照其固有的适合性和相对的位置，以便使每处要地都能发挥其威力，共同构成一个战略配系。它们的数量不宜过少；但也不宜太多，多则就需从机动的陆军部队中，即从野战军中抽调一定数量的兵力对其进行防护和警卫。因此，当要塞数量超出需要时，野战军不是被加强，而是被削弱。若米尼说："法国拥有的设防要地过多，而日耳曼却过少；而且后者的要地普遍低劣，"（就是说脆弱）"而其位置又不适宜。"在上述条件下，由于各自的经验不同，对于设防据点的价值，无怪乎法国军官将其贬低，而日耳曼大公却又将其夸大。 283

设防的支援据点，既是补给仓库，一旦需要又可充当临时隐蔽所，这一问题对于我们当前面临的情况，即对于控制国外的海域，具有特殊的重要意义。在这样的情况下，野战军则更加同海军相似。陆军部队通常仅限于守卫这些位置，即采取守势；就他们而论，远征行动即攻势行动则是例外。由舰队负责防守这样的基地，不论该基地是在本土还是在海外，都会束缚舰队的行动，同样，又使舰队处于错误的位置上。当前突出的实例，便是英国对德国入侵的担心。这是由于英国本岛的陆军大大低于德国陆军。英国本岛的守备不够充分；他们单纯依靠舰队进行防御；于是舰队便被束缚于英国水域。假如英军能在其本土以同等的数量和训练水平的兵力迎战德军，则舰队便能获得相对的行动自由。例如，抽出一支分遣队派往地中海或中国；而在本土只保留一支拥有适当优势的兵力以对付可能的敌人。而实际情况却是一切全都依赖舰队，故舰队必须拥有更为宽阔的安全幅度，即无坚不摧的优势；这就是说，舰队的行动自由和作战范围会大大受到限制，因为舰队必须将

其他情况下可以抽出的军舰也同其保持在一起。

一支海军由于被迫掩护两处或两处以上没有适当设防或没有陆军适当守备的据点，就会在特定区域内于总体作战活动中陷入不利的守势之中。例如，1799 年二十五艘法国战列舰突然进入地
284 中海，致使形势急转直下，如此众多的据点需要加以防护，由于没有适当的守备部队守卫，故只能由海军来承担防务；这恰是英国本岛现时困境的较小规模缩影。英国舰队司令深感梅诺卡岛是个负担；他对该岛所发出的感叹之言值得存在舰队理论和绿水学派的拥护者们深思猛省。他说："情况太严重了，我无法找到这些流浪者，"即指法国舰队，"而且又被这座毫无防御的海岛捆住手脚。"发出此言的人并非一流指挥官；但他却是一位高于一般水准的军官，其能力大大超出一般水平，他在这里表达了常人常有的心境。如不是需要对位置进行防护，英国舰队本来可以集中起来，随意自由行动，而且还可以对敌人进行大举进攻。而当时的情况却是，他对敌人的目的一无所知，于是舰队便分为主要两部，每部都不能同整个法国舰队兵力等同。一部为主力，掩护梅诺卡并多少有点漫无目的地游弋于巴塞罗那、土伦和梅诺卡所形成的三角地带；另一部由纳尔逊统率，掩护通往那不勒斯和西西里岛的航道。正当英国舰队苦于单独防护数处据点而陷入困惑之中，法国舰队尽管仓促，却得以安全行动，毫未遭到骚扰便已撤走；使一大批西班牙军舰随同其一起撤离卡塔黑纳，这些西班牙军舰后被留在布勒斯特，成为法国同西班牙结盟的抵押品。

只有在采取守势之时，强固要地的价值才能充分体现出来。就顺序而言，防御方的第一个目的就是赢得时间。因此，应在极为

重要的防御据点的正面尽可能远的地方开始阻击敌人，这样才能有利。拿破仑在1796年的著名意大利战役中，以其灵活的战略和
大胆的战术用了两个月的时间掩护从热那亚正西的萨伏依推进到 285
曼图亚。而该地的要塞却将其阻止达九个月之久。请注意，波河流域的伦巴第当时是奥地利的属地，它对奥地利来说恰好是一处境外海域，就像加勒比海对于美国这一海洋国家来说就是一处境外海域。奥地利纵然失去该地，但很长时间以来却从未甘心与地中海隔绝，如今它似乎正在谋求在巴尔干开辟一条通往地中海的通路。曼图亚对它来说是一处前进哨所，它具有阻拦入侵者向前推进的效用，不仅可以防护其所在的地区，而且还可防护其背后的本国国土。该地强而有力的守备部队恰如海港中的一支舰队，除非法国有能力钳制住这支守备部队，否则当法军登上阿尔卑斯山向奥地利本土推进时，它便可威胁法国的交通，拿破仑没有足够的兵力对抗守备部队并在同时向前运动。他不能分兵，便只得停顿下来；而在这九个月的耽搁时间中，奥地利集结并陆续派出不少于三个军团的兵力对抗拿破仑，而拿破仑只是以其独有的雄才、胆略和魄力才将其击退。曼图亚失陷之后两个月，他便长驱直入挺进维也纳，迫使奥地利求和。

像曼图亚这样的要塞，于上述情况中，提供了一个引人注目的实例，证实了防御乃是强而有力的战争方式，并也说明了于本国国土前方尽可能远的地方开始抗击逼近的敌人所具有的优越性。这可能是一个极端的实例。然而，自始至终，拿破仑却一直都在表明进攻在精神上和效果上是何等更为强而有力；他固守其在维罗纳和阿迪杰河的位置，这是他的防御基地，正是由于他以这些位置为

286 依托采取迅速的攻势运动才得以挫败敌人，其敌人则由于不断遭到法军的主动的突然袭击，而被迫采取守势，最后则不得不退却。攻势既有主动之优越性，也有主动之危险性；主动的特殊的价值在于其本身便是目的，这一目的既单一而又集中。防御方由于不知敌人的目的，以致被迫去顺应敌方的部署，从而会感到危险方向不只一处。这样就会趋向于分散，就如进攻方趋向于集中一样。

应当看到，类似曼图亚这样的条件，对于舰队的运动并不总是会产生类似的影响，因为许多需依赖交通运给陆军的补给，舰队却可随船携载。例如，1801 年，经哥本哈根战役丹麦舰队被摧毁之后，纳尔逊曾想立即向波罗的海挺进，以攻击驻泊在雷瓦尔港[①]的一支强大的俄国海军分遣队；但其总司令却不想向前推进而将仍怀敌意尚未屈服的丹麦留在其后方。这只能意味着对交通的敏感，这种敏感对于这样的胆略来说实属迂腐，因为英国舰队往返一次并不就能耗尽其物力，而摧毁俄国海军分舰队却具有重要的军事和政治意义。纳尔逊承认这是冒险，但为了更高的需要他却极力主张冒这次险。他的意见遭到压制，俄国人则得以逃脱。这样的快速冲刺在某些方面具有突然袭击的性质，突然袭击的特点则是置交通于不顾。假如不是这样的突然攻击，而是以长期作战为目的——比如进行封锁，就像当年坚持在法国港口前方那样——则运给波罗的海的英国舰队的补给，就必须在丹麦炮台射程范围之内通过，因此，必须攻克丹麦炮台。假如，除炮台之外，那里还有一支丹麦海军分舰队，那就也需有一支英国海军分舰队同其抗衡。

① 今之塔林。——译者

假如雷瓦尔和哥本哈根两处海军兵力合在一起等于或超过英舰数量，则分兵便为失策；必须首先制服哥本哈根，就如拿破仑必须首 287
先攻克曼图亚一样。现代舰队迫切需要重新装煤，因而情况就更加严重。

一支野战军当其对敌处于劣势之时，便须后退，并应尽可能做到寸土必争，直到退至前进设防战略据点线为止。当这支野战军通过该线时，必须根据这些据点的需要、其本身的现有兵力以及可能期望得到的增援，按比例加强这些据点。将自己密藏在一座要塞之中，就像麦克之于乌尔姆、麦克马洪之于色当和巴赞之于梅斯，就其态势而言不论是否合理，而就这支野战军而言，这却是一项绝望的计划。总体军事态势有可能要求采取这样的步骤，但这是自取其祸。当追击的敌人追至设防哨所线时，其所面临的问题则是，“拿下这一据点再行前进，还是只留足够的兵力以阻止该地的守备部队袭击己方的交通？”

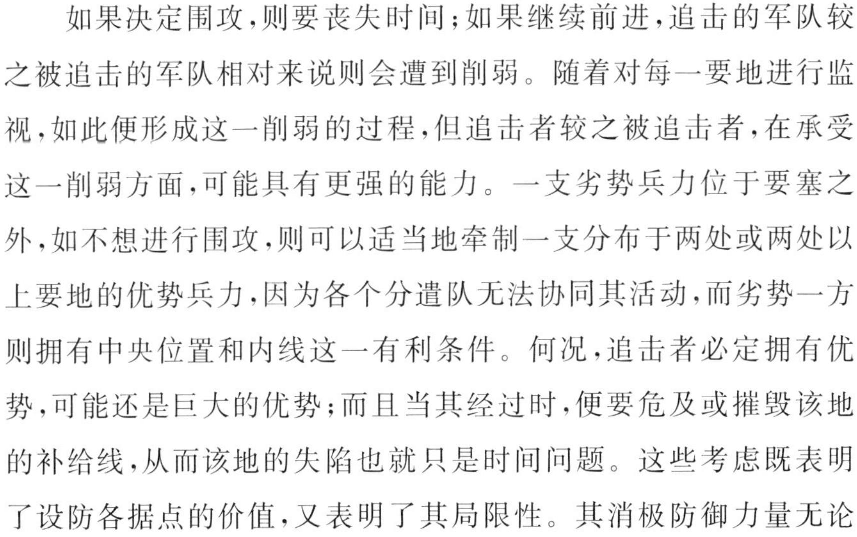

如果决定围攻，则要丧失时间；如果继续前进，追击的军队较之被追击的军队相对来说则会遭到削弱。随着对每一要地进行监视，如此便形成这一削弱的过程，但追击者较之被追击者，在承受这一削弱方面，可能具有更强的能力。一支劣势兵力位于要塞之外，如不想进行围攻，则可以适当地牵制一支分布于两处或两处以上要地的优势兵力，因为各个分遣队无法协同其活动，而劣势一方则拥有中央位置和内线这一有利条件。何况，追击者必定拥有优势，可能还是巨大的优势；而且当其经过时，便要危及或摧毁该地的补给线，从而该地的失陷也就只是时间问题。这些考虑既表明了设防各据点的价值，又表明了其局限性。其消极防御力量无论

288 如何巨大，也决不能产生一支训练有素的野战军以其机动能力可能取得的效果。

海上作战看来不会出现极其类似一支劣势陆军面对优势陆军而退却的局面，劣势陆军可以不断地利用有利地形节节抗击，以阻止优势陆军的推进，这就使人认为更为强而有力的战争“方式”就是防御。然而，我们也有类似的史例，它们至少可以具有启发性。这就是纳尔逊 1799 年于西西里外海以不足十二艘的战列舰，期待着先以为拥有十九艘，而实际却拥有二十五艘战舰的法国舰队的到来，他宁愿战斗，也不肯让其占领他所防御的要地；又一次是在 1805 年，他率领十二艘战舰从西印度群岛返航欧洲并期待着同拥有十八艘至二十艘战舰的敌人遭遇。前后两次，他为同一目的所鼓舞，他表示：“待到他们将我的分舰队击败之时，他们今年就再也不会制造麻烦了。”当然，他的意思是说，在英国海军的整个活动中，他的任务是对敌人实行逐个击破过程中的一个枝节；而由其余的英国海军兵力来收拾敌人的残余部队。这同 1796 年查理大公的南路奥军的活动基本一致，该路奥军分担的任务是在每个防御据点上展开战斗，以退却吸引住莫罗，而大公自己却率北路奥军以压倒的数量优势扑向儒尔当。

毫无疑义，在第一个实例中，纳尔逊心中已经有了他在第二个实例中所明确指出的同一意图：“非到最后时刻，我决不作战，**除非**他们给我的时机非常有利，使我不能不动手。”这是指十分短暂的有利条件。有利条件就是有利条件，不论是对方提供的，还是自己取得的；不管是由于敌人失误，还是由于地形有利，这在陆战中作
289 用很大；不论是根据哪种要素，机智的防御者总是谨慎地既根据敌

人的错误也根据其他条件，为自己寻找时机。据说，拿破仑在奥斯特利茨战役中，当其急于得到一个明显的时机时，曾经说过："先生们，当敌人犯错误之时，我们切勿过早阻拦他。"在纳尔逊时期的各次战争中，英国海军的总体任务是防御，而在广阔的战线上却仿效拿破仑的习惯作法；就是说，其部署便于构成最初的有利条件，一旦机会来临便能立即采取攻势，而当时机成熟之时，便以有利条件展开战斗。当1805年初纳尔逊离开地中海驶往西印度群岛追击法国舰队之时，即是如此，他曾经与一支支援马耳他的护航运输队相会合，这是一项防御措施。尽管他的时间紧迫，但他却一直等候到这支护航运输队安全抵达的所有安排都已就绪。当他身负攻势任务之时，他仍然注意照顾其所防御的基地。

在海上如同在陆上一样，也需有设防哨所。其重要程度或许甚至更大，因为双方舰队活动所在的战场很少能够提供位置——由于地表外形——以便劣势兵力赖以依托并通过战术部署以缩小对其不利的差距。而对隐蔽所的需要和保证资源安全的需要，其程度较之陆上则更大。风力是旧时的有利条件，它表现为更大的速度，舰数较小的舰队比舰数较多的舰队可能具有更高的舰队速度。一支舰队的舰数愈多，就愈能发现在它们之中既有最快的军舰也有最慢的军舰这样两种兵力；而舰队速度并非平均速度，而是最慢的军舰的速度。因此，舰数愈多的舰队，其舰队速度很有可能较低。这一考虑表明一支退却的舰队可能没有必要向其所支援的港口快速飞奔，特别是，当这支追赶而来的海军护送着载有陆军部队的运输舰时，这种情况确有可能。

还要考虑到战场的广阔性，可以说，一支退却舰队假如大大居 290

于劣势,就不应让攻击者进入攻击距离之内。似乎有理由这样说,它应当后退,按追击者的速度调整自身的速度,使用快速巡洋舰断后以监视敌人并同主力建立联系。当然,敌人的轻型舰必将试图对它们进行驱逐,但敌人的轻型舰并不能追随它们进入它们的舰队之中,也不能阻止它们返回。假如双方速度相同,则追击舰队的巡洋舰便无法赶上。它们只能在追击舰队主力以外同退却舰队的这些巡洋舰保持一定的距离,这样一来,有利条件便会削弱,因为它们本身的存在就暴露出它们的主力就在附近。退却的巡洋舰不应交战,除非条件特别有利;因为,一旦丧失战斗力,便将落入逼近的敌人之手。因此,自不待言,对于一支较弱的采取守势的舰队来说,在这种境遇之下,应以最大可能尽量同入侵者保持近距离,伺机抓住任何一个可能出现的有利条件。**如何**抓住这样的有利条件则属于战术领域;实际上整个退却行动都属于战术领域。假定起初双方的速度和专业技能就相等,则舰数较少的舰队一般说来比舰数较多的舰队,运动速度更为迅速,而且操纵也更容易。舰数较多者应如何运动,编成何种队形,如何护卫其护航运输队;舰数较少者应如何实施退却,有无可能在现代条件下进行骚扰攻击,以及如何采取最佳方法实施骚扰攻击——所有这些与其说是属于战略领域,不如说是属于大战术领域。

当退却舰队到达其设防港口的外线时,即第一条防御线,防御者的两部分力量,其舰队和港口,便结合在一起。于是面临的问题
291 便是如何使用舰队。可以设想,逼近的敌人在海上居于优势;在陆上也必居于优势,因为,对于这一特定目标,他至少必须予以首先考虑。假如防御者只有单独一处港口,则情况便非常严重,煤炭补

给便会靠不住。假如这处单独港口设防很弱，难以坚守到所期望的时间，则这一特定地区的局势便几乎是陷于绝境。

然而，我们的目的不在于讨论陷于绝境的情况，而只是讨论那些劣势不大、而其技能和能动性可以部分弥补其差距的情况，我们不妨设想有两处或两处以上适当设防的港口，在位置上可以彼此相互支援，但并未靠近到敌人不用分散其舰队便能对它们同时进行监视的程度。防御者的舰队——较弱的舰队——的目的有三：战列舰必须集结在一起；它们必须尽力设法不被封闭在任何一处港口之内；战斗舰队应当不使自己被优势兵力所迫而同其交战，除非环境有利。假如敌人第一个指向的据点尚不明确，则应占据最为有利的位置，以便于抵达任一港口并等待迹象进一步发展。例如，纳尔逊当其无法肯定法国舰队从土伦消失之后驶往埃及抑或驶往大西洋时写道："在我尚未获悉某些真实情况之前，我既不驶往西西里以东，也不驶往撒丁以西。"东乡在马山浦提供了另一例证；但较少引人注目，因为疑虑的成分较少。

一支防御舰队在选择其当地作战基地时，即选择为实施总体防御所需的集中据点时，由于防御舰队本身乃是总体防御的主要要素，故除了其他方面以外，定要认真考虑，何处港口最有可能成为敌人的岸上作战目标；因为，假如该点得以肯定，则另外某处位置就可能对舰队更为合适。譬如说，有种种理由可以推测日本人 292
将选在旅顺口附近登陆，并对该地进行攻击。因而，假如俄国舰队意在推迟交战或不愿交战，则以驻泊于符拉迪沃斯托克为好；因为占据旅顺口这一位置，可使敌人、甚至诱使敌人将舰队和陆军都集中于一点，于是该点便成为战略中央位置，尽管并非几何学上的中

央位置,这样就无法诱使日本人分散其活动。而俄国战斗舰队于符拉迪沃斯托克便不可避免地会将日本的主力舰队吸引到那里,这就为俄国巡洋舰分队提供了更大的可能性对日本陆军的交通进行袭击。而符拉迪沃斯托克拥有两处出口,这又增加了一个理由。

假如第一个目标十分强固,必须延长作战时间方能将其攻克,则敌方舰队必将全部或部分被拴在该点。敌方舰队即使不参加直接攻击,也须掩护其陆军通往到达点的交通,这是陆军同本土联系的链条中最关紧要的环节,而且还须封锁防御一方的舰船可能用作加煤站或补给站的港口。惟有攻克该地,攻击一方的舰队方能全部解脱出来。因此,它负有两项任务:一是支援陆上攻击;二是监视防御一方的海军的任何危害。假设防御方机智而又主动,则攻击一方的舰队不进行某种分兵便无法同时完成上述两项任务。在这种假定情况下,尽管达到这一目的方法可能提得很多,因为其目的只有一个,防御方的舰队司令享有主动这一有利条件,他之所以享有这一有利条件,是因为尽管其国家处于守势,因而其舰队也处于守势,但在总体防御计划中,舰队的特定职责却是对敌方的交通采取攻势,或对其分遣队采取攻势,如其已经编成;总之,就是对
293 敌人实行牵制和迷惑。为了对付这些牵制和惊扰,攻击方舰队则不得不进行防御。因此,它必须对付两个必要的目标,即敌对的舰队和敌方的港口,除非防御一方自投罗网,让其舰队于被包围的港口之内任遭俘获,就如俄国舰队在旅顺口那样。

现在让我们以假设为例予以说明,假如一支美国舰队以大西洋海岸为防御线,拥有诺福克和纽约这两处设防良好的港口,而美国海军虽居劣势,但依然强大。假如纽约港因其商业重要性而使

敌人决定对其实施攻击，则美国舰队位于诺福克便会对敌方海军构成两个目标并强行使其进行分兵；另外，美国海军可以自由活动，可对敌方的贸易、交通、殖民地其中的任何一项权益展开攻击。假如纽约成为敌人的目标而且只有一处入口，依我之见，如将舰队摆在那里，便会酿成错误；拥有两处入口，便可使敌人强行分兵。由于采用无线电通信，这些考虑将会有所修正；而在气象条件以及随同主动而来的总体有利条件方面，即时间、地点和方式都是由出航舰队选定，故无线电通信只能修正这些条件，却不能将其取消。

应当不厌其烦地经常重复，当一个国家由于保卫其海岸线而处于守势时，舰队的有效作用则是采取攻势。因而，在这一讲的其他部分中，我曾经说过，海岸要塞就其性质而言，主要不是居于守势，像通常所认为的那样，而是居于攻势；因为它们保卫着采取攻势的海军。1812 年罗杰斯分舰队这一实例，虽然规模如此之小，

但却十分切题。当时美国几乎是既无海军又无陆军，因而处于守 294
势；而罗杰斯分舰队的出航却是攻击英国贸易及其海军分遣队的总体攻势中的一个步骤。其结果迫使英国各个分遣队不得不进行集中，因为每支分遣队都弱于罗杰斯的整个中队；于是美国各港对于返航的商船依然畅通无阻。俄国错误部署其舰队的主导因素，就是忘记和忽视了这一考虑。一个国家不论是最初就采取守势，如上述两例中的俄国和美国，或是由于海上战败并向本土水域退却而采取守势，这都无关紧要。一旦退却完成，骚扰前进敌人的时机也就成为过去，不管对这一时机利用得好还是坏，于是防御方舰队除将煤舱装满之外，便别无其他牵挂；应当承认，这是蒸汽机的一个额外负担。而没有其他忧虑，不受其他任务的束缚，这依然是

一件大事。

假定海岸线上的各个港口都已适当设防，它们在一定时间之内有能力自顾自身。则防御方舰队司令的任务便是攻击敌方的交通；在每一可能方向上通过攻击或威胁去骚扰敌人并扰乱其企图；利用自身所采取的攻势来支援总体的守势。舰队司令或负责这一作战方向的政府有关部门的水平将表现在对这些攻击目标的选择上，攻击应能最有力地调动敌人。正确的军事原理往往由于政治考虑或感情用事，由于舰队和陆军的指挥官缺乏军事技能，或者由于缺少承担重任的勇气，而遭到践踏，这样的实例在战争史上不胜枚举。防御的目的在于运用人类本能的弱点，着眼于使攻击一方分散其兵力。像力图保卫每一据点这样的冲动，同其他天生弱点一样，只有坚持正确的原理才能予以克服。在同西班牙对抗期间，

295 美国海军部被众多的海岸据点要求给予区域保护而困扰。将机动

分舰队禁锢在汉普顿锚地，以及将一支本来可以很好地用于封锁和承担派出任务的巡逻兵力禁锢在北大西洋海岸，都可以视为是对这一惊恐的迁就。这些部署肯定同正确的军事原理不相符合。

防御一方的海军这种作战所追求的结果，曾被现代法国海军战略著作家达夫吕伊海军中校称之为“兵力转移”。在我看来，这一短语既恰当贴切又富有启发性。他的意思是说，假定敌人遵循正确的军事原理部署其兵力，则防御方便应对敌人或是刺激、或是诱惑、或是威胁，使其改变部署，转移其兵力。在诱敌转移中，过分自信同过分谨慎一样，都是有害的。假如敌方军舰是适当地集中，则可诱使其分散；假如敌舰配置正确，则使其转移到较坏的位置。英舰“军人”号之所以被美舰“宪法”号捕获，就是由于英国兵力转

移所致。罗杰斯分舰队出航，迫使英国海军进行集中，而且由于同一原因，英国海军又护送一支重要的西印度群岛船队向东进入大西洋数百海里。到达那里之后，认为已经安全，遂派“军人”号驶往哈利法克斯。中途同“宪法”号相遇。

现从达夫吕伊的著作中引述数段于下：

“无论从何种观点来看，在海上采取守势只会陷于不利。这是不得已而为之；绝不应自愿采用。不论是居于这一方还是居于另一方，我们都要选取攻势；就是说要寻敌求战。但双方进行的方法却不会相同。”

“较强者急于和敌人的不同分舰队会战，以便在它们还没有时
间为害之前将其摧毁。较弱者”——我称其为防御一方——“首先 296
要设法同敌人脱离接触，使敌人无法肯定受其威胁的据点，从而诱使敌人转移兵力，并促使出敌意外的情况发生；遂之尽力将敌人引至一处能使自己的较弱兵力得以有利地发挥作用的战场。只要这一阶段持续下去，而且直到决定性战斗使天平发生明确倾斜为止，则战争直接目的的达成就要拖延到必需在有利条件下同敌进行首次交战之时。在这一角逐中，更为主动、更为机智、更为坚毅和装备更为精良的一方将赢得胜利。”

“特别是在战争开始之初，攻击一方会获得决定性的战果。如果通过猛烈攻击得以成功地预先察明敌人的方案，则总体作战便取得预先定下的方向，这就会形成一种态势，它能使敌人所有期待的事物都遭到破坏并使其瘫痪，除非他能赢得一次胜利得以扭转其处境。迫使敌人处于其意料之外的态势，这一事实本身就使敌人居于劣势地位并阻止其不得恢复，与此同时，你自身的兵力便能

得到更好的运用。”

日俄战争中，由于日本海军对俄国海军实施的首次袭击获得成功，故取得了惊人的战果。

“攻势的特点乃是实施攻击而不接受攻击；历史证明几乎所有的海军胜利都是在敌方海岸取得的。”

假如在战争冲击中，双方在一切方面力量都相等，那就不会有什么结果。另一方面，如果存在不相等，弱者便只好屈服于强者。战争科学，更确切地说，战争艺术，其使命就在于在既定之点上改变不相等，或变劣势为优势。为战争艺术所遵循并为我们所确信的出自卓越权威之手的原理，总是为数不多，而且极为简明；这些
297 原理又被归纳成一条重大原理，就是要在决定性之点上对敌居于优势，且不管双方在整体上的相对力量如何。例如，俄国海军在总体上较之日本海军拥有很大的优势，但由于兵力分散，故在直接战场上同敌人相比则居于劣势；而且这一劣势在决定性之点上，又由于日本海军在开战之初即实行突然袭击而加剧。

当正确的一般原理运用于战争的具体问题时，便会产生困难，原理寥寥无几，情况却多种多样，而较小的细节更是数不胜数。这里还牵涉到经验——经验又称为实验，乃是一切科学的基础。在没有战争的情况下，如何才能取得经验呢？即使经常处于战争之中，任何一个人，具体地说，一名陆军中尉或一名海军舰长又怎能亲自体验所有的或大部的数不胜数的可能和定能发生的情况呢？没有人敢于回答说他能；假如有人胆敢断言他能，那我就引用一些名将的名言予以答复。查理大公写道：

“一个人只有拥有研究的热情和长期的经验，才能成为一员名

将。只有个人的所见是不够的；因为一个人在其一生所经历的事件中无论如何富有成果，都不足以提供包罗万象的经验；而谁又能在出任要职之前，就有机会先能体验到担任将领的难以掌握的艺术呢？因此，就要利用他人的知识来扩充自己的学识，对前人的结论进行衡量，将历史提供给我们的辉煌的军事成就和取得巨大成果的事件作为对比的依据，这样才能驾轻就熟。”

拿破仑一世也有类似的说法：

“要像亚历山大、汉尼拔、凯撒、古斯塔夫斯·阿道尔夫、蒂雷纳、尤金亲王、腓特烈大帝那样进行攻势战争；熟读他们的八十三
次战役的历史并以他们为榜样；这是成为名将和掌握战争艺术奥 298
妙的惟一方法。这样一来，你就会受到启发，从而抛弃那些同这些伟大人物的准则相对立的东西。……将这八十三次战役的历史予以详细阐述，就是一部完整的关于战争艺术的教材；攻势战争和守势战争所必须遵循的各项原理就会从其中，如同从一处源泉中一样，不断地源源流出。”

他又说：

“战术、机动、工兵和炮兵学科都可在教材中学到，就像学习几何学一样；但大规模作战的学问，却需从经验中，从研究战史和名将的作战中才能获得。”

建议人们研究名将们的战役，还含有另一更为深刻的考虑。这就不单是将他们所做过的事情编成先例一览表，当特定情况发生时，可从其中查询储存完好的回忆资料，以便做出决定。这种机械般地利用这些资料，当然有其优点，可以用于撰写论文，并能有效地向那些别无他法学习的人们讲授。但除此之外更为重要的则

是，军官通过拿破仑所告诫的勤奋研究便能同这些名将息息相通，不单是吸取他们的枯燥的实践经验，而是要吸取他们身上所充满的并对他们具有引导作用的精神气魄和理解能力。这就是说，既要具有伟大良师的精神，又要熟悉其准则。作为学生确实应当具备同老师气质相通的某种东西，才能获得灵感，即学习的悟性；然而，除具有独创性的天才之外，这种悟性只有同生活的烈火接触，才能使其点燃。

毫无疑问，上述的某种东西，就是拿破仑所指的战争艺术的初级部分——战术、位置变换等——不同于对大规模作战的指导，他
299 认为对大规模作战的指导唯有从经验和研究历史中才能学会。拿破仑在另外地方曾经提出告诫，反对教条地对待这类问题：

“这类问题，即使请教蒂雷纳、维拉尔、或请教尤金亲王、亚历山大、汉尼拔或凯撒，也会使他们难以对答。将你尚未实践过的东西作为教条来推崇，这是无知的特点；这就好像你自以为能用二次方程式来解算超级几何学问题一样，殊不知就连拉格兰奇和拉普拉斯这样的大师也会被其难倒。”

若米尼完全赞同这两位首领关于研究历史的意见，他表述了同样的看法，他说，成功地指挥战争不是一门科学，而是一种艺术。科学在未经证实之前是不足确信的；虽然如此，但科学的目的在于确立绝对的确实性，即确立学说，通过无数实验，它始终向着这一目的迈进。科学真理一经确立，便固定不变、很严密精确，不容歪曲，其因果关系乃是定律，而不是原理；乃是不可改变的硬性方针，而不是具有生命的种子。科学发现真理并传播真理，但却无力改变真理；艺术则是从其所探索的素材中脱颖而出，以永无止境的变

化创造新的形态。它并不像无生命的自然物，只要以机械式的复制便可收到类似效果，而是渗入自由的人类思想并扎根于其中。艺术承认原理，甚至规则；但这些原理甚至规则并非强使艺术正确行动的镣铐，而是当其行动有误时便发出告诫的向导。从这一生动意义来看，指导战争是一种艺术，它以人的思想为源泉，处理各式各样的情况，承认一定的原理；但除此之外，随着艺术家的天才及其所处理的素材的性质的不同，它却具有多种多样的表现形式。
对于这种艰难的尝试，教条式的照抄显然是不适宜的；即使最好的 300
规则，运用起来也不能生搬硬套，而必须予以自由发挥，这就是原理不同于纯粹规则的区别所在。

因此，战争的准则并非明确的规则，而是为数不多的一般原理的发挥和运用。这些准则，与其说好像是有时迫使幼苗屈服使其无法自由成长的坚硬框架，倒不如说好像是有生命的种子发出的幼芽，其形态总在不断变化，而其本质却依然如故。但这并不因此便可认为，这种准则并不存在，或者说它们没有多少肯定性，没有多少价值。若米尼说得好：

“当名将们运用一条规则，按此规则进行机动并取得上百次胜利，是否因其偶然失利，便有充分理由全盘否定其价值并怀疑研究战争艺术所获得的效果呢？假如一项理论由于只有总数四分之三的成功率，是否就可宣称它是荒谬的呢？”

不能如此；准则本身植根于原理，在一定条件下构成规则时通常是正确的；但老师必须承认每一种情况都有其特点——就像人的面孔总是各自不同一样——这一特点对规则的运用会有所影响，甚至有时会使其完全不能适用。战争艺术家的技艺就在于将原理和规则正确地运用于每种情况。

唯其如此，我们必须正视向我们提倡的所有战争规则。假如老师没有经过大量实践检验便胆敢将其作为教条进行说教，便会将自己置身于拿破仑的谴责之中。但另一方面，那些蓄意拖延时间直到行动之日方才形成自己见解的人们，那些期望以瞬息灵感便想取得通常只有通过研究与思考才能获得的成果的人们，那些
301 对于制胜规则一无所知却想赢得胜利的人们，他们更为愚蠢，甚至应负有罪责，因为他们无视人类过去所有的一切经验。

我引用查理大公一段贴切的话作为结束：

“一位将领往往直到必须立即采取必要措施之时，才得以熟悉其据以作出决定的情况。继而，他被迫迅速进行判断，做出决定和采取行动，其速度之快要求具有一目了然地便能将三者抓住的习惯，要求能够洞察不同作战方式所能提供的结果，并要求能同时选出最佳实施方案。然而，这种一目了然地便能洞悉一切的洞察力，只有通过深刻研究已经摸清战争本质的人，只有对规则已经精通的人，即是说，只有已将自己同科学结合在一起的人，方能具备。当机立断和确信无疑的才能，只有根据自己的切身经验对已知准则的真实性做过验证并已掌握其应用方式的人，才能具有；一句话，只有在自己的积极学习中预先确信自己判断的正确性的人，才能独有。”“巨大的成果只有经过巨大的努力方能获得。”

伟大的拿破仑说：“在战场上，最为巧妙的灵感往往不外只是回忆而已。”

第十一章　海军战略于墨西哥湾和加勒比海的运用 302

现将加勒比海和墨西哥湾作为一处可能发生海战的战场加以研究，这一研究并未考虑任何一方现在或任何时候为占有领土可能投入的相对武装力量；而是依然同前一样，假定敌对双方的海军力量彼此相等。

因此，这一研究只涉及战略的一个方面，即**位置**；即研究位置在军事和商业这两个方面的价值。在海上战略中，商业价值和军事价值是不能分割的，因为海上的最大权益就是商业。这里不妨回忆一下拿破仑为战争所下的定义，他说，除其他事情以外，战争就是“处理位置”。他的这一说法在其所写的评论中，可以找到值得注意的例证或应用；他联系1799年对叙利亚的亲自远征谈到沙漠中的军事行动时指出，在一般无水的国家里，水井的位置就是最具有决定性意义的战略要素。

在开始研究任一陆战战场时，第一步必须对战场范围加以明确限定；第二步必须对那些对于战略计划可能产生决定性影响的自然特点进行全面而又不过于烦琐的考察。第一步是硬性规定，而且为了方便起见，教员和学员都应当知道他们必须考虑什么；第二步则是实质问题，产生于事物的本质。同样的程序，出自同样的 303

道理也适用于对海上战略战场的研究。有志于研究的学员，不管怎样，第一步都要熟悉战场，以便能够准确判定，何者同战场直接有关，何者同战场无关；只有这样才能确定出其所担负的任务的范围。因此，我请大家同我一起检验为我们现在的研究规定范围的那些道理。

大量的贸易和航运进入墨西哥湾和加勒比海。其中大部不再继续前进，而是经由各个岛屿和海岸各地分散开来。但也有许多驶往以外地区；当人改变了自然，尤其是中美洲地峡的运河一旦通航，墨西哥湾，尤其是加勒比海便会具有并且必将更为突出地显示出，其为贸易公路而非航运终点的特点，情况必然如此。

各国的海上权益几乎全是贸易权益，即货运权益。海产虽然贵重，但其数量同陆产相比却微不足道。海洋对人类的巨大价值就在于它在各国之间提供最为广阔的交通和运输手段；往往是惟一的手段。众所公认和按国际法规定，海洋为公共财富，它是一片具有许多公路穿行其间为公共享用的大平原。所有国家对这一财富的所有方面都拥有共同权益；然而，在有许多公路相会亦即相分的点上，这一权益当然最为重要，这是有其理由的。

在我们所提出的加以研究的这一特定战场上，有两处这样的会聚点即分散点：一是密西西比河河口，一是中美洲地峡。当这几次讲座的讲稿初次完成之时，通过地峡的运河是选择巴拿马还是
304 尼加拉瓜作为最佳地段，世界舆论尚在犹豫不决。这一问题，由于选定巴拿马，现已获得最后解决，科隆乃是巴拿马铁路终点的所在地，很久以来即已被确认为，今后仍将继续成为经由加勒比海通往太平洋的贸易航线的惟一会聚点。

这两处会合点即交叉路口很久以来直到现在仍然是全人类的最高权益所在。在其中一点上，密西西比河流域的所有公路，即这条大河的所有大小支流，均会聚于此，并由此分散开来。在另一点上，大西洋和太平洋之间的所有公路全都集中交叉于此。密西西比河流域人口的日益增长和经济的日益发展与巴拿马运河的建成，必将相互作用，促使这一国际权益在未来与其成比例地增长。在世界各大强国中，没有一个国家能像美国那样对这一发展如此极端关注；因为这两处中心之一的密西西比河河口及其后方的广大国土属于美国所有，而在地理上美国又与另一点靠近。因地理上靠近而自然和必然形成的这一特殊权益，由于推行门罗主义这一众所周知的国策，便显得更为突出；尤其是由于门罗主义所产生的具体效果，解决了巴拿马运河区这一地峡地带的控制权、行政管理权和军事保护权。最近获得并付诸实施的这一特殊职权，其本身不外是同哥伦比亚共和国签订的有关保证转运安全的旧条约关系的延续；依据这一条约，美国于 1885 年武装占领了巴拿马铁路所横贯的领土，以便维持和确保该铁路用于和平运输。

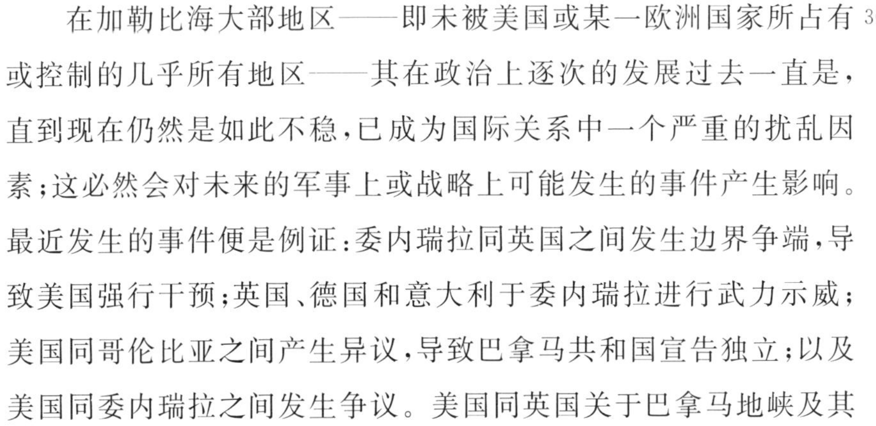

在加勒比海大部地区——即未被美国或某一欧洲国家所占有 305
或控制的几乎所有地区——其在政治上逐次的发展过去一直是，直到现在仍然是如此不稳，已成为国际关系中一个严重的扰乱因素；这必然会对未来的军事上或战略上可能发生的事件产生影响。最近发生的事件便是例证：委内瑞拉同英国之间发生边界争端，导致美国强行干预；英国、德国和意大利于委内瑞拉进行武力示威；美国同哥伦比亚之间产生异议，导致巴拿马共和国宣告独立；以及美国同委内瑞拉之间发生争议。美国同英国关于巴拿马地峡及其

运河的长期争论，同样与此有关，最终由于签订《海—庞斯福特条约》方告解决。

将最近的这些实例同七十年以前历史上最早的实例加以对照，毫无疑问，正是门罗主义制止了外国对大部分的加勒比海国家的染指，使它们免遭北非各国的厄运，如阿尔及尔和突尼斯已被法国兼并，埃及实际上已被英国控制。摩洛哥也成为争夺的对象，几乎酿成战争，因为那里没有像在美洲的美国这样一个独一无二的有关大国推行类似门罗主义那样的政策并取得承认。目前，以满洲为中心围绕其铁路开发而对远东的“门户开放”政策的安全保障产生疑虑不安，也是由于同一原因所致；即由于中国这一主权国家
306 政治软弱和外国推行侵略政策所致；不管这些政策是属于竞争性质，就像迄今为止情况所显示的那样；还是演成“共同分享”的局面，据说俄国同日本之间目前情况就是那样。

这样的地区自然资源丰富，在商业和政治上都居于重要地位，但政治上却不稳定，引起更多的强国的注意和妒忌。稳定而又统治巩固的国家，其权利会得到承认；假如这些国家行使这些权利并在某种程度上对其它国家承担义务，这种负担通常会得到默许并忍受到通过条约或其它和平调解方式使其得以减轻为止。但是当一国政府统治无力而且可能难以持久时，接着会发生什么事情和即将发生的变动会给其他各国的国民福利和政治安全产生何种影响，这便成为其他这些国家的重要大事。1878 年，英国帮助奥地利取得了对波斯尼亚和黑塞哥维那的行政管理权；奥地利则对英国货物施行前所未有的特殊税率作为报酬，自此以后，奥地利便利用当时所取得的有利地位在政治上将这两个省份并入其领土，而

置英国的抗议于不顾。这不过是众多实例中的一个，其方式就是将民族权益和由此而产生的国家权益混为一谈，利用某些国家的现时统治者由于政治上无能而有可能丧失政治控制之机，以达到将来支配这些国家的目的。军事上和战略上的条件比起这种经济效果可能更为引人注意，但却不会取得更大成果。竞争国家之间的相互妒忌，往往会使一国政府得以延续其寿命，否则便早已屈服于竞争者的一方，过去的土耳其和现时的摩洛哥就是众所周知的实例。

自从以上几行讲稿写成以来，日本吞并了朝鲜，这又提供了另
一例证；日本保证十年之内不改变关税，这恰好证明到期之时，其 307
他贸易民族的权益便将由日本所取代，由其进行裁定。伦敦《泰晤士报》的一位特派记者报道说[1]：“俄国和日本利用其对中东铁路的所有权控制了辽阔的满洲。目前的事态清楚表明，日本势力从铁路沿线不断向日益扩大的活动范围扩张；”他继续谈到，而且由于中国政府软弱并随之产生倾向于日本的“经济吸引力”从而疏远其他商业国家，结果致使满洲缓慢地但又确实地正在脱离清帝国。

查理·迪尔克爵士说：“有一种论调认为，可在巴尔干倡导一项反俄政策，这对约翰牛[2]具有特殊的吸引力量。这是一种重利论调。每个已被俄国兼并或实际已被兼并的国家，一向都是对我们的贸易课以保护性的重税实行闭关政策。”他又说：“由于俄国占领了土耳其的其余领土而造成一种英国政府从未甘心容忍的损

① 见《邮报》(即《泰晤士报》三周刊)，1910 年 3 月 28 日。

② 指英国。——译者

失。这就是贸易损失。在最近这次土耳其战争结束时，在俄国所获得的亚洲各省中，英国过去一直拥有大量的贸易，如今已一无所存；因为它已被保护性的关税所扼杀。俄国盘踞于君士坦丁堡，便意味着除来自俄国的小麦贸易之外，我们已被排斥于黑海贸易之外。我们在小亚细亚的商业权益十分巨大，只要俄国继续前进都会使其遭到危害。”

虽然迪尔克的这些话写于将近三十年以前，但却毫未失效；因
308 为从那时起，世界各国的保护政策便日益盛行。现时我们已经面临国际妒忌和竞争的类似局面，“门户开放”一词已经成为这种局面的公认的表达形式。商业问题发生变化，战略问题也随之改变；但做为基础的原理却始终如故。

墨西哥湾和加勒比海共同构成一处内陆海或“地中海”。其边界线一侧是以佛罗里达半岛、古巴、海地和小安的列斯群岛或向风群岛为界；另一侧则以从美国至委内瑞拉包括二者在内的美洲大陆各国为界。在这现有的两条界线范围之内，我们可以看到同地中海的另一类似情况：一方是真正的或相对的强而稳定的欧洲式传统国家；另一方就政治成效而言则处于发展状态，其水平同北非各国不相上下。

从大西洋进入美洲的这一内陆海，只有在其北侧和东侧才有入口，计有以下许多航道：佛罗里达海峡、向风海峡、莫纳海峡等等，东侧则有穿行于小安的列斯群岛之间的为数众多的航道。西侧则是连绵不断的大陆，不通水运；而且又普遍缺少可以通航的河流或其它适当的内陆交通工具，只能让这些国家的东边靠海的坡地只能从这些海上获得补给。运往中美洲和墨西哥的太平洋海岸

的货物，必须通过巴拿马地峡转运。在北岸和南岸，密西西比河、马格达莱纳河和奥里诺科河等大江大河流域，全部或部分地消除了这一不便。

进入上述海域的不同航道具有不同的价值，但所有的航道都有一定的价值，因而我们必须将所有的航道都包括在内加以考察。其价值可能而且一般说来必将受到军事和商业两个方面考虑的影响，而且，任何全面考察中这两个因素都须予以充分衡量。往往会 309
遇到这种情况，一条航道其商业价值很小，但在军事上却很重要，或者相反。一条对一国家贸易极为重要的航道，从军事控制观点来看，固然不能忽视；然而，极欲对其进行控制的国家，很可能力不能及，在这种情况下，在战时，商业上的便利必然被迫受到该国军事力量的限制。从军事观点来看，我们可以说，在进入加勒比海的许多入口中，西侧的一些最为重要，而且其价值由佛罗里达海峡向小安的列斯群岛依次递减。这些入口不单是由于其对美国的相对距离，而且还因为这些航道本身的位置、性质及其周围环境，因而对美国确实最为重要。这些航道和峡道在军事上的重要性不仅取决于它们的地理位置，而且还取决于它们的宽度、长度和通行难度。一处海峡就是一处战略据点，其价值如同其他据点一样取决于：(1)位置；(2)力量，即在攻方的途中可能构成障碍，从而为守方造成有利条件，换言之，即通行难度；(3)资源或有利条件，诸如便于占有者到达某一点，或经由一港到达另一港，以及缩短其距离等等。

在确定任一航道的价值时，还有一项重要考虑，就是在其附近是否还有另一航道可以用于同一目的。假如一处航道，其位置能

使交战一方无法对其使用而必须远程迂回，则该航道的价值便增大；假如该航道为两处水域或两处海军场站之间的惟一沟通环节，
310 如达达尼尔或直布罗陀海峡，则其价值就更大。至于航道的力量，即其通行难度，则由多种条件造成，如水道条件，水面或水下存有妨碍航行的障碍物，迫使舰船必须循一定航线航行，并能为守卫该航道的舰队提供方便的集合点，使舰队便于行驶，以利于迎击来自任一方向的敌人。这样的天然特点显然同陆上哨所得力于地势因而具有力量是相互一致的。一看地图便可发现，佛罗里达海峡和向风海峡所同时兼有的狭度、长度和难度这三个条件，已经达到最高程度；同时，位于濒临北大西洋的古巴的后方稍居右翼的牙买加及其金斯敦港的船坞，其位置对于向风海峡和尤卡坦海峡来说，恰好符合一处位置能够同时警卫两条峡道的要求；由于其位于后方，故便于全部兵力向其中任一方向运动。这些航道的狭度都不及东部岛群小安的列斯群岛两岛之间的任一具体航道；小安的列斯群岛的每一条航道较为狭窄。这是同海地至特立尼达这一整个水域相比，这一水域有许多地方可以穿越，实际上可以看成是连成一片的水域。

牙买加对尤卡坦海峡的控制本来最弱，但由于途中的洪都拉斯沿岸的浅滩和珊瑚礁迫使过往舰船必须沿东侧航行，致使这些舰船更加深入到牙买加巡洋舰的威力距离之内，从而增强了牙买加对尤卡坦海峡的控制。总而言之，牙买加的有利位置可使其监视经由尤卡坦海峡和向风海峡驶往地峡的通道。因此，牙买加以其位置警戒着由卡托切角至海地中部长达九百海里的前沿，以对付来自大西洋的入侵。在这一线上只有两处缺口可以通航，即尤

卡坦海峡和向风海峡。至于东侧的下一处峡道莫纳海峡，其距离 311
牙买加和设在圣卢西亚岛的另一处英国海军场站则同为五百海里，目前只须提一下便已足矣。

巴哈马浅滩和群岛从佛罗里达海岸附近起，沿古巴和海地北岸，几乎延伸至海地的东端经度为止，这对于接近西部诸航道影响很大，必须将其列入总的研究范围之内。除巴哈马群岛之外，似乎没有理由再将这一地区的北部界线推至波多黎各外侧海岸；在东部，界线也不必超越包括巴巴多斯和特立尼达在内的这些较小岛屿。在这一线和佛罗里达半岛以内，无一例外，所有据点都须加以考虑，而且对于显示出有利条件的所有据点的相对使用问题的研究，尤须达到详尽无遗的程度；同时并应牢记前已简述过的海军战略的一般原理。

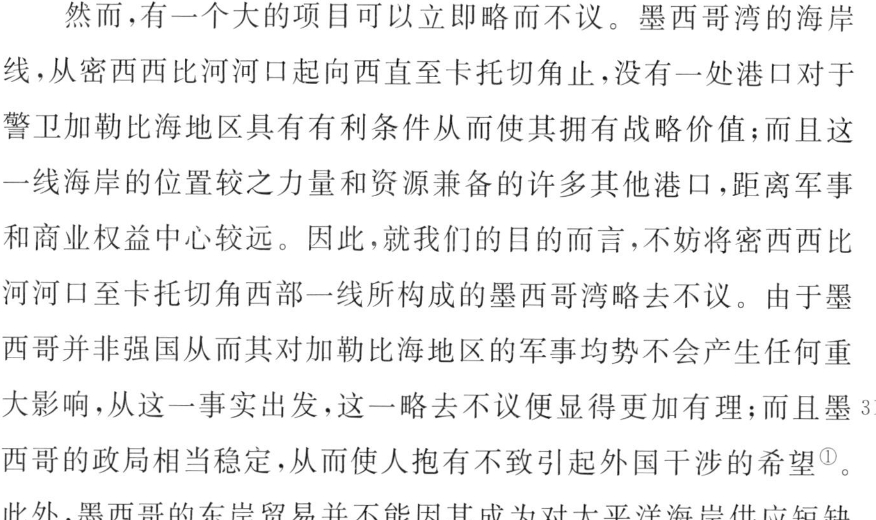

然而，有一个大的项目可以立即略而不议。墨西哥湾的海岸线，从密西西比河河口起向西直至卡托切角止，没有一处港口对于警卫加勒比海地区具有有利条件从而使其拥有战略价值；而且这一线海岸的位置较之力量和资源兼备的许多其他港口，距离军事和商业权益中心较远。因此，就我们的目的而言，不妨将密西西比河河口至卡托切角西部一线所构成的墨西哥湾略去不议。由于墨西哥并非强国从而其对加勒比海地区的军事均势不会产生任何重
大影响，从这一事实出发，这一略去不议便显得更加有理；而且墨 312
西哥的政局相当稳定，从而使人抱有不致引起外国干涉的希望[①]。此外，墨西哥的东岸贸易并不能因其成为对太平洋海岸供应短缺

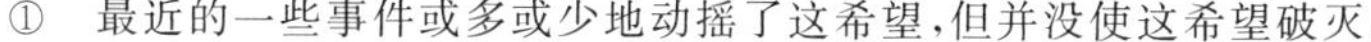

① 最近的一些事件或多或少地动摇了这希望，但并没使这希望破灭。

物资的中转地而有所增进。这就意味着墨西哥东岸商业的重要性只能依靠于其自身的自然发展。它并不会成为一处集散中心而获益；一旦巴拿马运河通航，则墨西哥的整个西岸就会受到商业刺激，就像现在预期的加拿大和美国的太平洋海岸的情况一样。

上述海域略去之后，其所余区域同任何正规的几何图形都无相似之处。即使从密西西比河河口至卡托切角画一条想像的分界线，除该线外，其轮廓依然极不规整。不过经过仔细研究，仍可用几条任意线将我们所思考的区域勾画出一个清晰的整体；这就便于在此范围之内找出各式各样的不同据点，并在其间找出所有的主要战略据点，很少例外（见图 12）。

第一条线，由密西西比河南口画起经尤卡坦海峡中部直至科隆。卡托切角和穆赫雷斯岛、洪都拉斯湾和莫斯基托湾、伯利兹和奇里基环礁湖等均在线外；可能除伯利兹之外，离线都不很远，很容易即可找到。

第二条线，由彭萨科拉画起经过阿内加达海峡入口处的松布
313 雷罗灯塔，将坦帕湾和巴哈马群岛全都包括在内，线外则别无重要战略据点。

第三条线，由科隆画起经过圣卢西亚和马提尼克两岛之间的水道——两岛的海军场站分别属于英国和法国——线外已无具有重要战略意义之点，如有就是巴巴多斯，但该岛已不再像过去那样受到重视。该线经过卡塔赫纳、委内瑞拉湾和荷属库腊索岛。圣卢西亚以南的英属诸岛可以确有把握地被视为正在降为低于二流战略价值的岛屿。

这样画出的三条线可以形成一个三角形，需要之时则将使用

这一术语。

首先要牢记下述一些距离：

由密西西比河南口至科隆为1500海里。

由彭萨科拉至阿内加达海峡直线计算（墨卡托坐标）为1700海里。

由科隆至马提尼克岛的罗亚尔港为1300海里。

由彭萨科拉至密西西比河南口为150海里。

科隆所在之角略大于90°。

现将位置、力量和资源三者兼备的具有战略重要性的主要据点一一列出。这里并不打算讨论选定的理由和细述任何一港的有利条件。这些据点是：密西西比河河口、彭萨科拉、基韦斯特、哈瓦那、西恩富戈斯、圣地亚哥港、金斯敦、奇里基环礁湖、科隆；圣卢西亚岛、马提尼克岛和瓜德罗普岛；萨马纳湾、坦帕。

除此之外，以下各点尽管居于次要地位，也可将其列入其中：
尤卡坦航道西侧的穆赫雷斯岛；阿内加达航道的圣托马斯岛、维尔
京果尔达岛或库莱布拉岛。其中只有最后一处可以放弃；因为，不 314
管这一航道如何有利，但就其控制能力而言，往往可以轻易地利用
其他航道将这一位置避开。

将这些位置选为最重要之点，并不意味着此外再无其他之点，或是只对其中任何一处加以全面正确评价便不需再对其周围的一切进行研究；即研究那些能够对其发起进攻和可能削弱其影响之点。上述各点作为小的战略影响范围之内的中心而被一一列出，各点本身同正在考察的较大的战略影响范围都具有相应的关系。圣卢西亚代表着其以南和以东的整个岛群——巴巴多斯、格林纳

达等等;基韦斯特包括德赖托图加斯和坦帕湾;哈瓦那包括马坦萨斯及其以西各港;圣地亚哥包括关塔那摩;而科隆则是地峡的代表港口,包括地峡两侧的奇里基环礁湖和卡塔赫纳。

自从上述内容写成以来,美西战争已使美国在政治上据有库莱布拉岛,并拥有对古巴关塔那摩港的使用权。获得这些地方所产生的战略作用,就其位置而言,就是一旦需要,美国便可将其基地线由墨西哥湾海岸向前推至加勒比海的北部边缘。这就使美国能够通过正常发展将关塔那摩和库莱布拉岛装备成战争所需的海军场站,以代替新奥尔良和彭萨科拉。所谓“装备”,意即予以适当设防和配置警卫部队,储备煤炭和所有其他物资,最为重要的则是建立坞修设施。充足的煤炭和相应的坞修设施是舰队战时的两项主要需求。最近十年以来,战列舰体积急剧增大,这在海军港口需要具备的各条件之中对于入口处水深度的要求,较之过去更为严

315 格,而有关的潮流和水道障碍则应尽可能地便于舰船操纵。就这些要求和位置来看,彭萨科拉和密西西比河河口的价值,同过去二十年相比,已经大不如前。在概要归纳海上位置的战略价值的诸要素时,我们可以说,在位置和天然的攻防力量要素方面,关塔那摩和库莱布拉岛绝对优于美国墨西哥湾海岸各港的任何组合;在战争最为需要的人工资源方面,它们可以达到同其他港口等同,尽管在天然资源方面,它们同位于大陆海岸的位置相比依然处于劣势,因为后者可以毫无限制地依赖本国国土取得天然资源。简言之,就加勒比海和巴拿马地峡而言,关塔那摩和库莱布拉岛对于美国犹如直布罗陀和马耳他对于英国在地中海和苏伊士的权益那样重要;由于它们距离美国本土各港较之上述位置距离英国更近,故

使用起来更为便利。

这时在争辩的关塔那摩和库莱布拉岛同美国总体战略态势的关系，尚未获得明确的立法承认。因而，讨论将仍按二十年前尚未取得这些地方时的界线为准。考察上述港口就会发现，首先，除了牙买加和基韦斯特之外，凡是一流强国所掌握的位置都在这一区域的两端。美国握有彭萨科拉和密西西比河。英国和法国则在小安的列斯群岛设有海军场站；英国设站于圣卢西亚和其他小岛；法国设站于马提尼克和瓜德罗普岛。关于这些位置各自所具有的力量，就已经确定的海军战略的一般原理而论，那些远离祖国三千海里的小岛上的位置，无法同那些位于大国海岸在其背后拥有一切资源的位置相比。然而，英法两国在小安的列斯群岛的位置比起 316
美国墨西哥湾基地的各点，其到达巴拿马地峡的距离要近一、二百海里不等；而潮流也对其有利，故距离更加缩短。

其次，可以看到有两处前进位置为一流强国所占有，即牙买加和基韦斯特。牙买加距圣卢西亚九百三十海里、基韦斯特距彭萨科拉仅四百六十海里。就基地易于支援而言，基韦斯特则具有有利条件；其不利之处在于该岛很小，缺乏天然资源。作为前进哨所，牙买加本身甚为优越；其距离巨大权益中心所在的巴拿马地峡，仅为基韦斯特至巴拿马地峡距离的一半。牙买加以其中央位置，可对整个加勒比海实施有效的控制。前面已经提过，对于警戒尤卡坦和向风海峡，牙买加的位置极为优越。就目前的占有权而论，与其将牙买加列为守势力量，倒不如将其列为攻势要素，因为那些航道对于美国较之对于英国更为有用。基韦斯特则相反，其位置既具有攻势价值，又具有守势价值，要控制佛罗里达海峡，必

须以其为中心。

佛罗里达半岛以及将其同古巴和巴哈马浅滩分隔开来的诸水道,具有引人注目的军事特点,必须予以详细研究。假设将这一条长、低而又较窄的陆地全部移掉;或者假设在其地峡通过一条很深的,可通行的水道而使其成为一处岛屿,则其对美国海上权益的效果就会最好地实现。在后一种情况之下,对这一水道的两处入口当然应当确保安全,但至少可使航运不再被迫通过一条又长又窄而其一侧又同外国并有可能同敌对的各国的边界相毗连的航道。
317 一旦同英国交战,佛罗里达水道很可能要受到以巴哈马为基地的敌对巡洋舰的侵扰;这为商业破坏战提供了最好条件。美国为了对使用这一水道的船只进行保护而需付出的努力,较之使用海峡或假设佛罗里达半岛并不存在的情况所需付出的努力更为巨大。由于佛罗里达半岛横梗其间,致使大西洋海岸为墨西哥湾海岸之间的航线向南推移三百海里,并需对此海峡施行绝对控制;同时,由于几乎完全没有可用港口而使情况更为恶劣。在最为暴露的大西洋海岸一侧没有一处可用港口;在墨西哥湾一侧,由基韦斯特至坦帕湾的一百七十五海里之间没有一处港口,因而,坦帕湾受到重视并非由于其力量和资源,而是由于其所居位置。美国对于连通大西洋海岸和太平洋海岸的巴拿马运河所拥有的权益,确实同对于沟通大西洋海岸与墨西哥湾海岸和密西西比河流域的佛罗里达海峡所拥有的权益完全一致。所有这一切都加强了基韦斯特及其属地托图加斯的重要地位,使其成为这一线上惟一的有力军事据点;由于其本身缺乏天然力量或资源,故在这一地区积储人工资源就更为重要。

从而，基韦斯特对于美国则具有双重价值；首先，也是主要的，它将大西洋配系和墨西哥湾配系连成一体，保护着与其说是外部的、倒不如说是内部的交通线。其次，它是一处前进哨所，就其军事力量而言绝非一流哨所，然而，当为了确保对墨西哥湾和加勒比海充分的控制进而控制巴拿马地峡和大西洋与太平洋之间的交通线而采取任何必要的前进步骤之时，基韦斯特仍具有无法估计的作用。尽管除位置之外，其他方面都不如牙买加，但它对于美国较 318
之牙买加对于英国更为重要。

这些 1887 年的预言，于 1898 年全都一一应验了，基韦斯特已成为美国海军作战的前进基地；此外，其位置还掩护着能由铁路抵达的坦帕这一陆军部队的主要集结点。美西战争的结果之一，便是使美国获得了进一步推向加勒比海最大战略中心、即推向地峡运河的位置。即使库莱布拉和关塔那摩得到适当的发展，获得了这二处也不会剥夺基韦斯特最接近美国在佛罗里达海峡重要交通枢纽这惟一位置的价值；然而，由于我们的作战正面向前推进上述两处位置得以发展，将对基韦斯特起到掩护、加强和提高其控制能力的作用；换言之，将使其能以少量的军舰而发挥同样的控制能力。

我原想在结束之前就海军战略总体做一概括论述，现在就将这一论述插在此处则更为适宜。我的目的就是对这一主题进行**全面**论述，通过例证，主要是通过历史实例，部分地则是通过假设情况引出原理。正如开始之时所说，讲课者所讲授的都是通过例证而引出并应予以遵行的**一般原理**。当然，最佳的战略例证则是，而且肯定地应当是历史实例；即那些规模巨大的重大军事行动所提

供的实例，如拿破仑对埃及的远征和雅典人对叙拉古的入侵，这些行动在当时都具有极大的规模。这样的行动把要实施的原理十分鲜明地摆了出来，这些原理不论是在巨大规模之中或是在较小范围之内都是一致的。

我们现将一般原理具体运用于可能发生海战的特定地区，即
319 运用于加勒比海和墨西哥湾地区；附带指出，依据同一原理，在大西洋和太平洋也可充分看到类似的详细情况，并可进而作为例证。原理可运用于一切情况；尽管这些原理都是从前面详细引用或偶尔提及的最佳的历史实例中引证出来并以这些实例为例证，但它们同时也是经过对地理条件的考察才得到充分的证实。因为地理是战略的基础；这一说法本身不外是拿破仑关于“战争就是处置位置”这一名言的运用。在对比我国三条海岸线地理条件之时，可用另外两条海岸线为例来加强对它们之中的任何一条所做出的推论；与此同时，对每条海岸线的情况具有更为敏锐的感性知识，则可使我们加深对一般原理的领会。例如：

1. 在大西洋，美国拥有两处适于用作主要海上基地的港口：诺福克和纽约。对于这些主要基地，还需相应拥有某些其他位置，充当前进基地，就如，1794 至 1796 年期间，英国于地中海以科西嘉为前进基地；1714 至 1782 年期间，以梅诺卡为前进基地；而今则以马耳他为前进基地。对于纽约来说，类似的前进位置则是新伦敦和纳拉甘西特湾；对于诺福克来说，则是罗亚尔港和基韦斯特。此外，新伦敦和纳拉甘西特湾可对以其为基地的舰队提供可以经常进行威胁的位置：即对设想的由美国的诺福克港延伸至纽约港的敌方一线的翼侧进行威胁。新伦敦同基韦斯特相比，前者

属于大陆位置，故在防御和资源方面拥有有利条件。

2. 在墨西哥湾，美国拥有新奥尔良和彭萨科拉。就其作为基地而言，遗憾的是它们之中的任何一处都不及纽约或诺福克，但由于其位置距欧洲较远，故欧洲敌人来攻击，就较为安全。这种相对 320
的安全，并非单单由于距敌较远，而且还因为一旦敌人出现在这些港口面前，其交通线，不管是通过佛罗里达海峡或是尤卡坦海峡，都要比其出现在大西洋各港面前更为暴露。这种暴露的产生是由于基韦斯特和佛罗里达半岛的突出所致，因而，对美国来说，基韦斯特和佛罗里达半岛具有攻势价值，但前面已经指出，对美国航运来说，它们却是一个不利因素。对于墨西哥湾各港而言，基韦斯特则提供了一处前进基地；而且由于它能兼顾大西洋与墨西哥湾，故其重要性与价值倍增。

3. 在太平洋，此时美国拥有旧金山和皮吉特海峡，两处业已建成海军场站；这些海军场站以夏威夷为前进基地，如今夏威夷已获得确定无疑的公认，并已开始进行适当的开发。巴拿马运河区一旦完成预定设防，则又提供一处前进基地；同时又兼顾大西洋和太平洋，就如基韦斯特兼顾大西洋和墨西哥湾一样。

通过对比进行这样的考察，还可以富有启发地观察到，如若长岛海峡入口适当设防，则长岛即可把敌舰推到一定距离之外，从而起到类似佛罗里达半岛迫使敌舰进行危险迂回的作用。因此，长岛不仅对美国具有守势作用，而且还对敌人具有攻势作用。

一般说来，对拥有两处或更多的海上基地海岸进行防御时，海军的最佳部署应当是将战列舰集结于对其出动进行攻势作战最为有利的港口；而利用其它海岸港口来破坏敌方的贸易或交通，以便

321 导致敌人分散其兵力，从而使其暴露于攻击之下。只有拥有压倒优势的敌人，才会分散其兵力或许忽略其某些据点。以美国大西洋海岸为例，纽约似乎极为清楚地可以作为战斗舰队的集结点，这不单单是因为它靠近国家的工业活动中心而拥有大量资源，而且主要是由于通过长岛湾而同新伦敦和纳拉甘西特湾相连，从而在战术上拥有极大便利，既能迷惑敌人又能确保舰队出动。在其他实例中，例如俄国人由于拥有符拉迪沃斯托克和旅顺口，其集结点必须对所有条件进行全面考虑之后再行确定；但绝对没有理由违反总的基本原理，即交战中的较弱一方的装甲舰队不应分散。

现在让我们回到我们所研究的墨西哥湾和加勒比海这一直接主题，并对其进行仔细考虑。前面首先是对基地，其次是对一流国家的前进哨所都已做了说明，现在观察一下西起价值较低的穆赫雷斯岛直至阿内加达海峡的圣托马斯一线上的所有有价值的和一些最为重要的战略据点。

这里选出了六个点，其中两个端点，价值较低。穆赫雷斯岛虽然位置优越，但缺乏资源；作为一处锚地尚且勉强可用，但却无法进行一流的防御。另一方面，圣托马斯或阿内加达海峡的任何其他港口，都不具备战略态势，因而无法弥补其为小岛而缺乏资源和军事力量这一缺陷。这些要求对于该线上的其他四个点，不论是绝对地还是相对地也都是正确的，而尤卡坦海峡对美国的重要性，
322 使美国必须取得穆赫雷斯岛并不惜花费必要的经费，为其提供可能的力量和资源，除此之外，别无良策。该岛距密西西比河南口五百海里，距牙买加六百海里，距基韦斯特三百四十五海里，距哈瓦那约三百海里。该岛紧靠尤卡坦海峡，该处水道宽一百海里。

为了有助于将墨西哥湾和加勒比海作为一个整体问题加以考虑，穆赫雷斯岛仍须有所提及，但美国由于取得关塔那摩和库莱布拉，故对其曾经一度关注的这一位置已不再发生兴趣。圣托马斯岛也是如此，但远远尚未达到此种程度。它仍是美国渴望获得的位置。假如数年之前同丹麦的谈判导致将该岛划归美国所有，则势必产生必须予以严肃考虑的问题，即该岛或库莱布拉岛，作为第二位的从属于关塔那摩的前进基地，或者更为有利。我对二者的研究虽然尚不详尽，但我确切认为，依据地形条件就位置和防御能力而言，圣托马斯更为可取。除此之外，它还具有攻势价值，即由于水道条件更便于操纵一支战斗舰队，而且出航也更为安全。由于美国尚无取得圣托马斯岛的希望，故这些意见有用之处只是有助于集中同行的注意，以便发挥智慧去获取该岛。

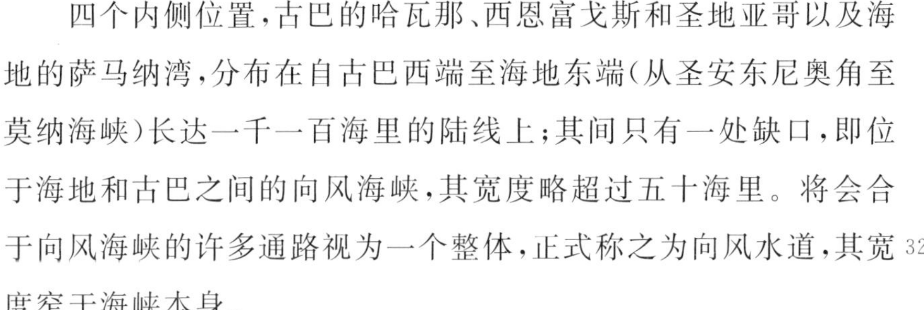

四个内侧位置，古巴的哈瓦那、西恩富戈斯和圣地亚哥以及海地的萨马纳湾，分布在自古巴西端至海地东端（从圣安东尼奥角至莫纳海峡）长达一千一百海里的陆线上；其间只有一处缺口，即位于海地和古巴之间的向风海峡，其宽度略超过五十海里。将会合于向风海峡的许多通路视为一个整体，正式称之为向风水道，其宽 323
度窄于海峡本身。

由此我们可以发现，在此三角形中心不远之处，有一绵延长达千余海里的巨大障碍，其间除一处水道之外，舰船无法通过。假如这条水道被争夺双方的一方所牢牢掌握，则另一方的舰队如处于劣势，或一支想同位于这一障碍另一侧的主力相会合的分遣队，就将被迫向两翼中的一翼迂回，而其所有的煤船和补给船亦将经受这一不便。

具有类似向风海峡所处位置的水道，恰如一座跨越江河的桥梁一样，除非极为狭窄可用永久工事固守外，否则就需有一支机动兵力对其进行防守；因为通过设防无法将其封闭。举例说明，假定古巴和海地之间的向风海峡宽为两海里，并具有锚泊深度，则以炮台和鱼雷来对付一切普通的攻击或通行便可使其坚不可摧。具有这种性质的天然水上桥梁极为罕见。博斯普鲁斯和达达尼尔海峡就是明显实例，它如被强国掌握，便无法强行通过。在波罗的海入口之处，也有类似的结构，但其较短，故亦较弱；另外，此处又不只一处入口。人工水道，即运河，必须在宽度和深度上加以限制。所以，这些水道易于进行有力控制，阻止敌人通过；但它们又极易因袭击或突然攻击而遭受损坏，一旦受损就会使其拥有者长时间无法使用。因此，要想既保持其为己方所用的利益，又剥夺对方使用的权利，就要以重兵对其扼守。

324 当这样的人工水道完全位于一个强国境内之时，则可采取这样强有力的控制。举例说明，一条通过佛罗里达半岛地峡的运河，定将被美国所控制，所有舰船航达此处都将受阻；而我们自己的舰队则拥有极大的战略便利条件，可以通过这一运河进行集中，以对付其舰队分散于墨西哥湾和大西洋，在通过佛罗里达海峡又受到限制的敌人。如敌我兵力相等，则敌人必不敢进行这样的分兵，而势必被迫放弃这一或另一海域。德国的基尔运河就是引人注目的具有极大战略重要性的实例。它可使德国舰队密集而安全地随意通过，由波罗的海驶入北海，而分兵于波罗的海和北海的敌人要想联合，就必须绕航丹麦半岛。但当一条运河位于一个遥远的国家境内之时，不言而喻，必须派驻一支足够的兵力以确保安全通过，这就需要拥有一支极为强大的海军以保护其同本国的交通。苏伊士运河和建成之后的中美洲运河，可以正确地称之为桥梁，前者沟通地中海与东方的海洋，后者沟通大西洋与太平洋；但它们都位于遥远的弱国境内，没有一个国家能单独对其进行控制，使其为己所用而不为敌所用，除非在当地派驻一支强大的陆军，这支陆军至少在一侧应拥有一条有安全保证的它与本国的交通线，这就需有一支优于对方的海军以对付其对该交通线的破坏。控制住两大洋之间的唯一交通线，便可排斥敌人，逼其进行远程绕航，如绕航好望角或通过麦哲伦海峡，而你则可在内线运动，这是巨大的有利条件；然而，为了保持这一有利条件，必须动用巨大的兵力。

任何一处既定战场的入口虽然狭窄，但如过宽，以致其两侧或中央位置的防御工事依然无法对其掩护，这就需要依赖一支机动兵力依靠附近的强固位置对其进行控制。在海上战场，则由海军这支机动兵力依托强固海港来实现这种控制。向风海峡类似于查理大公所设置的战场；即多瑙河穿过波希米亚山地的这一地区。查理大公曾想将作战基地的主要要塞设在此处，并将控制整个战场的防御工事配系同其连结起来。他承认还有另一条道路跨越山地向北可以通达该基地的中央部位布德韦斯[①]，他甚至介绍以特殊理由认为对入侵者那是一条较好的作战线；但他宁愿选择恩斯作为强固的主要据点，因为该地位于前曾提及的狭隘的通道，乃是通往多瑙河两岸的锁钥，可使掌握者随意由这一巨大障碍的一侧通往另一侧；而且它还具有更为深远的影响，即它控制着大部分国

①　今捷克布迭约维策。——译者

家的资源，而且位于基地线的一端，对于作战来说，其位置更为有利。这就是说，它具有可为守备部队或驻防陆军用以进行侧击的位置；新伦敦或纳拉甘西特湾为美国舰队提供了类似的有利条件，以对付企图控制由诺福克至纽约一线海岸的敌人。

除向风海峡外，加勒比海还有许多其他入口，但这些入口没有一处能够摆脱远程的麻烦的绕航，而向风海峡较其他任何一处入
326 口都更接近巴拿马地峡。因此，凡能以一支适当的海军舰队做为手段依托附近的强固海港控制住这一海峡的国家，便位于任何一支来自海外的可能于地峡作战的兵力的后方，并从侧面威胁着这支兵力的交通线。对美国来说，向风海峡尚有另一价值，它是纽约至地峡的直接航线；而对控制这一海峡的欧洲国家来说，其所有的航运都可在该点汇聚，由此便可获得一条通往巴拿马和中美洲的最短和最少暴露从而也最易防护的通路。一个国家一旦控制住向风海峡，它不须过分分散其兵力或暴露其已经在前进的分遣队和主力之间的交通，便能延伸至海地东端的萨马纳湾，从而也控制住莫纳海峡，这是完全可以做到的；因为莫纳海峡毫无障碍，如果未加守卫，则不必绕航波多黎各。但须指出，这些交通线如此延伸便会很长；而在海地和圣多明各北侧还有许多港口从侧面威胁着这些交通线，而且就其位置而言，很可能为敌方巡洋舰用来对补给船等等进行骚扰。在目前政治占有的情况下，这样使用海地的各港口，对于占优势的海权这个总体问题来说，只不过是小事一件。这些港口均未设防，既不能为交战国提供当地基地，也不能提供资源。

用以控制向风海峡的最佳海军位置，毋庸置疑位于古巴岛的

东端；因为它靠近该海峡的最窄部分，而且古巴是个大岛，可望以
其资源有力地支援防御和维持海军场站。在这一地区的圣地亚哥
则是可以用为这种据点的最佳港口；但在美国的考虑之中，它却被
关塔那摩所代替，关塔那摩也是一处极为优越的位置和港口。位 327
于古巴北侧同一经度的尼佩湾也有质量极为优越的港口，但不像
圣地亚哥那样已有人殖民。圣地亚哥和关塔那摩更靠近巴拿马地
峡，就其位置来看，它们斜对牙买加可对该岛的金斯敦港进行牵
制，因而具有特殊的可取之处。

金斯敦和圣地亚哥[1]这两处据点，就其态势而言，都能控制向风海峡。但须指出，尽管圣地亚哥由于靠近这海峡，最适于阻拦敌人通过，但牙买加的位置以非武装船只或劣势兵力从古巴夺走了将海峡完全用作驶往巴拿马地峡的直通的航线。从欧洲驶往古巴南侧的船只可以受到圣地亚哥的保护，就像沿岸航船受到保护一样。假如英国同占有古巴的国家发生战争，如双方兵力相等，古巴可以对其敌人封锁向风水道，而自己则保有一条内部交通线；但其商船和补给船却不能沿此线航达巴拿马地峡，除非有强大的护航队护航，因为牙买加从侧面威胁着这一航线。另一方面，英国的两个主要海军场站百慕大同牙买加的交通线则只能通过莫纳海峡——这条航线较之通过向风海峡要长三百海里——或是通过其东的更远的航路；如果波多黎各为敌人的兵力所掌握，而双方兵力又假设相等，则通往牙买加的所有交通线，特别是来自哈利法克斯和百慕大的交通线，必将受到严重威胁。因而，在拥有牙买加的英

① 记住在讨论概念中，关塔那摩这一位置包括在圣地亚哥之内。

国同掌握古巴和波多黎各的国家之间，位置优势则属于圣地亚哥的占有者。

328 自从这几次讲座的讲稿成稿以来，当时曾为西班牙所掌握的圣地亚哥和波多黎各这一联合位置，由于关塔那摩和波多黎各已为美国占有，从而已转入美国手中。如再频频提及交通便可能被视为空谈；然而，假如驻泊于牙买加的巨大舰队同其古巴的对手兵力相等，而敌方可通过古巴同美国的大西洋和墨西哥湾海岸保持交通，其交通线只能受到那些得不到附近港口支援的巡洋舰的危害，在这种情况下，如果有人只要用半个小时对这支驻泊于牙买加的巨大舰队的焦虑情况及其供煤船所受到的威胁加以考虑，便定会得出结论，“交通”一词在现代海上战争中仍具有其意义。

现在让我们不仅从美国的目前情况而且还就其未来的可能变动情况来看，对美国控制向风海峡的有利条件加以讨论。我们已经注意到佛罗里达半岛对于大西洋和墨西哥湾之间的交通所起的影响作用，以及随之而来必须对佛罗里达海峡进行控制。现在又观察到古巴岛将墨西哥湾的进出口封锁起来，留下两处宽度几乎相等的入口，佛罗里达海峡和尤卡坦海峡；而哈瓦那则以其优于基韦斯特的天然力量赢得了控制权。古巴岛自墨西哥湾向东延伸五百海里，自哈瓦那至近西角，形成恰如佛罗里达半岛之势，但比其稍长稍窄；于是，古巴岛便以其全长将大西洋同加勒比海隔开来，恰如佛罗里达半岛将大西洋同墨西哥湾隔开来一样，同时并以哈瓦那为中央位置对墨西哥湾的两处入口实行监视。

从军事观点来看，古巴和海地是佛罗里达半岛的延伸，而向风
329 海峡和莫纳海峡都可一一被视为佛罗里达海峡来予以考虑。它们

的情况不只是相似，简直是相同。但在向风海峡以远的一侧，其政治情况一旦发生变动，即会影响军事问题。而古巴的情况却足以保证一个有组织的文明政体存在，该岛现时同美国的政治关系已使这一政体更加巩固，海地的社会和政治情况，并不能使人期望会有任何稳固的陆军或海军力量在那里兴起，同时门罗主义又禁止外国在那里攫取海军场站，除非以同美国发生冲突为代价。然而，当同美国发生战争之时，这样的位置仍有可能被暂时占领。

在一个社会不发达、政治上半开化的国家里设置军港，其弱点就如在很小的岛上设置军港一样，会受到同样的非难；这样的军港没有富足繁荣的地区为其后盾并提供资源，因而必须经由水路从本土取得支援。

因而，尽管我们再度发现，向风海峡相当于佛罗里达海峡，古巴的圣地亚哥或关塔那摩相当于基韦斯特；但我们在对岸海地却无法找到哈瓦那。而向风海峡的哈瓦那却在牙买加的金斯敦。从圣安东尼奥角来看，也是如此；穆赫雷斯岛的价值对于哈瓦那的拥有者来说，如果有也是微不足道，但他不愿看到其被另一强国占有。

古巴的西端以其优势的位置控制着进入墨西哥湾的两条水道，从而控制了墨西哥湾的整个入口。这一控制以哈瓦那为中心，故哈瓦那便成为通往墨西哥湾的锁钥，尽管易遭基韦斯特的挑战。古巴岛的伸展，使哈瓦那这一力量向东延伸，该岛以其全长将大西 330
洋同加勒比海分隔开来；就其位置而言，它又将向风海峡控制起来。在强者手中，这一力量可以通过一支依托于圣地亚哥的舰队跨越其间的水域延伸至海地，以阻止敌方通过海峡。由于海地横梗其间迫使敌人只好向东通过莫纳海峡保持交通。换言之，占有古巴这一位置，便可在一侧控制住墨西哥湾；并在另一侧控制住海地的水域以及同其毗连的海峡和水道。

为了说明古巴这一位置的控制能力，我们不妨假设位于墨西哥湾两处入口的两处最为适宜的港口——基韦斯特和穆赫雷斯岛——为一个强国所握有，哈瓦那则属于敌方，而双方兵力又都相等。占有这两处据点的国家必须将其舰船分在两地，这就使其留在每地的兵力都劣于哈瓦那之敌；或则将其舰队保持在一地，这就必须放弃对这一或另一海峡的控制。简言之，哈瓦那具有中央位置通常所具有的有利条件；具有以密集兵力向任一方向运动的能力，并随之达到对这一方向的控制；而假想的敌人则须或是选择哈瓦那的这一侧，或是选择另一侧，不然便要冒分散他兵力的危险。

在分散兵力这一问题上，无疑无线电报有助于同一支舰队内的各部分之间沟通情报，从而有助于它们相互会合；然而，无线电报尽管可以影响期望的会合，但却不能使这一会合实现。它不能使敌方的搜索丧失效能，同样，敌方也能使用无线电；而且敌方尽管不能破译密码内容，但利用无线电也会听到有某种信号在空中传送，并向其主力舰队报告，主力舰队便会寻找位置插入两支分舰
331 队之间。无线电可能会增大进行适当搜索的必要性，这就是说，搜索乃是保持警惕的表现；因为消息必须经过目睹予以查实才能发出。然而，分兵不应超出可靠的相互支援的范围，这一原理仍须坚持毫不动摇，尽管它在应用上会有所变动。

自从这几次讲座的讲稿写成以来，由于政治局势的变化，一旦美国同古巴占有者发生战争时哈瓦那以及整个古巴对美国同巴拿马地峡的交通的影响，已无须再像当时那样考虑。当时曾经指出，一旦发生这样的战争行动，从美国最近的也是天然的基地彭萨科拉和密西西比河河口出发的交通必须经过哈瓦那咫尺所及的尤卡坦海峡；恰如来自大西洋海岸的船只必须经过圣地亚哥所及范围一样，除非同意放弃它们的最短航线，即通过向风海峡。假定双方的陆、海军力量相等，而古巴和波多黎各又像当时那样握在一国手中，则美国在战时如想在军事上进抵巴拿马地峡，就得进行最大的绕航，至少要绕航通过阿内加达海峡；在此之后，驶往巴拿马地峡的剩余航路自始至终或多或少都要受到两岛位置的侧面威胁。简言之，一个拥有同美国相等海军兵力的敌人，占有古巴和波多黎各或对它们施以军事控制，或者甚至只占有古巴或对其施以军事控制，这对美国在巴拿马地峡的影响会是一个绝对的障碍。

这种情况是如此明显，而巴拿马地峡对于世界的重要性又是如此之大，因而，无须赘言，除大不列颠之外，美国不能容许任何国家的海军力量对它有所超越而占有优势；因为，要想有效地控制住古巴和波多黎各所形成的障碍，不仅需要依靠占有位置，而且还需 332
要依靠海军优势。不列颠帝国总的军事和经济情况，它同美国的商业往来，它的国际关系以及随之而来的海军政策的总的趋势，都明显地表现在其舰队部署的变动上，这就保证它同美国之间的持久和平，不管将来发生任何情况；这一和平比之它同世界上其他任何一个海军强国之间的和平都更为可靠。因而，对于美国来说，没有必要在海军力量上同英国竞争，如想以此将英国推入精疲力竭的境地，那将是错误的政策；而英国对海军的依赖则是必不可缺的，这是它不容忽视的。

假如美国同一个欧洲国家发生关于争夺巴拿马地峡控制权的斗争，则占有基韦斯特、关塔那摩和波多黎各及其所属的库莱布拉，便构成一条难以克服的控制线，可为大西洋至巴拿马地峡和运河区的航线提供巨大的支援和保护，并对来自墨西哥湾各港的航线几乎完全可以确保其安全。此外，加之古巴还可能采取善意的中立，从而，可以获得从陆上向关塔那摩输送物资的便利。

总而言之，在现存的国际关系之下，美国在巴拿马地峡的优势权益还不致立即发生问题，它在加勒比海的地位也不致遭到危害，最为重要的是，军人们对于自阿内加达海峡至尤卡坦海峡长长的一系列位置同加勒比海和墨西哥湾的控制问题的战略关系，应当突出地、全面地、详尽地予以关注和考虑。这些位置即是该区的多瑙河流域。

古巴的圣地亚哥的位置已经部分地讨论过，对于靠近它的诸水道来说，其所具有的有利条件恰如哈瓦那一样。对于向风海峡
333 以及牙买加同古巴之间的水道来说，圣地亚哥则拥有中央位置，介于可能为对方占据的任何两处港口之间；而且向风海峡本身就具有极大的重要性。然而，圣地亚哥尽管在其本身所控制的区域之内堪同哈瓦那相提并论，但在两个方面却不及哈瓦那。其一，还有许多其他水道可以进入加勒比海通达巴拿马地峡，而进入墨西哥湾却只有两处入口，两者又同受哈瓦那的监视。而向风海峡及其要塞圣地亚哥却可以避开；尽管有所不便、丧失时间和可能发生危险，情况确实如此，但仍然可以做到。其二，以墨西哥湾为中心的商业权益非常重大，比向风海峡的权益还大，这主要是由于，当然不是全部由于密西西比河流域的范围和财富所致。这一地区的物

产不通过哈瓦那所防卫的大门，便无从畅通无阻地运往外洋。

经过上述所有推论之后，圣地亚哥（或关塔那摩）以及哈瓦那仍然应当被视为头等重要的战略据点而加以考虑。将二者合在一起来看，假如拥有这两处港口的国家在军事力量上同敌人相等，则两港便具备海军战略为大岛港口所规定的有利条件，即拥有两条互相联系线；它们可从陆上和海上相互沟通。两港之间的陆上直接距离为四百一十英里。从海上绕航古巴西侧通过尤卡坦海峡，其距离为七百二十海里；绕航古巴东侧和旧巴哈马水道为六百四十五海里。由于这些海上距离过长，其间必须设有设防的中间港口，这些港口并不一定需要具有头等力量。这样的港口之所需要，
不只是为了支援担负海岸巡逻的巡洋舰，而且还为了保卫海岸本 334
身。古巴岛地幅狭窄，还可能突遭登陆，从而其铁路系统有被切断的危险；然而，古巴南北两岸附近的广阔浅滩，对于登陆倒不失为难以克服的障碍。

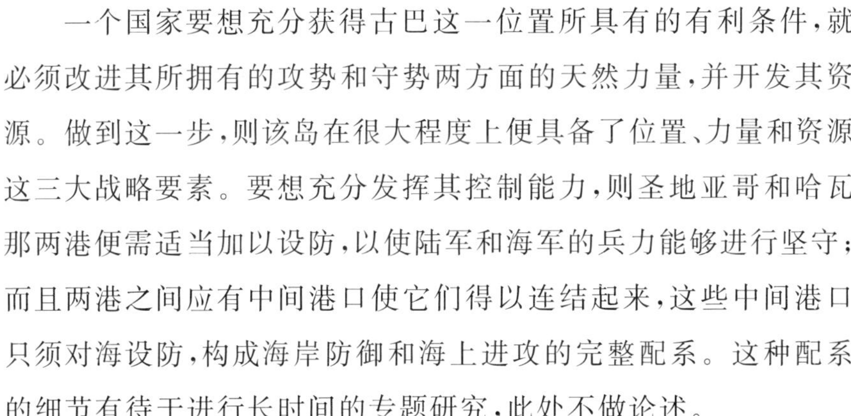

一个国家要想充分获得古巴这一位置所具有的有利条件，就必须改进其所拥有的攻势和守势两方面的天然力量，并开发其资源。做到这一步，则该岛在很大程度上便具备了位置、力量和资源这三大战略要素。要想充分发挥其控制能力，则圣地亚哥和哈瓦那两港便需适当加以设防，以使陆军和海军的兵力能够进行坚守；而且两港之间应有中间港口使它们得以连结起来，这些中间港口只须对海设防，构成海岸防御和海上进攻的完整配系。这种配系的细节有待于进行长时间的专题研究，此处不做论述。

这里不妨附带地适当地插入一段我在别处所做的评论：即在考虑特定区域的数处港口之间的相互关系以及它们同共同战场的

关系之时，势必涉及战役性质的一般作战行动，因而这一考虑便具有战略性质；而特定港口的设防和开发，要分别地考虑当地的设施能否使一支舰队从港口外出活动或对港口进行攻击，这都类似于战场配置，故均属于战术范围。这一主张，在讨论圣文森特勋爵1800年为封锁布勒斯特港的部署时，曾经稍微详细地论述过。[①]
335 这里还可以适当地引用一位俄国海军将领的陈述，俄国政府曾经执意要使符拉迪沃斯托克和旅顺口这两处俄帝国最为重要的军港每处都驻有一支具有相应实力的舰队。假如这仅仅意味着平时部署，那就只不过是行政管理问题，就像最近法国政府声称将其地中海舰队一部分置于土伦，另一部分置于比塞大一样。这种部署可能不致引起评论；但若这是指实施于战时，这便是战略部署，其实质则是将舰队分置于两处港口以便作战，而不是将两处港口予以适当设防用为基地，使每处港口在需要时能按战役的紧急情况为其集结的舰队服务。舰队的集结和分散，舰队为港口服务或港口为舰队服务，这些观念均属战略范畴；而旨在保证舰队能够进行任何守势或攻势运动和出港或入港运动的每一港口的设施，只同直接地点有关，故属战术范畴。从俄国的传统政策和其对最近这次战争的指挥来看，我们可以推断出，其分兵的目的源出于“要塞舰队”这一理论。

在古巴海岸线上，港口数目如此之多，毫无疑问，可以找到在各个方面都适于用为中间港口、隐蔽所或供小型巡洋舰使用的港口。在其南侧就有良港西恩富戈斯，该港海上距圣地亚哥三百三

① 见《海权对法国革命及帝国的影响》第十一章。

十五海里，距哈瓦那四百五十海里，但陆上距前者却比距后者要远一倍。它同圣地亚哥一起为古巴提供了位于同一海岸线上的一处基地的两个理想据点，可备向南作战之用。西恩富戈斯本身具有头等军港的要素，但其位置却远远不及其余两港。它不能像其余 336
两港那样直接控制任何狭隘水道或海上交叉点；尽管在某种程度上它从侧面威胁着通过尤卡坦海峡或古巴以南航道，但由于距离过远，以致其所发挥的作用不能同其本身所固有的力量成正比。换言之，就是其位置缺乏攻势能力。另一方面，它大略处于圣安东尼奥角和圣地亚哥的中间，因而便成为巡洋舰的天然作战中心，由此既可向牙买加方向又可向尤卡坦海峡方向作战，其距上述两点的距离几乎相等。在西恩富戈斯两则的很长距离上，还有广阔的暗礁浅滩体系，这立即使人联想到，这是各种轻型舰艇、特别是鱼雷艇和潜艇的根据地和隐蔽港；重型军舰和不熟悉当地情况的外来舰船在那里无法追逐这些轻型舰艇。对刚才所讨论的问题做进一步的探讨便可看出，这些天然特征与其将其划入战略关系之列；倒不如将其列为港口的战术方便条件。一支以西恩富戈斯为基地的轻型舰艇编队，对于逼近海岸的敌人将永远是一个威胁。

饶有兴趣和富有启发的是，自然条件迥异的赫耳果兰岛在德国海岸防御计划中有着同样的效用和功能。赫耳果兰岛是一座陡峭岛屿，其附近没有浅滩网，岸上峭壁高达一百英尺至一百七十五英尺，向外伸延的一些礁脉形成锚地，但并非港口。该岛以重炮和臼炮进行设防，构成永久性的鱼雷艇和潜艇基地。它同流入北海的埃姆斯河、威悉河和易北河这三条德国大河的河口，距离大略相等，约为五十海里，早在德国海军竞争加剧之前的 1890 年，该岛已

由英国让与德国，德国人深信，取得赫耳果兰岛之后，要想封锁德
337 国海岸就极端地危险。不难看出，在这一见解之中，赫耳果兰岛关系到德国整个海岸防御计划，关系到德国海军及其可能敌人的整个作战计划。这属于战略范畴；而该岛的防务安排，例如防御炮台，只局限于当地，则属于战术范围。类似于西恩富戈斯附近的浅滩和古巴海岸的许多其他浅滩，如小型舰船可以航行，则就无须设防。

西恩富戈斯附近的这一复杂地形向东一直延伸至克鲁斯角，并在该处同圣地亚哥的势力半径相交；向西延伸至圣安东尼奥角的皮诺斯岛（松树岛）为中心的六十海里范围之内。正是这一独特的广阔的难于航行的地形，加之又处于偏僻之处，致使古巴南侧成为昔日海盗啸聚之所。正是由于西恩富戈斯所拥有的这种防御属性及其中间位置和固有价值，才使其毫无疑问地居于二流军港的前列；但却未必能被选为古巴岛的一级攻势作战基地。单凭其海上有利条件，似乎尚不足以诱使古巴的敌人试图对其实施仅属海军的占领，因此毋需对其设置重防。它在陆上同哈瓦那和该岛狭窄处的铁路网接近，这就可能使其位置有利于远征军登陆实施征服，尽管铁路亦能便于古巴陆军加速集中。1898 年，西恩富戈斯曾被自然地预想为塞韦拉的目的港，因其既便于接受和输入补给，
338 又易于同西班牙的陆军主力配合；而且，除非是我误闻，据传美国军事会议至少也曾设想在那里登陆以进攻哈瓦那。

古巴北侧有一群以尼佩湾为中心的良港，尤以尼佩湾为最佳。哈瓦那以西也有一些良好的港口；而在南侧，靠近圣地亚哥则有关塔那摩湾。关于这些港口的总体运用，我们只大胆地提出一个方

案：当有数处港口紧靠在一起之时，它们应当包括在同一防御计划之内，如同纽约、新伦敦、纳拉甘西特湾所形成的状况；然而，既不需要也不要求对它们等同看待。例如，关塔那摩湾对于圣地亚哥的占有者并无价值；但敌人却可能利用它，就如1740年英国曾经一度将其用为作战基地以进攻圣地亚哥，因而，必须注意防止敌人进占。哈瓦那及其附近地区也是如此，余者类推。

在古巴北侧，旧巴哈马水道的狭窄部分，一旦出现敌人想要对其利用的任何可能迹象，即应尽可能对其加以控制。这种控制将迫使敌人绕航于巴哈马浅滩之外，否则就要通过古巴岛南侧。例如，1898年当美国运输船队通过这段狭窄水道时，假如一支强大的鱼雷艇部队占据着毗连巴哈马水道古巴一侧的复杂浅水海域，就必然会成为极为严重的威胁，并可能成为威慑因素。在运输舰船数量众多的情况下，常常会不期而然地易于产生惊慌失措；当时桑普森的参谋长查德威克海军少将曾经证实，当运输舰船到达目的港外之时，许多船长精神极度紧张并产生错误行动。在这种情况下，一旦发生惊慌失措，便须加倍小心。

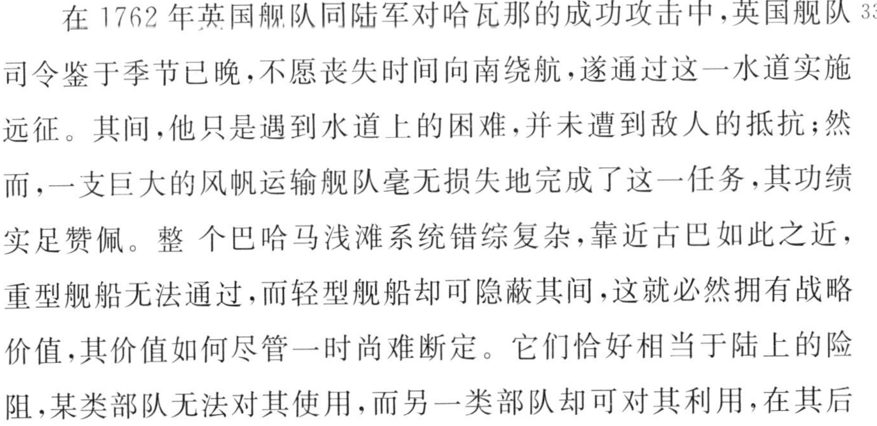

在1762年英国舰队同陆军对哈瓦那的成功攻击中，英国舰队 339
司令鉴于季节已晚，不愿丧失时间向南绕航，遂通过这一水道实施远征。其间，他只是遇到水道上的困难，并未遭到敌人的抵抗；然而，一支巨大的风帆运输舰队毫无损失地完成了这一任务，其功绩实足赞佩。整个巴哈马浅滩系统错综复杂，靠近古巴如此之近，重型舰船无法通过，而轻型舰船却可隐蔽其间，这就必然拥有战略价值，其价值如何尽管一时尚难断定。它们恰好相当于陆上的险阻，某类部队无法对其使用，而另一类部队却可对其利用，在其后

面或以其为依托，敌对双方的一方便可将其正面或侧翼隐蔽起来。巴哈马水道古巴一侧的长长的一连串暗礁和浅滩以及该岛西端附近的科罗拉多暗礁，都已一一提到，这样一来，主要的水道特点就已指明。这样的海域有利于开展一种游击海战。它们的战略价值类似于美国墨西哥湾海岸善德卢尔和密西西比海湾，或则类似于大西洋海岸南部各州的海上岛屿水道。

有关古巴岛本身的强弱因素的讨论，到此已告结束，其同加勒比海和墨西哥湾的其他部分的战略关系将另行研究。

第十二章　海军战略于墨西哥湾和加勒比海的运用(续) 340

到此为止,我们只就古巴岛本身所固有的长处和弱点进行了讨论。现在,尚需考虑借助海军实力这一手段可能将其影响向其周围水域延伸多远。据此,我们将相当详尽地将加勒比海区域的各个主要作战中心加以对照。这些重要中心,或称基地,可以说共有三处,即东部的安的列斯群岛——既指集聚的岛群也指单个岛屿——古巴和牙买加。

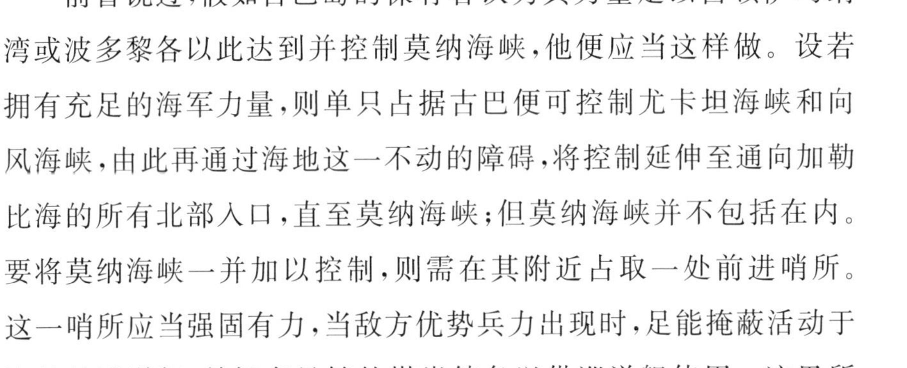

前曾说过,假如古巴岛的保有者认为其力量足以占领萨马纳湾或波多黎各以此达到并控制莫纳海峡,他便应当这样做。设若拥有充足的海军力量,则单只占据古巴便可控制尤卡坦海峡和向风海峡,由此再通过海地这一不动的障碍,将控制延伸至通向加勒比海的所有北部入口,直至莫纳海峡;但莫纳海峡并不包括在内。要将莫纳海峡一并加以控制,则需在其附近占取一处前进哨所。这一哨所应当强固有力,当敌方优势兵力出现时,足能掩蔽活动于海峡的巡洋舰,并拥有足够的煤炭储备以供巡洋舰使用。这里所说的控制只是封闭水道,不是用主力舰队而是用巡洋舰来阻止敌方的交通和贸易,并保证己方的航运能够安全使用这一航道。除 341
非敌方舰队竟然出现在莫纳海峡附近,否则就不值得远从古巴基

地派出战列舰；因为封锁莫纳海峡只能将航运向东推移二百五十海里至阿内加达海峡，如使用波多黎各和圣托马斯之间的可以通航的诸航道，则这一距离还可缩短。迫使来自百慕大或大西洋沿岸的舰船进行这样的较远绕航，确有一定益处；但这一益处并未大到足以据此分散战斗舰队或将整个舰队远自古巴和更为重要的中央位置调开。向风海峡至莫纳海峡的距离为三百五十海里，当向风海峡未加掩护时，敌方舰队便可能悄悄偷渡。一支前往莫纳海峡的巡洋舰分舰队犹如一支骑兵在陆军正面对村庄进行搜索；但主力部队如此前进，除非为了特殊目的，否则就会牺牲圣地亚哥的中央位置，并削弱其对牙买加和尤卡坦海峡的作用。

1898 年美西战争曾为这里所指出的作用提供了一个例证，其原因是将向风海峡这一战争的真正中央位置遗弃而任其畅通无阻所致。桑普森舰队司令指挥的美国舰队于 5 月 12 日炮击圣胡安港。假如美国舰队当时守候于向风海峡，而不是守候于莫纳海峡之外，则有关塞韦拉舰队出现于马提尼克附近的消息，应在次日即 5 月 13 日上午便可为其收到。双方舰队相对位置所构成的态势应当是，塞韦拉须航行一千海里而桑普森只须航行一百海里便能抵达圣地亚哥；或者前者须航行一千二百海里而后者只须航行四百海里便能抵达西恩富戈斯。在两支实力和速度均皆相当的舰队
342 之间，这种态势对于希望避战而驶往古巴港口的一方，并非全然无望；但其不利条件，正如握有中央位置的另一舰队的有利条件一样，则是极为明显的。

另外，假如当时所谓机动分舰队亦和桑普森一起或在附近，而不是驻泊于汉普顿锚地这一偏离中央的位置，则美国舰队司令便

可拥有足够的军舰供其指挥，足能将一支装甲分舰队派至哈瓦那前方，而自己又能保有足以与敌相等的兵力或在圣地亚哥或在西恩富戈斯的前方迎击敌人。由于进入哈瓦那的通路已被封锁，这一部署便能使主力离开向风海峡，而在西恩富戈斯和圣地亚哥之间占据一个位置。在那里通过组织得当的搜索配系，便能万无一失地及时收到有关敌人航向的消息，从而在敌人选定的两港之一的港外对其进行截击。由于没有机动分舰队，桑普森就不能分兵；而且，假如他像这里假设的那样位于向风海峡，依我判断，他不会冒险离开海峡，给敌人以通过海峡的机会从而驶往哈瓦那。问题还是在于搜索，但由于向风海峡到西恩富戈斯的距离，其搜索就处于更加困难的境地。位于向风海峡，美国舰队便能确有把握地干预敌人接近古巴北侧的任何企图；假如敌人从马提尼克南面开始，企图通过尤卡坦海峡，则机动分舰队即使从汉普顿出发也能先敌到达哈瓦那港外。

反对这样封闭古巴各港通路的最为充分的论据是，这样做就势必要以听任波多黎各畅通无阻为代价方能取得。答案是，美国没有足够的军舰足以封闭所有的港口，而且敌人到达圣胡安港较之到达一处古巴港口，对于美国来说，为害不大，而对于西班牙来说，好处也不多；而一支舰队在那里锚泊则会更加暴露于攻击之 343
下。由于该地当然要受到美国监视舰的严密监视，消息就可以随即传到，美国舰队在西班牙舰队尚在装煤而未离开之前可能便已赶到现场。从圣胡安港到向风海峡只有五百海里。

恰如实际发生的情况一样，当西班牙舰队抵达马提尼克岛时，美国舰队便已在波多黎各的圣胡安港的前方。在当时存在的通信条件下，敌人如果果断，便会得到良好的机会以获得有利条件使其得以到达古巴南岸诸港中的一处港口；或到达向风海峡，这就会使其在驶往哈瓦那的竞赛之中领先到达。

搜索问题在利用情报上由于使用无线电而与前大不相同。1898年一艘位于圣胡安港前方的巡洋舰必须航行四百或五百海里方能将消息传至向风海峡，而舰队也要航行同样距离才能到达战场。如今，巡洋舰不必为此目的而离开哨位，从而节省了用于航行的时间；这就意味着舰队只须用一半时间便可到达。而且，对于重要的中心，已无须再配置两艘监视舰，即一艘用于保持同敌接触；另一艘用于传送消息。现只要配置一艘监视舰船，便可同时用无线电发送消息。然而，必须记住，有些场合可能配置两艘监视舰船确为方便。这恰是在紧急情况之下易被忽略的事情之一，除非这已成为一名军官的习惯想法的一个部分。处于军事突发事件之中，思想宝库也难以提供应付所有一切可能偶发事件的对策。

萨马纳湾和波多黎各北岸的圣胡安港这两处据点，还有属于波多黎各的库莱布拉港，都适于用作控制莫纳海峡的前进哨所。
344 一个掌握古巴并对其拥有牢固的政治占有权的一流国家，由于拥有发达的铁路系统和强大的陆、海军，可以稳稳当当地向外伸展并占领这两处据点中的一处或两处一并占有。在这样的条件下，这些孤立的前进海军场站同古巴的关系，恰与基韦斯特同美国大西洋海岸和墨西哥湾海岸的关系相同；它们乃是并未处于本土可及范围之外的前进哨所。然而，如果没有像古巴所提供的这样一处中间位置，这样的哨所便无法牢固地掌握在美国手中，除非美国拥有一支压倒敌人的强大优势海军。在海洋战场，海军是无比重要

的要素，这是完全正确的，并且在几次讲座中始终坚持这一观点；然而，目前，海军同陆军一样，并不能将其交通线从强固的外延基地延伸过远。要想确保其交通安全，或则依赖对海洋的压倒之势的控制，使其就像位于本国国土一样；或则依赖距离本土适当距离的相互紧密连结的一些据点所形成的据点线予以保护。

当这几次讲座的讲稿初次成稿时，美国拥有了基韦斯特和大西洋海岸诸港。依我判断，仅仅依赖这些港口是无法确有把握地将萨马纳湾据为己有；但若握有哈瓦那、圣地亚哥等，则情况定将大不相同。从那时以后，美国就已取得了波多黎各及其邻近的一些小岛，如著名的库莱布拉。这才明确地开始考虑在加勒比海设立前进海军场站，而在1898年以前的年代里，这种考虑是毫无可能的；而后来又占有关塔那摩，便消除了当时对此的责难，即距离美国太远以及缺少中间支援，影响了美国对萨马纳湾、圣托马斯或波多黎各的圣胡安这样一些位置占有。假如同一支强大的海军争夺对海洋的控制，则美国现已拥有一些距离适宜的位置可对其海军作战给以支援。要想确保这些位置，除其已有的位置即态势要 345
素之外，还要具有其他两项战略力量要素，即防御力量和所需资源，如备用品及进行修船和坞修所需的设备。

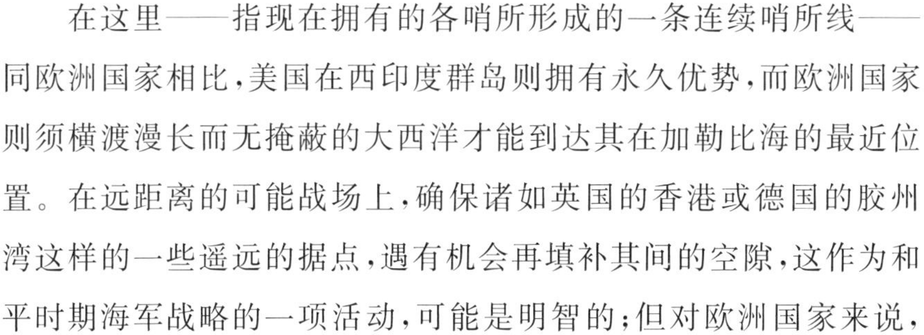

在这里——指现在拥有的各哨所形成的一条连续哨所线——同欧洲国家相比，美国在西印度群岛则拥有永久优势，而欧洲国家则须横渡漫长而无掩蔽的大西洋才能到达其在加勒比海的最近位置。在远距离的可能战场上，确保诸如英国的香港或德国的胶州湾这样的一些遥远的据点，遇有机会再填补其间的空隙，这作为和平时期海军战略的一项活动，可能是明智的；但对欧洲国家来说，

正如1898年以前美国于加勒比海一样，这样漫长的交通线便意味着具有失去位置的巨大危险，否则便须拥有一支具有决定性优势的海军以应付他们的一切国际政治纠纷。当前英国的海军部署告诉我们，英国同欧洲各国的关系以及英美之间的关系，已经深深影响到他们对哈利法克斯、百慕大和西印度群岛的利害关系；而且历史已经表明，直布罗陀曾经数度成为英国的负担。旅顺口又对俄国重演了同样的历史；对欧洲和远东所发生的一切情况加以仔细考虑之后，我们便可认识到菲律宾对于我们来说也是一个负担。

前曾提到靠近莫纳海峡的两处据点，萨马纳湾则是较好的一处，这是一处极好的港口；然而，前曾说过，该岛所有的港口都必须依靠其自身力量并且只能依靠来自海上的支援。该岛的政治和社会情况，使其不能指望从周围国家获得援助；而其本身又无资源。
346 自从1898年情况发生变化以来，美国的坚定军事政策决不予其它国家以借口，为军事上的目的占领这一位置，不论是通过它自己掠夺取得的，还是通过其它方式获得的。马耳他只是在法国先夺取之后才转为英国所有；而现在由日本人占领的旅顺口也是直接从先前占有者俄国人手中转来的。

从前面展开的讨论中，可将古巴的作用概括为：(1)其位置对墨西哥湾和向风海峡所构成的控制力量；(2)由于其幅员和良港所构成的固有力量；(3)由于靠近美国而得以扩大的巨大潜在资源；(4)其所具有的能够有效地达到莫纳海峡和波多黎各的能力。由位置、力量和资源所构成的强而有力的组合整体，使古巴毫无疑问地在我们所考虑的整个海上战场占据独一无二的最为重要的地形。必须记住，对古巴必须进行控制的一个极为重大的因素，便是

海地的政治和社会情况所造成的,价值不高却还是一个受人摆布的障碍。由于该岛在短期之内不会出现任何稳固的国家组织,古巴或任何一个在古巴拥有重大权益的大国都会自然地主张海地中立,同时并反对将其任何港口让与外国;例如造成类似现在美国握有关塔那摩那样的情况。现在,波多黎各已为美国所拥有,这就更加不能容忍外国在海地设置海军基地而横梗于关塔那摩和波多黎各之间。

那么,古巴——以此名称代表该岛影响所能触及的由墨西哥湾至波多黎各的整个区域——是否可以成为墨西哥湾和加勒比海这一海上权益区域的锁钥呢?在假定敌对双方海军力量相等的情 347
况下,我们已经了解到古巴的影响可以延伸到何等之远;其影响是如此巨大,如能予以充分发挥,它就能控制这些海域的全部或大部并包括巴拿马地峡在内,难道不是如此吗?

对于墨西哥湾来说,答案只有一个,而且可以立即答复。假如双方实力相等,而且只要这种均势继续存在,如果古巴为敌方掌握,则密西西比河流域的物产便不得不通过陆路运抵大西洋。古巴确实是通往墨西哥湾的关键,恰如直布罗陀之于地中海一样。

关于加勒比海,答案则稍欠明确,尚待仔细考虑。

古巴所具有的控制能力,至少可使其成为控制整个加勒比海的作战基地。正如前曾提过,多瑙河隘路和埃及乃是特定地区的地理上的锁钥,其重要性不只是来自其无生力量或仅只由于其位置优越,而是由于军事力量从这里才可以得到发挥,从而确能优于拥有相等兵力而缺少同样位置优势的敌人。那么,在加勒比海应当对哪些目标即据点加以控制呢?除古巴之外,还有哪些其他基地可以据以发挥这种控制能力呢？这些基地作为目标来看，同古巴相比在效用上又将如何呢？

在回答这一最后问题时，我们必须考虑能够制约战略据点的三项要素，即位置、力量和资源。

在加勒比海应予控制的目标有以下三类：

第一类，经由各条水道进入加勒比海的入口。

第二类，位于加勒比海之内的主要商业中心，即目的地，其中最为引人注目的则是现以科隆为中心的巴拿马地峡。

348 第三类，入口与目的地之间的交通线。

1. 由阿内加达海峡向南经小安的列斯群岛东部有许多入口，以致只掌握一处能够控制其中任何一处或两处入口的地理位置便想在这一线阻止通往加勒比海的通路，这是不可能。一支拥有巨大优势的海军，毫无疑问，经过适当部署便能有效地控制这些海峡的全部或大部；然而，本题则是明确地以假定双方兵力相等为前提。另一方面，众所承认的古巴的影响，虽不能达到小安的列斯群岛的任一水道，但却可控制向风海峡和莫纳海峡，对于来自北美洲所有大西洋海岸各港的航运，其中既包括美国诸港也包括英国在百慕大和哈利法克斯的海军场站，这些海峡最为方便。而对于尤卡坦海峡这条由密西西比河流域至巴拿马地峡的天然而又确是唯一的直达航线来说，古巴的影响则更是无可争辩的。因此，对于入口来说，古巴的控制能力已达到独一无二的程度。

2. 在加勒比海范围之内，主要的商业目标都位于巴拿马地峡周围附近。假如我们将马格达雷那河流域的贸易也包括在巴拿马地峡之内，我们就无须再考虑其它地方了。当然，沿整个海岸，由穆赫雷斯岛起至帕里亚湾止,或多或少都有一些贸易;但这些贸易是分散的,而且海岸背后的这些国家实难指望在近期之内会有这种需求,从而创造新的重要的贸易中心。奥里诺科河河口不在加勒比海范围之内。因而,我们可将巴拿马地峡考虑为商业权益的巨大中心,这是不会发生严重错误的;它不仅是加勒比海的最大商业中心,而且不久还将成为世界上第一流商业中心之一。

除了商业中心之外,在加勒比海范围之内还有重要的军事目 349
标。其中有三处最为重要,即牙买加、奇里基环礁湖和科隆;科隆既是商业中心又是战略据点。除这些主要据点之外,还有数处具有二等或三等价值的其他据点。荷属库腊索岛有一良港,而又位于巴拿马地峡和小安的列斯群岛的中途,其位置距地峡与东部诸岛的轮船航线的一侧不足一百海里,从而从翼侧威胁它们的交通线。因此该岛如让予任何一个强国,恐怕都要遭到其他强国的反对。哥伦比亚合众国的卡塔赫纳市拥有拉丁美洲大陆的最佳港口。该港距科隆只有三百海里,而距轮船航线只有一百海里,来自加勒比海每处入口的航线均会聚于此;其位置或许还有资源,都优于库腊索岛。卡塔赫纳如同库拉索一样,也从翼侧威胁着由阿内加达海峡向南通往巴拿马地峡的航线;二者比关塔那摩都更为靠近科隆,尽管其中库拉索岛在这一方面的优势较之关塔那摩极为微小。

尤卡坦半岛上的英国属地伯利兹港条件优越,可用为锚地和加煤站,又由于没有引水员便难以驶近,从而具有很好的天然防御力量;但其任何攻势力量只能指向墨西哥湾和经由尤卡坦海峡通往巴拿马地峡的这条贸易航线。由于牙买加所处的位置既能攻又

能守，看来，伯利兹未必能够成为第一流的海军场站；更为重要的原因是，目前该地尚无白人居民，也无海军所需的资源。一支以牙买加为基地的战斗舰队恐怕定会沿该岛至伯利兹一线配置快速巡洋舰和监视舰；而位于该线远方一端的舰船则可依靠伯利兹补充
350 煤炭和某些补给品。再则，当这支舰队出于某种原因而前出至尤卡坦海峡或进入墨西哥湾时，在其保持这一位置期间，伯利兹则会受其保护；而且由于舰队靠近伯利兹，在此期间可将其煤炭基地转至该地。除了这两种情况和对中美洲或尤卡坦进行广泛作战这种不甚可能发生的纯属次要的情况之外，伯利兹对于占有牙买加的强国，便不会再有重大的军事价值。

我们也可以说，洪都拉斯和尼加拉瓜两国的加勒比海海岸，对于占有古巴或牙买加的国家来说，那里没有一处据点是有战略价值的。这两国所拥有的港口，一般来说都无关紧要，既无军事力量，又缺乏资源。散在洪都拉斯湾内及其以南的一些小岛，情况亦大同小异。对于能够控制这一海域的国家来说，即在这一海域拥有决定性优势的国家，这些小岛可能被其用为临时的加煤站；但它们并不值得予以设防，只要经常有武装舰船在场，便能防护它们免遭袭击。既然要有武装舰船在场，就必然要分散成小股，不言而喻，这支舰队所拥有的优势必须足以派出强大的分遣队而不致使主力过分冒险，而这里的讨论都是假定以双方海军兵力等同为前提，故这种情况不在此列。

当然，对于任何军事区域进行全面探讨，必然会有各种不同兵力以及等同兵力的假设；然而，实际上，军事问题包括许多变量，故在任何讨论之中，必须将某些变值定为常数，才能进行特定讨论。

由于这里讨论的是位置问题,故假定双方兵力固定等同。

因此,我们可以确有根据地说,在中美洲海岸,由卡托切角或穆赫雷斯岛起直至奇里基环礁湖止,现时,甚至连一处二流的战略 351
据点都没有;而在巴拿马地峡以东,南部加勒比海的许多港口,则可由卡塔赫纳和库腊索岛这两处最好的港口作为名副其实的代表。这两处据点相隔不足五百海里。第二个据点由于距巴拿马地峡更远,故其重要性也较差。卡塔赫纳港,从其位置和其所拥有的良好港口以及其接纳资源能力来看,即使资源不能自给,同牙买加和科隆相比也相差无几,并不低于二者的水平。它特别适于用作一处攻击巴拿马地峡的前进作战基地。事实上,它属于巴拿马地峡自身的战略范围之内,并成为其重要的因素。奇里基环礁湖由于更靠近科隆,因而较其更为优越。

这样一来,加勒比海范围之内的军事和商业目标,便减少到两处,即牙买加和巴拿马地峡,它们不同于加勒比海外缘的一些据点,其中巴拿马地峡一词如前所述,其所包括的范围在这里已经延伸扩大。

3. 在加勒比海必须予以控制的第三个对象,则是位于该海域之内的通路,即该海域边缘一侧的入口与不同目标之间的交通线。这些目标已经归纳为两处,牙买加和巴拿马地峡;后者包括卡塔赫纳还有其周围地区。伯利兹,假如一定要加以考虑,则将其列入牙买加范围之内,因为一艘舰船在其驶抵牙买加之后,其旅程的大部分困难便已克服。卡塔赫纳虽然位于拉丁美洲大陆,但在战略上却属于巴拿马地峡同一范围之内。

现在谈谈通路问题。大洋中,两点之间的通路可能很多,并且

彼此分散。在像地中海和加勒比海这样有限的海域之内，其情况
352 也是如此。例如，一艘从阿内加达海峡驶往巴拿马地峡的舰船，其舰长可按其对危险的判断，或取直线航行，或沿北侧或沿南侧航行一定距离，再向其港口前进。

不过，假如到达点和出发点都已为人所知，所有的航路都汇聚于这两点，于是攻方便可按其力量及其所在港口的位置，在到达点或出发点前方占取一处位置，确保在这样的战略位置上敌人的舰船一定会进入其所及范围之内。在其他条件等同的情况下，到达点较之出发点更适于对交通进行截击，因为进入一处被封锁的港口较之从其中出来更为困难；然而，要想截击或“制止”一支远征军，如果不知其目的地何在，通常而且总是选择其出发点。

例如，在现在所讨论的战场上，假如已知一支任一规模的远征军正在古巴、牙买加和安的列斯群岛这三处基地之中的一处进行装备，其对方如有可能做到，则应以充足的兵力在其附近设立前哨。这样做不论是对付武装的远征军还是对付大型的护航队，都是适宜的。但如敌方对一处目标已经动手，例如已对巴拿马地峡动手，并依靠川流不息的补给舰船为其支援，对方则应本着努力集中的精神，务必慎重地靠近于其到达点。假如出发点为多处，而到达点只有一处或寥寥几处，这样做则会更为正确；例如，从美国的大西洋海岸和墨西哥湾海岸诸港出发驶往巴拿马地峡，或者驶往古巴的某一港口。一支截击兵力位于敌方补给到达点附近，不仅能居于切断交通的最佳位置，而且还握有另外的有利条件，即一旦遇到有利时机，随时可对其海军实施攻击。这支兵力当然应有一

处最佳位置作为自己的设防港口;这样的位置,便是卡塔赫纳、库 353
腊索岛或者甚至还有牙买加。

英法两国在更为广阔的战场上所进行的多次海战,可以作为实例予以讲述,并可证实认真研究史例大有益处,尽管帆船海战的一些特殊条件已经过时。英国虽然在海上拥有很大优势,但由于其权益分散于世界各地,以致在很多方向处于暴露状态。对于当时法国的屡次装备齐整的远征军,英国常不知其到着点,即目的地,从而非常正确地想出在法国所有海军兵工厂外面配置重型舰队以阻止其出航。例如,1798 年英国探明法国正在土伦装备一支大规模的远征军,于是派纳尔逊由加的斯进入地中海,在明显是法军出发点的港口外面进行监视;然而,在其到达之前得知敌人已经离去;于是纳尔逊便根据所能搜集到的情报,将敌人最为可能的目的地作为其下一个点。结果证明,其所选定的第二个目标,相对来说仍然不够确切;虽然今天同样的不够确切不会产生于同样原因,但它依然存在,而且仍然应在预料之中的敌方出发点附近占据适当位置,假如这一出发点能够确定的话。尽管东乡拥有无线电报这一便利手段,但在相当长的时间里,他对罗日杰斯特文斯基的航向仍一无所知。在西蒙诺夫海军上校所著《对马之战》一书中,有一段饶有兴趣的记载,说俄国舰队的电台曾经截获日本侦察舰之间相互传递的电讯,但他们并不懂其密码。但从其简短的定时通讯中,俄国人推断,这不过只是它们之间的通讯——可以说是他们
相互保持接触,并不表明某艘侦察舰已经看到敌人。俄国人仍然 354
希望能在浓雾中不被发现而溜走;因为无线电不能看见,只能报告。

保持风帆舰船靠近危险的海岸所具有的困难，常常导致英国舰队的努力归于失败，并使舰船的使用强度和人员的精力消耗达到极限；但在独一无二的一个实例中，拿破仑精心制定的预想入侵英国的计划，却由于布勒斯特遭到严密封锁而被打破。二、三支分舰队已经起航，预计在安的列斯群岛会合进行编队；但二十余艘战列舰却被“阻留”在布勒斯特，而无法前往同另一支分遣队会合。假如英国的权益并不分散，只有西印度群岛一地，则最好的方法便是以其优势的海军，除一部分担负本土防御之外，派驻一支大型舰队于西印度群岛，将其配置于既便于截击驶往法属诸岛的舰船又便于保护己方舰船的最佳位置之上。一艘通讯舰艇过去总是能够而现在仍然可以比敌方舰队抢先早到数日，因为单舰较之舰队航行速度更快。因此，假如一支法国舰队起航之后只能驶向一处可能的目的地，则英国的通讯舰定能在其之前到达目的地。但拿破仑却利用英国拥有较多暴露据点之虞，使其陷入迷惘；而英国则认识到这一事实，便对其所有的出发点进行监视设法剥夺其主动性。

可能会有这样的情况，某些航线在其航程之中，必须在距敌方港口一定距离范围之内通过，于是该港便如前述的位于航线上的狭窄水道一样，具有特殊的战略价值；在这种情况下，该港便对这些航线构成翼侧威胁。假如在纳尔逊时期英国并无权益可使其海军被吸引在地中海之内，则直布罗陀便可对法国土伦舰队严加监视。牙买加对于所有通往巴拿马地峡的航线以及当地最强的国家
355 古巴便具有这种特殊优势。军舰从牙买加出发，几乎不需超出视界之外，尤其是不必超出其基地的支援之外，便可对由古巴这一更

大岛屿至巴拿马地峡的两侧航路进行战斗巡弋。牙买加除威胁两侧的航路之外，加之更加靠近西班牙大陆美洲[①]，较之关塔那摩要近一百五十海里，从而往返于这一线海域可节省三百海里航程的煤炭，由此可以看出，在控制由加勒比海边缘至包括巴拿马地峡在内的目的地的交通线中，牙买加较之古巴具有决定性的优势。两岛都从侧面威胁着来自东面的安的列斯群岛的航线；但牙买加更为靠近。

同小安的列斯群岛相比，牙买加则具有有利条件，它距离主要目的地巴拿马地峡只有一半距离；但牙买加距离库拉索岛却比小安的列斯群岛稍远一些。假如一支大规模的远征军正在小安的列斯群岛之中的一处岛屿进行装备，则牙买加就其位置而言，对该远征军实施监视，诚然不如小安的列斯群岛之中的另一岛屿；但若同样的远征军以牙买加为基地，则难以从安的列斯群岛对其进行制止，由此看来，各有利弊，得失相当。

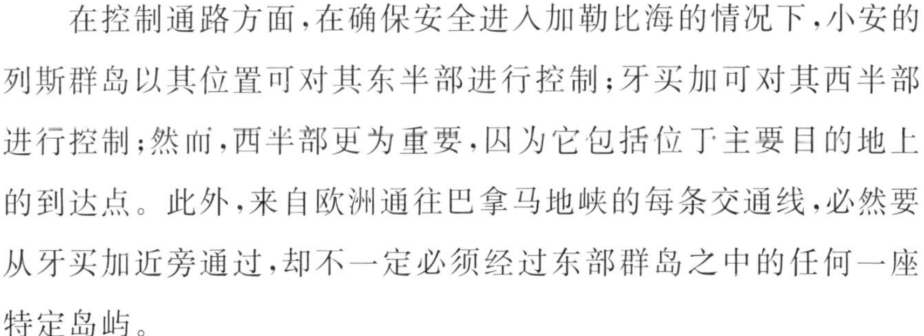

在控制通路方面，在确保安全进入加勒比海的情况下，小安的列斯群岛以其位置可对其东半部进行控制；牙买加可对其西半部进行控制；然而，西半部更为重要，因为它包括位于主要目的地上的到达点。此外，来自欧洲通往巴拿马地峡的每条交通线，必然要从牙买加近旁通过，却不一定必须经过东部群岛之中的任何一座特定岛屿。

古巴同安的列斯群岛相比，假如牙买加中立，则古巴的控制作

① 原文 Spanish Main，今通译为南美洲北岸，即指南美北东部加勒比海沿岸一带。——译者

用就会更大。假如将牙买加除外，古巴便可以其优越位置对来自
356 向风海峡驶往巴拿马地峡的整个交通线进行守势控制，并对加勒比海西半部进行攻势控制。而那些小岛凭其位置只能对通往巴拿马地峡的东半部通路进行控制。另一方面，假如古巴中立，而牙买加同小安的列斯群岛敌对，则牙买加便对该群岛拥有类同古巴的优势。三者相比，假如其他条件相等，仅以其位置对通路的控制而言，则牙买加居于首位，古巴次之，小安的列斯群岛居于末位。

确认这些关于控制通路的结论之后，现在我们回到最为主要的问题上来，同这一问题相比，其他一切探讨都已退居次要地位。这就是，在加勒比海三处作战基地之中——即小安的列斯群岛中的一处，牙买加或古巴及其影响范围——哪处基地对于加勒比海的各主要目标据点进行军事控制最为有力？这些主要目标便是牙买加和巴拿马地峡；就其相对重要性而言，可以看到，巴拿马地峡从本质上来看涉及世界的普遍权益，实属更为重要，而牙买加这一位置却可控制通往巴拿马地峡的所有通路，因而从军事意义来看，对于加勒比海的控制却是一个独一无二的要素。牙买加是中央位置的一个突出实例，它拥有内线这一便利条件，可在其所属的战场范围之内向每一方向进行作战。

军事控制主要取决于两个要素，即位置和机动军事力量。我们已经假定军事力量始终相等，故现在只须将战场上其他国家所掌握的那些位置同古巴占领者的位置加以对照进行探讨。这一探讨还是要限于对这些目标据点实施攻击的能力；或者相反，限于对这些目标据点进行防御的能力，如果这些目标据点已为自己本身或一个盟国所掌握；至于通路问题前面已经讨论过。

借助位置对国土以外的据点进行控制，取决于在时间上对该 357
据点的靠近程度，取决于是否存在会延迟或阻止你向据点接近的障碍 。

圣地亚哥(或关塔那摩)和西恩富戈斯同已经选定的位于加勒比海边缘的一流战略据点(包括萨马纳湾和圣托马斯在内)中的任何其它一处相比，更为靠近巴拿马地峡。它们较之英属圣卢西亚岛和法属马提尼克岛至巴拿马地峡的距离，略微超过其一半。在加勒比海范围之内，牙买加这座难以攻克的岛屿和军事要塞，较之关塔那摩至地峡要近一百五十海里，较之西恩富戈斯还要近得更多。

仅从态势考虑，牙买加对于控制加勒比海乃是一处极好的位置。它距科隆、尤卡坦海峡和莫纳海峡的距离均相等。它同关塔那摩和圣地亚哥共同控制着向风海峡和古巴的南部海岸；而且只要向外稍加伸展，便可到达由墨西哥湾至巴拿马地峡的各条航线。最为重要的是，对于古巴来说，它阻塞了古巴通往巴拿马地峡之路，致使从古巴染指巴拿马地峡的任何企图都必须首先估计到牙买加的陆、海军力量。

然而，牙买加的力量却会受到一定程度的削弱，而古巴却不会受此影响。姑且不谈大英帝国因其殖民体系庞大而又非常分散，常被迫采取守势，从而引起其舰队的分散，使其大批据点暴露于攻击之下，仅就我们严加注意的战场而言，可以看出，在英国的作战计划中，如前所述，牙买加主要是一处前进哨所；其位置非常之好，确实如此，但其交通线却漫长而又困难。它同可能的中间补给基地安提瓜岛的距离超过九百海里；同英国在小安的列斯群岛的主 358

要海军场站圣卢西亚岛相距一千多海里，最快的航行也不少于三日。假如英国同占有古巴的国家作战，则向风海峡将被关塔那摩封闭，墨西哥湾将被哈瓦那封闭，英国将被封闭在向风海峡和墨西哥湾之外。莫纳海峡虽然不一定遭到封闭，但却过于危险，也无法依赖。基于上述原因，为了保持同牙买加的交通联系，则迫切需要一处像圣卢西亚这样的中间位置和补给场站。来自百慕大、哈利法克斯或英国的补给，大体上先聚集于此或安提瓜岛，然后由此可以比较安全地但仍处于暴露状态之下抵达金斯敦港。古巴和海地的北部海岸必须视为实际上已处于古巴舰队的控制之下，从而向风海峡也被其以优越的位置所控制。

相反，古巴的占有者却以其所处位置，同墨西哥湾保有畅通的交通联系，这就是说，通过密西西比河流域，它可以拥有美国的一切资源供其支配。来自牙买加的巡洋舰要想切断这一贸易，同其以哈瓦那为依托的敌人相比，必须处于大为不利的条件之下，尤其是在煤炭消耗上，来自哈瓦那的巡洋舰可以少消耗或甚至不消耗便能到达其巡航区域，从而能够逗留更长时间，结果等于增加军舰数量。另一方面，来自圣地亚哥的巡洋舰，几乎可以毫不受阻地活动于海地的北侧直至莫纳海峡，而在超出这一范围时，除同与其大小相等的战斗舰船遭遇之外，则别无其他危险。假如这些巡洋舰将其活动推至阿内加达海峡，则同来自圣卢西亚的巡洋舰相对而言，它们就会感到处于如同牙买加巡洋舰在墨西哥湾同哈瓦那巡
359 洋舰相比所经受的不利条件之下；但若将航向稍加偏北，驶至 Q 点（见图 12）或于该点周围，则它们在该处同关塔那摩和圣卢西亚的距离便相等，于是便同圣卢西亚处于同等地位，与此同时又居于

可以严重危及来自北美洲任何据点的补给的位置之上。假如有人认为,位于Q点上的这些巡洋舰可由百慕大予以对付,则答案极为简单:在假定双方兵力相等的情况下,那就只有缩减圣卢西亚的兵力才能做到。简言之,在同百慕大、哈利法克斯和圣卢西亚的战略相对关系方面,古巴同牙买加相比则拥有中央位置、内线交通这样的巨大优势,从而可以收到集中兵力的效果。

面对这些困难,假定在这一战场上双方兵力相等,在牙买加同古巴相比处于大为不利的条件之下,很难看出,英国如何才能避免分散其舰队。古巴确实不仅拥有前已指出的位置优势,而且相对于敌人的位置而言,还拥有中央位置的优势;而更为重要的恐怕则是,古巴在其基地各点之间拥有安全的内陆交通来保证补给和供煤,同时又能掩护其后方的墨西哥湾的海上交通线。关塔那摩和圣地亚哥有铁路同哈瓦那相通,而该岛本身又掩护着由哈瓦那至墨西哥湾美国海岸的交通线;牙买加则完全依赖海上交通,而其海上交通又几乎都得不到很好的掩蔽。

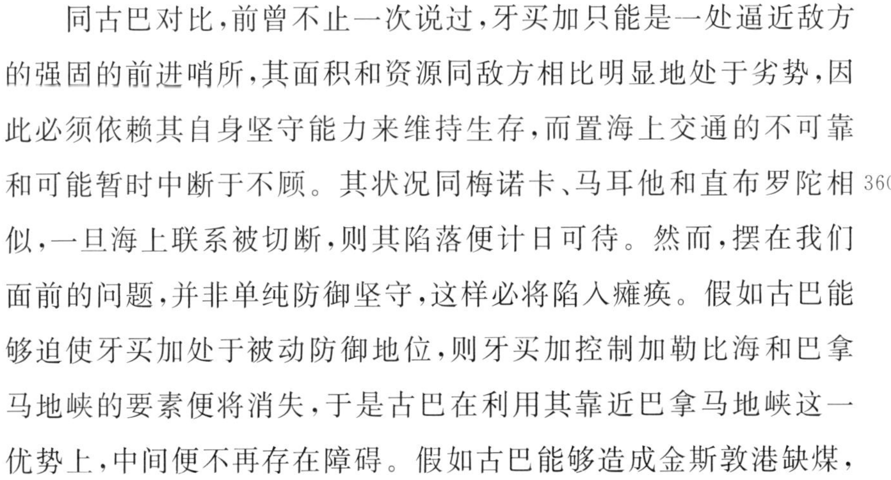

同古巴对比,前曾不止一次说过,牙买加只能是一处逼近敌方的强固的前进哨所,其面积和资源同敌方相比明显地处于劣势,因此必须依赖其自身坚守能力来维持生存,而置海上交通的不可靠和可能暂时中断于不顾。其状况同梅诺卡、马耳他和直布罗陀相 360
似,一旦海上联系被切断,则其陷落便计日可待。然而,摆在我们面前的问题,并非单纯防御坚守,这样必将陷入瘫痪。假如古巴能够迫使牙买加处于被动防御地位,则牙买加控制加勒比海和巴拿马地峡的要素便将消失,于是古巴在利用其靠近巴拿马地峡这一优势上,中间便不再存在障碍。假如古巴能够造成金斯敦港缺煤,

则它便取得了战略优势；一旦发生煤荒，则敌人的战斗舰队就势必撤走，很可能撤至小安的列斯群岛。

同古巴相比，牙买加的状况适用于加勒比海东、南、西、北各边缘上的所有战略据点。牙买加虽处于边缘之内，但几乎就在边缘之上，它在靠近程度、位置、面积和资源上，较之海地或较小海岛的任一港口都具有决定性的优势。如牙买加同古巴相比处于劣势，则边缘上的其余每处据点，而且还可以说，所有这些据点全都合在一起同古巴相比也都处于劣势。例如，圣卢西亚对牙买加来说是不可缺少的。来自英国的舰船从未直驶牙买加对这一较大海岛进行补给；必须拥有一处中间补给站，驻泊于牙买加的舰队必须确保其安全供煤的距离不能远过这些小岛。否则，一旦舰队缺煤，便无法在其位置上坚持下去。但是，假定双方海军兵力相等，则圣卢西亚和牙买加决无法相互配合。一支远征军从如此远隔的据点无法安全联合；它必须首先集结于一点或另一点，而后才能起航执行任务。法属瓜德罗普岛和马提尼克岛，假定它们符合要求，便可各自准备一半兵力，并可望在战斗之前将其合而为一；而牙买加却必须独自准备。从圣卢西亚这一较小海岛出发驶往牙买加的战斗舰队必须结成整体，而随在其后的毫不间断的补给——交通——则要
361 依赖于对海洋的控制。圣卢西亚无法援助牙买加，只能充当中途站和补给站。

假如来自牙买加和圣卢西亚的两支兵力试图在海上联合对巴拿马地峡实施攻击，假定同古巴交战而双方的总兵力又假定几乎相等，则这两支兵力必将陷入相继被各个击破的危险。前面曾讲过，1796 年日耳曼战役就曾为此提供了一个例证，同年在意大利

战役中奥军的配置也提供了数个例证,拿破仑巧妙地利用奥军坚持分散兵力,相互不能支援这一弱点而一战成名。在最近日俄战争中,俄国海军的作战行动对于分兵再一次提供了训诫,当时俄国海军的最终会合不得不在敌人能够达得到的范围之内实行。

恰好由此可以看出,位于墨西哥湾湾口的古巴岛的战略地位具有巨大的优势。假如美国容许同该岛的贸易继续畅通无阻,则古巴不必冒很大危险便能获得各种补给甚至军火,这样一来便使该岛成为一处强固的作战基地,能够装备一支任何规模的不必分散的远征军,并保证其舰队发挥效能而不必担心其交通。例如,从彭萨科拉或基韦斯特至哈瓦那再由此经铁路至西恩富戈斯或圣地亚哥的交通线,可以说是万无一失。

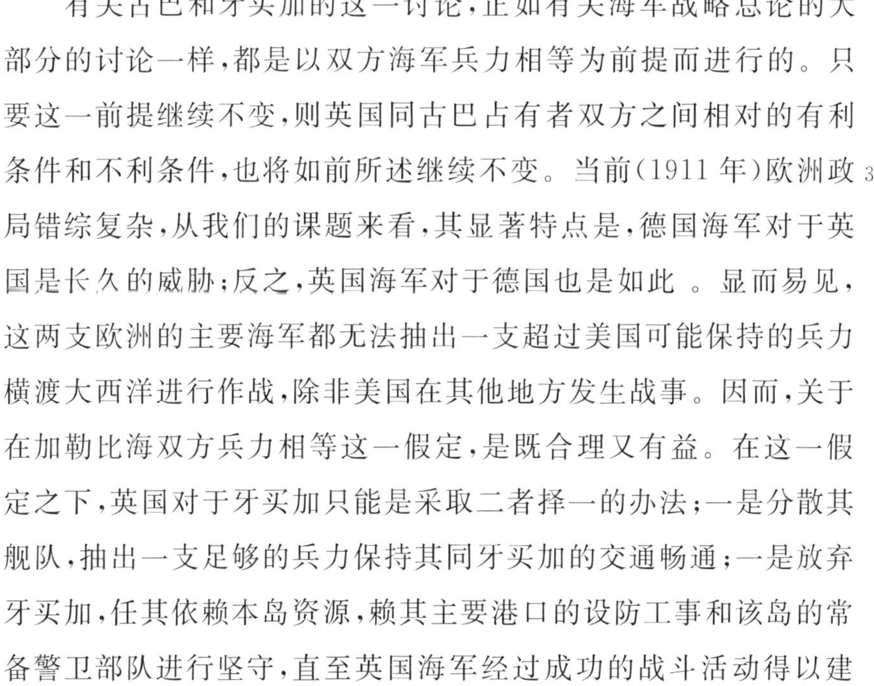

有关古巴和牙买加的这一讨论,正如有关海军战略总论的大部分的讨论一样,都是以双方海军兵力相等为前提而进行的。只要这一前提继续不变,则英国同古巴占有者双方之间相对的有利条件和不利条件,也将如前所述继续不变。当前(1911 年)欧洲政 362
局错综复杂,从我们的课题来看,其显著特点是,德国海军对于英国是长久的威胁;反之,英国海军对于德国也是如此 。显而易见,这两支欧洲的主要海军都无法抽出一支超过美国可能保持的兵力横渡大西洋进行作战,除非美国在其他地方发生战事。因而,关于在加勒比海双方兵力相等这一假定,是既合理又有益。在这一假定之下,英国对于牙买加只能是采取二者择一的办法;一是分散其舰队,抽出一支足够的兵力保持其同牙买加的交通畅通;一是放弃牙买加,任其依赖本岛资源,赖其主要港口的设防工事和该岛的常备警卫部队进行坚守,直至英国海军经过成功的战斗活动得以建

起优势，能以足够的战舰驻防牙买加，并有足够的余力保证其补给线获得适当的安全为止。“安全”一词的含义系就军事而言。

所谓二者择一，或是分散舰队或是放弃岛屿，这意味着只要一支相等的海军以古巴为基地，则牙买加所拥有的一切位置优势便无从发挥；因为，牙买加的位置较之古巴虽然更能控制巴拿马地峡，但古巴却能控制牙买加，使其无法充分发挥其攻势力量，因为其交通受到威胁。

对位置的这一正确评论，不应就此结束，还应举例说明设防港口的价值。牙买加加以设防便能自力坚守相当时间；甚至战斗舰队可以集中于此进行攻势活动，只要其所储备的物资能够维持。当其所储备的物资接近耗尽时，特别是煤炭，战斗舰队便应及时离
363 开；到那时，牙买加只能像直布罗陀所曾经历的那样以及旅顺口或圣地亚哥在相当时间内所曾坚持的那样独立自卫，它不仅不能再加以使用，舰队不在必然如此，而且还会陷落，古巴则将取代牙买加而控制加勒比海。而先前曾以牙买加为依托的舰队则必须从更远的基地进行作战。

对牙买加价值的这一正确评价，又可说明美国对欧洲国际关系的实际关注。德国如在海战中将英国击败，就可能要求以转让牙买加作为媾和条件；西印度群岛在英国的估价中就会不再具有巨大的重要性，因为英国的欧洲关系已迫使其海军集中于本国水域并承认门罗主义。如同英国已经割舍的赫耳果兰岛一样，牙买加无论在军事上还是在商业上都不再能为大英帝国所用。1910年，英国皇家委员会在调查帝国同西印度群岛，特别是同加拿大的贸易关系的报告中披露，牙买加的贸易权益倾向美国甚于倾向加

拿大。出让牙买加,除却有损脸面之外,别无遗憾。因此,在战败情况下进行这场交易中,决定性的因素不应是英国的反对,而是美国的对抗。这种假定情况下的对抗,完全要看美国所拥有的海军兵力而定。在当前条件下,英国同德国对立,故均支持门罗主义;一旦任何一方取得决定性胜利,则支持即告崩溃,而惟一的支持只能是美国的战斗舰队。

关于小安的列斯群岛,在将其视为控制加勒比海其他目标的作战基地之时,我们将暂时抛开这些岛屿并非全部都属于一个强 364
国这一事实,即其大部属于英国,相反,而其最有价值的马提尼克却属于法国这一事实,我们将以整个群岛的全线力量,即以其位置、力量和资源为根据,来评价任何一点的战略价值。

就位置即态势而言,小安的列斯群岛控制着东部的所有入口,即海峡,包括阿内加达海峡在内。另外一种实用的提法:这些岛屿控制着来自欧洲的航道;而古巴则控制着来自北美的航道。北美连同其资源与古巴距离较近,受到古巴较好的掩护,而欧洲距离向风群岛则较远,其所受到向风群岛的屏蔽也较差,因而,优势则属于古巴基地。莫纳海峡可以视为欧洲和美国两个势力圈的接触点。单以位置控制巴拿马地峡而论,这些小岛距巴拿马地峡为古巴的双倍之远,这就意味着交通线也是双倍之长,保护交通线的军舰也需双倍之数,其所消耗的煤炭也是双倍之多。

就力量而言,小安的列斯群岛拥有数处优越的战略港口。最好的港口则是位于群岛全线中央的马提尼克岛的法兰西堡。由于这一位置为法国据有,而多米尼加岛又缺乏隐蔽港口,于是英国便确定将圣卢西亚作为基地。罗德尼在其1782年的著名大捷之前,曾从圣卢西亚对法国舰队进行监视。往昔帆船时代，巴巴多斯曾因风向之利而具有战略优势，但如今已无用处。安提瓜岛的重要性对于英国来说仅次于圣卢西亚；而法国则在瓜德罗普岛及其属地拥有比安提瓜岛更好的位置。值得注意的是，法属岛屿彼此互相衔接，并将英属的两处最好岛屿分隔开来。

让我们如前所述那样仍然假定这些岛屿为一国所控制，虽然
365 事实并非如此。为了发挥攻势力量，如敌人不对这些岛屿直接进行攻击，这就便于分散在不同港口进行准备；由于不是单纯依靠一处港口，故一旦受挫，安全也会有所保证；这些港口之间的交通既近又易。从这些方面来看，其主要港口之间的距离使古巴大为逊色；然而，一旦敌人发动攻击，小安的列斯群岛的舰队如遭到决定性失败，便势必退入一处港口，由于海洋为敌所控，该舰队便会陷于孤立。假如这支战斗舰队分散退入数处港口，则形势必将更加恶化。小岛同大岛相比，其弱点便立即暴露出来。古巴在同样的海战受挫条件之下，却可退入一处港口，其余港口仍可保持畅通并通过陆路拥有自由交通。敌方舰队如欲封锁其余港口，则势必面对已经退入港内的古巴舰船而分散并削弱其舰队。对这些条件予以公正衡量之后，毫无疑问，古巴同一些较小岛屿的任何组合相比都要明显地更为强而有力。

就资源而言，西印度群岛所有岛屿的战备资源主要依赖其所属政府的政策和准备。除古巴外，其余岛屿都缺乏业已适当开发的自然资源。除政府所采取的直接措施之外，古巴单就人口较多而言，便可为军队和守备部队获得更多的补给和提供更多的物资。现时，前已指出，美国的资源实际上也是古巴的资源。

对于试图控制加勒比海来说，在这三处可能基地之中，毫无疑问，古巴力量最强，牙买加次之，小安的列斯群岛最差。除非古巴压制其较小的对手牙买加的攻势力量，即使不能使其无能为力，至少也已实质上将其削弱，否则牙买加所居位置便使古巴无法发挥其攻击巴拿马地峡或破坏加勒比海之内的运输线的能力。在假定 366
双方舰队相等的情况之下，如果古巴舰队进攻巴拿马地峡或进入加勒比海，它便无法掩护其交通线；如果想要掩护这些交通线，它就必须分散其兵力。牙买加恰好符合本书第九章所假设的情况：①"在你向所渴望夺取的目标运动之中，假如你经过一处为敌人所控制并能掩护其舰船的战略据点，即一处敌人可能用以截击你方煤炭或弹药补给的据点，则该据点的势力圈便应引起你的注意并将削弱你的兵力。"

在这种情况之下，前已断言，假如你不将舰队减弱至劣于敌人舰队的程度便无法监视该港，则你便不应分散舰队；或则应当先行夺取中间据点，或则，如你认为以舰载的补给便能达成特定目的，则不妨脱开你同基地的联系，放弃你的交通线。毫无疑问，假如牙买加舰队不顾古巴舰队仍在圣地亚哥或关塔那摩港内而驶离母港，则它也会感到同样的困难；但二者之中，牙买加却拥有内线之便。假如单以小安的列斯群岛为基地进行作战直指巴拿马地峡或加勒比海西部任一位置而同古巴为敌，则情况便不会如此；在这种情况下，交通线便会拉长到极为严重的相当不利程度。

综上所述，牙买加虽不及古巴强而有力，但看来仍然堪称为

① 参见本书原文第209页。——译者

“加勒比海之锁钥”。古巴只有控制了它，才能对加勒比海诸要地加以有效的控制。但是，如果牙买加在这个意义上是一个锁钥，古巴则握有能够把锁钥拧开的钳子。由于古巴自身的交通线位于后
367 方墨西哥湾，故安全有所保障，它可以利用敌人拥有漫长而又难以保障安全的交通线这一弱点，使敌人最终难以对其防守。首先使敌人缺煤，继之使其挨饿，最后则迫使牙买加舰队撤至可能达到的加煤站。我相信这便是依靠地理条件，即依靠位置解决加勒比海军事问题的答案；关于位置，拿破仑曾说：“战争就是处置位置”。当古巴舰队对牙买加舰队取得决定性优势之时，它便取得一处位置，能够立即掩护通向该岛的诸航道和向风海峡，同时并以其掌握在手中的全部舰船切断敌人的补给和增援。反之，当牙买加舰队取得暂时优势之时，情况却不会如此，因为古巴南部港口可以从墨西哥湾经哈瓦那通过陆运取得补给。

关于墨西哥湾和加勒比海战略特点的一般讨论就到此结束；但对于主题的论述尚未完成，尚需联系已经做出的结论就美国在所探讨的区域之内进行海军作战活动所需的各种设施，进一步做某些具体探讨。

海军战略原理对美国的这一具体运用，绝非这部著作的最不重要部分，而是这部著作所从事的研究的根本动机。为了这一运用，前已提出最为令人满意的方法：(1)重申二十年前即1887年实际写成的那些结论，只对已经认识到的当时所犯的错误予以改正；(2)同时并指明在此期间的变化及其对总体战略态势的影响。

采取这种将两个政治时代加以对照的方法，还有其进一步的

理由，这就是有助于促进对国际关系进行连贯的研究；因为国际关系同海军战略密切相关，已成为海军战略的主要组成部分。必须 368
唤起海军军官们的注意，使他们密切关注和考虑世界上的国际关系。从这一点来看，重新回忆二十四年前当这部讲稿初次成稿之时的国际形势，并将其同现在的形势加以对照，将会大有益处。

1887 年及其以后的十年间，美国对于其在巴拿马地峡的特殊权益的关注与日俱增，对于三十五年前签订的克莱顿—布尔沃条约的束缚更加无法容忍。然而，除却 1846 年同哥伦比亚签订的条约之中许诺美国为了确保通行安全可以进行干预这一条款之外，美国在巴拿马地峡别无确实的权利。为了按这一条约为哥伦比亚保证通行安全，这一许诺是完全必要的。保证和许诺是互相关联的条款。必须记住，正是根据这些条款，当 1885 年巴拿马周围发生革命运动危及铁路的使用时，美国从大西洋各港派出一支海军陆战队于巴拿马地峡登陆，控制了为保护铁路和保证铁路畅通所需要的地域。

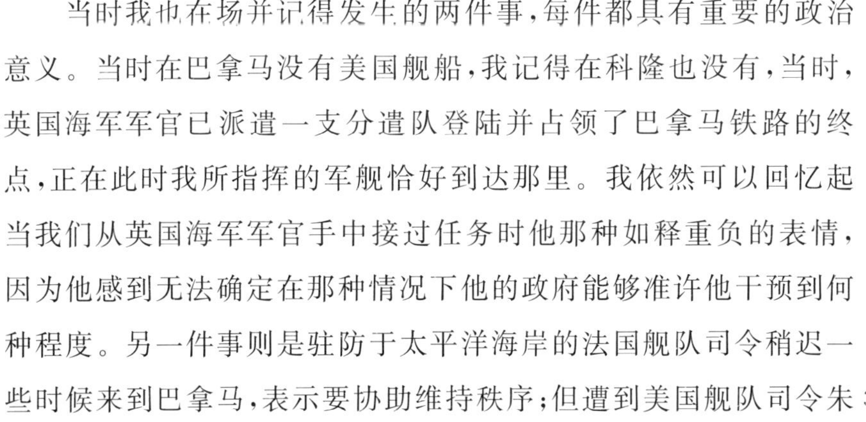

当时我也在场并记得发生的两件事，每件都具有重要的政治意义。当时在巴拿马没有美国舰船，我记得在科隆也没有，当时，英国海军军官已派遣一支分遣队登陆并占领了巴拿马铁路的终点，正在此时我所指挥的军舰恰好到达那里。我依然可以回忆起当我们从英国海军军官手中接过任务时他那种如释重负的表情，因为他感到无法确定在那种情况下他的政府能够准许他干预到何种程度。另一件事则是驻防于太平洋海岸的法国舰队司令稍迟一
些时候来到巴拿马，表示要协助维持秩序；但遭到美国舰队司令朱 369

厄特的拒绝，尽管法国的运河开凿工程仍在施工之中。我清楚地看到他在遭到拒绝时的不快神情；然而发生的这两件事都饶有兴趣，这表明美国对于欧洲干预巴拿马地峡的态度，已经引起欧洲各国政府与日俱增的认真对待。

除去对付巴拿马铁路周围发生地区混乱的应急干预权利之外，美国于 1887 年在加勒比海并无立足之点。它也没有海军。由三艘装甲巡洋舰组成的所谓白色中队刚刚开始服役。英法两国仍然是两个主要海军国家，而且两国在加勒比海都拥有其现在所拥有的属地。西班牙仍然据有其不知何年所取得的古巴和波多黎各。德国海军同美国海军一样，实质上并不存在。它刚刚开始组建；但不论是在实际上还是在意图上都还不是世界上的巨大海军之一。德国威廉一世直至 1888 年才逝世；俾斯麦的权力并未动摇；而这两位政治家的经验都倾向于将其注意力集中于欧洲，将欧洲作为德国外交的舞台，并将陆军而不是将海军作为发扬德国威力的工具。我们现在所看到的德国海军的发展，犹如日本的军事突起，当时甚至毫无可疑迹象。从那时起，俄国就像今天一样在国际上陷于瘫痪，这就使德国得以从畏惧法俄联盟的忧虑之中解脱出来，促使庞大的德国海军军费达到今日的程度。1887 年俄国尚未瘫痪。尽管其衰落已极为明显，但俄国的专制制度尚未因其内部纠纷而动摇；由于俄国的位置，俄国的军事力量在德国的估算之
370 中仍是一个巨大的传统因素。主要由于俄国被日本击败，随之革命运动在俄国勃起，这才有助于德国扩充其海军以致超过美国。假如确实如此，我确信事实确是如此，则国际均势的改变，无论其发生在如何遥远之处，海军战略家都不能不予以关注。

1887年在国际上，关于美国同英国共同分享巴拿马地峡运河的控制权签订的克莱顿—布尔沃条约[①]仍然束缚着美国。两国曾共同保证任何运河的中立，在1850年，运河如果定要建造，似乎会由美国公司承建。自1887年这部讲稿写成以来，克莱顿—布尔沃条约已为海约翰—庞斯福特条约所取代，后一条约使运河的建造和保证其中立全由美国单独承担。在加勒比海原无属地的美国，如今却拥有运河地区的政治控制权，但在科隆和巴拿马两城却例外有所限制。运河地区必须加以设防，此外，美国已取得关塔那摩和波多黎各及其邻近的库莱布拉港。美国现已拥有一支海军，这支海军一年以前已居于第二位，仅次于英国。迄今，美国海军居于第二位，不论过去还是现在都是自然的；而且这也不是不可以接受的，因为英国不是依据正式的文件而是依据明显的效果，才完全放弃了同美国于加勒比海争夺优先权和控制权的一切斗争。

倡导海权和帝国开发运动的英国统一派的觉醒在其宣言中声称："依靠同日本的联盟，依靠印度帝国，依靠对埃及的占领，依靠对门罗主义的支持，英国的海权在最近数年之内一再地使兰开夏的工业收益获得保障。"[②]其中由我加有重点的"依靠对门罗主义的支持"一语表明，这一政策同所列其他三项居于同等地位已获得普遍承认。

英国政策的改变大部是由于——如果不是决定性或甚至唯一 371
的话——德国海军的突起；因此，最终——如果我们的分析是正确

① 美国国务卿克莱顿与英国驻美公使布尔沃于1850年签署此条约。——译者

② 见1910年10月19日《邮报》三周刊。

的话——则是由于俄国被英国的盟国日本所击败。正是由于远东战争，才导致德国海军这一巨大要素的充分发展，如今德国海军既有实际力量而又公开宣称，其目的是而且仍将继续是超越美国海军。就美国政府的意图而论，就其计划和经费来看，依然是容许德国保持其现已拥有的领先地位，并在未来还可继续增进。自 1887 年以来法国在海军国家的序列中已由第二位降至第四位或第五位。

海军力量这一演变的主要特证是：它同国家实力的增长相适应，而国家实力的增长则表明人口与财富的基本情况，自 1879 年，德国工商业开始目前的革新以来，国家实力已获得增长。这一革新已将德国推入同英国的激烈竞争之中。如今在欧洲国家之中，在海上贸易方面，一个拥有众多人口和强大工业但却很少拥有可用的海外属地的国家已经居于第二位；而过去拥有现在依然拥有充足属地的法国，却被剥夺了作为一个海军强国的地位。德国商业和海军的发展同其所拥有的相对狭小而又贫困的海外属地，便成为今日国际关系中的普遍要素之一。众所公认，这会促成民族冲动，这一冲动如同其他力量一样，将侵犯最少抵抗之地；而在该地尚未明确肯定之前，它可能出现于世界的任何地方。于是，墨西
372 哥湾和加勒比海以及世界其他各地的战略形势特点则是，除英国海军之外，德国海军优于其它每支海军。

关于 1887 年和 1911 年的国际形势对照问题，就到此为止，我们现将美国在这两个时期于墨西哥湾和加勒比海所拥有的位置加以对照。

1887 年美国在上述水域所掌握的位置有如下述：

“美国于中美洲巴拿马地峡和运河的权益，已为所有阶层人士

所承认。关于军事准备问题,由于远远超出我们讨论的题材范围,故不涉及,现就美国战略态势叙述如下:

“在墨西哥湾有两处一级战略据点,即密西西比河河口和彭萨科拉。它们有其弱点,必须予以加强或‘设防’;但它们能够成为强固的据点。它们之间的距离并不远;而且鱼雷艇和潜艇可利用沿两点之间海岸线的有利水道条件进行作战,两港可以保持有效的海上交通并共同形成一处基地。

“基韦斯特是位于极关重要位置上的一处前进哨所。它须依赖海上交通;但对于一支并非毫无希望地劣于敌人的舰队,它能成为一处保证供煤和维修的安全港口。位于其二百海里范围以内的坦帕湾,是一处铁路终点和良港。将通向基韦斯特的西北航道计算在内,尽管它不适于巨舰航行,基韦斯特则拥有两条截然分开的补给线,一条来自大西洋,一条来自墨西哥湾。这佛罗里达群岛[1]向西突延伸三十海里,迫使其敌人不得不在一定程度上分散其舰船以对这两条补给线进行监视。该港向东有一段一定距离的起伏不平的海底,这有助于轻型舰船进行活动和熟知当地水道情况的守方输送补给。

“将基韦斯特的所有优点尽行说明之后,它依然不能列为一级军港,因其缺乏天然力量又毫无自然资源,而且其锚地又暴露于海
上炮火之下。其在佛罗里达海峡的位置,使其对美国具有头等重 373
要性,它在该处是独一无二的,它地处狭长突出部的尽端,没有完

① 此处原文为 the Keys。国外地图为 the Florida Keys,现按中国地图出版社出版的《世界地图集》应为佛罗里达群岛。——译者

全可靠的水陆交通线，基韦斯特作为一处如此暴露的哨所并不具备像直布罗陀过去曾经具有而在很大程度上现在依然具有的内在力量。一支美国舰队同力量相等但却拥有较好基地的敌人于佛罗里达海峡作战，决不会置基韦斯特于不顾，这样就会使其丧失机动的自由。假如想要进行一次大胆的为时一周或十天的攻势出击，则总是不免要担心在舰队离开期间敌人可能乘虚而入。

“由于基韦斯特具有这样的弱点并难以维持其补给，故我认为保有德赖托图加斯是有其道理的，此港我曾一度认为无甚用处。保有两处补给点，可使敌人更难以切断其中任何一处同大陆之间的交通，并可使以它们为依托的舰队获得更多的机动自由。渴求交战的敌人，只有当其置身于对方舰队及其加煤站之间，才能如愿以偿，因为一支舰队犹如一支陆军部队一样，一旦其交通陷于危险之中，便不得不开始交战；因此，在任何作战边界上，必须拥有一处以上的加煤站。假如只有基韦斯特一处，则敌人便能迫使我舰队或则交战或则撤至彭萨科拉。德赖托图加斯濒临海峡，如果能够将其掌握住，便可在一个以上的方向拥有出口，而且它同基韦斯特的距离足以迷惑敌人；当然，毫无疑义，距离更远则会更好。

“佛罗里达海峡是美国大西洋海岸与墨西哥湾海岸之间唯一的海上交通；否则就要绕道古巴以南，经向风海峡，通过尤卡坦海峡进入墨西哥湾，就像荷兰舰队感到英吉利海峡过于危险而曾经一度绕道英国诸岛以北那样。一支拥有十二艘军舰的舰队，如以哈瓦那为基地，则在海峡之中便能以其有利条件对抗一支数量较其更大的分散于大西洋和墨西哥湾海岸的舰队。这支舰队依靠其位置并配以适当的侦察配系，便能阻止，比如说从彭萨科拉和诺福

克出发的两支美国海军分舰队的会合;便能分别对这两支分舰队 374
进行迎击;而且,尽管现有蒸汽机和无线电报可供它们这样的联合行动利用。在同上述情况相等的条件下,如基韦斯特设防充分,一支美国舰队以其为依托也能防止稍占优势的敌人将其兵力分散于大西洋和墨西哥湾;而且确能迫使敌人将其军舰集结起来,因为不管出于何种原因和在任何方向上,甚至于一处海岸进行分兵,都可能遭到各个击破。这种保持集结在一起的需要,大大限制了攻势作战的范围,使其只能指向位于一处海岸的敌人。显而易见,在这种情况下,无法对墨西哥湾和大西洋同时采取行动;但这仅仅是集中于中央位置的集团所能发挥的作用的最好例证。

“这些考虑表明,基韦斯特由于其位置而在军事上具有不可剥夺的重要性,而位置则是战略价值的首要要求。在海岸作战中,所有的海角都具有这类重要性,不过在程度上要大得多;突出部之所以重要,是由于它们将一条水道或一处位置向外推出使其朝向敌人,这是它们所具有的天然弱点。正因为如此,它们一方面是非常暴露的据点,从而必须设防,而另一方面它们却具有非同寻常的控制能力。这两方面的原因构成了它们的重要性,这种重要性有时异常突出,就如佛罗里达半岛和朝鲜半岛,即使绕航也无法将它们避开。佛罗里达海峡在商业上对美国来说,也具有同样的重要性。新奥尔良城在美国出口方面居第二位;在进口方面居第五位。它拥有通往大西洋和加勒比海的出口,而两处出口均可由佛罗里达海峡予以控制;如果说大西洋经由铁路尚可通达,尽管有所损失和不便,但通往巴拿马地峡却无法利用陆路。”

从所有这些考虑中,其中有些是1887年所做概括的引申,可

以看出，基韦斯特就其位置而言，当时曾是而且现在仍是不可剥夺的极为重要的要地；然而，当时曾经缺乏而且现在依然缺乏任何军
375 港所极为需要的自然资源和天然防御力量，这对于因突出而如此暴露的军港极为重要。

1887年对基韦斯特所做的结论如下：

“显而易见，由于美国在墨西哥湾的基地过于脆弱，而在加勒比海又无强固的属地，故从军事观点来看，这不仅对于维护其在巴拿马地峡的影响大为不利，而且仅就维护其现有的本土权益而言，美国也暴露于严重的直接损害之下，因为这一权益有赖于经由佛罗里达和尤卡坦海峡自由进入大西洋和加勒比海。

“如果承认这些缺陷确实存在，采取办法弥补这些缺陷，则属于我们的政治家们的活动范围。但采取任何弥补办法首先都是一个政治问题，而采取弥补办法实质上则是在于医治军事上的缺陷，因而必须根据军事上的考虑再行决定。”

这就是说，陆军和海军军人能够以他们的智能和学识成为一个国家的政治家们的最为得力的顾问，善于向他们指出哪些位置最利于通过外交途径来获得，例如赫耳果兰、塞浦路斯、香港、夏威夷、胶州湾以及其它等地；或是作为战争的胜利果实来获得，例如马耳他、直布罗陀、关塔那摩、库莱布拉和菲律宾。只有经过事前周密准备、熟知历史先例，而且像这里所实行的那样进行研究，才能做到依据准确理解的原理提出建议。进而言之，必须重申前已说过的话，即要持久地熟悉当代的国际关系并且还要在历史角度上熟知过去三个世纪以来的政治历史，这些都是担任此项职务的军官所必需的修养。

最后予以简明概括，1887 年总的结论是，同其他国家所掌握 376
的用以控制加勒比海和控制对美国来说极为重要的巴拿马地峡的诸位置相比较，当时由密西西比河河口、彭萨科拉和前进哨所基韦斯特所构成的美国于墨西哥湾的基地是比较脆弱的。此外，还曾既慎重而又明确地指出过，像古巴和波多黎各这样一些位置——即指对于控制向风海峡和莫纳海峡能够给予支援的一些港口——对于美国建立所需要的位置优势是必不可缺的。要想加强对上述海峡的控制，必须将重点放在由古巴和海地所构成的这一长条障碍上；而且还须拥有一支可以经常依赖的足以胜任的海军，没有这样的海军单凭位置是虚有其名而无济于事的。基韦斯特虽然具有强而有力的攻势态势，但其守势弱点却极为突出，故需对其它位置予以加强；而且极为明显，尽管按传统主张对彭萨科拉和密西西比河河口一直有所偏爱，但它们同牙买加和古巴南岸相比，由于距离巴拿马地峡遥远而处于不利地位。墨西哥湾诸港事实上同马提尼克和圣卢西亚至巴拿马地峡的距离实际相等；但同大洋相隔更远；其通往巴拿马地峡的航道更靠近古巴势力所及范围。这里不妨插入一句，由于战列舰的体积日益增大，彭萨科拉和密西西比河河口同大西洋诸港和关塔那摩相比，其有利条件几乎丧失殆尽；因为前者水道复杂困难，再加舰体增大不可避免吃水也随之增大。我无法确切断言，这些变化可能对上述港口产生何种确切影响；而且， 377
在这里也没有必要更多地超出对主题的直接考虑，并将这些港口同关塔那摩在前述问题方面进行仔细比较，以确定是否适于设置船坞等。

自 1887 年以来所发生的种种事件，使美国取得了一些足能控

制上述海峡的港口。从此,由古巴、海地和波多黎各的延伸线所构成的巨大障碍即屏障便握在美国手中,唯一的要求就是须有一支巨大的舰队以便确保控制。过去所说的有关古巴及其控制范围的所有设想,除该岛本身及其资源尤其是铁路的实际利用之外,都已由美国付诸实现。前曾断言占有萨马纳湾便能控制莫纳海峡,如今所达到的远不只此,而是进以延伸到将库莱布拉一并占有。就位置而言,正如前所分析的那样,古巴的影响范围现已为美国握有;而且在这样一些条件之下,基韦斯特对佛罗里达海峡的控制可与哈瓦那等同。从基韦斯特的交通和人工资源在此期间的实际发展和远景发展来看,这种情况就更为确实。有关这些情况,可在1908年6月份《海军学会会刊》刊登的比勒海军准将所撰写的一篇文章中找到详细论述,他对当时情况的了解既是第一手的,又是极为准确的。[①] 而关于设防的问题以及由于没有中间陆地提供掩蔽致使锚地暴露的问题,乃至没有高地修筑炮台等,时至今日尚未予以充分认识和加以全部解决。

378 为了有助于制定加勒比海和墨西哥湾的总体设防规划,并通过设防使当地所储备的物资得到掩蔽——特别是对于一些船坞,这是舰队在战时所需要的最为重要的资源——这就需要考虑并决定在位置、力量和资源方面是关塔那摩还是基韦斯特更适于充作美国舰队战时活动的支点,其目的就是控制加勒比海,以便从而保持对巴拿马地峡的控制。这种性质的适当准备有助于防止战争。

所有这样一些问题由于条件互相矛盾而变得错综复杂,按某

① 比勒海军准将后来还为《海军学会会刊》投稿,进一步讨论基韦斯特的价值。

些条件某一港口较为可取,而按另一些条件则另一港口更为适宜。首先,基韦斯特位于美国本土;一旦铁路建成,它便同本国内地建起水、陆交通。我可以引用比勒的文章予以指明,要想排除铁路遭受海上袭击的危险,可以使用小型舰船活动于接近铁路的浅水区域,在这样的水域航行,守方较之攻方具有大得多的把握。相反,关塔那摩类似直布罗陀,同美国的水上距离很远;因而也同直布罗陀一样,必需为担负坚守的兵力储备大量资源,而且最终还需依赖海上交通,因而必须不时地派出巨大的护航队予以保证;因为资源如不加以补充,是不会用之不竭的。

然而,另一方面,对于控制地中海这一特殊水域,英国本土的海军场站没有一处堪与直布罗陀相比。海军学院所讲授的历史课程告诉我们,英国海军在地中海如无永久性位置,便无法有效地在该处停留。于是,便占领了直布罗陀;并在同一次战争中占领了梅诺卡。后来又取得了马耳他;因为纳尔逊远在苏伊士运河设计之前很久就曾说过,"马耳他对于控制印度具有重要意义。"在往昔的
大战中,英国的地中海舰队便是依赖在此位置上为此目的所储备 379
的当地资源才得以直接发挥其效能。舰队必须依赖当地的基地才能活动,而本土则只是川流不息地为这些基地提供补给和资源。

在当地作战必须在当地拥有中心。而要想在关塔那摩和基韦斯特之间确定孰优孰劣这类问题,则必须依据最能有助于达成目的的作战战场和作战性质而定,必须依据最能适于进行攻防的作战战场和作战性质而定。假如攻防价值不能兼备,则应着眼于攻势使用。最后,这样的问题不仅包括两港——指基韦斯特和关塔那摩——各自的单独适合性,而且还包括它们之间的相互支持关

系。甲港对乙港及其特定的影响地区所起的防御作用在较大程度上是否超过乙港对甲港反过来所起的防御作用?当一港是这样的防御时,是否能为另一港实施进攻活动,即最佳防御方法提供较好机会?

在一场把墨西哥湾和加勒比海卷入的战争中,美国将有轮廓清楚的守势侧面,即由于商业的需要,将对密西西比河流域的出入口佛罗里达海峡进行守势控制。战争的攻势侧面将是对巴拿马地峡采取攻势控制。诚然,现在对巴拿马地峡的占领已使这样的控制具有守势样式;然而,巴拿马地峡已成为最能发挥重要作用的中心,远远胜过佛罗里达海峡,故巴拿马地峡又代表攻势。因而,关塔那摩所拥有的能够影响巴拿马地峡的优势力量便成为攻势力量,而且现在具有更大的价值。进而言之,仅就防御墨西哥湾及其诸航道而言,关塔那摩代表由古巴、海地和波多黎各所构成的前进作战线并为该线的中心;该线的两翼为基韦斯特和库莱布拉。这
380 样一条由舰队适当控制的前进作战线,就像我们在其它历史实例中所看到的那样,能够掩护位于其后方的一切,包括基韦斯特和整个墨西哥湾,使其除奇袭之外不受骚扰。奇袭的可能性永远无法完全消除;再者,奇袭虽能起到骚扰作用,但很少造成致命危害。引人注目的成功的奇袭实例是英国舰队司令肯彭费尔特于1781年12月俘获十二艘在护航之下开往西印度群岛的法国运输船。尽管这次奇袭战绩可观,但却未能阻止1782年4月法国对牙买加的远征,英国所俘获的这些船只曾是这次远征所需补给的一部分。这次远征的失败不是由于奇袭,而是由于罗德尼战胜了法国战斗舰队。

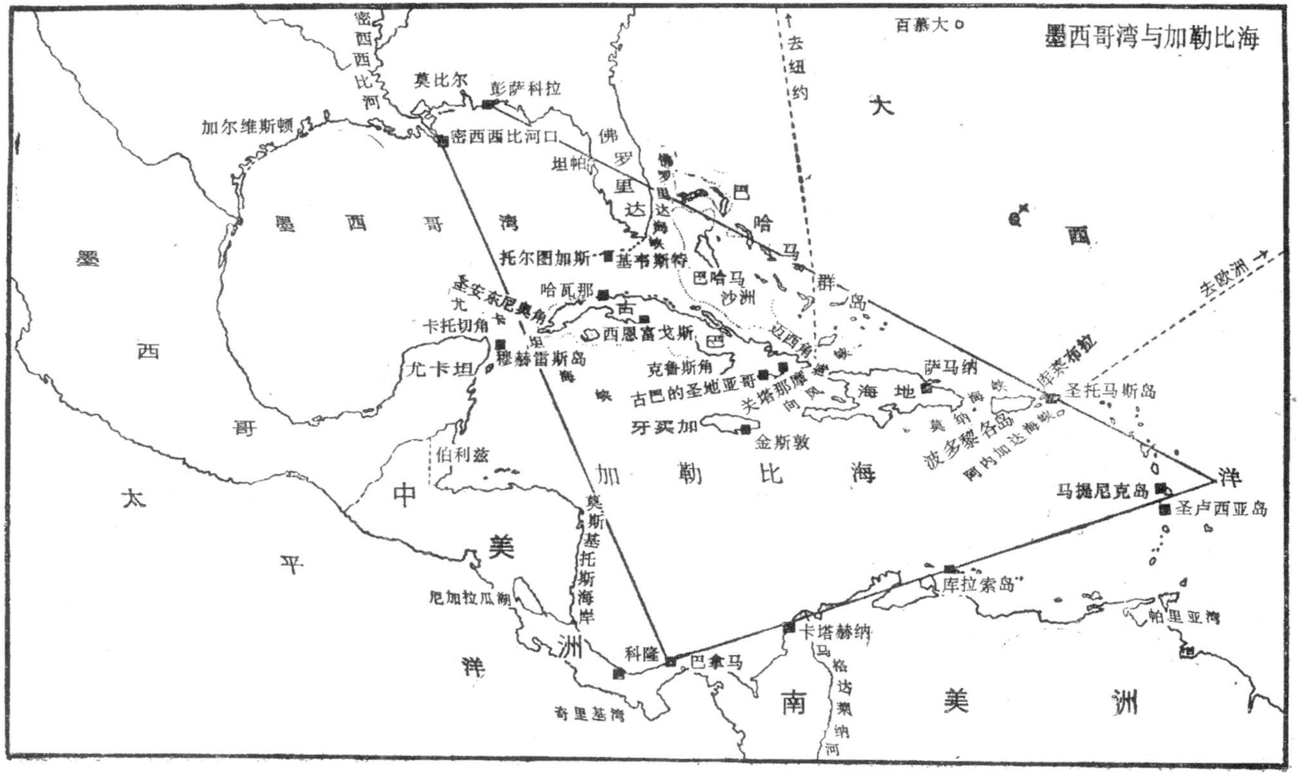

墨西哥湾与加勒比海

百慕大
去纽约
大
西
洋
去欧洲
密西西比河
莫比尔
彭萨科拉
加尔维斯顿
密西西比河口
佛罗里达
坦帕
佛罗里达海峡
巴哈马群岛
墨西哥湾
托尔图加斯
基韦斯特
巴哈马沙洲
墨西哥
哈瓦那
圣安东尼奥角
尤卡坦海峡
卡托切角
古巴
西恩富戈斯
迈西角
尤卡坦
穆赫雷斯岛
克鲁斯角
古巴的圣地亚哥
萨马纳
库莱布拉
圣托马斯岛
向风海峡
关塔那摩
海地
莫纳海峡
牙买加
金斯敦
波多黎各岛
阿内加达海峡
伯利兹
加勒比海
马提尼克岛
圣卢西亚岛
中美洲
莫斯基托斯海岸
太平洋
尼加拉瓜湖
科隆
巴拿马
库拉索岛
卡塔赫纳
马格达莱纳河
帕里亚湾
奇里基湾
南美洲

图 12

对巴拿马地峡的攻势力量和对墨西哥湾的守势力量于关塔那摩会合。我们在刚刚进行的讨论中曾经指出，关塔那摩事实上可以代表古巴；尽管占有一处单一港口远非占有全岛那样有效。反之，正如前已指出，牙买加可以控制关塔那摩，就通往巴拿马地峡而言，它可以控制古巴全岛。牙买加从翼侧威胁着所有的交通线。它同样也威胁着基韦斯特通往巴拿马地峡的所有交通线，因为这些交通线必须沿循由古巴诸港出发的同一航线。在这一点上，基韦斯特并不比关塔那摩优越；而关塔那摩却具有极大的优越性，该港的战斗舰队可以控制世界各地通往牙买加的每条航线。在初期的讲稿中曾经指明，在假设兵力相等的条件下，圣地亚哥能使牙买加陷于瘫痪。在今天业已改变的条件下，就位置而言，我们只须将圣地亚哥代之以关塔那摩。就力量和资源特别是船坞设施而言，依我看来，关塔那摩对于修筑防御工事则拥有明显的优越性。在
381 这两处地方，对于资源都要有所预见并加以储备。

过去二十年来因战争和外交所引起的变迁，结果使美国得以趁机控制在早期研究中业已指明的对陆、海军于加勒比海作战最为有效的作战线。

这是一系列讲稿中的最后一稿，它是按着这样一个信念写成的，就是确信蒸汽机一方面提高了舰队运动的准确性和速度；另一方面由于需要不时补充燃料又给舰队戴上了镣铐，于是海军的行动已不再像过去一度那样敢于长驱直入，而必须遵循陆军向来所依据的法则和条件。陆上入侵只能渐进；进至一定距离，根据变化不定的条件便须求得立足稳固，再行采取新的步骤，而且整个前进线必须环环相接，紧密相衔。但在海上却并非总是如此。受人嘲

笑的帆船却能承担时间很长距离很远的作战活动,因为确实可以相信,只要是绝对需要的东西,无论远在何处,帆船也能到达那里将其找到。偶尔遇有缺粮缺水困难,将定量减半,船员也可忍受度过。使用煤炭,便出现了交通问题;而交通则意味着一环扣紧一环,不管链环有多长,远征部队都须同作为其基地的本国相连。

加勒比海和巴拿马地峡为海军战略研究人员提供了一个极为显著的例证,它说明各个军事位置之间以及这些位置同野战军——即海军——之间必须能够进行密切配合和相互支援。因而,这对从事这项研究的人员来说,乃是一项必须予以掌握的头等重要的课题,而且需用一系列的讲座方能将其比较充分详细地予 382
以说明,对于这一课题与其说应当试图做出详尽的论述,倒不如说应当提出思考的线索。巴拿马地峡及其未来运河对于大西洋和太平洋两岸相互支援的密切关系,对于一名美国海军军官来说,乃是必须予以倍加关注的课题。这种关注还将进一步增强,因为像运河这样的据点对于商业具有普遍的重要国际意义,这就可能成为对其占领的条件和引起国际争议和交涉的根源,这种争议和交涉常常成为另一种形式下的战争;也就是说,甚至需要依靠军事力量作为后盾来加以解决。除商业之外,还有其他一些有赖于占有巴拿马地峡才能解决的问题,我在这里就不再详述了。要想充分了解这些问题,必须经常研读当前的综合时事论述并加以深思。

确实如此:加勒比海乃是通达两大洋,大西洋和太平洋,即通达美国主要海上边境的战略锁钥所在。

383 # 第十三章　关于日俄战争的研讨

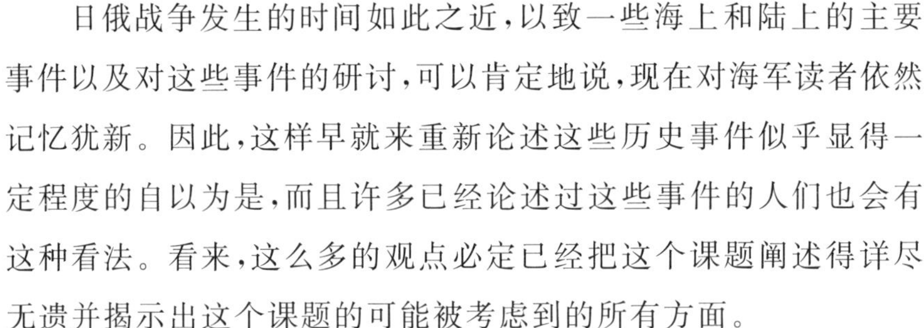

日俄战争发生的时间如此之近，以致一些海上和陆上的主要事件以及对这些事件的研讨，可以肯定地说，现在对海军读者依然记忆犹新。因此，这样早就来重新论述这些历史事件似乎显得一定程度的自以为是，而且许多已经论述过这些事件的人们也会有这种看法。看来，这么多的观点必定已经把这个课题阐述得详尽无遗并揭示出这个课题的可能被考虑到的所有方面。

这一课题对于海军战略论述的发展具有如此显著的价值，以致使我感到不仅应当遇有机会便以其为例予以阐明，而且还应进行某种正式的叙述和评论；包括陈述有关原理；并尽我所能充分地从中引出这次战争历史遗留给我们的教训。我个人理所当然对于在讲授海军战略的连续讲座中以其作为今后的例证深感兴趣，而修订讲稿则是我于海军学院担任现职的目的。所谓例证，不仅意味着肯定那些早期讲座所提出的意见，而且还要对错误或不足之处予以修正。

在一次同海军战略没有直接联系的场合之中，我深受启发从而领悟到，以错误和缺点为例较之以成功为例更能清楚地阐明原
384 理。正是从失败一方所提供的书面证据中，我们才能最有把握地引出教训。其部分原因是战败的陆、海军将领必须对其民众

或许还要对其政府为自身进行申辩。海军对于战败的舰长或司令官实行军事法庭审讯，这就为论述历史和战争艺术提供了丰富的所需资料。即使没有经过法庭，对于战败也必然大声疾呼要求其做出解释；而成功则如慈善事业一样，往往掩盖着累累罪恶。直至今日，马伦戈一战的胜利属于拿破仑，而不属于德塞；而法军冒险延伸战线导致首战受挫一事，却在最后胜利之中多半都不记得了。失败者出于他自己的动机或摆脱对其失败的责难，会自动地将所有实情和盘托出。而胜利者却很少受到质询；即使自知有错，却不妨秘而不宣。可以发现对库罗帕特金和罗日杰斯特文斯基的批评总是多于对他们的困难和功绩的承认。甚至在这里的海军听众之中，恐怕很少有人知道或注意到，在"初濑"号和"八岛"号这两艘日本战列舰被俄国水雷炸沉的前日，竟然看不到一艘日本侦察舰，以致未能发觉布放水雷的俄舰，从而造成如此惨重的后果。就在当日这次作战活动之中，旅顺口的监视哨也未看到日本舰船。

基于上述理由，我首先而且更多地是特意以俄国海军的活动作为说明原理的例证，而不论其指挥是正确还是错误；这里我首先举出两条这样的原理或又称准则，它们一直都是俄国人所遵行的基本原理，而依我看来基本上却是错误的。这些原理都属于思想观念，其中第一个思想观念，如前所述，支配着俄国人的计划并影响着俄国人的军事思想；而第二个思想观念，可以从推理上来断定，却产生过很大影响。第一个思想观念名为"要塞舰队"论，它纯属俄国观念；也就是说，它见之于俄国的理论和实践，尽管在其它国家的军事思想中并非毫无表现。第二个思想观念就是著名的"存在舰队"论；从其论述和起源来看，它纯属英国观念，同第一个 385

观念一样，尽管在其他国家的海军界也有所反映。我不想此时对“存在舰队”论这一观念下定义。我将试图以后指明其表现方式对其进行阐述；更多的阐述要有更多的篇幅，这里无法提供，因为进行全面阐述必须举出各式各样的含义，对“存在舰队”这一术语提出的含义却众说纷纭，各有歧异，而提出含义之人却又都自称是这一理论的倡导者。

这里不妨指出，概括成为“要塞舰队”论和“存在舰队”论的这两大理论，即原理，是彼此各走极端，相互对立的。可以说，它们代表着两极化的海军思想或军事思想。一个将全部重点都放在要塞上，使舰队成为要塞的附庸，除协助要塞之外别无存在理由。另一个则完全抛开要塞，将要塞视为只是供舰队诸舰进行加煤、修理和人员休整的临时庇护所。一个是单独依靠设防工事对国家海岸线进行防御；另一个则是独自依靠舰队进行实际防御。在每种情况之下，舰队和海岸工事这两种武备之间的配合则是以褒此贬彼为特征，从而表现为互相排斥。我则认为二者协作才能得以适当解决，但这种说法几乎无人提起，故不存在。因而二者的关系只是隶属而非协作。

在讨论这两项原理对俄国人的行动所产生的影响以及随之而
386 来的俄国的战争命运结局之前，我向大家提出一个需加思考的问题，依我看来，这就是在人生中做出一切决定时，必须具有能够适应两种相反现实的优点。

面对这样的相反情况，并非立即寻求我们称之为折中的中间道路便能找到真理，做出正确决定。真理——即正确的结论和解决办法——唯有通过掌握作为两种相反论述基础的双方思想才能获得；所谓掌握双方思想，我是指掌握它们所表达的全部确切意义，甚至它们的极端实质和最终效果，即用两种措辞来表达。只有当它们的影响充分展现在你的心目中时，你才能随之确定每一要素——海岸要塞和舰队——在制定关于陆、海军方针的国家计划中应占的适当分量和对其应当给予的适当考虑。毫无疑问，其结果一定不会是也不应当是接受一方而排斥另一方，就像两派学说互不相容那样。得出的结论毫无疑问将是二者之间的某一点，但未必就是它们之间的中点；于是，对于这二者之间，便会有人认为依照我所建议的这种办法，归根结底仍然不外是达成“折中”而已，而我则乐于将其称之为（“协调”），这个词同折中的不同之处在于它含有“just”这一音节，即法语的 juste，它含有正确之意。在规定两种相反因素的适当分量中，首先必须摸清二者的全部分量，随之在按比例对一方的重要性进行考虑时，并要经常而又适当地看到另一方的重要性，只有通过这样的思考过程，才能达到这种正确，即精确性。一开始就存心折中的人，不会预先注意到要受两种思考的左右，而总是会不由自主地在开始便持有偏见；对于一方持有倾向性，便不会继续想起另一方而受到适当制约。

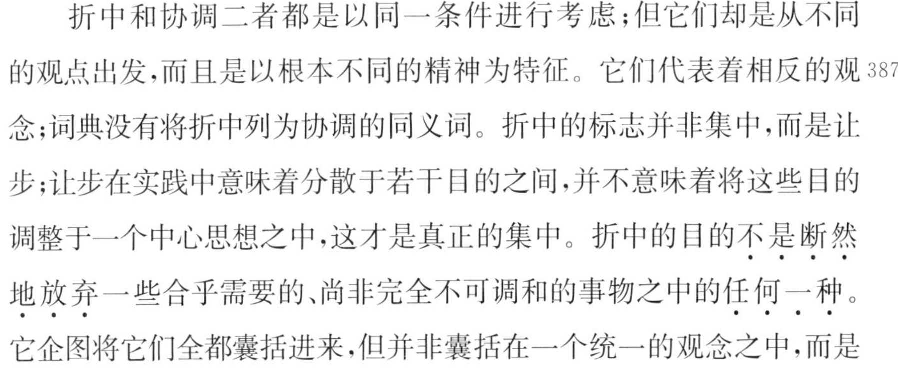

折中和协调二者都是以同一条件进行考虑；但它们却是从不同的观点出发，而且是以根本不同的精神为特征。它们代表着相反的观 387
念；词典没有将折中列为协调的同义词。折中的标志并非集中，而是让步；让步在实践中意味着分散于若干目的之间，并不意味着将这些目的调整于一个中心思想之中，这才是真正的集中。折中的目的**不是断然地放弃**一些合乎需要的、尚非完全不可调和的事物之中的**任何一种**。它企图将它们全都囊括进来，但并非囊括在一个统一的观念之中，而是

囊括成一个具体的混合成果；这一成果可能是一艘业已完工的战舰，也可能是一次主动实施的战役。这是以到处让步而产生的一种成果。

对于建造一艘军舰或指挥一次战役，在进行时都有一个先行的智力活动过程，通常称之为观念的形成。对于一艘军舰，具体称之为设计；对于一次战役则称之为计划。这种设计或计划必须指明所有这些合乎需要的，却又难以调和的特性；然而要想收到效果，应当一开始便认识到，不可能包罗一切，必须选择其中的一项为主，而其余各项都实实在在地、完完全全地处于从属地位。这种思想态度，拿破仑称之为“目的专一”；因此，在采用他的这一主张作为基本原则时，我认为它是折中的对立面，因而我建议应以“协调”一词来取代“折中”这一常用之词，以改进我们的海军词汇。一个人一旦达到拿破仑如此赞赏从而成为著名范例的这种极为难能可贵的精神境界，他便能真正做到在一艘军舰的数种性能之中确定一种性能；在一次战役的数条战线之中确定一条战线；凡不是绝对必须舍弃的便毫不舍弃；同时，凡是可以舍弃而无损的便毫不保留；凡是这样产生的设计或计划可能还会有错误，但其发展却处于极为

388 有利的条件之下。目的专一和我们所说的折中都是思想和性格的表现；它们是精神状态和心理状态的体现，不管这种状态是先天固有的还是后天养成的，都必定要表现在人们的行动之中，就像人的自然气质和智能一定要表现在人们的日常生活之中一样。**要塞舰队**和**存在舰队**不单纯是思想观念；它们还是贯彻于行动之中的心理特征。

按我理解，目的专一就是自始至终承认对立物**就是**对立物，因此，一个人不管如何想要达到兼而有之，他却不可能通过各方均有所得、各方均有所舍而收到二者兼有的效果，因为这样做会使他一

无所获。在战略上与此非常类似之例就是对拥有数条通路的山地边境或对拥有数处渡口的河流进行防御(见图 13),敌人可能进攻任何一处;但愿对所有各处都能进行防御。然而防御兵力如同通路或渡口的数量一样,却是一个有限的固定常数;这里的固定兵力相当于一艘军舰所配置的吨位,以及通路的数量相当于军舰所要具备的数种性能,如攻击能力、防御能力、速度、煤炭续航力等。在边境防御中有两种配系。一是**警戒线**配系(见图 13 图(1)),即将兵力分布于所要防御的全线,不愿让任何一条通路不受到防护,结果将一定的兵力分散于所有各处。这就是折中。这样各处都有所得,也就削弱了必须予以充分防御之处,故而所有各处都无法得到充分防御;这样一来,没有一处可以得到有效的防护,其余各处也无法做到对其进行支援。

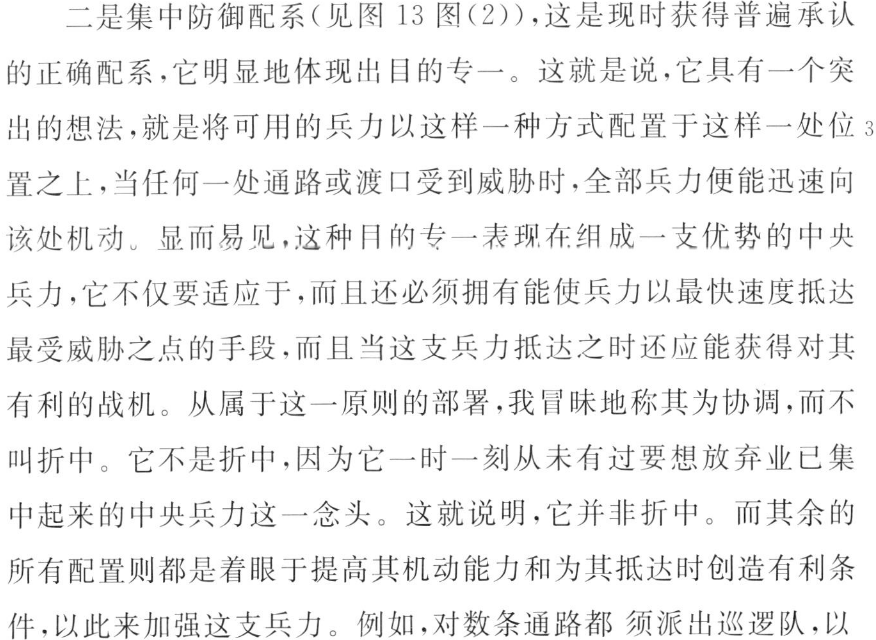

二是集中防御配系(见图 13 图(2)),这是现时获得普遍承认的正确配系,它明显地体现出目的专一。这就是说,它具有一个突出的想法,就是将可用的兵力以这样一种方式配置于这样一处位 389
置之上,当任何一处通路或渡口受到威胁时,全部兵力便能迅速向该处机动。显而易见,这种目的专一表现在组成一支优势的中央兵力,它不仅要适应于,而且还必须拥有能使兵力以最快速度抵达最受威胁之点的手段,而且当这支兵力抵达之时还应能获得对其有利的战机。从属于这一原则的部署,我冒昧地称其为协调,而不叫折中。它不是折中,因为它一时一刻从未有过要想放弃业已集中起来的中央兵力这一念头。这就说明,它并非折中。而其余的所有配置则都是着眼于提高其机动能力和为其抵达时创造有利条件,以此来加强这支兵力。例如,对数条通路都须派出巡逻队,以

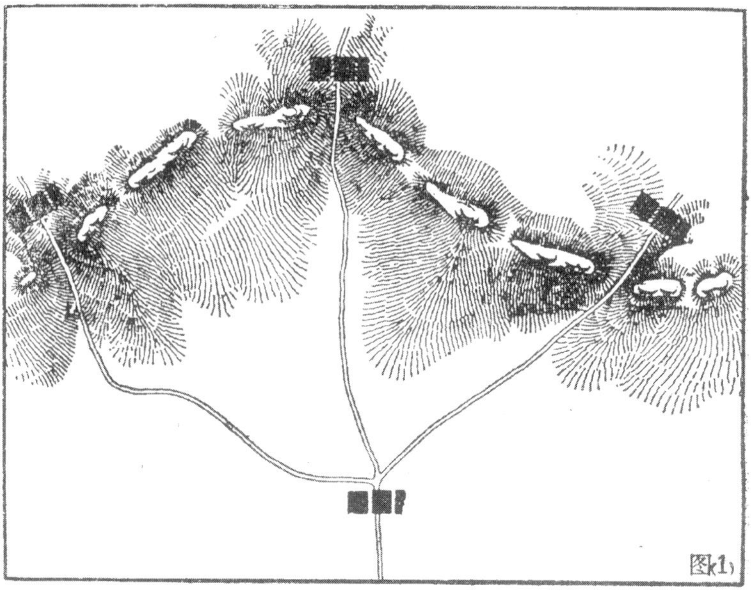

图(1)

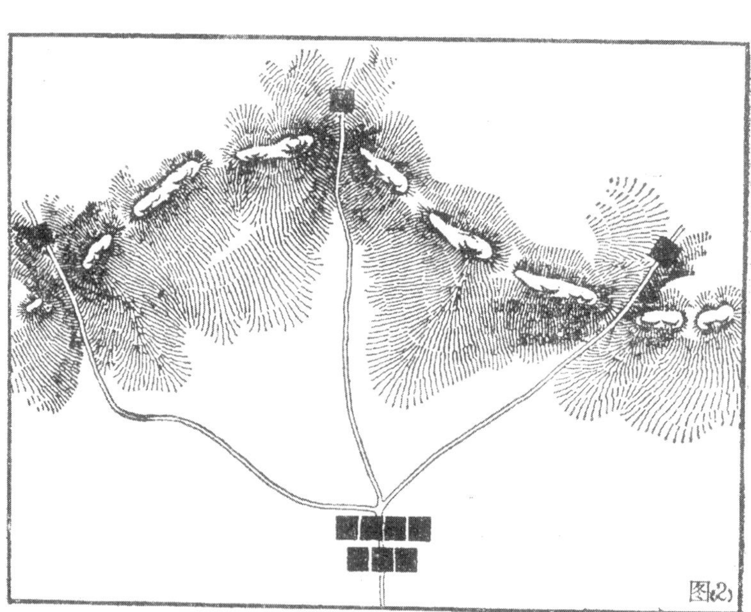

图 13　两种防御部署图，图(1)兵力平均部署，图(2)兵力集中部署

便能够尽早通报敌人逼近。显而易见，假如在任一通路上有这样一处位置，其地形可以大大提高抵抗能力——这一抵抗能力相当于为守方增加一定数量的兵力——则中央兵力一旦抵达便应将其控制在手，这也是极明显的。对这一通路配以足够的兵力来达成这些目的，这同编成这支中央兵力所体现的单纯的目的专一是完全一致的。这种协调的整个进程受一个无比精确的思想所支配，因而实质上则是一种结合。

“结合”一词提出的思想和告诫，或许可以使你从中看到一个著作家的风格。研究战争如同研究其他每项课题一样，不应对措词有所忽视，也不应对其含义的准确性和完整性漠不关心。我敢说，有关**折中**和协调的这一谈论，可能似乎近于无稽之谈或烦琐分析；然而，应当确信，一个思路清晰的人总是希望能够说清楚，用精确的词语来表达自己的思想。这种愿望实乃常见之事。假如所用词语可能有两种含义，390
则听者就有可能取二者之中的错误一种，切记，结合一词并不单纯意味着将二种或更多的事物放在一起，不问这些事物的性质或作用如何。结合意味着将事物放在一起之后，它们便不再意味着两种事物，即不再是混合成果，而是一件事物，一种单一成果。其不同之处多少有如火药和硝化甘油之间的差别；一个是化学混合物，一个是化学化合物；从而便产生出不同的力量。将一支兵力大体上等同地分散于数处通路，这不是结合，因为没有产生单一成果。将同一支兵力配置于中央，以较小的分队如前所述配置于数处通路，这才是结合——形成一个和谐的整体；其各个部分不是仅位于其所处的一个部分之中，而是数个部分互相关连，都从属于一个单一的首领，它们实际上、本质上成为一体，形成一个统一的有机体。

值得大家思考的是，折中一词是否真正不会在你心目中产生如下印象：当你开始设计一艘战舰之时，你便打算使每种性能都有所舍，以便使其余每种性能都有所得。我不想否认，在实际上可能只有使数种性能之中的每一种都有所舍才能保证其效能，假如如此，那就会处于前面提到的对待中央防御兵力的那种情况之下，如果你按照将兵力分散于数处通路的精神，而不是按照确认中央观念使所有其余各处都从属于它的精神来处理问题，那就会毫无成果可言。试以装甲巡洋舰为例；对我来说，我承认此乃流行一时之物。它既要装有装甲，又应是一艘巡洋舰；试问，你会得到一艘什么样的军舰呢？是一艘像我们先辈所常说的“参加战列线”的军舰吗？既不是，却又是；那就是说，它可以用于危急情况，但其承受的
391 风险却超过其所具有的能力。是一艘巡洋舰吗？既是，却又不是；因为，为了给它装上不适于参加战列线的装甲和武备，你却使其吨位超过巡洋舰应有的速度和煤炭续航力所需的吨位。由于将一些吨位用于装甲和武备，你就要减少其余用途所需的吨位；既无法增加其速度和续航力，又无法将其装备成一艘巡洋舰。你在这艘军舰上的所得，一方面多于你应得到的巡洋舰，而少于装甲舰；另一方面，则少于巡洋舰，而多于装甲舰。我不能将此称之为结合，毫无疑问，这是折中。尽管你已将二者放在一起，但它们仍是二者，并未成为一体；就以吨位而言，你既未得到装甲舰那样的吨位，也未得到你应拥有的巡洋舰那样的吨位。我并不是说你得到一艘无用的军舰。我是说，按吨位论，你所得到的并非你应得到的那样一艘有用的军舰。一个普通的人持有这种观点，不管是对还是错，都无关紧要；而一位军官却须以恰当的思想方法对这些课题进行综

合考虑，并以恰当的手段予以表达；也就是说，应当运用正确的原理和正确的措辞。

我在这里引为例证的“要塞舰队”和“存在舰队”这两个术语，本身便证明它们对俄国人的实践和原理所产生的根本影响。要塞舰队是俄国陆、海军思想中的统治观念。我以某种保留态度引用一份日报[①]的一段话，这段话大体上是准确的，而且的确是俄国理论的特点，现将其引述如下：“在离开比塞大港驶往苏伊士运河之前，俄国海军分舰队司令威伦纽斯曾经指出，俄国的计划是使旅顺口和符拉迪沃斯托克成为帝国的两处最为重要的军港，每处都配有一支具有相应力量的舰队，”——即同要塞相应——“依托要塞 392
作为基地。”其部署必然是面对位于中央的可能敌人日本而将兵力分散，因为这种计划主要是着眼于要塞，而不是着眼于海军的效能。这一观念并非全部错误；假如全错，则会已被查觉。它含有部分真理，故其危害最大；即一半或四分之一真理所造成的危害。一支舰队能够发挥其作用保证海岸要塞的安全；当要塞位于外国所辖土地之时，尤其如此。另一方面，存在舰队理论也有一部分真理，很大的一部分；而且由于它清楚地如此长时间地摆在海军界面前，俄国人岂有不知之理。它已众所周知并备受称赞。追随者不乏其人。俄国海军总参谋部高喊控制海洋；而这一思想对政府的影响，即对负责的领导者和国策的制定者的影响，并未具有应有的分量。对此我尚未充分掌握，究竟是出于疏忽，抑或是要塞舰队这一对立因素业已深入人心，致使控制海洋这一思想从未能见诸

① 神户《纪事报》，1904 年 2 月 25 日。这是日本用英文发行的报纸。

国家计划之中。可能曾经采取过折中；存在舰队和要塞舰队二者都曾试行过；但却未曾做过协调。要塞彻底贬低了舰队，使舰队在国家观念之中微不足道。其结果是，在旅顺口俄国既无要塞舰队，因为除拆除舰炮供要塞使用之外，舰队对要塞的防御毫未发挥作用；也无存在舰队，因为舰队从未被这样使用过。

值得玩味的是，要塞舰队这一支配观念反映出俄罗斯民族的气质，即民族特点，民族偏见。试问，要塞舰队象征什么？象征防御思想。存在舰队象征什么？象征进攻思想。俄国自身在何种战
393 争中最为引人注目、卓越杰出呢？是在防御战中。毫无疑问，俄国有过它的苏沃洛夫；然而，在1812年，在克里米亚，如今又在1904—1905年，俄国所倾向的则是防御。它自恃国土辽阔、人口众多，可以任凭敌人捶打，由于人多便能幸存。在军事上，俄国作为一个国家无进取心可言。俄国对于防御已经偏爱至麻木不仁的程度。它并未领会到进攻乃是国家和政府的一项决策，作为深受防御思想之苦的民族，并未矫正其对防御的这种天生癖好，并在国家政策和军事政策中对防御和进攻予以适当协调。

在流行的“要塞舰队”和“存在舰队”这两个著名术语之中，我们发现我们本身面对着两种旧式的战争分类——防御和进攻。我们可以期待这两位老相识能将其众所周知的性质及其行动的局限性展示出来；然而，要想能在新的外衣之下将它们识别出来，我们还须就其外衣进行思考，并不直接谈论进攻和防御，而是谈论要塞舰队和存在舰队，首先尽力追溯它们对俄国人的活动所产生的影响。

战争伊始，俄国人在远东集结海军兵力所采用的方法极不明

确，带有尝试性质，这表明其观念不当，而对舰队的使用，则表明其意图不当。他们决定其行动的推理过程，我们不得而知，恐怕全世界也永远无法知晓。如同在其它情况之下一样，从行动必能推知动机；而俄国人的行动，从集结、配置和使用舰队来看，全都表明他们缺乏将舰队用于进攻日的；而是以不惜将舰队用于支援要塞为
目的。因为，假如将舰队用于进攻，假如这一动机清楚明确并明显 394
地居于支配地位，那就会坚决集结一支优于日本的兵力；俄国人是有能力办到的，因为他们拥有众多的军舰。当然，随意行事的方法曾使两艘军舰在中途离开，这种方法可能仅仅是由于疏忽而造成；假如目的在于采取进攻行动，则这种情况定会很少发生。假如其首要目的是寻求同敌方舰队交战，便不会忽视需要拥有一支优势兵力；而且，将其随后的海军行动全部联系起来，便可公正地推知其舰队缺乏进攻意图。

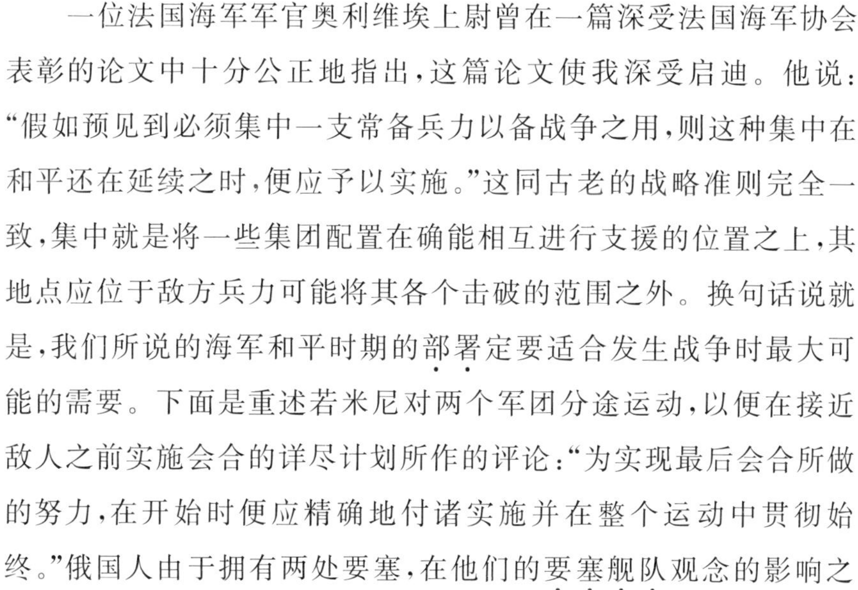

一位法国海军军官奥利维埃上尉曾在一篇深受法国海军协会表彰的论文中十分公正地指出，这篇论文使我深受启迪。他说："假如预见到必须集中一支常备兵力以备战争之用，则这种集中在和平还在延续之时，便应予以实施。"这同古老的战略准则完全一致，集中就是将一些集团配置在确能相互进行支援的位置之上，其地点应位于敌方兵力可能将其各个击破的范围之外。换句话说就是，我们所说的海军和平时期的部署定要适合发生战争时最大可能的需要。下面是重述若米尼对两个军团分途运动，以便在接近敌人之前实施会合的详尽计划所作的评论："为实现最后会合所做的努力，在开始时便应精确地付诸实施并在整个运动中贯彻始终。"俄国人由于拥有两处要塞，在他们的要塞舰队观念的影响之

下，将其战斗舰队分为两个集团；其中较小的集团，若米尼称之为一支大的分遣队并认为最好也不过是（即必定要造成的）一场不可
395 避免的灾难。因此，随即要求两部联合，结果造成 1904 年 8 月 10 日和 14 日的两次灾难；而面对前车之鉴，美国却仍有人主张将舰队分散配置于大西洋和太平洋。这有助于使结论更具有说服力，从人类的普遍经验来看，原理对于行动具有决定性的作用；如结果在没有预料到的地方出现，便应对出现在该处的结果给以某种注意，以便寻根求源，找出其错误原理的由来。不正确的原理，或者说对正确原理的无视，在这场战争中使一个较强的国家败于一个较弱的国家之手。对战争指挥的低能出自于对原理掌握的欠缺。

自从这段文字写成以来，我已经发现近于结论性的证据，证明俄国人曾经预见到在这一水域里需有一支舰队，并早在 1896 年，即在俄国占据旅顺口（1898 年 3 月 27 日）两年之前，便已提请俄国海军部加以注意。1910 年 5 月份的《双周评论》第 819 页刊登了一篇文章《俄国为何同日本交战》，其作者显然是一位深知俄国内幕的人物，该文写道：

"1896 年亚历山大·米哈依罗维奇大公曾呈递一份长篇备忘录，指出急需在太平洋水域创建一支强大的海军，其理由是，除非我们保持住对海洋的控制，否则我们便无法期望继续持久地保持西伯利亚铁路〔一直〕通达海洋。这一文献曾经指出，按拟定的计划，日本海军应于 1906 年完成准备；显然日本正在做好对俄国开战的准备，而我们则应于 1903 年之前便具备应付各种紧急情况的条件。这一陈述并未在海军最高领导层中引起共鸣响应。"

上述引语充分证明并使人深信海军军官熟悉当代政治文献，
更确切地说，熟悉国际文献所具有的重要价值。在这篇主要是政 396
治性而非军事性的文章中，这一附带评论表明，俄国政府对于必需创造一支海军并需及时将一支海军从国家的一处海岸调至另一处海岸完全熟视无睹，这支海军兵力理应予以如此扩充并加以如此调动。这不仅使人们了解到历史和俄国人的做法，而且还告诫全体军人如果他们要想成为得力的顾问，就必须熟悉国际关系并精通军事原理。

“要塞舰队”一词所表达的十分错误的观念，不单使舰队的集结在数量上具有防御的特点，而且在支援深受爱护的宝贵要塞的思想支配之下，还会导致将舰队配置于错误的位置之上。我发现我自己必须正视我过去所做的错误结论，假如我曾经参加过俄国的军事会议，我便不会得出这样的结论；因为，那样一来我便不会相信，但我确曾相信过，符拉迪沃斯托克在冬季期间会毫无希望地被冰冻封闭，从而使舰队的运动陷于瘫痪。情况并非如此；俄国的破冰船是能确保出口畅通。我既不了解这种情况，而又主张舰队必须用于进攻，我仍然如此主张，因而依我看来，选定旅顺口则是正确的；因为，舰队能从那里出来，而且附带着还可有助于防御而无损于进攻作用，真是获益匪浅。然而，实际上，符拉迪沃斯托克是可以使用的；而且对于一支专以进攻为职能的舰队来说，就其所居位置、拥有两处出口及其一般导航设施而言，它拥有独特的有利条件。

为何当时将舰队配置于旅顺口呢？因为，俄国当局预计日军
将对旅顺口实施攻击，其意图不是将舰队用于进攻敌方的海军，而 397

是将其用为要塞舰队进行防御;以防御活动来保卫要塞,等待攻击,而不是进行攻击。这就是说,要塞的职能主要是防御,而不是进攻。现今,我想指出,海岸要塞的目的,即其**存在的理由**,在于其本身的攻势作用;因为,其存在的主要目的是隐蔽和保持舰队使其能够进行攻势活动。而俄国人使用舰队的观念,即舰队只能为防御而活动的观念,必然导致舰队甚至无法完成防御领域中的活动,只要指出这一点,则上述论点便可暂不论及。旅顺分舰队实际上从未进行过甚至是局部的攻势活动。一位在场的观察家说道:“在部署他们的驱逐舰方面,当局似乎并未打算给它们以行动自由,或准许它们去寻求任何战机。”又说:“鱼雷艇从未派出过对日本军舰或运输船进行攻击。如果说它们也曾出去过,遭到攻击之后也曾应战过,但它们出去的目的不是进行攻击,而是掩护陆军侧翼。”上述两种行动表明,这恰是“**要塞舰队**”这一术语所确定的作用。日本人深为惊异,俄方从未怀有对日本海军基地进行侦察的意图,而日方的海军基地恰又是日本陆军的登岸场所;5 月 15 日尽管从旅顺口可以看到日方两艘战列舰触雷沉没,而俄方却未做任何努力抓住这一成功时机,趁敌人士气沮丧,扩大战果;尽管俄国在旅顺口泊有二十一艘驱逐舰 ;其中十六艘已经升火并位于港外。就这样,直到最后一刻,该舰队仍然坚持其防御作用;只有当其遭到炮击已经受损之时方才驶出港外,但那不是为了交战,而是为了脱逃。

这是对这次作战过程的精细评述,迄今为止,凡是经我过目的
任何记述文字都表明,该舰队对于要塞的防御,除将舰炮拆至陆上
398 以外别无贡献,直到最后垂死挣扎之时,舰队方用炮火来支援要塞

炮火；即使是最为极端的理论家也无法将这样的结局辩解为保持舰队的目的。这些炮火倒不如干脆装在岸上为好。如果目的只在于防御，则俄国的旅顺舰队完全可以始终部署于喀琅施塔得。这样部署确实还要好些；因为，这样一来，它便能伴随罗日杰斯特文斯基而形成数量上的集中。而且，整个俄国海军集结于喀琅施塔得在兵力上形成优势，这对于日本控制海洋定将是一种威胁；对于加强旅顺口的防御较之部分舰队存在于旅顺口本港也会更为有效。

在远东的俄国舰队，其主力集结于旅顺口，仅就其所宣称的情况来看，舰队存在于旅顺口只是为了服务于要塞，即舰队附属于要塞。如果集中于符拉迪沃斯托克，即向战场的一侧集中，从翼侧威胁敌人通往主要战场的交通线，这样便清楚表明，要塞附属于舰队；要塞在国家军事计划中的主要价值在于对舰队进行掩护，承担维修，一句话，就是维持一支能够出击作战并抱有明确目的的有效兵力集团。据我发现，在对马那场毁灭性的战斗之前，运气不佳的罗日杰斯特文斯基曾经声称：只要有二十艘军舰在他指挥之下抵达符拉迪沃斯托克，则日方的交通线必将遭到严重的威胁。这是明显的地地道道的“**存在舰队**”理论；因为其所表示的最终观点是，只要有一支强大的、甚至是居于劣势的兵力存在于战场附近，便能对敌人的行动产生严重的影响。这一极端学派甚至认为这样便可阻止敌人的远征；或者，敌人如若明智，则定会停止远征。多年以来，我就同这一观点展开了斗争，认为它是荒谬的；正如历史所表 399
明的那样。这样一支居于劣势的“存在舰队”在普通情况下，敌人不会将其视为充分的威慑因素予以对待。过去未曾如此对待过，

而日本人也未如此对待。俄国存在于旅顺口的“存在舰队”并未能阻止日方的运输；而日方已认识到来自这支舰队的危险并始终尽其所能采取措施予以抵消。他们的活动始终坚持不懈地以此为目的。最初以鱼雷攻击取得部分战果；随又试图以沉船封锁港口；实施远距离炮击；进行港外布雷；实施并坚持早就开始的围困——所有这一切都只是为了一个目的，即消灭存在于其内的舰队；然而，面对这一切，俄国舰队却并未俘获过日本陆军的运输船。

置存在舰队于不顾而继续运送部队，同时又想方设法将其摧毁或予以抵消，这样两种同时并行的活动可以作为例证来说明我称之为在两种相反思考之间所进行的协调。既要看到来自存在舰队的危险，又要看到延迟发动陆上战役的危险。存在舰队学派宣称，只要旅顺口舰队存在，便不宜进行运输。实际上该学派确实如此宣称过。当时和现在都深受这一学派影响的伦敦《泰晤士报》在日俄战争爆发之前六个星期，曾发表其陆、海军通讯员关于局势的简要述评，其中有如下一段论述：“由于旅顺口炮台后面存在一支敌对舰队，日本人可能不敢冒险将部队派往黄海。”四个星期之后，重又写道：“显而易见，除非俄国军舰被击沉、被俘获或被封闭于其
400 港内造成有翼难飞之势，则远征兵力的海上交通便无安全可言。”存在舰队理论认为劣势兵力对于进攻可以产生威慑影响，这些论述恰好可以作为存在舰队理论所固有的夸大其作用的鲜明例证，而俄国海军的作战指挥则可作为要塞舰队理论所潜藏的使其毫无作为的鲜明例证。

假如安全系指和平时期的安全，则“存在舰队”论的这些论述还是可以接受的；但军事安全则完全不同；而且我们知道，就在第

一次鱼雷攻击的同时，当其结果尚未判明之前，日本部队便已进入黄海到达仁川，而且其增援部队迅速增多，约达五、六万人。在满洲的冒险，在鸭绿江口以西的登陆，确曾推迟一段时间——两个月左右。推迟的原因以及确定开始时间的依据，我确实不得而知；但我们确切知道，上述行动的完成不仅面对着旅顺口港内存有四艘俄国战列舰，而且还面对着由于第一次鱼雷攻击时遭损的军舰业已修复其数目已经增至六艘这一事实。早在5月31日东京方面就已获悉受损军舰差不多已经做好出击准备，6月23日它们确曾出击过。

毫无疑问，可以坦率地说，虽然日本人曾经冒此风险，但他们也是迫不得已而为之。因此，必须指出，日本人已经完全注意到他们所冒的风险。他们从最初起便对其战列舰倍加注意，深知他们的陆军的交通线有赖于这些战列舰。战争初期在场的观察员便已注意到这一事实。这表明日本人已经认识到俄国的旅顺口舰队还有波罗的海舰队在所有各种条件下所具有的全部威胁，以及对他们的交通线的危害。然而，明知来自敌对的“存在舰队”的这些危险，他们还是甘愿冒此风险。

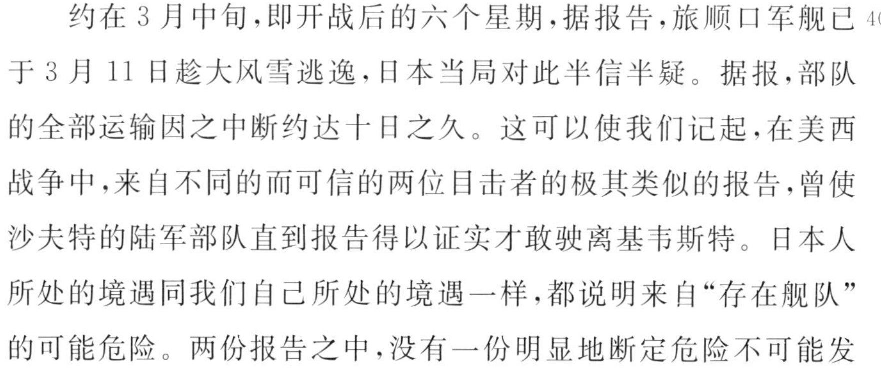

约在3月中旬，即开战后的六个星期，据报告，旅顺口军舰已 401
于3月11日趁大风雪逃逸，日本当局对此半信半疑。据报，部队的全部运输因之中断约达十日之久。这可以使我们记起，在美西战争中，来自不同的而可信的两位目击者的极其类似的报告，曾使沙夫特的陆军部队直到报告得以证实才敢驶离基韦斯特。日本人所处的境遇同我们自己所处的境遇一样，都说明来自“存在舰队”的可能危险。两份报告之中，没有一份明显地断定危险不可能发

生。一旦报告被证实,显而易见,交通线便会时刻处于危险之中;然而危险归危险,冒险却仍须冒险。正如拿破仑所说,不敢冒险便无法进行战争。受到监视的港内敌方舰队所具有的可能出港为害的条件,同其已经出港这一事实完全不同。可能性不应构成中断运输的充分理由;面对现实情况,必须采取特殊的预防措施,调整部署使之适应新的情况,就如我们自己和日本人在那种情况之下所做的那样。假如敌人拥有一支实力相等或居于优势的舰队,则情况便会完全不同;因为那样一来,他便完全握有行动自由,不需再躲躲藏藏便可开赴海上,在这种情况下,交通线便处于危险之中,不仅是处于不时的骚扰之下,而且是处于永久性的毁灭之中。对此无须特别提醒便可不言自明;而"存在舰队"学派却坚决认为一支劣势舰队可以产生陷敌于瘫痪的作用。

就我研究海军历史的经验而言,对此主张实不敢苟同,这一主张确实违反陆战实践。在陆上,一位将领总是满足于用一支足以胜任的分遣队对威胁其交通的要塞进行单纯的监视,这是屡见不
402 鲜的;而且我相信,日本人在他们行动方针上之所以完全正确,并非由于他们取得了最后成功;而是由于他们能够正视其所面临的真实条件。他们依照条件来协调行动;既不忽视存在舰队,也不放弃入侵,而是对该舰队实施监视以取得适当的——军事意义上的——安全,使该舰队不致做出任何致命的危害。交通无法做到毫无损失;也无此必要,但必须安全。若米尼说:"一支精良的游击队总是对交通制造麻烦,即使是其所处的位置最为有利;"居于劣势的存在舰队有赖于突然地偷偷摸摸地进行活动来取得成效,其作战活动不外是游击队的突然袭击而已。

日本人曾经有过这样一类极不愉快的经历。俄国的符拉迪沃斯托克海军分舰队，你们一定记得它只有三艘装甲巡洋舰，在日本海的一次袭击中曾俘获两三艘运输船，其中一艘载有攻城炮兵一行。这次损失据信曾经推迟了围攻旅顺口的时间；这样也就拖长了日本人的焦虑不安的日子，深怕在这期间波罗的海舰队可能到达，但它却并未到达。1799 年拿破仑围攻阿克城也由于同样原因而拖延以致失败，恰好也是由于全部攻城辎重队为一艘英国巡洋舰所俘获；于是只好用野战炮进行攻城。然而，切不可因此便认为，直至敌方劣势的存在舰队被消灭为止，这些不顺利的意外事件中的任何一件都可成为中断运输的理由。假若如此，拿破仑则应在埃及一直等到确如其攻城辎重队已运抵阿克城下为止，日本人便须限制为攻陷旅顺口所需要的运输，因为那是碰上或可能碰上敌方的舰队的惟一途径。

我已经通过推论详尽地指出“**要塞舰队**”这一术语所概括的错 403
误原理对俄国政府所产生的影响，该影响表现在以下两个方面：(1)舰队集结于远东的方式；(2)舰队集结点的选定，亦即舰队驻泊位置的选定，更确切地说其集结点并非一处。这两项行动可以作为部分证据，由于缺乏更多的明确证据，局外人只能据此来推断俄国政府的担任要职的负责人赖以指导其实际行动的动机和原理。这种从行动推断意图、从指挥推断原理的方法，是完全合乎道理的；特别是在握有强有力的确实证据证明这一普通原理现在或过去确实盛行于俄国的情况下，尽管对这一原理在思考特定情况中的影响如何，我们尚未获得同样的确实认识。

然而，在上述两个情况中，却都未能找到足以证实俄国当局总目的以及实现此目的的海军习惯思想的最为令人信服的物证。但其集结舰队的方法，集结军舰的数量以及集结的位置、站场，所有这一切都是这一错误军事原理的有力佐证。即使我们别无其他证据，仅仅据此便足以做出定论；而旅顺口舰队的使用方法则是值得考虑的第三个方面，据此便可对这一错误基础观念做出结论，而其余两个方面的结论不管如何有力，也只能是对这一结论的附加重复。

开战伊始，俄国海军暴露于鱼雷突然袭击之下，终于两艘战列舰直接遭损，长时间无法使用，我当然略而不谈了。因为尽管可将此指责为疏忽大意，但却证明与其意图无关。这场灾祸之后，由于俄国人立即查明受损军舰还是可修复重新归队，故而直至它们重新做好准备为止并不求战，这是合乎情理的，甚至是绝对必要的。
404 而且有利的交战时间常常还取决于种种考虑；而对于我们当前的研究来说，没有必要去考虑恰在何时为好。早几周迟几周可能都很好；但我们必须看到，俄国却似乎没有任何明显的确定意图，可以从其中找到这样的时刻——那就是打仗的时间。结果，舰队驶离旅顺口，就其表面看来，仅是由于锚地显然很快便将难以守住。这就是说，只要可能，舰队便将紧紧地被束缚于要塞，而对要塞可成为支援舰队的隐蔽所却模糊不清，显而易见，俄国要塞舰队毫无采取攻势行动对近在港外的日本“存在舰队”实施攻击的思想，而战争的结局却取决于这支存在舰队的活动效能。

事情并不就此为止。事态发展日益明朗，当舰队已无法停留于旅顺口以待罗日杰斯特文斯基到达之时，停留便会带来灭亡，这场毁灭确实终于降临，其所做的决定却极为简单，显然有点糊里糊

涂地便将舰队调往另一要塞。请注意，我并不责难开赴符拉迪沃斯托克这一明确做出的决定；因为，在接受战斗之前，理应同该港的由三艘精良装甲巡洋舰组成的强大分遣队会合，这是完全必要的。假如会合能够达成，则其司令官的职责便是避免战斗，直至其全部兵力完成会合为止；因此，抓住甚至是仅有的机会使主力无损地到达符拉迪沃斯托克，并于会合之后投入战斗，这是正确的。根据符拉迪沃斯托克诸舰曾奉命向朝鲜海峡运动这一事实，显而易见，其意图在于会合。鉴于当时已知由四艘装甲巡洋舰组成的日本分舰队已在朝鲜海峡，故而对于这一从属运动是否明智，众说纷纭，各持己见。我则认为，在这种情况之下，两支分舰队极少可能 405
避免战斗，故而符拉迪沃斯托克诸舰则以仍留本港为好，这样一来，如果旅顺口分舰队突围成功，而符拉迪沃斯托克诸舰却又能免遭损害。两支分舰队都能避免战斗并于海上会合，如能实现，当然非常之好，而我却感到，这种罕见的机会过于渺茫，无甚可能，故实难证明这一企图是正确的。事实确实如此，我们事后得知，机会的确极少，两支分舰队都被迫各自应战，而且相距甚远。

因此，我认为将旅顺分舰队转移至符拉迪沃斯托克这一目的是完全正确的；但在实施这一企图之中却表明，并未按真实条件协调目的，这些真实条件可概括为一支具有某种优势的日本舰队确实存在并在眼前，这支舰队乃是战争中具有决定性作用的中心因素。假如要我寻找合适的例证来说明折中同我称之为协调之间的二者区别，则我必取俄国人的这一运动为例。旅顺分舰队司令面临着以下两种结果，两种条件，两者都具有吸引力，又都具有可能性，而两者却又相互对立，但两者又都能有助于达成战争目的；即

有助于达到成功，最后的成功。(1)分舰队得以抵达符拉迪沃斯托克，于是指挥便得以集中，并可利用该港的设施使其处于可能的最佳迎战状态。(2)与此相反，分舰队可能遭到阻扰——恰如军舰所要求的速度遭到其所需要的武备的阻扰一样——而且应将这一阻扰列入任一行动计划之中，这一阻扰便是一支据信具有优势的敌方舰队，根据经验确知，必定就在近旁。一旦同其遭遇，便应予以重创，尽可能将其效能削弱至最低限度，以便为俄国的后备海军创造可能的最佳机会，这显然是应尽的职责。

406 突围计划应当清楚地包括两种可能性，即脱逃成功和遭遇战斗，应将二者清楚地加以区别，弄清其各自的不同要求，并针对这些可以预见得到的可能性，按每种可能性的要求分别为其制定出行动方式。假如事态为脱逃提供了巨大的可能性而不致遭受损伤，则交战自可避免。一旦战斗不可避免，例如一艘军舰受伤无法跟进，则应放弃整个脱逃想法，而将整个舰队结成一体扑向敌人，下定决心，即使战败，也应使胜利者无法再战。

纳尔逊尽管很少使用令人激动的词语，但他却同拿破仑一样留下了丰富的名言警句，他有两句名言恰好适用于俄国人的处境。第一句名言是他每逢期待同优势舰队遭遇时常说的：“假如我们得以靠近敌舰，当他们将我方舰队彻底击败之时，他们在今年之内便将无法为害了。”将其译成俄语便是：“当日本人击败旅顺口舰队之时，他们在六个月之内便将不具备伤害罗日杰斯特文斯基的条件。”纳尔逊的第二句名言更是为众人所熟知：“在无法弄清信号的情况下，使己舰同敌舰舷舷相靠的舰长是不会犯大错的。”你们可以看到，为俄国人提出的两条相反的行动方针具有一个动机，就是

摧毁日本舰队。在逃与战之间没有既非此又非彼的折中;即半逃半战;即要每个所要达到的目的都做出让步。惟一的动机就是摧毁敌人;然而,由于强而有力的符拉迪沃斯托克分舰队的存在,因而可以予以协调。如果能在战斗之前实现联合,当然很好;如果不能,则战斗便应具有孤注一掷的特点,只当会合已经完成。既有部分打,又有部分逃,这决不是协调,而是赤裸裸的折中;因为得以幸 407
免的部分已不适于同敌人进行抗争,从而也未能为罗日杰斯特文斯基扫清道路。

假如俄国舰队司令在其训令中对于这些考虑予以阐述清楚并对行动做出明确规定,便有可能使实际曾经发生的情况不致发生,即使出现旗舰丧失战斗力同时司令官又阵亡这种罕见而又严重的意外事件。假如第二指挥官和舰长们都已收到他们理应收到的明确训令,使他们明白不战便无法逃脱,战争结局——引用东乡在对马的口号——在此一战,我不相信他们便会缩回自己的要塞,像他们所做的那样。于是便无人会将俄国人视为懦夫;然而,也无人预先便会想像到海军的职能竟会遭到如此彻底的错误曲解。我自己就怀疑,假如俄国舰队司令活着,旗舰也未丧失战斗力,则其结果是否就会有本质的不同。一位头脑清晰、意志坚定的司令官,其精神不会随同其肉体的死亡而立即消失。假如俄国舰队,直至每艘军舰,都为贯彻这样的企图而遭到覆没,则满洲可能丧失;但这一损失会使俄国海军在士气上赢得无价之宝,而更为直接的效果则是日本舰队遭到损失使其至少暂时无能为力。

我将8月14日日本上村分舰队的四艘装甲巡洋舰同来自符拉迪沃斯托克的三艘俄国装甲巡洋舰之间的战斗活动略而不谈。

这三艘俄国军舰在以摧毁日本舰队为惟一目的的总战略运动之中的作用居于次要地位,应当随同旅顺主力的活动而予以协调。我
408 已经表明,我倾向于将它们保留在符拉迪沃斯托克,在那里会合。会合乃是重要大事。要实现会合,旅顺舰队就不得不冒风险;但却没有充分理由迫使一支较小的兵力去冒类似危险。它同上村的兵力并不相等,而且很少可能越过上村而不被发现;更少可能同己方舰队会合。气象条件对双方应当同样有利;因而,尽管可能侥幸得以不同敌人相互遭遇,但却同样很有可能要同友军相互错过。因此,会合失败的可能性就等于同上村遭遇的可能性加上同友军错过的可能性。进而言之,假定日俄双方在旅顺口的兵力相等,即近似数量每方大约为六艘,则可简单计算如下:假如符拉迪沃斯托克分舰队单独同上村相遇,事实便是如此,其比数为 4 对 3,于俄方不利;反之,假如得以于符拉迪沃斯托克实现会合,则两支兵力会合之后双方总兵力的比数则为 10 对 9,这就接近于相等;两支兵力会合之后,双方主力数目愈大,其差距便愈小。就概略计算来看,我认为一切都表明符拉迪沃斯托克乃是实现联合的地点;这同古已有之的准则是相互一致的,即对于两支相互隔离的兵力集团来说,在敌人的作战线之内寻求集中点是不明智的。

第十四章　关于日俄战争的研讨(续) 409

当罗日杰斯特文斯基将其所指挥的俄国敢死舰队引向最后作战历程时,对于这位俄国舰队司令的指挥和活动,同样应当依据曾对旅顺口舰队行动所用的同一观点,即目的专一这一观点来对待。这一要求,即观念和目的的专一,乃是衡量其航程最后阶段的各种部署细节的准则;在自上海附近的嵊泗列岛至符拉迪沃斯托克这段航程之中,就其自身的选择而言,同敌人遭遇的可能即将到来。

当罗日杰斯特文斯基所率各舰锚泊于扬子江口附近的嵊泗列岛之时(见本书第 38 页图 3),可以说该舰队便已进入交战的战略区域之内。诚然,在此之前,日本人也有可能发起军事行动;他们确曾采取过一定的预防措施,诸如派出观察中队甚至远达新加坡,并于台湾海峡的澎湖列岛周围布设水雷。然而,东乡却决定将其装甲舰集中于朝鲜海峡,而且在俄国舰队到达该点之前没有任何骚扰企图,而是恰当地将思考限定于罗日杰斯特文斯基锚泊嵊泗列岛以后的航程之内,嵊泗列岛恰在符拉迪沃斯托克蒸气航行易达范围之内。罗日杰斯特文斯基在这里,可以说,正位于战场的一 410
侧,其所预定到达的港口则位于战场的另一侧。

我想,随着时间的流逝,历史对于这位不幸的俄国舰队司令的所为，自会做出更为宽容的定论；既不减轻其在最后四天的无可置疑的指挥错误；又承认在此之前其所完成的艰巨任务，尤其是还要承认因其深受俄国思想意识熏陶而形成的智力偏见，由于从波罗的海起航开始他便处于长途航行紧急状态之中从而形成长期过度紧张劳累，致使这一偏见愈益强化。在此期间，他别无资源可以依赖，除其它的国家善意中立之外，而这种善意只能囿于国际义务范围之内。除这一令人忧虑的负担之外，他深知自己这支分舰队的条件并不能解决问题，而在东方除符拉迪沃斯托克尚有两艘残存装甲巡洋舰之外，则别无增援力量。

对于这些因素须要进行综合回忆是公正的评定所要求的，假如我对其指挥的评价是正确的，则其后所犯的一系列严重错误便是情有可原的；即便犯有错误，但在衡量这些错误时，更为重要的是要记住他部队的传统及他所面临的困难处境。

除上述推理思考之外，还须加上俄国海军的西蒙诺夫海军上校在其所著《惩罚》[1]一书中所做的直率的可以确信的陈述。

首先：由于运输舰船伴随舰队同行，故同敌人遭遇时它们便位于现场，这种情况必然在战术上造成困难，西蒙诺夫写道：

“由于接到〔在离开法属印度支那金兰湾之前〕海军总司令部发来的令人焦虑的警告，以致引起并非不值得考虑的困难；我们不应成为设施简陋和武备不良的符拉迪沃斯托克港的负担，而且不
411 要寄希望于依赖西伯利亚铁路进行补给。一方面，最基本的战术准则告诫我们，进入战斗应尽可能减少拖累，理所当然，任何能够

① 原文 Rasplata。——译者

妨碍我们自由运动的补给船队都不应伴随我们同行。另一方面,我们又不得不考虑这些深表关切的电文。

“于是不得已而采取折中。司令官做出如下决定:战舰应尽其容量所能装载和储备各种必需品。三艘最大最好的辅助轮船应以最大的可能数量装载最为需要的物品。这三艘轮船和‘堪察加’号伴随舰队同行并在实现抵达符拉迪沃斯托克这一企图之中同舰队共命运。”

其次:关于战舰装载煤炭的数量,西蒙诺夫叙述如下:

“1905 年 5 月 23 日。上午 5 时 30 分停机开始装煤。各舰接到通知,这可能是最后一次装煤。因此,我们必须尽力做到使煤舱直到 5 月 26 日上午仍能保有正常储量。”

对于这段文字,他附有如下注释:“那些指责战斗期间各舰装煤过载的人,真是谎言连篇,厚颜无耻。”

上述引文中的陈述,其用意无非是为罗日杰斯特文斯基携载最大可能数量的必需品驶往符拉迪沃斯托克这一决定开脱部分责任;煤炭便是其中的一项。然而,来自圣彼得堡的命令并未强制他携带运输舰船随舰队同行。政府规定目的,而达成这一目的方法则有待于司令官确定;事实正是如此,所动用的运输舰船的具体数量以及不论是在驶往符拉迪沃斯托克途中还是在同敌人遭遇之时这些运输舰船同其舰队的相对位置,确实都是由其依据自己的判 412
断而确定的。

关于战舰装载煤炭问题,按西蒙诺夫的陈述,它们并未超载,这同所有其余记述恰好相反,故我致函询问海军情报部。情报部在复函中从涅博加托夫司令于军事法庭受审时的辩护词中引述了两段话。这里没有必要予以全部引述。这两段话进一步证实了业已公布的资料。其中一段话是:“按我们的估计,在战斗开始之时,我们所拥有的煤量足供三千海里航程之需,而经对马海峡至符拉迪沃斯托克的距离尚不足九百海里。”看来确有理由相信西蒙诺夫的陈述并不完全确切。从那时以后他便已去世,但令人关注的就是他作为一个确切的见证人是否可信,而并不涉及其个人是否诚实。

对于身居要职的罗日杰斯特文斯基的这种责备,无疑是同其所负职责相称的,因之在某种程度上使其人品黯然失色;而对于这次作战的某些批评与其说是针对俄国舰队司令的,倒不如说是针对俄国的。对于任何国防规划或任何作战计划中所存在的各个不同方面之间的内在密切联系,必须严加注意,这是切合实际的。当罗日杰斯特文斯基率领一支装甲舰队同其运输舰船历尽艰辛成功地绕航好望角之时——这比我们的战斗舰队绕航麦哲伦海峡还要早三年——西伯利亚铁路的发展却不相适应,而旅顺口海军分舰队的错误部署却又正在为其准备着于嵊泗列岛所面临的进退维谷的困境。对于负有指挥责任的军官,在任何地方,不论是指挥一艘军舰还是指挥一支最小的水兵分遣队,最为重要的是要记住,由于
413 自己对总体态势注意不够或行动不力,往往会对较大的权益造成致命的危害。

在美西战争期间,有一次美国海军部由于无法确定一艘迫切需要的巡洋舰位于何处而深感烦恼,而该舰舰长一味沉迷于完成孤立的单舰活动,而对于总体作战行动所要求的应付意外事件的预防措施却置之不顾。

对于投降也应进行同样的考虑。除绝对无力抵抗之外,任何极端事件都不能成为投降的遁词,除非其他权益确实不致遭受损害;但这种情况从未有过。罗日杰斯特文斯基于8月10日在旅顺口港外由于旅顺口海军分舰队作战不力便已被击败,尽管并非最后战败,而真正的最后战败则是在九个月之后于对马海峡。

现在,继续评论罗日杰斯特文斯基本身的行动:从战争开始直至他抵达嵊泗列岛,决定性的因素并未改变,尽管在运用这些因素中曾有某些变动。一切都取决于对海洋的控制,而对海洋的控制惟有摧毁敌方舰队方能赢得。而摧毁又惟有通过战斗才能达到;即通过大炮,即应在对求战一方最为有利的环境之中将舰队投入战斗。对于罗日杰斯特文斯基所指挥的俄国舰队来说,这种有利条件意味着如有可能首先便应进到一处海军船坞,以便每艘军舰的战术性能、其速度和机动能力连同赖以决定这些性能的主机、锅炉和洁净船体等所有这些要素,都能得到最大可能的恢复。而日本人却有时间完成这项工作;因为俄国旅顺口海军分舰队的应受罚的错误做法并未使日本人遭到足以丧失战斗力的损失。因此,毫无疑问,罗日杰斯特文斯基的首要目的便是不战而驶抵符拉迪
沃斯托克,以便以后能够取得最为有利的战机进行战斗。此外,他 414
还能同那里幸存的两艘装甲巡洋舰会合;对他那些匆匆组合的军舰来说,这无疑是一支不可轻视的增援力量。

因此,罗日杰斯特文斯基面临的问题,就其特征而言,恰同九个月之前即8月10日旅顺口海军分舰队面临的问题一样;而他在其面前却有前车之鉴,这是为其判定采取何种方针可资借鉴的又一因素。如有机会,能逃便逃;如须战斗,便应立即应战;但决不可

三心二意，脚踏两只船，以致像旅顺口海军分舰队那样犹豫不决而产生折中思想。两种可能性——逃与战——都有可能出现，因此在计划中对两方面都应有所准备；然而，统一观念曾要求旅顺分舰队必须明确其目的，如果必须战斗，便应下定决心，孤注一掷使敌人遭受最大可能的损失，为罗日杰斯特文斯基所率领的即将到来的后援舰队扫清战场；因此，同样的统一观念也要求罗日杰斯特文斯基明确其目的，如果无法逃脱，如果在抵达符拉迪沃斯托克之前必须战斗，则其军舰在交战之时必须在战术上处于最佳条件之下，他理应保证做到，至少不应使敌人事先知道其部署。如今已无后援舰队；俄国的全部命运都操在他的手中。

当战争形势已经到了非进行战斗便无法解决之时，便应在战术上对你最为有利的时间和条件之下强行战斗，以此作为战略目的。面对如此精确而清楚的真理，而且仅有一千海里的航程，司令官却令其军舰拼命装煤；据说甚至司令官的住舱都装有煤炭。不
415 消说，这种做法必然不利于脱逃，这样一来，实际上速度和机动能力便要受到影响；也就是说战术效能便要下降。更有甚者，这使军舰在战斗之日又增加了不利因素；因为这样便使因设计错误而过低的装甲带更加深入水中，同时由于上甲板堆满易燃物品而增大了引起火灾的危险。一位法国著作家断言，这次战斗失败是由于日方中等口径火炮击中煤炭而引起火灾所致。在如此众多的原因之中，应否将结果只归于一种原因，我对此尚有怀疑；但其倾向的确如上所述。

司令官的目的应当始终是以不浪费，即以最低限度的人力和物力消耗来取得成果；然而，如同处于两种相反思考的所有情况之

中一样,不应企图采取平衡、折中的态度,妄想使两种思考——成果和经济都能令人满意。如其目的不值得消耗,便丝毫不应消耗。如果值得消耗,而且尚能以较小的消耗取得相等的成果,便应设法节省;假如必须达到目的,否则便可能遭到失败,或者甚至为了取得最为圆满的成功,便应不惜任何代价。罗日杰斯特文斯基为了对付同敌遭遇而进行的作战准备,依我看来,全部都是极其错误的,因而使我不得不做出结论,他对战略问题从未进行过清晰的思考,从而做出了一相情愿的决定。过量备煤一事足以证明他为了节省物资消耗却减少了获胜的机会,而获取胜利却是首要的最为根本的目的。他完全为补给问题和驶抵符拉迪沃斯托克一事迷住了心窍,以致不论是脱逃还是战斗都未能在他心目之中清楚地占据统治地位。更确切地说,逃与战二者争夺统治地位的斗争,使其基本上成为一个怀有双重心事的人,甚至当一切脱逃希望都已成泡影之时依然如此。

依我看来,这种分歧的意见,不仅是由于受到**要塞舰队**论这一 416
民族偏见的影响,这一理论不能不影响到每个普通军官,即或其本人甚至尚未持有这一论点,而且还由于受到被夸大作用的**存在舰队**论的影响。假如舰队的一部分得以逃至符拉迪沃斯托克,便会大有所获——拥有一支存在舰队。结果,**决一死战**的决心——只有如此才能获得决定性的结局——便同脱逃思想发生冲突并被这一思想所冲淡。假如确是如此,则又是节省物资的思想在作怪,在本例中便是节省数艘军舰,这一用意本身是值得称赞的,但这却妨碍和阻挡了承担巨大任务和取得巨大的胜利所需要的专一;其结果不外是一种舍本求末的折中。罗日杰斯特文斯基在战斗前数日

公布的一份报告中说，他深信只要其舰队的一部分到达符拉迪沃斯托克，便会对日本的交通形成严重的控制，从而影响总的战局。可是显而易见，这支已被削弱的兵力并不能改变局势，虽然可能部分地影响其进程——促使敌人增强戒备；然而，除非整个舰队得以逃脱，于符拉迪沃斯托克本身获得增援，并于日后在较好的条件下进行战斗，否则俄国海军便无法对战局施加决定性影响。假如俄国舰队必须一战——迟早必须一战——便不会看重脱逃和储备未来所需的补给而忽略战斗的时机和结果。毫无疑问，当时可能获得成功的机会极为渺茫；然而，除非坚决抛开各种想法，只专注于摧毁敌方舰队，否则便毫无成功可言。

上述评论是从行动推断意图的又一例证；综合罗日杰斯特文
417 斯基指挥的各个不同方面便可看出，他的想像力完全被一支劣势的存在舰队的夸大的影响作用所左右，这一推断几乎是无法推翻的。除了过量装煤之外，他还随带一批运输舰，尽人皆知，这些运输舰在战斗中是制造战术困难的根源，当然，毫无疑问，假如能将这些运输舰带到符拉迪沃斯托克，它们便同样也会成为重新修整的源泉；而且毫无迹象可以表明他曾经有过在自己前方派出前进侦察舰和驱逐（他可以做到）曾经出现的日本侦察舰的任何企图；结果致使东乡掌握了他的几乎全部部署，而且直到看到敌人主力之前，他却对东乡的部署一无所知。

现在我可以说，所有这些都是面临敌人时的失当措施，因之也是低劣的战术，而低劣的战术则来源于战略的错误；而战略上的错误则起因于缺乏统一的观念，即缺乏目的的专一，而这正是战略的精髓，它使一切其它因素和思考全都服从于并将它们协调于一个专一的目的。当我在撰写这几页内容时，偶然读到德国著名哲学历史学家兰克在其伟大巨著之一《十七世纪的英国》一书中的几行话。这些话说的是政略，而政略和战略则是孪生兄弟。请允许我将其引述于下：

“为何威廉三世在爱尔兰比詹姆斯二世取得了较好的成就？因为他能在围绕他的众多的错综复杂的情况之中，总是将一个远大的理想摆在自己的面前。他在任何时候所发表的决策，都是基于他所持有的**唯一的一个目的**，而这一目的则是**依据事物的常理而定出的**。”

现在运用这一观点来分析罗日杰斯特文斯基。按事物常理他应达成的目的便是摧毁日本舰队，日本人为了战争用其所能搜集到的每艘装甲舰组成了这支舰队。东乡在战斗之前所发出的信号体现了这一目的，为何其对手却未能同样理解这一目的。抵达符拉迪沃斯托克只是实现这一目的的手段；这一目的当然是极为重 418
要的，因为假如能够实现，便会使俄国处于可能是最佳的条件之下进行作战。但这决不能取代战斗这一必要的目的。而且更不能延缓这一目的，这是必须立即予以考虑和进行准备的事情；因为，尽管有可能得以逃脱至符拉迪沃斯托克，但并无确实把握。在所有的条件之下，这甚至不一定能够实现。因此，当每项预想和愿望都旨在脱逃之时，假如有此可能，便应随之做出如下明确决定，一旦被迫必须进行战斗，就应胜任战斗不再想脱逃；而且舰队，应像一艘已经做好战斗轻装的军舰一样，从离开嵊泗列岛时起，便应除掉一切有碍舰队行动的累赘。一支舰队在进入战斗之时还用一只眼睛望着战斗以外的某些其他事情，则这支舰队便已处于半败状态。

假如罗日杰斯特文斯基对于这些事实应有的重要性和应占的比率有所认识，确信战斗乃是他的一个目的，以及确信至少存在一非常现实的可能性即他不可能将战斗推延到抵达符拉迪沃斯托克以后。依我看来，他定会进行如下的推论：我必须备有足以抵达符拉迪沃斯托克所需的足够煤量，这一煤量可按航行距离和军舰消耗合理算出；距离和消耗二者都是已知数。除这一数量之外，还要加上适当的安全限度。为了遇有可能便能脱逃这一目的，必须按这一总量进行装载；或许还要增加在战斗中足以维持的数量，以补战斗中烟囱被击破之后的消耗，这是可能发生的意外事故。再则，每艘军舰都有适合其运动需要的最佳吃水。敌人很可能或在比较狭窄的海域，或在其海军船厂附近进行待机。由于朝鲜海峡有一处位置兼有二者之长，所以，一旦非如此不可，我可能必须在该处
419 进行战斗。因此，舰队起航前所装载的煤量应尽可能算准，使其到达这一海峡时恰好消耗至能使军舰保持最佳战术吃水差。这样一来，驶低符拉迪沃斯托克所需的煤量便调整到符合战斗的要求。

其次是关于运输舰问题。当前，在决定命运的最后一段航程中，运输舰对于结局毫无影响可言。应按作战目的对这些运输舰进行调整，将它们从心目中和现场中除掉。如果战败，丧失这些运输舰对俄国来说其后果将是微不足道的；如果获胜，则可将它们从指定会合点召回，而且那时可以极其顺利地将它们护送至目的地。一位奥地利军官曾经主张，假如整个兵力集团同时起航，于夜里分散，补给舰在护航之下取道日本以东，便有可能逃脱而不被发现；或者，设若被发现，这一报告可能使东乡困惑不解，而不会使其有所领悟。对于这一主张，我不加评论，这倒不失为补给舰排除在考

虑之外的一种办法。

当时，紧迫的战机理所当然地必将而且确实已将日本的全部作战兵力吸引在朝鲜海峡，这是罗日杰斯特文斯基必须予以考虑的一个因素。据西蒙诺夫记载，补给轮船“捷列克”号和“库班”号曾被派往日本东海岸，特意吸引对方的注意，但并无所遇，它们的出现日本人并不知道。

我既不提出问题也不怀疑，**假如**俄国分舰队得以避开东乡，而且**假如**分开行驶的补给舰船遭到截击，这对战舰在符拉迪沃斯托克进行整修必将造成困难。我更不怀疑，在逃脱成功的情况下，甲板上装载的余煤对于未来的作战行动必将很有价值。那些令人分心的考虑，恰如威廉三世在爱尔兰的那些考虑一样，愈是真实，而且愈是重要，就愈是应当摆脱掉这种重要，亦即这种需要，使这些考虑服从于一件必要的事情，即尽最大可能为战斗之日做好准备。420
这也说明，在军事部署上采取折中，对某一事物处处让步，便会误入歧途；以致脚踏两只船，既要逃又要战。

罗日杰斯特文斯基的方针是折中，是逃与战的混合；他一开始便在战略上犯了大错，他不是将注意力集中于事件进程所清楚表明的一项必要事物之上，于是便不可避免地造成一系列巨大错误，这些错误可以综合称为战术上的巨大错误。所有这些巨大错误都是精神状态所造成的结果；超载装煤，从而增大发生火灾的危险，造成装甲带下沉，引起速度和战术性能下降，忽视侦察，随带运输舰同行——其中每一项都是战术上的错误——凡此种种都是由于没有遵守这样的考虑，即在这次战争中在战略上惟一的主要考虑应当是在最为有利的条件之下进行一次海战。这是旅顺口分舰队

错误的重演。当有可能迫不得已在非自己所愿的不利条件下交战之时,这种危急情况已清楚表明,条件已经发生变化;但有关原理却并未改变。在抵达符拉迪沃斯托克之后,原理当然会要求船厂在最短的可能时间内提供最充分的准备,使舰艇处于最适应于战斗的状态。而在嵊泗列岛,同样的适应却要求从有关符拉迪沃斯托克以及在那里进行补给的全部思想活动的影响之中解脱出来,因为这样的思想可能改变为可能发生的战斗所进行的准备。从罗日杰斯特文斯基的行动中可以推断出其考虑欠妥的思想的形成,看来极为可能是:由于他全神贯注于其所担心的对出航说来并非主要需要的补给问题,他欠当的思想就更加强烈和有增无已。其精神和**信念**已经扭曲,成了固定倾向,已经无法恢复。

421 让我们在这里引述一位怀有敌意的评论家朗弗雷对伟大战略家拿破仑于埃斯灵惨败和瓦格拉姆大捷之间这段时间里的指挥所做的赞语作为结束:

“舍末求本这一准则在拿破仑的军事思想中提供了如此众多的令人钦佩的实例,这一准则在每种艺术中都是正确的,而拿破仑却将其运用得更为活跃和更加得体。他最为担心的一些复杂情况”——让我插一句,这些就是威廉三世所遇到的困惑局面和罗日杰斯特文斯基所关心的补给问题——“对他来说,好像当时确实并未存在过。任何一项次要事件都休想将他引离为他自己原已确定的重大任务。”

简而言之,你们可以看到,在指挥上必须目的集中,而在行动上则须数量集中。

就总体而言,在这场日俄战争中,日本人的海军战略的特点是,判断准确,目的集中,指挥坚定,而其对手却令人吃惊地缺少这一切。我想只对比较显著的特征稍加评论,并以此试图着重指出日本人所处的错综复杂而又令人焦虑的环境,正是处于这种环境之中,他们却能牢牢坚持正确观念,不顾一切诱惑,毫不动摇。所以,尤须指出他们的困难,因为,在像他们所取得的这样一系列胜利之中,我们往往易于将一切归于几乎是超人所具有的非凡素质,以致在含糊不清的颂词之中却对有用而平凡的教诲视而不见。在过去五年来的许多评论之中,曾将其归功于日本军人远较其它国家军人杰出,甚至抹杀了原应属于他们的领导者的某些功绩。在这几次讲座中,我曾经近于开玩笑似地提起《圣经》中关于古时类 422
似印象的一些话:“如今埃及人也是人,而不是神;他们的马也是动物,而不是精灵。”

在最初的一些评论中,一位战争伊始便在现场的观察者所做的评论引起了我的注意,他说:“日本人由于必须保护其战列舰而担心到了极点。”这句话是在“初濑”号和“八岛”号触雷沉没前两个月的同一天所说。不难想像,日本人丧失这两艘军舰之后,定会深感忧虑,这一损失无法用同型军舰弥补,而购自意大利的两艘装甲巡洋舰只能起到部分替代作用。所幸当时日本已同英国结成同盟,致使日本领导者得以解除其对任何其他国家海军的顾虑而专心对付俄国。它不再担心任何欧洲国家会同其发生争执;而在美西战争中,展现在美国眼前的一些不祥事件可能酿成意外事件。

日本在开战之初,便已认识到俄国海军的总体物质实力远远超过日本。而要实现其目的,就须渡海进行入侵实施大规模攻势运动,这就有赖于控制海洋,不仅为了夺取首战胜利而且在战争中始终都须控制海洋。在这一攻势目的中，日本人始终未曾像俄国人那样偏爱要塞舰队论，从而未受任何偏见的阻挠。我完全找不到这一观念的任何痕迹。反之，日本似乎充分掌握了海军的目的就是控制海洋这一原理，并依此原理进行活动；由此便可直接推论出其目标则是敌方海军，即其有组织的海上兵力。这从两个方面可以看出他们对这一原理的理解。首先，他们听任俄国将其军舰
423 集结于远东，直到他们的整个海军一分为二为止。其次，他们在战役中的主要特点是对暴露在其面前的那一半敌方舰队实施攻击。我想指出，他们不仅对港外的敌舰实施成功的鱼雷攻击以挑起战端，而且还通过炮击、布雷、以沉船封闭水道等手段连续两个月不断地打击港内和港外的残存俄舰。所有这些努力都是遵循一个原理：摧毁或压制敌方舰队。

当俄国要塞的重炮有所改进时，同一原理或同样需要迫使日本人对其装甲舰更加爱护。他们逐渐增大其炮击射程，并更加注意选择死角。在这一具体行动中，注意自身的安全胜于毁伤港内的敌舰；因为控制海洋必须依靠这些装甲舰，而其总的海军兵力却又处于劣势，故炮击可能所得的并不能等同于不幸被击中时的可能所失的。冒险已成为得不偿失；然而，保护己方军舰和攻击敌方军舰都是出自一个原理，即控制海洋。有关海军炮击的作用，我驻旅顺口海军武官曾报告说，物质损毁微不足道，但日本人持续不断的攻势行动在早期对俄国舰队的士气便已产生明显而渐进的恶化影响，特别是对于高级军官尤其为甚。这一报告的内容必定来自其他来源，因为这位武官于5月8日才到任。最后则是由于陆上炮击才迫使俄国人撤出其船厂的机器设备，从而促使其做出于8

月10日将其舰队撤离的决定。

当所有这些手段——炮击、布雷和封锁水道——全都证明无 424
效之时,日本人还是以同样的目的观念,并观察兰克所说的“事物进程所产生的情况”来确定其下一步的行动。于是,便将主力舰队从旅顺口附近撤至远离鱼雷攻击的位置;撤至距离旅顺口六十海里的长山列岛。他们在那里精心设置了一系列的防护水栅,这水栅不仅掩护了通往该岛的水道,而且一直延伸至大陆,从而进一步保证了安全。借助这一手段既可防护运输舰船的锚地,又可掩护预定担负攻击要塞的陆军部队在半岛上的登陆地点。这一办法堪称为旅顺口前面的海军作战的防御基础;其目的在于促进对海洋的控制,就是说保护已方舰船和补给不受损害。长山列岛附近的这一人工防护水域已成为陆军和海军作战的前进基地,像在这种情况之下,如能实现便将陆、海军集中于一点进行作战,确实具有明显的优越性。在优越性方面,它堪同伊比利亚半岛战争期间威灵顿所控制的里斯本这一英国位置相比,当时该地既是陆军也是海军的军事基地。

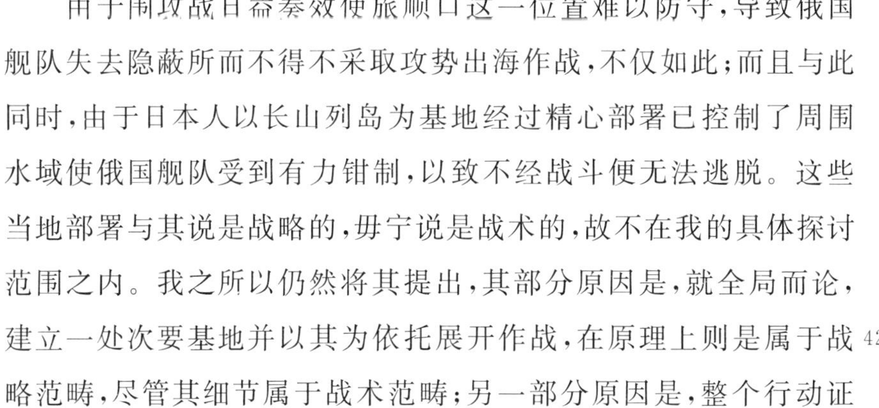

由于围攻战日益奏效使旅顺口这一位置难以防守,导致俄国舰队失去隐蔽所而不得不采取攻势出海作战,不仅如此;而且与此同时,由于日本人以长山列岛为基地经过精心部署已控制了周围水域使俄国舰队受到有力钳制,以致不经战斗便无法逃脱。这些当地部署与其说是战略的,毋宁说是战术的,故不在我的具体探讨范围之内。我之所以仍然将其提出,其部分原因是,就全局而论,
建立一处次要基地并以其为依托展开作战,在原理上则是属于战 425
略范畴,尽管其细节属于战术范畴;另一部分原因是,整个行动证

明，俄国人从未掌握统一的根本的战略观念，或者即使掌握但却从未运用；这一观念即是，唯一要做的事情便是使敌方舰队的运动瘫痪或将其摧毁。

一位日本军官，据我所知他是东乡的幕僚，将日本人对这次战役的部署概括为“栅栏”配置。第一道栅栏是围绕旅顺口入港处按同心圆布设的数列水雷，并由设在辽东半岛高地上的瞭望塔远远地对其进行日夜监视，当时辽东半岛已经渐次沦入日本陆军之手。紧靠这些水雷外层由鱼雷艇和驱逐舰组成第二道栅栏，并得到由二、三级巡洋舰组成的第三道栅栏的支援。第四道栅栏则是驻泊于长山列岛的主力舰队。这些接近中心的栅栏线相当于陆军的前哨，前卫，中卫，其共同任务就是防止攻击迅速发展成为突袭。其所布水雷毫无疑问在于使敌舰一旦触及便会沉没；但其主要战术价值却在于逼敌务必清扫水道，以此延缓敌人。当敌扫雷时，日本舰队接获侦察舰警报便可从容赶到，如 1904 年 6 月 23 日和 8 月 10 日两次紧急时刻便是如此。我建议将这些部署同 1800～1801 年英国封锁布勒斯特的那些部署予以对照，对战术进行比较研讨，定会收到双重教益，因为就海军时代而论，二者相隔甚远；就物质基础而言，帆船同蒸汽舰和鱼雷迥然不同。关于对布勒斯特的封锁，我在《海权对法国革命和帝国的影响》一书中已经做过分析。

426 预计旅顺口舰队的运动目的在于抵达符拉迪沃斯托克，故采取这些部署予以抵制。冬季已过，该港的巨大障碍，冰冻已不复存在；日本人深知一旦敌方舰队抵达该港，对他们必将成为更大的祸患。当然，这是出自于战略考虑：防止敌人取得有利位置。因而，8 月 10 日俄国舰队退回旅顺口这一结果，被日本人理所当然地视为

战略上的成就。于是一位能够领会其长官意图的日本军官曾向报界撰稿写道：

“假如俄国人于8月10日突围成功，其数艘战列舰和巡洋舰得以抵达未遭长期围困的符拉迪沃斯托克港，则日本海军和国家便会在第二作战阶段期间，即波罗的海舰队到来之后这一期间，在战略上处于极为困难的境地。”

上村的装甲巡洋舰从符拉迪沃斯托克港外转移到朝鲜海峡——或对马海峡，其部分原因便是为了达成这一目的。他们在该处一方面可对旅顺口分舰队更加直接地实施截击，假如其部分兵力得以逃脱；另一方面还可对战列舰分舰队进行增援，假如开始于旅顺口港外的战斗发展成为追击战。简言之，上村可以随时配合，并成为我所引述的那位军官所说的第五道栅栏。日本的这两支装甲舰分舰队尽管相互分离，但它们相对于旅顺口和符拉迪沃斯托克两地而言，却都居于内线位置；因而它们居于便于相互支援的地位，以对付任何一股敌人，或对付二者的联合。实际情况正是如此，8月10日俄国人突围时，上村确曾由对马驶至黄海南部——约达二百海里。在该处他确能最有把握地挡住脱逃中的俄
舰的去路；因为它们可能南下而不绕航朝鲜半岛。“俄国皇太子” 427
号驶往德国占据的胶州湾避难，当然确实并未进入该分舰队所及范围之内；该分舰队得知大部俄舰再次退回旅顺口之后，便又返回对马的原来位置，结果在该处同符拉迪沃斯托克的军舰相遇，并将装甲巡洋舰“留里克”号击毁。

这里还可以指出，除内线位置这一有利条件之外，在当时和在此之前，符拉迪沃斯托克一带正处浓雾季节，在该港附近区域对港

内分舰队的真正危险活动进行牵制，就位置而言殊不及对马海峡有利。这些军舰对日本人的主要危险就在于它们对于日本本土至长山列岛的交通线的危害。该线最为暴露之处就在对马所在的朝鲜海峡。符拉迪沃斯托克当地的浓雾，可使敌舰悄悄驶离而不被发现，从而引起极为严重的后果。我在前面已经提到，符拉迪沃斯托克的军舰曾于 7 月间就在上村的严密监视之下匆匆闯出，使重要攻城辎重遭到损失，从而延长了对旅顺口的围攻。

就刚才所讨论的问题而言，日本人所采取的方针虽然极为正确，但也不外是严格遵循众所公认的原理而已，除顽强地坚持正确原理之外，并无特殊功绩；然而，在错综复杂的危急时刻能够贯彻实行实属不易。举例说明，当战争伊始尚未取得战果之时，实施炮击以显示威力的愿望确实十分强烈。这不单是意在取悦公众——投其所好。而是由于渴望求战，有所作为，故不问其有何根据。由此可见必须掌握一定的原理，否则，只有当你所拥有的军舰遭到烧毁之时，才能认识到军舰对抗炮台确实难以胜任。日方曾想冒一
428 大险，后来部分有所收敛；但他们却一直谨慎从事，不久便停止冒险，但这却是在“朝日”号这艘军舰侥幸得以逃脱，从而证实所承担任务的危险。在这一方面他们并未显示出特殊的独创性，只是遵循公认的法规。在这次战争中，他们对于海军战略的最大贡献，就是以实际行动证明了**存在舰队**理论的夸大性。他们确实以实际行动证明了这一点，在这一方面一系列引人注目的持续胜利便可证明一切。诚然，由于俄国人在运用舰队上是如此无能，从而使这一证明有所局限。

存在舰队学派就其基本观念而言，实质上同绿水学派完全一

致，认为海军兵力本身所具有的重要作用和功能同其他因素无关，依我看来，这是夸大。例如，它忽视要塞或过于低估要塞对于国防和海战的作用。这一思想路线就其现代形式而言，来源于已故英国海军将领科洛姆。尽管他无法对其追随者的每项极端言论负责，但我认为这样的说法是公正的，即他过高地估计了一支强而有力但处于劣势的海军兵力对于阻止敌方渡海作战所起的应有威慑作用。例如，他在其所著《海战》一书中谈到存在舰队这一术语的杜撰者托林顿[1]于 1690 年所采取的方针时写道：

"一支存在舰队即使已经丧失作用(即已被击败)而处于劣势并被封闭在未设航标的沙洲的后面，但仍不失为一支监视力量，可使一支明显取得胜利的舰队无论是对海还是对岸都无力采取行动。这就是比奇角海战中值得主要予以注意的部分。"[2]

他在 1899 年该书第三版中，又一次将上述论点作为自己的明确主张并增写了下面一段话：

"在海战中，在进一步采取攻击敌方领土的行动之前，必须先将海上守方的军舰或分舰队清除干净。"

他的某些追随者认为，只要手中握有一支强而有力即使处于劣势的舰队，在适当的距离范围之内，便能制止敌方想要进行的渡海作战，直至这支舰队被摧毁为止。这一结论可能得到而且确已得到一些历史实例的证明，在这些史例中确曾产生过这样的作用。然而，指出某一方针曾经屡屡被人们所遵循，但这并不表明这一方

① 托林顿(Torrington)子爵，名乔治·宾(George Byng)，曾任英海军大臣(1727—1733 年)。——译者

② 见科洛姆:《海战》，1890 年版，第 122 页。

针就一定正确;恰如日本人在最近这次战争之中反传统做法而行之,虽然获得成功,但这并不能最后并在任何时候证明像他们那样行动都是对的。环境可以改变情况;但就总体而言,我认为存在舰队的教义与众不同,它认为任何环境都不能改变其主张的真理性。

日本人所遵循的方针同**存在舰队**学派所坚持的主张,不同之处,就总体而言,就在于日本人是对各种可能性进行合理的深谋熟虑之后,尽管就在近旁存在一支强而有力的敌对舰队,仍采取决定性的步骤,必定导致取得成果的步骤;他们并未试想不经冒险便可取胜,而只是遵循拿破仑的名言,就是抓住对他们最为有利的战机。假如他们终于失败,这一具体错误或其它错误便可能会归咎于他们;但就主要部分而言,他们的正确性并不少于胜利业已证实的正确性。假如日本人坚持只有摧毁旅顺口舰队之后才能输送自己的部队,则旅顺口舰队时至今日还会依然是一支存在舰队。它只要停在港内便可达到这一目的。简而言之,依照存在舰队论倡导者的说法,这样一支舰队仅以其自身的存在,只要它本身坚持死守在港内,便可影响敌人使其不敢行动,陷于瘫痪,而无法获得成功的机会。我则认为可以毫不夸大地说,假如日本人接受这一理
430 论,便会将登陆作战无限期地推延下去,而听命于敌人是否愿意进行海战。这一论证并不言过其实,在我曾经引证的一些评论中便可找到。可以公正地说,有些人赞成这一海军思想路线,但他们提出的结论却较有节制。例如,长期担任英帝国国防委员会秘书长的乔治·克拉克爵士曾经写道:“一支有效的舰队”假定是劣势舰队“对于海战尤其是对于渡海输送陆军部队来说,具有强大的威慑作用。”对于这一论述当然无可争议;而对于我们来说,值得关注的

问题则是指明这一极端论点的危险性，对于全部因素不加仔细考虑即将军事术语公式化的人便会陷入极端的危险。

自我读过科洛姆的《海战》以来，至今已经十五年有余。因此，我对它的记忆并不犹新；为了在此提供参考，我在笔记中找到了我当时写出的下面一段话："依我看来，科洛姆的主张过于武断，他认为仅仅依靠一支海军兵力——不需优势的兵力——甚至是相等的或较小的兵力造成威胁，便可迫使敌方放弃联合远征。"在为证明这一理论所列举的历史实例中，有人确曾由于这样一支存在舰队而放弃冒险，而我则认为，在一些实例中，假如采取不同的行动，其结果显然定会获得成功。将这一主张对我所形成的总的印象归纳起来，我认为它忽视了拿破仑的名言，"不敢冒险便无法进行战争。"这一名言同上面所引述的他的另一名言互相关联，即战争按照准确的表达，就是在于取得最为有利的时机。

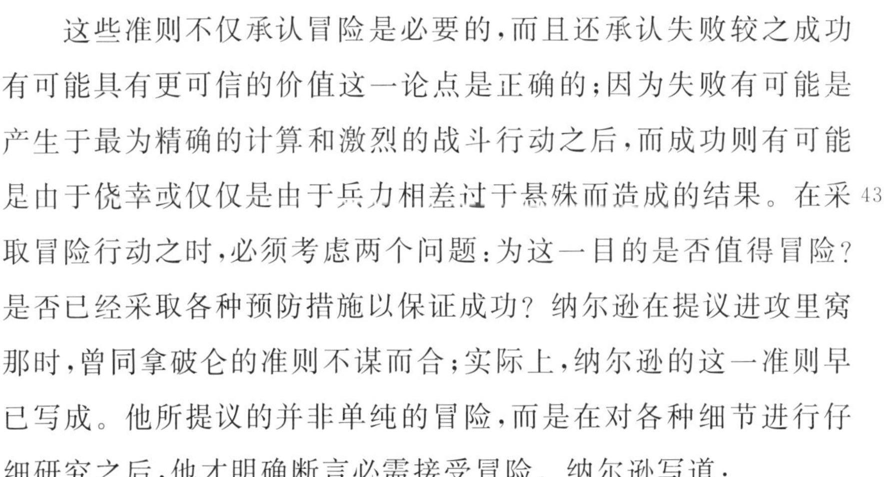

这些准则不仅承认冒险是必要的，而且还承认失败较之成功有可能具有更可信的价值这一论点是正确的；因为失败有可能是产生于最为精确的计算和激烈的战斗行动之后，而成功则有可能是由于侥幸或仅仅是由于兵力相差过于悬殊而造成的结果。在采 431
取冒险行动之时，必须考虑两个问题：为这一目的是否值得冒险？是否已经采取各种预防措施以保证成功？纳尔逊在提议进攻里窝那时，曾同拿破仑的准则不谋而合；实际上，纳尔逊的这一准则早已写成。他所提议的并非单纯的冒险，而是在对各种细节进行仔细研究之后，他才明确断言必需接受冒险。纳尔逊写道：

"有些事情必须等待时机。我们的唯一考虑则是，为了我们国家的荣誉和利益是否值得冒险？假如值得，就让我们以上帝的名义去干吧!”在另一场合他又写道:“当我在不论何处发现法国护航队时,只要有可能对其实施攻击,我的分舰队必将冒险或是将其俘获或是将其摧毁,而我的分舰队的建立就是为了在适当的时机用于冒险。”

第十五章　海岸设防同海军战略的关系

432

日俄战争对许多课题都深有教益，但我理解在现实问题方面莫过于最后到我们现在面前讨论的问题更有教益即海岸设防同海军兵力的关系；在这一问题上，我们并不探讨细节，虽然细节也有其价值，而是论述产生正确或错误国家政策的概括性的普遍原理。**绿水学派**是**存在舰队**学派的第二代正统继承者。这两个学派一脉相承，相继提出例证说明其原理由于发展必能结出应有的果实。二者对陆上作战同海军舰队的关系都特别关注。在这一关系中，同在所有军事估计中一样，稳妥的解决办法便是充分认识每一方在我们称之为协同的共同行动中所担负的职能，并以此为依据在二者之间达成精确的协调；从而使二者的行动合为一体。海岸设防，海岸要塞，处于两类截然不同的战争行动，即海战和陆战这两个观念之间的思想分界线上；因为海岸要塞乃是恰好位于大自然在海军和陆军各自活动领域之间所画的天然分界线上的强有力的据点。因此，在这一争议场所产生争议并不足奇。

当战争发生于两个被海洋隔离的国家之间，显然，入侵别国所占领地的国家必采取攻势，而进攻的工具则是遂行入侵时的武器，433
这就是陆军。海军则负责维护和确保陆军交通的安全。即使海军

可能单独入侵，但却难以使其成为入侵兵力。即使它可能单独发动攻势，但却无法使其成为攻势武装。即使它本身的活动方式具有攻势性质，但却未必能使其在协同作战中构成攻势因素。在联合行动中它采取攻势。在遂行守势任务中，遇有摧毁敌舰的机会，它便不断采取攻势行动，这样并不改变它作战的基本性质。在它的炮火所及范围之处，它以攻势行动进行防御；但它确是在进行防御。这就是日本海军在最近这次战争中所担负的职能。

再者，假如发生入侵，则被入侵国家的海岸要塞同战争的关系如何？海岸要塞应担负何种职能？初略看来，显然应采取守势；但对此问题的这一看法是否正确？这一明显看法是否确切可靠？恰好相反，海军的作战方式是攻势的，而其职能却是守势的，而海岸要塞的作战方式则是守势的，其职能却是攻势的。海岸要塞非但不能保卫国家，而且其本身并不能抗阻入侵，除非只有要塞，而无海岸线；但这种情况绝不可能存在。登陆总是能在要塞所及范围以外实施。旅顺口本身对于围攻部队远在六十英里以外登陆并未产生丝毫影响。在这段作战期间，旅顺口对其自身都无法保卫，更谈不上保卫国家了。

要塞，无论是海岸要塞还是内陆要塞，都是只靠保持在其壁垒后面的攻势力量进行防御。海岸要塞主要是以其所隐蔽的舰队来保卫其所属于的国家。要塞的工事和守卫这些工事的部队则为舰
434 队提供补给，保证修理并于危急之时为其提供隐蔽场所，以此来支持舰队的活动。情况确是如此，非常清楚，被入侵国家的海岸要塞实际上就是攻势工具，尽管该国本身单就被入侵这一事实而言是在进行守势作战。要塞的具体特性只是细节问题；其基本职能是

采取攻势，因为它只能通过促成进攻以达成防御。这正是要塞同陆上边境的关系。其对国家的防卫职能不能延伸至其火炮射程范围以外；确实如此，通常不能达到如此之远。这是因为它能隐蔽守备部队，如这支部队足够强大，便可对该要塞所抗御的入侵陆军的交通线采取危害活动。守备部队如位于敌方交通线的翼侧，便可以威胁敌人的生存，并通过阻止敌人向前推进从而实现防卫。所以，发挥作用的正是要塞的攻势力量；而并非其守势力量。

在陆战中，极为明显，要塞必须依靠自然或人工力量确保各方都能安全。设防便是依靠人工力量以补天然防护之不足，在暴露的海岸边境上，情况也同样如此，但并不如此明显。我们已经习惯于将海岸设防完全视为对抗舰队的守势措施，而我却一直主张要塞乃是攻势工具，这一正确观念大部已被忽视。其结果便可能像日军于旅顺口地区登陆那样，由一支陆军于一定距离之外登陆，从而剥夺我们的舰队对这一或那一重要海军基地的使用；我只怕夺取美国海军基地还更为容易些，因为我怀疑我们的任何一处海军基地在陆地一侧的防卫会像旅顺口那样强固。

假如结局确实如此，依我看来，倒不失为一个足以说明一项错误原理具有潜移默化作用的有趣例证。有人开始认为：海岸要塞 435
只是用于防御。继而认为：海军担负防御较之任何要塞可能都好。最后则得出结论：经费用于要塞实属浪费，而应用于舰队。简言之，这就是绿水学派的三段论法。前提设定之后，结论便随之而来；但其前提却是错误的。就战略而言，海岸要塞并非为了防御，而是为了进攻，其所隐蔽和供养的那支兵力乃是抗击入侵者的攻势武装；这便是海军。由此可见，海岸要塞必须在海陆两个方面同

时发展，以防敌人以突然袭击（Coup de main）或持久围攻将其攻陷，就像旅顺口那样。综观上述全部情况，圣地亚哥可以说是由于突然袭击而被攻陷，而旅顺口则是由于围攻而被攻陷。在这两种情况之下，都是舰队被夺去了基地。这是其结局的基本特点；在这两种情况之下，舰队也随之同时被毁，尽管这极为令人满意，但这也只不过是附带发生的事件而已。假如舰队得以逃脱至另一处要塞，逃至哈瓦那或符拉迪沃斯托克，则其所逃离的港口的得和失，对于交战双方来说便都无关紧要，因为该地的攻势力量已经逃离，并将于别处投入使用。

在海边一侧进行防御，抗击海军直接攻击，比较容易；因为在那一边无法设置围攻工事，只有军舰可以用为攻击手段，但以军舰攻击炮台，通常均认为不利。有人对此表示异议；然而，日本人可谓大胆，但也并未长时间将其军舰暴露于俄国炮台之下。在炮击期间，他们曾将射程增大以保安全；尽管如此，其一艘军舰“朝日”号险遭不测，侥幸得以逃脱。因此，是在海岸要塞的陆地一边最需要确保安全，因为这里的自然条件并不能尽合要塞的要求。

436 这些原理都是一般原理，当然必须予以变动，加以协调，才能适应每种情况的要求。即使像英国过去所拥有的那样一支最为强大的海军，也还须有海岸要塞；因为一个拥有广阔领土国家的海军，过去从未做到，今后也无法做到单靠其自身便能处处阻止入侵。正如桑威奇致函罗德尼所说，海军并不能控制所有地方。过去，英国海军曾经确保了不列颠诸岛的安全；但在其它海域，它却需要拥有直布罗陀和其它类似的位置。各个不同位置的设防要求也各不相同，须视可能敌人使用何种手段方能抵达这一位置而定。

甚至就以不列颠诸岛本身而论，不论今昔，即使陆地一侧不加设防，要想入侵成功，毋庸置疑，也必须以夺取和摧毁其船坞做为首要目的。我们大家全都熟悉直布罗陀的经历。它正是依靠天然的和人工的防御力量才得以屹立无恙，这是人所共知的；还可以1798年的马耳他和埃及为例。它们并非英国的属地；但却是英国的巨大权益所在。假如亚历山大港是英国的要塞并配有适当的守备部队，则拿破仑在埃及的作战行动所遭遇的抗击，定会较之后来对该港的封锁更为严厉，拿破仑则势必需要将其攻克，就像他后来曾经必须攻克阿克一样，阿克未能攻克；这一失败迫使拿破仑放弃了对叙利亚的冒险计划。马耳他假如适当设防，也定会较长时间阻住拿破仑。英国人曾用两年时间经过围攻和封锁才将其重新夺回，这一事实便是明证；而且纳尔逊迫切渴望完成这一任务，由此又可充分证明这一任务是何等必要。

在决定对一处作为海军基地的海岸要塞加强力量时，除却由于距离和周围环境对敌人攻克该处要塞可能造成的困难之外，一项重要的考虑便是在一段具体海岸上可供使用港口的数量。现以 437
我们的太平洋海岸为例。适于舰队驻泊的商港的数量，同大西洋海岸相比是有限的。因此，失去一处最好的港口便是一场较大的灾难。假定将我们的战斗舰队集中于这一或另一大洋，显而易见，假如集中于大西洋，而战争需要将舰队转移至太平洋，如在舰队到达之前失去一处海军场站，则形势较之在相反情况之下会更为严重；因为在太平洋可以替代的港口为数很少。

虽则这种灾难在任一事件中对舰队来说都是极为严重的，但看来敌人却极少有可能在大西洋和墨西哥湾一举攻占所有的可用位置，致使美国舰队到达之时却无处可投，并无法补充作为战斗基础的必需补给。敌人本身也须集中。因此，其战斗舰队在长达两千英里的海岸线上只能在一个地方；而且还无法像东乡那样选定其位置，东乡确知其敌人只有符拉迪沃斯托克这一处港口可去，而将其舰队安置于马山浦。

假如俄国人仍然拥有两处港口，旅顺口和符拉迪沃斯托克，则东乡所面临的问题便会更加困难；然而，即便如此，他也会大大得助于朝鲜半岛的突出部，它同佛罗里达半岛极其相似。就态势而言，基韦斯特相当于马山浦，二者惊人地相似；但两个海峡的宽窄却大不相同，故罗日杰斯特文斯基成功的可能性要小于驶往美国东海岸的美国舰队司令。驶往东海岸的舰队假如企图在这里规避对方，则会比较容易；而对方进行截击则比较困难。此外，马山浦

438 实际上是日本的属地；与其类同的基韦斯特，我们希望——尽管这一希望可能过于乐观——将会得到充分设防以抵御军舰的攻击。万一我们的首要军港纽约落入敌人之手，对于驶往该处海岸的美国舰队来说，还有波士顿、诺福克、关塔那摩和基韦斯特可供使用。

从上述条件中可以做出推论，在我们的大西洋和太平洋两岸迫切需要建立最为安全型的海军要塞；尤其是在太平洋海岸，因为它在构成海权的诸要素方面比较薄弱。在任何有关太平洋海岸防御的规划中，夏威夷群岛自然应当予以重点考虑。我认为我们的“存在舰队”——我指的并非习惯上所说的那样一支劣势舰队，而是一支除英国之外，至少同任何现代国家的舰队在固有效能和数量上相等的舰队——需要设防港口，以保证其作战；这些港口在陆上一侧应当充分设防，并配有守备部队，其数量、效能以及其所储

资源，至少在舰队从一处海岸转移至另处海岸这段时间之内，能够顶住一次围攻。在这样的情况之下，舰队可以满怀信心地活动，因为它确有把握可以得到为进行有力攻势行动所需的各项支援；这一使人深信无疑的尽人皆知的事实，将成为国际上考虑媾和的一个因素，这一因素所具有的分量，较之一支舰队到达一段遭受威胁的海岸之时，却像罗日杰斯特文斯基所遭遇的那样发现其主要海军场站已落入敌人手中所具有的分量，具有双倍的价值。经验证明，在战场上不适于同正规军交锋的部队，往往可以固守设防的战线；杰克逊于新奥尔良，固守邦克山，便是美国人可以立即忆起的
实例。我们无法期望将我们的普通居民组成一支很快便能适于在 439
战场上同陆军强国的野战军交锋的陆军部队；但却可能为海军港口组成防御体系，使其成为旅顺口式的要塞，由民兵对其加以固守；假如居民心甘情愿，便可以保乡卫国为号召，对他们施以比较简短的训练，使他们能够对正规的守备部队进行有效的支援。

总而言之，在日俄战争整个过程中，发人深省的莫过于旅顺口所起的作用。它之所以如此发人深省，正是因为它澄清了先是“存在舰队”学派继而是“绿水”学派这一特殊思潮所一直争执的令人疑虑的问题。我个人在这一问题上从未有过怀疑，因而，我并未获得特殊的教益。我的主张毫未改变，而是更加坚定。由于各种条件仍同战争伊始一样，故整个结局要看海岸要塞；要看这一方或另一方掌握要塞。假如俄国舰队最初便集中于符拉迪沃斯托克，这一问题在原理上不会有所改变，只是在运用方式上会有所不同。每处港口都有其有利的方面；但只要拥有有效的破冰船，则符拉迪沃斯托克便会更加有利。我认为从陆上包围符拉迪沃斯托克会更

为困难，其作战规模定会更大，时间拖得必将更长，尽管我对此无法断言，因为它已超出我的研究领域。看来困难会更多。

然而，从海上作战来看，这一问题极为清楚，假如俄国的整个远东装甲舰队当时集中于符拉迪沃斯托克，这是可能做到的，则其定会像在旅顺口那样被围困于该港；而且，假如该港能够坚守到罗日杰斯特文斯基到达（鉴于只是俄国最近才攫取到手的旅顺口尚
440 且坚持如此之久，符拉迪沃斯托克就更有可能做到），则罗日杰斯特文斯基到达之时，便有两处港口可供选择，而不是只有一处。只有马山浦这样的位置，才能使东乡有效地阻拦两支俄国分舰队。就这一设想的可能性而言，东乡完全可能不是默许罗日杰斯特文斯基进入旅顺口进行清理和修整舰艇再行作战；便是为了要阻拦罗日杰斯特文斯基进入旅顺口，就得放弃其对符拉迪沃斯托克的监视，这样一来，港内舰队便可驶出，两支俄国兵力集团便有可能会合成一体。假如会合得以实现，则俄国舰队不仅在数量上拥有巨大优势，而且由于联合得以成功及由此而造成的明显优势所产生的精神作用，必将增大取胜的机会。假如由于日本海军坚持监视这一或另一港口而使会合受挫，则日本海军至少必须不停地相继同两支敌军作战，而每支敌军在物质力量上均同其相等；即使不能全然相等，也是接近相等。对一支较弱的舰队来说，这种相继同两支敌军交战，较之两支敌军会合之后再同其交战，可以提供较好的获胜机会。然而，形势依然严重；而且日本人无法获得供其进行全面重新整修的宝贵时机，即无法获得从旅顺口陷落到罗日杰斯特文斯基到达这样长的间歇时间。

如再进一步假设，假定俄国远东舰队位于符拉迪沃斯托克，在

这种情况下，日本人便须同时攻克符拉迪沃斯托克和旅顺口，否则，波罗的海舰队到来之时便有两处港口可自由出入，而且俄国的东方海军分舰队依然存在，从而便会对日本人构成难以应付的局面。俄国人从最初开始便有可能构成这种使日本人进退维谷的局面，这就很可能形成对符拉迪沃斯托克的最为激烈的争夺。俄国舰队位于符拉迪沃斯托克便可威胁到日本分散的各要害据点，而迫使日本趋向于分散其兵力。波罗的海分舰队不在现场，这就为日本人提供了一个时机，日本人便巧妙地抓住了这一时机。由于俄国人将旅顺口和其舰队这两个目标结合在一起，而这两个目标 441
又紧紧靠近于日本人预期入侵朝鲜和满洲的起点，这就进一步有利于日本人。暂时居于劣势而采取守势的俄国人，不是诱使其敌人分散自己的兵力，而是以其自身的部署迫使敌人将其兵力集中于对其自身危害最大之点。这样一来，俄国人便将其自身限制于一个区域中，在这区域内日本人定能发挥全力，而完全不必顾及符拉迪沃斯托克，符拉迪沃斯托克已被俄国自身将其排除在外，故在战斗之中毫未发挥支援作用。俄国人之所以如此行动，可以完全肯定，是由于他们希望保住旅顺口，以及出自于错误的要塞舰队论；他们不是使要塞从属于舰队，而是使舰队从属于要塞。从目击者对旅顺口舰队行动的评论之中可以看出，除广泛布设固定水雷以外，旅顺口舰队从来没有过利用海上有利战机的部署；即利用可以毁伤日本舰船的战机。他们从未采取过使用舰队的部署，而是使舰队束缚于要塞。

按照正常观念来看，略居劣势但在后来的 8 月 10 日已经证实并非居于决定性劣势的俄国舰队，假如位于符拉迪沃斯托克，便可

威胁日本的交通线，从而迫使日本人像对待旅顺口那样对符拉迪沃斯托克进行围攻和封锁。根据日本人当时的真实行动来看，我们有理由相信，俄国舰队，不论是位于符拉迪沃斯托克还是位于旅顺口，不仅不会，依我看来，也不应将日本人吓住使其将部队的运输中断一天。当日本人已经下定决心进行战争之时，他们明若观火地看得清楚，在波罗的海舰队起航之前这段时间，为他们提供了夺取决定性胜利的机会；他们定能获胜，尽管较弱，但有良好的战
442 机。日本人最初也曾预计旅顺口的陷落会比实际时间要早得多，并同时将其舰队俘获，这支舰队实际上对于日本人确实具有真正的决定性作用。获得这一胜利之后，日本人便可满怀胜利的期望继续战斗。当罗日杰斯特文斯基的舰队已被发现之时，尽管旅顺口的陷落和俄国海军半数的被歼都已成为既定事实，但从东乡对其舰队所发出的信号来看，便可进一步证实，他对这支舰队时刻记在心中。众所周知，当时日本政府对波罗的海舰队极为担心，甚至满怀焦虑，而且该舰队的到达时间长期延缓，从而使日本人得以重新整修其舰船，在这段时间之内一直如此。

假如俄国舰队曾经位于符拉迪沃斯托克，则同样的战略推理也可用于日本。这就必然迫使日本人对该港进行围攻和封锁。假如由于我前面所提到的理由，日本人同时也对旅顺口进行围攻和封锁，则这两项作战行动就会从进军满洲的陆军部队中占去十五万人；除此之外，同时围攻两处港口必将使军费无限增加，而使日本逐渐耗尽财源，毫无疑问，这必将成为导致日本求和的主要因素。接近东乡的一个日本军官事后曾就 8 月 10 日的试图未成的脱逃写成材料予以公布：“假如旅顺口分舰队大部分得以抵达符拉迪沃斯托

克，则日本人在其后的战争中必将困难重重，来自波罗的海分舰队的危险必将大大增加。”由此看来，毫无怀疑理由，假如旅顺口分舰队开始便位于符拉迪沃斯托克，亦必随之产生同样的结局。

俄国对强大的旅顺口分舰队的滥用，更加富有启发性，并以其自身实例说明这一悲惨的结局产生于**存在舰队**论这一错误的原 443
理，因为最初开始俄国人曾制定了总体战役计划并付诸实施；对于暂时较弱、最后则较强的俄国来说，这一计划是正确的。驻泊于牛庄的一艘美舰的情报官于开战伊始曾经报告，那里的俄国军官之间的谈论中谈到，他们不能守住旅顺口所在的辽东半岛，也不能守住南部满洲；他们应当保卫旅顺口，准备遭受围攻，而其野战军则在能够防御的位置上进行抵抗，实行边战边退，逐步退至辽阳和沈阳，直至哈尔滨。退至哈尔滨后，他们便可稳住阵脚，利用退却期间集聚在该地的部队和物资进行增援，当其继续坚守该地时，还可根据需要进一步予以加强。之后，当一切准备就绪之时，他们便以足以压倒一切反抗力量的兵力转入攻势。这样便轮到哈尔滨以其自身为实例来说明要塞的功用。

这种谈论来自两个来源之一；也可能来自两个来源。或是由于高级人士泄密，或是作为正确方针，这确是一条正确方针，予以明文规定对军官进行教育。库罗帕特金所面临的形势与 1797 年查理大公于法军面前退却的形势完全相同；1797 年正是查理大公于多瑙河流域获得大捷的翌年，前已予以充分引证。关于 1797 年的形势，拿破仑曾致函其政府写道：

“假如敌人做出要等待我军的蠢事，则我定将予以痛击；但若他们继续退却，同其来自莱茵河的部分部队会合而形成压倒我军之势，那时我军退却便会困难重重，而且意大利陆军的失败便可能会给共和国带来失败。”

444 库罗帕特金的计划基本上是正确的，而且当日本表明愿意谈判之时，其退却尚未超越沈阳。

在俄国人的计划中，旅顺口具有重要作用。它诱使日本人自始至终从其先遣主力中分出一支数量超过十万人的部队。[①] 他们被迫采取此策，并非由于1895年俄、法、德三国对日本的错误干涉，迫其归还辽东而造成的民族积怨——尽管可以将此包含在内——而是由于必须在波罗的海舰队到来之前将港内的俄国海军分舰队击毁。正如我们所见，他们所赢得的喘息时间尽管充分，但并不太富裕；而且我们还知道，要塞司令官由于过早投降而被判处死刑。因此，俄国固守旅顺口并非由于国家荣誉或军事犹豫而采取的折中。而是根据俄国条件的特点从战争全局出发所进行的正确协调；它从属于主体计划，并有助于其获得成功。俄国的陆军主力由于派出守备部队而被削弱；但为了战胜守备部队，日本却不得不抽出数量相当于守备部队两倍乃至三倍的部队而削弱其兵力。

这一卓越的部署还有助于延缓时间，这正是俄国人的首要目的。旅顺口在此所起的作用，在性质上与1800年马伦戈战役中热那亚港的效用完全相同，而在程度上也大体相近。对热那亚的围攻拖住了奥军将领梅拉斯，而拿破仑此时却越过了圣伯纳德，并将

① 大英帝国总参谋长W.尼科尔森爵士在其为W.里奇蒙·史密斯所著《旅顺口的围攻与陷落》一书所写的序言中，估计日本用于夺取旅顺口的兵力总计不下十五万人（参见《美国历史评论》1911年4月号第521页）。日军在围攻战中的损失估计为五万九千人（参见《皇家炮兵》杂志1905年10月号第322页）。

其部队集结于伦巴第而切断了奥军的交通线；恰如罗日杰斯特文 445
斯基到达之时一样，假如旅顺口及其舰队仍然屹立无恙，则便能威胁日本人的交通。热那亚使拿破仑获得了所需的延缓时间；其守备部队虽已绝粮挨饿但仍未放弃抵抗。似乎没有充分理由可以怀疑，如果旅顺口顽强抵抗，也会取得同样结果；只是俄国将领斯托塞尔无法同法国将领马塞纳相比。在 8 月 10 日突围之前，我自己全凭公开发表的资料作为写作依据，当时曾有机会注意到日本海军极欲迅速攻克旅顺口的迫切心情，以及对该港和尚在远方的波罗的海舰队同时并存所造成的潜在危险的担心。日本海军省高呼"迅速攻克！"，而俄国海岸要塞则答以"延缓固守的时间！"。

因此，在俄国计划中的两部兵力应当做到真正联合，在联合中兵力虽为两部，但行动却应一致，双方应当密切配合，各尽其职；但要塞司令官却不称职，而要塞的舰队不管如何对其进行鼓励依然无所作为。时间虽已得到延缓，机会已经提供；但如果得到的延缓时间不够充足，则毫无用处，如果提供的机会不予抓住，也就毫无价值。假如你最终必须出战，则延长不幸的时间便毫无意义。然而，尽管旅顺口的抵抗所得到的延缓时间并未使俄国取得最后的胜利，但在和平谈判中却对日本讨价还价的权力产生了极为不利的影响；这种权力必须以军队的进展程度和总的有利形势为基础。

从日俄战争中还可引出一个结论，这一结论同以前的总体观念有所矛盾，这一观念我自己也曾有过，而且在某种程度上还曾经
传播过。这一观念便是海军依赖于海上贸易而存在，这是海军存 446
在的起源和正当理由。在一定程度上，当然，这是正确的；而且，正是由于它在一定程度上正确，故其结论也就更加误人。由于部分

正确，它便被当成绝对真理而接受。俄国的海上贸易很少，至少很少依靠本国货轮；其商船旗帜极为罕见；其所拥有的海岸具有极大缺陷；无论如何也不能称为海洋国家。但在最近这次战争中，俄国海军却成为主角；这次战争未能获胜，不是由于海军不够强大，而是由于对海军运用不当。或许还由于先天不足——素质太差；部队低能，将领也低能。其悲惨结局并不能否定这样一个真理，即尽管俄国很少海上航运，却依然绝对需要一支海军。

这里，我对于确定贸易同海军的关系并未怀有特殊的兴趣。看来确有道理，凡是贸易航运存在的地方，逻辑上便必然促进称之为海军的这种保护方式的发展；但就具体实例而言，却又极其明显，在没有航运的地方可能也需要一支海军。今日的俄国和美国便是这方面的实例。不管各国海军的历史起源的实际情况如何，人们日益清楚，海军的职能具有独特的军事性质和国际性质。就以美国海军为例，其兴起纯属出于贸易考虑。但对外权益并非仅限于贸易权益。这些权益可能既是政治性的又是贸易性的；可能是由于贸易而成为政治性的，例如对中国的“门户开放”权利；可能是由于军事而成为政治性的，主要是涉及国家防务，如巴拿马运河和夏威夷；可能是由于民族偏见和同情、种族同情，诸如存在于欧洲的此类情况，或由于门罗主义这样的传统而成为政治性的。门
447 罗主义在开始之时，部分是商业权益的一种表现，旨在防止西班牙重新恢复其在殖民制度中的垄断；它部分地是军事性的，旨在抵制欧洲的侵略和危险的接近；部分地是政治性的，同情为争取自由而斗争的社会。

以海上贸易权益和航运作为广阔基础，毫无疑问必将从物资

和人员的储备和补充上有助于提高海军的效能。在代议制的政府中，没有广泛深入的民众权益为后盾，例如贸易航运为我们提供的后盾，军事权益便不免会遭受损害。

在和平时期作战时准备，对于重商主义的代议制国家来说，是行不通的，因为民众通常对于军事需要或国际问题不会予以充分注意，不易感到必须做好准备的紧迫性。海军军官所能做到的便是使自己深切领会，贸易航运不外是国家的多种对外关系中的一种，并使这一领会成为自己思想的一部分。我们面临的对外问题有：门罗主义，巴拿马运河，夏威夷群岛，中国市场，我还可以加上太平洋海岸的暴露，及其人口稀少，资源尚未充分开发和对待亚洲人的某种狂暴态度。美国没有侵略意图，而只求维持其公开宣布的政策，其民众随时准备为此而战，尽管不愿进行准备，但仍需拥有一支既有数量又有效能的海军，即使不再有一艘商船悬挂美国旗帜。假如我们能够清楚地掌握和领会这些真理，而且深信不疑，我们便能影响那些左右立法的人们。对于一切事件都坚持这样做，绝不会有害。

译 后 记

马汉的《海军战略》于20世纪初期问世。在第一次世界大战后，各个海军国家竞相传译而风行。由于作者在这部书中根据对军事发展史上许多事实的归纳，提出这样的观点：在国际战争中，凡是掌握制海权的一方，必将是最后胜利之获得者。这个理论，不独由英国海军发展史提供了许多例证，而且第一次世界大战的结局，更是明显的例证。

据我所知，这本风行许多国家、被译成多种文字的《海军战略》，在我们的国家里，却由于历史的原因而未能得到应有的重视和研究。这种情况，反映了我国海权思想长期未能提高到应有高度的状况。

（一）

马汉的《海军战略》第一章绪论的中译文，刊登于1941年后出版的、由我主编的《海军建设月刊》第二卷某期。（译者王师复，系原海军编译处成员，《海军建设月刊》编委之一。）其后，因原译者脱离海军而他就，所以《海军战略》的翻译就中断了。1939年，国民政府撤退重庆以后，在军事论坛上有人提出了“海军无用”论的观点。随后，太平洋战争爆发不久，《海军建设月刊》奉命停刊。在这期间，我仍然留心观察太平洋战局的进展，并不时以我所理解的马汉海军战略原理来对其某一战役形势试作论述。这些文章，先后在重庆《大公报》的专栏上发表。这样一来，广大读者的兴趣被引发起来，而在军事论坛上也造成刮目相看的势头。一系列的专论见报之后，据我观察，曾逐渐收到两个方面的效果：(1)“海军无用论”不那么吃香了；(2)海军战略理论权威艾·塞·马汉的名字，逐渐在读者心目中留下印象。于是我便向海军水雷制造所所长曾国晟建议：由我将《海军战略》一书全文译出，再由海军印刷厂印行。曾国晟毫不犹豫地采纳了这一建议。

第一版的《海军战略》中文译本于1945年春季出版。据说邓兆祥上校奉命赴英接舰时，在出发前他自己掏腰包一次购买50本《海军战略》以分赠同袍。这一消息，曾给我以巨大鼓舞。

马汉的《海军战略》中文译本第一版出版经过，略如上述。下面让我谈谈我第二次重译此书的动机。

(二)

80年代初期，我获悉有人从世界各国古今文献中推荐世界巨著，并将16本巨著评价为：具有改变人类历史进程的巨大影响。其中既有达尔文的《进化论》，也有马克思的《资本论》。可见立论者的态度是比较客观的。这一套巨著的次序是按时间先后排列的。其第12本就是艾·塞·马汉的《海军战略》。此时，我想除《海军战略》一书外，其他各巨著，对国内文化界、学术界和新闻界人士说来，是不会感到陌生的，难道马汉的《海军战略》一书，也能相提并论么？果然，不久，上海《文汇报》刊载一篇文章，证明我的上述看法不是没有原因的。文章作者的着眼点在于指出有哪几本书在中国已经有了译本以及译者和出版家等等。有关《海军战略》一书的译本，文中却一字不曾提起。对于《海军战略》译本之被冷落，我一点也不感到诧异。这正好说明该书当年发行面太窄，不曾引起人们的注意。但我未因此感到泄气。我想，假如我向海军司令部提议，由我将此书重译出版，岂不是很有意义吗？海军司令部对于我的提议立即积极反映，并恰有商务印书馆约稿之洽谈；随后又将马汉《海军战略》原著的复印本邮寄给我，以便开始工作。

以上便是马汉《海军战略》一书重行翻译之来龙去脉。但是为什么不把第一次译本作为第二版印行，而要从头翻译呢？这是因为我希望一切从头做起，以期使旧译本中欠妥之处，得到改正，并希望译文质量尽可能地有所提高。为了实现这一愿望，第二次译稿几乎经历了十年的周折。由于我远在榕城家乡，无法就近效力，对于我的译稿之定稿及审校工作，乃由海军司令部百科编审室的杨志本同志予以安排，又委托田常吉同志对译稿从头至尾进行加工。对此我表示衷心谢意。

（三）

我初译马汉《海军战略》，到现在已经是半个世纪了。我重译此书，从脱稿至今，10个年头又匆匆流逝。很难设想，在我耄耋之年，竟还有机会为此书的出版来写《译后记》，真不简单呀！于是我自问：这部书的重译本直到20世纪90年代方才问世，是不是太迟了呢？我的回答是：不。一点也不迟！而且我以为还算及时。为什么？因为10年前虽然四个现代化的口号提出来了，但毕竟只是指明方向的远大目标；经过10年来改革开放政策之实施与收效，“八五”计划和十年规划以及小康时代相继进入实践阶段，四个现代化中的国防现代化也要进入同步发展的阶段，这部《海军战略》的译本恰于此时出版，不正符合“有的放矢”的涵义么？因此我以为此书在此时出版是十分及时的。我自己，作为曾经为此书两次翻译效过微力的一分子，在我为新译本写这篇《译后记》时，衷心地感到快慰。

蔡　鸿　幹

1991年5月于福州

索　引

Aden，亚丁，被英国占领 68。

Adige，阿迪杰，在 1796 年拿破仑战役中 187，251。

Adjustment and Compromise，协调和折中，解释二者的区别，386—391；用罗日杰斯特文斯基运动说明二者的区别 405—407。

Advanced Front，前进正面，设置理由 250，251；1793—1815 年战争中的最好实例 251；舰队在海上保持前进正面 251；因在附近取得设防地区而增强前进正面的优势 251；因设防地区增强前进正面的例子 251—253；在加勒比海和墨西哥湾使用的原则 253，254，274；从前进正面到攻击目标的距离是个困难因素 263；前进正面由前方补给站进行补给 264；当舰队没有强大到足以把敌人赶出战场时 274—276。参见前进位置，基地，航线、港口战略线，战略点。

Advanced Position，前进位置，和平时期 127，128；例证 128—130；设置理由 129；不列颠诸岛就是前进位置 129，130；前进位置连贯于陆地而得以延伸 131。参见前进正面。

Africa，非洲，于北非的政治形势起因 305。

Algiers，阿尔及尔，一个重要基地 87。

Alliances，联盟，他们的弱点是由于居劣势的集中兵力 43。

Alsace，阿尔萨斯，被法国占领 63。

American Independence，美国独立战争 188，189，261，262。

Anegada Passage，阿内加达海峡 341，348，352，364。

Antigua，安提瓜 357，358，364。

Arcola，battle of，阿尔科拉之战 252。

Armaments，军备，虽然未流血，但军备本身仍有决定性影响 76，78，79，95。

Armoked Cruisers，装甲巡洋舰 390，391。

Army，陆军，在海岸防御中的作用 141，143。

Arsenals，兵工厂，至少应有二处兵工厂 169；兵工厂规定的位置在很大程度上表明基地线的长度 207。参见海军船厂。

Art，艺术，和科学，二者的区别 299。

Art of Naval War，海战的艺术，可能性 114，115；海战原则寥寥 119。

Artificial Channels，人工水道 323，324。

Asiatic Immigration，亚洲移民，与门户开放和门罗主义的联系 197；向太平洋沿岸的移民将意味着亚洲人的占领 197。

Assembling a force，集结兵力的能力，攻击力量依赖于集结兵力 153—155。

Athenians，雅典人，在叙拉古战败 222—239；雅典人的战术体系 227。

Atlantic，Coast，大西洋海岸，美国大西洋海岸与太平洋海岸可供使用的港口之比较 437;大西洋海岸应设置要塞 438。

Attack,攻击,陆战中通常按地形条件决定 45,46;攻击侧翼 46,47;在海军战术中的攻击 47;攻击先头或后部 47—49。

Austerlitz,奥斯特利茨之战 24,35。

Australasia,奥大利西亚,基钦纳爵士论奥大利西亚与英国海军 182。

Austria,奥地利,它对波斯尼亚和黑塞哥维那的吞并 9,18,122,306;奥地利在霍恩林登和奥斯特利茨 24;同法国作战(1635—1648 年)27—31,34,40—43,61—63;奥地利在地中海的港口,88;在1689—1697 年战争中 88—96;1897 年和今天欧洲政治中的奥地利 104,108;奥地利和德国 109,184;奥地利在地中海的利益 184,189,285。

Badajoz,巴达霍斯,在半岛战争中 64,244—246。

Bahama Banks,巴哈马浅滩 311,338,339。

Bahama Channel,巴哈马水道 338,339。

Bahamas,the,巴哈马群岛 311。

Balance of Power,均势 103,108,109。

Barbados,巴巴多斯 364。

Bases,基地,要控制商船航路,地方港口可用作作战基地 68;英国在地中海的作战基地 68;永久性的基地是军事行动必不可少的 76,86,87;马扎林在地中海寻求基地 77;克伦威尔时期需要当地基地,但英国在地中海的影响是短暂的 78;临时基地 87;基地和海军站不是同义语 87;英、法、奥在地中海的基地 87,88;英国在 1689—1697 年战争中对加的斯的占领 92—95;海军对基地的要求是位置、力量和资源 93,132;英国通过《乌得勒支和约》取得固定海军基地 98;在寻求基地中海军战略的作用 121—124;对无归属地区施加政治影响需要基地 122;作为前进位置的特殊例证 130;本土基地 167;拥有几个适宜港口的海岸线是作战基地 168;切萨皮克湾和纽约的补给基地 169;在同一条海岸线上所有设防港口将构成作战基地的一部分 171;作战基地的需要 171,172;一支舰队对作战基地的需要同陆军对设防基地的需要一样 191;对基地的选择和配备的指导原则 191—195;大不列颠基地体系的发展 193,194;有关美国基地的考虑 195—198;基地的维护依赖于海军 198;次要基地的构成原理应与本土边境基地相同 200;假若战场延伸,从基地中选择次要基地极为重要 201,202;如何获得次要基地 202,203;对基地的直接和间接攻击 203;在海上远征中基地的选择 205;大不列颠基地的转移 206;美国在墨西哥湾的基地 206;海军船厂表明基地线的位置并在很大程度上表明基地的长度 207;摆脱基地的约束 212;在遥远地区作战的海军显然需要当地基地 261,262;在建立优势之前,基地很少遭到攻击 263;攻击敌基地是保卫巴拿马运河最有效的措施 264,265;封锁基地是诱使敌舰队进入攻击范围内最可靠的办法 271,272,目的应在于削弱敌基地使其成为单一据点 273;守势舰队应选择当地作战基地 291。参见前进正面,前进位置,线,港口,战略线,战略点。

Battle,战斗,集中应用于战斗 45;战斗位置的选择 218—220;阿科拉之战 252;奥斯特列茨之战 24,35;比奇岬之战 90,218,267;布伦海姆之战 98;圣维森特角之战 47;哥本哈根之战 286;厄尔巴之战 70;霍恩林登之战 24;肯蒂什·诺克之战 71;日本海海战 49,173;

拉乌格之战 90；尼罗河之战 186，233，234，238，256，257，260；讷德林根之战 34，39，41；普利茅斯之战 71。

Battleships，战列舰，体积的日益增大对一定的战略点的影响 376，377。

Bavaria，巴伐利亚，在三十年战争中 62，63；在西班牙王位继承战争中 96—98。

Beachy Head，比奇岬之战 90，218，267。

Beehler，Commodore，比勒准将，对基韦斯特的评论 377，378。

Belgium，比利时，在三十年战争中 29，30，62，63。

Belize，伯利兹 349—351。

Bermuda，百慕大 135，359。

Bismarck，俾斯麦，冯・俾斯麦首相不期望对外扩张 111。

Bizerta，比塞大，一个重要基地 87，123。

Blake，Robert，布莱克，罗伯特 72，78—80，113。

Blenheim，battle of，布伦海姆之战 98。

Blockade，封锁，易于逃脱 145。

Blockaders，封锁者，受到潜艇、鱼雷和无线电的影响 3。

Blockships，封锁舰 147。

Blue Water School，绿水学派 284；绿水学派理论 428；存在舰队学派的继承者 432；绿水学派的演绎推理 435。

Bonaparte，波拿巴，见 Napoleon。

Boom-protected Anchorage，由栅栏保护锚地 157，424。

Bosnia，annexation，波斯尼亚，被奥地利并吞 9，18，122，306。

Boston，波士顿 144，170。

Bourbon，House of，波旁家族，参见法国。

Breisach and Philipsburg，布赖萨赫和菲利普斯堡，同巴达霍斯和罗德里戈城作比较 64。

Byng，Admiral，宾舰队司令 179。

Cadiz，加的斯，具有威胁性的位置 38；在 1689—1697 年战争中，英国把加的斯作为基地 93—95。

Canada，加拿大，美国不允许干涉加拿大 83。

Caribbean，加勒比海，至 1887 年美国在加勒比海的利益 100，101，368—370，372—377；地中海中央位置的再现 102；当今美国在加勒比海的利益 111，370，377；古巴提供了加勒比海中前进位置的例证 127—133，253，254；巴拿马运河将改变加勒比海港口的战略价值 139，160，198，208；加勒比海的某些变化将影响马提尼克和其他地方的战略价值 140；进攻向风群岛的前进基地 263，264；运河是带有决定性战略的性质 264；加勒比海靠近美国，美国在这里取得合法基地具有特殊价值 280；一条贸易公路 303；通过加勒比海商路的会聚点 303，304；加勒比海地区政治发展的不稳定性 305；加勒比海的界线 308；墨西哥湾加上加勒比海构成地中海 308；通向加勒比海的水道具有不同的价值 308—310；在加勒比海之中和附近具有战略重要性的各点 312—314；美西战争使美国一旦需要便可将其加勒比海的基地向前推进，假如打算这样做的话 314；讨论有关加勒比海之中和附近的位置 315—347；在加勒比海应控制的目标 347，348；古巴控制加勒比海入口 348；加勒比海的交通线假如被古巴、牙买加及小安的列斯群岛所控制 351—367；关塔那摩和基韦斯特相比较的价值 377—381；通大西洋和太平洋的战略锁钥在加勒比海 382。

Caroline Islands，加罗林群岛 123。

Cartagena，卡塔赫纳，在哥伦比亚的重要据点 349,351。
Catoche,Cape,卡托切角 310—312。
Central Line or Position,中央线或中央位置,以 1796 年战役说明其价值 23—25,57,58,61;以三十年战争和奥地利纷争说明中央线的价值 27—34,61;中央线的定义 31,35,36;在黎塞留时期法国占有中央线 43;海上中央线 50,99;佛罗里达海峡的中央线 51,52;麦哲伦海峡或巴拿马运河的中央线 53,54;中央位置的价值有赖于对它的使用 53;中央线增加力量 53,54;中央线将使竞争者有可能阻止部队的联合 55;一个有助于优势的因素 59,60。
Cervera, Admiral,塞尔维拉将军,如果他的中队有能力的话,将驶入西恩富戈斯了 39,278,279;他为何驶入圣地亚哥 167,168;假如桑普森将军守候在向风海峡的话,对塞韦拉将军产生的影响 341。
Chadwick, Admiral,查德威克将军 338。
Champlain, Lake,尚普兰湖,1776 年驻该地美国中队的影响 95。
Chancellorville,昌斯劳斯维尔,杰克逊在该地的运动 35。
Chances,时机,研究时机是必要的 177,178。
Charles, Archduke,查理大公,论从乌尔姆延伸到雷根斯堡这段多瑙河,对南日耳曼具有军事控制性质 22;在 1796 年他成功地打败儒尔当和莫罗的行动 23—25,57,58;以多瑙河地区作基础进行战略研究 24,25;位置的不确定性 57,58;论证战略据点的占有 127;论证开阔地带和丘陵地带的战略据点 138;论拥有两个要塞 170;论证加强作战基地 281;论战争经验和历史事件的价值 297,301;库罗帕特金的地位 443。
Charleston,查尔斯顿 170;查尔斯顿的陷落 14,15。
Chesapeake Bay,切萨皮克湾,在其入口处设置人工岛的建议 152,其性质表明该湾可作为一个主要补给基地 169,170。
Chiriqui Lagoon,奇里基环礁湖 140,312,349,351。
Cienfuegos,西恩富戈斯,塞韦拉舰队可能会驶入该港 39,278,279;塞韦拉为何不驶向该港 167,168;该港和哈瓦那、圣地亚哥、萨马纳湾均为战略据点 322,335—338。
Ciudad Rodrigo,罗德里戈城 64,244—246。
Clarke,Sir George,克拉克,乔治爵士,他对存在舰队的评论 430。
Clausewitz,Karl von,克劳塞维茨,卡尔·冯 121 注释;279。
Clayton-Bulwer Treaty,《克莱顿—布尔沃条约》101,102,368,370。
Coal,煤,煤的问题 118,119,381;罗日杰斯特文斯基舰队中的煤 119,228,411,412,417—420。
Coast,海岸,防御和进攻 49;美国的海岸线 51—53;海岸防御主要由陆军任务范围 141,143;海岸防御和作战应由陆海军联合协商 143;海岸要塞遭到陆上攻击的威胁比来自海上的更大 144;由鱼雷艇和水雷进行海岸防御 147,148;海岸要塞的防御有极重要作用 148,149;假若海岸防御任务交给海军,所产生的后果 150—152;海岸攻击力量 153—163;中立国沿岸海域可作为通向交战国港口航线的一部分 166;防卫有两个或多个基地的海岸 320,321。参见前进正面,基地,线,港口,战略线,战略点。
Coast-defense Ship,岸防舰 146,147。

Coast Fortifications，海岸设防，以日俄战争为例说明海岸设防与海军战略的关系 432；海战和陆战概念的界限 432；海岸设防的方法是守势的，而其职能是攻势的 433—435；支援舰队 433—435；海岸要塞必须发展其向海和向陆的力量 435；舰艇对海岸要塞的攻击是不合算的事 435；海岸要塞需要拥有一支强大的海军 436；海岸设防应考虑到在该海岸上可资使用的港口的数量 436，437；要塞应设置在美国大西洋和太平洋两海岸 438；在战场上不适于与正规军周旋的军队却能守住设防战线 438。参见要塞，港口。

Coastlines，海岸线 165，166，173。

Codrington，科德林顿，爱德华爵士 223。

Colomb，Admiral，科洛姆将军，他的著作《海战》12；存在舰队理论的来源 428—430。

Colombia，哥伦比亚 368。

Colon，科隆 140，304，349。

Colonial Possessions，殖民地的占有，德国企图占有殖民地 106，109；欧洲争夺殖民地运动 108；海军对殖民地的保护 176，177，190，191；不像本土据点那样容易占领 178—180；法国的殖民地 181；大不列颠的殖民地是危险的根源 181；基钦纳爵士论述需要一支海军来保护英国的殖民地 182；美国独立战争期间，英国殖民地的陷落 188，189；在殖民地的选择和准备位置必须遵循的原则 191—195；英国殖民体系采取守势 357。

Column，纵队，海军的战斗队形 47。

Combination，结合，其含义 389—391。

Commerce，贸易，海军与贸易的关系 445—447。

Commercial Routes，贸易航路，对贸易航路的控制 68。

Communications，交通，以三十年战争和奥地利冲突说明交通的价值 27—34，61；交通的定义 32，33，35，36；1877 年在波列弗纳附近俄国的交通线 36—38；交通畅通和安全的例证 37；土伦和波列弗纳对交通线构成的威胁 38；1630 年至 1660 年间，西班牙到热那亚交通线的重要性 40；交通是陆上战略最具控制力的关键所在 118；蒸气对交通因素的影响 118，119；作为战列线的交通线的重要性 166，167；交通线通常代表退却线 167；设置两个基地 168—171；这些基地之间应有交通线保障 171；日俄战争中的交通线 188；交通支配战争 255。参见基地，战略点，线。

Compromise and Adjustment，折中和调整，见调整和折中。

Concentration，集中，总结集中在战争中的军事效能 5，6，30；集中在美国舰队中的应用 6，11，30，40，58，75，94，115，116，222；以几个事件说明集中的价值 7，8，11；后备队集中的作用 8；以 1796 年战役说明集中的作用 23—25，57，58，61；以三十年战争和奥地利冲突说明集中的作用 27—34，61；里奇留实行集中的失败教训 43，44；联盟方面的弱点是由于无力集中 43；军事计划的首要问题就在于集中 43；纳尔逊关于集中的指示 43，44；舰船设计需要集中 44；集中是战术的需要 45；具体方法上其兵力在一处优于敌人，在其他方面牵制敌人 49；集中是发挥优势的一个因素 59，60；以英荷战争（1652—1654 年）为例说明集中 67—74；集中必须在精神上而不只在文字上坚持并加以运用 74，75；在 1654 年英国通过使荷兰陷入瘫痪的办法取得集中 77；用对荷战争结束到克伦威尔逝世一系列事件说明集中 78—82；目前承认集中的必要 124；英国舰队的集中 125，128；美国舰队的集中 125；集中的必要性有赖于海军的机动 125；126；关键在于严格实行 171；同一条海岸线上的所有港口应有安全的交通线，以便能做到集中 171；战斗之后一支分散舰队的集中 173，174；大不列颠舰队的集中 183；补给品集中于单一交通上是不合适的 212；海上远征中战斗舰艇的集中 221。

Consolidation，巩固，内部巩固对于向外扩张行动的影响 83—86。

Control，控制，制海权经常处于未决状态 255—261；控制向风海峡 326—330；控制加勒比海和墨西哥湾 332—334，340—381；加勒比海的控制点 347—356；控制依赖于位置和主动的军事实力这两件事 356。

Convoy System，护航体系，在克伦威尔之前英国护航体系很少出现在地中海 67；护航体系包含一个新的战略观念 68；情况需要护航体系 68。

Convoys，护航船队 208，209；对舰队进行补给应派出护航队 211；究竟它们应伴随舰队，还是等待制海权决定后船队再前进，这个问题有待讨论 215—218。

Copenhagen，battle of，哥本哈根战斗 286。

Corbett，Julian，科贝特，朱利安，他的《七年战争》10；他的历史著作《英国在地中海》和《七年战争中的英国》113；他是如何探讨其论题的 16；他的引证 16，19，42，68，80，92，113，248 注释，271；他的《英国在地中海》26，86，87；对于拿破仑对康沃利斯的批评持反对态度 116—118；论防御 277—279。

Cordon System，警戒系统 151，388。

Cornwallis，康沃利斯，他把舰队平分两处 116—118。

Coromandel Coast，the，科罗曼德尔海岸 261，262，272。

Corsica，科西嘉，一度被英国占领 68，258。

Coup d'œil，一目了然 9，14，21。

Creasy，Sir Edward，克里西，爱德华爵士，他的《世界上十五次决定性的战争》222。

Crippled Ships，损坏的舰艇 266，267。

Cromwell，Oliver，克伦威尔，奥利弗，其对外政策受宗教动机的影响 28；在克伦威尔领导下英国海军的改组 64，65；在对荷战争前和战争中克伦威尔的政策和动机 65，66；为达到集中而打击荷兰 77；对荷战争后他的政策 77—82；海军从陆军中独立出来 113。

Cuba，古巴，和塞尔维拉 39，167，168，278，279，341；从侧面威胁我国的交通 52；我们在古巴的利益 101；占领前进位置 127—131；古巴的南岸作为战略线的例证 168；美国入侵古巴的目的 180；战时占领古巴的设想 253，254；古巴和向风群岛 263，264；美国占领关塔那摩 314，315；在古巴的战略点 322，335—338；古巴的控制性位置和它的实力及弱点 326—339；古巴与加勒比海和墨西哥湾其他部分的战略关系 340—346；对古巴影响的分析 346；墨西哥湾的锁钥 347；控制加勒比海入口 348；古巴与牙买加和东安的列斯群岛的比较 348—367，376，377；古巴对 1887 年和 1911 年美国控制加勒比海产生的影响 376—381。

Culebra，库莱布拉，它的重要性 314，315，318，322，332，343，377，380。

Curacao，库拉索，重要据点 349，351。

Cyprus，塞浦路斯，英国对它的获得 68，87，122。

Danube，多瑙河，由于军事特点该河具重要性 22，23，33，34，254；1796 年在查尔斯大公打败乔丹和莫罗的战役中的多瑙河 23，24，325。

Darrieus，Captain，达里厄，上校，论海军战略 13，15—17；论外交政策与战略之间的关系 20；论舰队的组成 107。

Daveluy，Commander，达夫吕伊，中校，论海军战役 13，15—17；论国家巩固的观点 83，84；关于“兵力转移”的观点 236，295。

Defeat，失败，从失败中吸取教训 383；失败应证明自己有道理 384。

Defense，防御，以拖延手段为防御做出贡献 95，142；港口和海岸的防御主要属陆军任务范围 141，143；海军用攻势防御行动对防御做出贡献 142，143，152，153，293；海军站的防御须确保其不受水陆攻击 144，145；贸易港的防御只须防止来自海上的攻击 144，146；海港的防御只依赖海军是不够的 145；港口防御 147；海军防御必须以设防的战略海港为基础 149，150，289；在防御问题上海军不应被说成消极防御的 150—152；国土防御中海军的作用 244，248，249；防御是一种强大的作战方式 277，285；在某种意义上可以说防御是比之进攻为更强的作战方式 277，279，288，289；日本在对马的态势和塞维拉到达之前美国的态势本质上是一种防御的 278；防御的基本缺陷 279；防御的好处 279；防御所需的要素 280；已取得控制权的海洋地区的防御 280，281；在防御中有力的地区起着极其重要的作用 281，282，284；守方的第一个目标是赢得时间 284；在防守的诸点前面应尽可能远处挡住敌人 284，285；防御的趋势的传播 286；撤退的舰队到达防御的第一线 290，291；防御的目的 294；具有两个或更多的基地的海岸的防御 320，321；防线上的防御有两种体制 388，389；在要塞舰队论中体现防御 393。

Defensive Strength，防御性力量，海港防御力的战略价值 132；对抗海上和陆上攻击的防御力之分析和讨论 141—153；实施被动防御 148，149。

Delay，拖延，以拖延手段为防御做出贡献 95，142。

Dilke，Sir Charles，迪尔克，查尔斯爵士，论俄国和英国的贸易 307。

Displacement of Force，兵力转移 236，295。

Distance，距离，海外殖民地的距离作为海军战略中的一个因素来讨论 175—189。

Distant Operation，远距离作战，参见海上远征。

Distribution，部署，平时的海军部署必须适应战时的需要 394。

Docking Facilities，船坞设备 153，154，196。

Dock-yards，船厂，参见干船坞，海军船厂。

Dreadnoughts，无畏战舰 7，8，32 注释。

Dry Dock，干船坞 161—163。

Dual Alliance，两国同盟 104。

Dunkirk，敦刻尔克，英国的占领 80，81；向法国投降 83。

Dutch，荷兰，见 Holland。

Egypt，埃及，拿破仑驶向埃及的航线 38；一个重要的海上位置 87，184，185，254；被英国占领 122；拿破仑对埃及的远征

183—187,230—240;英国对它与埃及的交通感到不安 201,202;如果亚历山大港是英国的而又有适当的守备部队,埃及可以对拿破仑进行更多的抵抗 436。

Elba,厄尔巴,厄尔巴岛外战斗 70;被马扎然夺占 77。

Elliott Islands,埃利奥特群岛 3,156,158,424,425,427。

Endurance,耐久力,防御力的一个基本要素 142。

England,英国,见 Great Britain。

English Navigation Act,英国航行法 67。

Eugene,Prince,尤金亲王 86,89,98。

Europe,欧洲,欧洲政治对美国利益的影响 103;欧洲的内部竞争和对外活动 104,108,109;欧洲是其他大陆的行动基地 111,112。

Expeditions,远征,见海上远征。

Experience,经验,经验的价值 9,10,297,298;经验建立在科学基础之上和海军战略经验 297。

Farragut,Admiral,法拉格特,将军,其先头部队在莫比尔河陷于混乱 49;通过密西西比河诸要塞时遇到危险而受责备 232。

Flank,侧翼,宁愿攻击敌之一翼 46—49。

Flanking Movement,侧翼运动 34。

Flanking Positions,侧翼位置 209,210,228。

Fleet in Bring,存在舰队 284;对存在舰队的实力和限度进行论述 229;假定不经冒险就可以进行战争 232;以拿破仑在埃及的行动加以说明 233,234;对存在舰队理论的貌似承认 267;存在舰队没有很好地创立 268;存在舰队在俄国实践中的影响 384,392,398,416;夸大舰队力量和过分贬低海岸防御 385,428;存在舰队与"要塞舰队"思想的对比及讨论 385—403,427—439;存在舰队代表攻势思想 393;如果处于劣势存在舰队就不能被承认为威慑物 399,400;在存在舰队面前日本人的行动 399,400;来自存在舰队的危险 401,402;该理论对罗日杰斯特文斯基的影响 416;日本人证明该理论的夸张性 428;瘫痪行动的倾向 429。

Florida,佛罗里达 316,317,324,437。

Florida,Straits of,佛罗里达海峡,从军事观点看该海峡的重要性 51,52,317,318;该海峡的军事性质 310。

Fort of France,法兰西堡 364。

Fortifications,Coast,设防,海岸,见 Coast Fortifications,Fortresses。

Fortify,设防,该词的定义 132。

Fortress Fleet,要塞舰队,是明显的俄国产物 335,385;把重点放在要塞上及附属性舰队 385;用日俄战争中俄军的行动说明 391—397,403,416,441;要塞舰队思想是守势的 392,393。

Fortresses,要塞,设置要塞的场合 87,99;海岸要塞遭到陆上攻击的威胁比来自海上的更大 144;要塞的工事和守备应足以应付一切可能的意外 194;要塞在防御中发挥最重要的作用 281—289;要塞强固可以代替人力 282;要塞在控制国外海洋地区中的重要性 283;要塞的价值和局限性 287;要塞在海战及陆战中的必要性 289;要塞的作用在性质上是攻势的 293;在陆战中应保证要塞各方面的安全 434。参见海岸设防,防御,港口,战略点。

France,法国,在 1796 年战役中的法国 23—25;在三十年战争期间法国同奥地利的斗争 27—31,34,62,63;里奇留改

组法国海军 40;法国进入三十年战争 40,41;在里奇留时期法国位于内线位置和中央线 43;法国得到阿尔萨斯 63;1654 年对荷战争后到克伦威尔逝世时期的法国 78—82;从 1658 年至 1688 年间的法国 83;从 1628 年到 1688 年法国取得巨大进展 84—86;1689—1697 年战争中的法国 88—96;西班牙王位继承战争中的法国 96—98;法国在现代欧洲政治中的地位 104,108;法国海军在比塞大和突尼斯的地位 123;法国的殖民地 181;法国海军 371;法国在西印度群岛的海军基地 130。

Frontier,边境,陆上和海岸边境 49,50;发动进攻应集中于边境的一部分 51;美国的边境 51—53;边境在防御中的两种体系 388,389。

Generals at sea,海上的陆军将军,在克伦威尔领导下 113。

Genoa,热那亚,三十年战争中和战后的热那亚 28—31,34,40—42;1800 年热那亚港和旅顺港的比较 444,445。

German Southwest Africa,德属西南非洲 130。

Germany,德国,德国和大不列颠舰艇实力对比 7,8;日俄战争中由于俄国的失败使德国海军得到发展 9,104,369—371;德国将拥有一支优越于美国的海军 18,371;战时应考虑到德国和其他国家的政治关系 18,19;多瑙河在德国的军事特点 22,23;德国海军发展的方法和展望 32 注释;三十年战争中的德国 62,63;德国失去阿尔萨斯 63;当今德英的相对地位 73,82,83,108—110,125,206;德国增加海军军费 84,104;西班牙王位继承战争中的德国 96—98;德国贸易的发展 104,108,371;德国海军的规划 104,109,250,371;德国在 1897 年及以后欧洲的地位 104;德国大舰队的前景及其殖民野心 105,106;关于门罗主义 106,107;德国同奥地利结成统一体 108;德国正式否认其殖民野心 109;德国有效率的政府 109;德国与奥地利可以分别对付英国和美国 109;在欧洲德国可以单独受英国海军的制约 109,110;德国的国运正兴旺 110;对德国海军再不漠不关心了 111;德国占据胶州湾 123;德国购买加罗林群岛 123;英国舰队因德国而集中 128;德国和奥地利在相互支援中具有共同利益 184;由于德国海军的增强英国改变政策 371;德国舰队优于英国以外的任何国家 372。

Gibraltar,直布罗陀,具有威胁性的位置 38;英国获得直布罗陀 68,96,97;布莱克在直布罗陀 78—80;一个重要基地 87,132,162;在美国独立战争中直布罗陀没有陷落 190,203;对直布罗陀的三年围困(1779—1782 年)198,204;1803—1805 年直布罗陀和纳尔逊 200;直布罗陀为踏上埃及必需的第一步 202;直布罗陀托庇于自然形势和取得防御力 436。

Goldsborough,戈尔兹巴勒,将军谈铁事 120。

Grant,General U. S.,格兰特,美国陆军将军 177。

Great Britain,大不列颠,和门罗主义 19,106,107,370;大不列颠在地中海 26,27,67—71;三十年战争中的大不列颠 42;大不列颠需要二强标准 55;在克伦威尔领导下大不列颠海军的重新组建 64,65;法令导致大不列颠和荷兰的战争 66,67;大不列颠取得直布罗陀 68,96,97;荷兰同大不列颠间的战争 67—74;今天看大不列颠在对荷战争中的问题 69；从荷兰战争到克伦威尔逝世 77—83；大不列颠夺取牙买加 80；大不列颠取得敦刻尔克和马戴克 80，81；塞浦路斯割让给大不列颠 68，122；当今大不列颠和德国的相对地位 73，82，83，108—110，125，206；1658—1688 年由于大不列颠国内的纷争其对外政策无效能 83；1689—1697 年战争中的大不列颠 88—96；西班牙王位继承战争中的大不列颠 96—98；1708 年大不列颠夺取米诺卡 98；1897 年和以后大不列颠在欧洲的地位 104；美日战争中大不列颠的地位 105；大不列颠目前同日本的条约 105 注释；大不列颠目前对德国的钳制 105；大不列颠海军在欧洲能单独控制德国 109，110；大不列颠海军的相对兵力可能会衰退 110；埃及被大不列颠占领 122；大不列颠改变本国基地 125，206；大不列颠本身处于前进位置 129；大不列颠的战略地位使其成为德国的眼中钉 139；大不列颠的海上属地是危险的根源 181；基钦纳爵士论需要有一支海军来保护大不列颠的利益 182；大不列颠舰队的集中 183；奥地利看到大不列颠退出地中海很感兴趣 184；在美国独立战争中大不列颠在保持殖民地斗争中失败 188，189；大不列颠海上基地体系的发展 193，194；缺乏适当的守备 283；大不列颠和美国之间的和平看来有保证 332；大不列颠的殖民体系使帝国处于守势 357；大不列颠及地峡运河 370；引起大不列颠政策改变的原因 371。

Grey, Sir Edward，格莱，爱德华爵士，170 注释。

Ground，地面，在陆战中运用地面状况 45，46。

Guadeloupe，瓜德罗普，130，263，360，364。

Guantanamo，关塔那摩，对运河区的影响而言，关塔那摩优于基韦斯特 128；美国对关塔那摩的占有权 314，370；关塔那摩和库莱布拉超过海湾港口的任何组合 315；关塔那摩和库莱布拉同直布罗陀和马耳他的对比 315；关塔那摩和库莱布拉将掩护基韦斯特 318；美国取得关塔那摩对穆格勒斯岛和库莱布拉的影响 322；关塔那摩取代古巴的圣地亚哥 326；关塔那摩和圣地亚哥盯着金斯敦 327；关塔那摩和基韦斯特、波多黎各、库莱布拉构成一条强大的控制线 332；头等重要的战略点 333；关塔那摩靠近地峡 357；关塔那摩同基韦斯特及海峡各港口比较所具有的优点 376—381。

Guantanamo Bay，关塔那摩湾 38，180，338。

Gunboat，炮艇 151。

Haiti，海地 322—330，340，346，358，360。

Hannibal，汉尼拔，失去海洋使他遭到毁灭 59。

Harbin，哈尔滨，俄国军官希望在哈尔滨建一立足点 443。

Harbor Defense，港口防御 147。

Havana，哈瓦那 322，328—334，338，339，342—344，358—361，377。

Hawaiian Islands，夏威夷群岛，和平时期取得夏威夷群岛 123；作为战略点的价值 138；最终占有该群岛将依赖舰队 214；夏威夷作为旧金山和普吉特海峡的前进基地 320；在太平洋海岸防御计划中应考虑到夏威夷群岛 438。

Hawke, Admiral，霍克，将军 157，160。

Hay-Pauncefote Treaty，《海—庞斯福特条约》102，105，370。

Heligoland，赫耳果兰 336，337。

Hermocrates，赫摩克拉底，他的讲演 226，227；他的计划的特点 228，229。

Herzegovina，黑塞哥维那，被奥地利吞并 9，18，122，306。

Highway，公路，定义 135；战略点一般靠近公路 139。

Historical Illustration，历史图解，历史图解的价值 9—12，16，17，25，297，298；历史图解表明集中、中央线、内线和交通的重要性 25，115，116。

Hoche，Lazare，奥什，拉札尔 217。

Hohenlinden，霍亨林登之战 24。

Holland，荷兰，三十年战争中的荷兰 29，30，44，62，63；克伦威尔时期荷兰同英国的竞争 65；法令导致英荷战争爆发 66，67；英荷战争 67—74；1689—1697 年战争中的荷兰 88—96。

Home Defense，本土防御，海军在本土防御中的作用 244，248，249，293—296。

Honduras，洪都拉斯 350。

Hotham，Admiral，霍瑟姆，将军 268。

Illustration，图解，见历史图解。

Impedimenta，辎重，海军和陆军机动中辎重问题的对比 126。

Imperial Federation，帝国联邦 179，180。

India，印度 183，185。

Interior Lines，内线，以 1796 年战役说明内线的作用 23—25，57，58，61；以三十年战争和奥地利冲突说明内线的作用 27—34，61；内线的定义 31，32，35，36；以波列弗纳说明内线的作用 36—38；土伦和旅顺 37，38；在里奇留时代法国占有内线 43；内线位置可以使你更早到达那里，但不会给你更多的东西 55；内线是发挥优点的一个因素 59，60。

Internal Navigation，内线航行 172。

International Conditions，国际形势，军事计划中应包括对国际形势的估计 18—21，367，368，375，395，396；国际形势对美国的影响 103—107；1887 年和目前国际形势的对比 368—372。

Invasions，入侵，海上入侵一般问题的探讨 208—240；两种入侵 217；雅典人对叙拉古入侵的史例 222；拿破仑对埃及的入侵 230。

Ireland，爱尔兰，奥什领兵远征爱尔兰 218，220，221。

Islands，群岛，大小群岛的战略价值 133。

Italy，意大利，1689—1697 年战争中的北意大利 88—96；在西班牙王位继承战争中的北意大利 96—98；意大利在欧洲政治中的地位 104。

Jackson，Stonwall，杰克逊，斯通华尔，在昌斯劳斯维尔的运动 35。

Jamaica，牙买加，牙买加具有威胁性的位置 38；英国取得牙买加 80；驶往巴拿马地峡的舰艇不能避开牙买加 140；罗德尼的胜利挽救了牙买加 190；牙买加是加勒比海最具控制力的位置 194，316；如果大不列颠被限制在西印度群岛至牙买加，交通线将不得安全 201；牙买加保卫两个隘路 310；牙买加对大不列颠来说不像基韦斯特对美国那样重要 317，318；圣地亚哥和关塔那摩位于受牙买加威胁地区 327；向风海峡的哈瓦那是在牙买加 329；牙买加是加勒比海内军事和商业目标 349—351；牙买加控制加勒比海内的交通线 351—356；牙买加与古巴和小安的列斯群岛的对比 356—367；牙买加表明设防港口的价值 362，363；对牙买加价值的估计，说明美国在欧洲的政治中的利益 363；加勒比海的锁钥 366；牙买加从侧翼威胁通往

巴拿马地峡的所有交通线 380。

Japan，日本，在对俄战争中日本的担心 55—57，422，426；在美日战争中大不列颠的地位 105；日本同大不列颠的条约 105 注释；日本的国家控制体制 110；日本造船厂 161；当日本打败美国海军时 180；日本在满洲里 305—307；对日俄战争的探讨 383—431；在存在舰队面前日本的行动 399，400，428，429；日俄战争中日本的海军战略得到高度评价 421。

Japan Sea，日本海，日本海之战的攻击方法 49；日本海之战以后俄舰的分散 173；对罗日杰斯特文斯基为日本海之战作准备进行的批评 409—421。

Jomini，若米尼，他的名言说武器的改变影响于使用，但不影响于原理 4；他的《战争艺术》17；翻译和校订查尔斯大公的战略研究著作 24；他的《法国革命战争》46；他的格言 51；引证 107，127，241，255，267，299；引用 130，149，282，300，394，402。

Jourdan，Marshal，乔丹，元帅 24，25，57，58。

Kamimura，上村 52，75，407，408，426，427。

Kempenfelt，肯彭费尔特，将军 380。

Kentish，Knock，肯迪什·诺克之战 71。

Key，锁钥，形势的锁钥 120，213，347；各次作战中的锁钥应是最终目标 205。

Key West，基韦斯特，就海湾的海岸和运河区而言，分析基韦斯特和关塔那摩价值 128，378—381；基韦斯特同彭萨库拉的比较 133；到达基韦斯特的两条可用航线 165；基韦斯特的战略地位 313—320，329—332；基韦斯特在 1887 年价值的探讨 372—377；自从 1887 年以来基韦斯特的发展 377—380；基韦斯特同马山浦在位置上的比较 437。

Kiao-Chau，胶州湾 123，177，180，427。

Kiel Canal，基尔运河，基尔运河是一条内线 32；基尔运河的扩大 32 注释；基尔运河的巨大战略意义 324。

Kingston，Jamaica，金斯顿，牙买加 313，327，329，358。

Kitchener，Lord，基钦纳，勋爵，论大不列颠需要一支海军 182。

Korea，朝鲜，它的战略影响 52；朝鲜同佛罗里达的比较 52，437；被日本吞并后朝鲜的海关义务 306，307。

Korea，Straits of，朝鲜海峡 404，409，419，426，427。

（张学义译）

Kure，吴 201。参见 38 页地图。

Kuropatkin，库罗波特金，他的退却计划正确 443，444。

Ladysmith，莱迪史密斯 95，192。

La Hougue，battle of，拉乌格之战 90。

Lakes，湖，1812—1814 年对美国几个大湖的控制 99；1776 年美国中队在香普兰湖的影响 95。

Land Strategy，陆上战略，交通是最具有控制力的关键 118；怎样与海军战略相区别，121，122，126，135，136，139，140。

Land Tactics，陆上战术，必须集中兵力 45；地形条件的决定性影响 45；宁愿选择侧翼攻击 45，46。

Lanfrey，兰弗里，论拿破仑 421。

Launching a naval force from a naval base，用一支海军部队从一个海军基地发起攻击 153，155—159。

Leghorn，里窝那 68，70，71；纳尔逊在里窝那 431。

Lerins Islands，勒兰群岛 42。

Lesser Antilles，Jamaica，and Cuba，as Strategic points，compared，小安的列

斯群岛、牙买加和古巴，作为战略点进行比较 153，155—159。

Liao-Tong Peninsula，辽东半岛，守望日本布设的水雷 425；俄国军官不能控制 443。

Liao-Yang，辽阳 37，188，443。

Line，战列线，海军战斗队形 47—49；比较适当的舰船纵队队形 47；攻击纵队头部和尾部是真正的侧翼攻击 47。

Lines，航线，迂回路航线，在海军战略中所起的作用，38；紧跟着在海上使用 136—140；作战线、退却线、交通线等 164；渡越公海或沿海岸航行 165，166；中立国海岸被用于通向接敌路线的一部分 166；退却线通常以交通线为代表 167；作战线在渡海远征中选择使用 207，209—211；防守线 293；加勒比海入口和目标之间的交通线 351—356。参见前进正面、前进位置、基地、港口、战略线、战略点。

Long Island，长岛，防御和进攻战 171，172，320，321；长岛海峡 321。

Louis XIV，路易十四，英国斯图亚特诸王培育权力 82，83，85，86；1688—1697 年战争 86—96；1702—1723 年战争 96—98。

Louisburg，路易斯堡，为何必须由法国设防 194。

Luce，Admiral，卢斯，海军上将，由于海军军事学院的创建 1，14；《海军战略》的引言 10；夺取查尔斯顿的引言 14，15。

Macaulay，麦考莱，对威廉三世作为一位将军的评论 93。

Magellan，Sraits of，麦哲伦海峡，中央位置 53。

Mahan，captain A. T.，马汉，海军上校，马汉军事研究的事业及创建 17。

Major Operations，of nearby invasions，近距离入侵的主要战斗 217；越海作战 218。

Malta，马耳他 200—202；在威胁的位置 38；被英国占领 68；一个重要基地 87；战略价值 132；被拿破仑占领 179，185，232，236，237；纳尔逊关于马耳他的引言 185；法国的占领对美国的教训 346；假如适当设防拿破仑可能会滞留更久 436。

Manchuria，满洲里，政治状况及他们的事业 305—307；俄国低级军官不期望守住 443。

Mantua，曼图亚，战略价值 95，187，261，285。

Mardy Ke，马戴克，英国夺取 80，81；投降法国 83。

Marengo，马伦戈 95，384。

Maritime Expeditions，海上远征，远距离的海上远征远不如攻击敌之本国有效 189，190；成功袭击的必要条件 190；直接攻击和迂回攻击 203；成功必须具备的两个条件：守卫边境和拥有一支有效的海军 204；不外乎是一般军事行动中的一种特例 204；安全依赖于海军 205；要决定作战计划包括选定基地、目标和作战线 205；选择一个目标 205；选择一个基地，选择一个作战线 207，209—211；已经如此，也许再一次这样 208，290；参加远征部队尽可能集结在一起 220，221；西西里远征为一例 222—230；拿破仑的埃及远征为一例 230—240。

Marlborough，Duke of，马尔巴勒公爵 97，98，113。

Marmont，Marshal in Spain，马蒙特元帅在西班牙 244—246，248，273。

Martinique，马提尼克 130，140，263，360，364。

Masampo，compared to Key West，马山浦与基韦斯特比较 437。

Maxims of War，战争的格言，对战争价值的评价 300。

Mazarin，Cardinal，马扎然 62，77，81，85。

Mediterranean，the，England in，地中海，英国进入 26，27，67—71，193；非常重要的军事位置 87，89；英国通过乌得勒支和约取得固定的海军基地 98；1793—1798 年成为海战战场 256—261。

Messina，墨西哥，作为一个基地的条件 94。

Mexico，墨西哥 311，312。

Mexico，Gulf of，墨西哥湾，1887 年至今美国在此的位置 100，101，372—382；一条贸易公路 303；边界，加勒比海的墨西哥湾 308；与加勒比海构成“地中海” 308；海岸线在战略意义上作用较小 311；加勒比海的战略特点细述 312—367。

Milan，米兰，在“30 年战争”中 28—30，34。

Mine Fields，水雷区，战略和战术价值 145，146，156，157，425。

Minorca，米诺加，时时被英国占领 68；一个重要基地 87；1708 年被英国占领 98；战略价值 ，132；1756 年脱离英国 179；美国独立战争期间被夺取。

Mississppi River，密西西比河，一个海军基地 128；河口，穿过加勒比海的贸易通道的会合点 303，304 。

Mississppi Sound，密西西比湾 172。

Mobility，the quality of the navy，机动能力，海军的质量 126，144，152。

Mobilizition，机动 126，176。

Mona Passage，莫纳海峡，位于加勒比海和墨西哥湾的战略地带 308，311，322，326—330，340—345，358，376，377。

Monitors，浅水炮舰 151，156。

Monk，General，蒙克将军 73，74，113。

Monroe Doctrine，门罗主义，保证门罗主义得以实行取决于舰队 18，106；美国与大不列颠以门罗主义为基础进行的长期争论 19，105，107；如果忽视考虑的话，没有一个战略规划是健全的 20；门罗主义的声明 100；西班牙战争引起门罗主义的胜利 103；门罗主义的原则得到尊重取决于欧洲现有权力的均势 106，110，363；大不列颠与美国采取一致的观点 107，363，370；根据塔夫脱总统的咨文，门罗主义已经朝着被普遍接受的方向前进了 110；墨西哥湾和加勒比海对于门罗主义的重要性 111；与亚洲移民与门罗主义联系起来 197；巴拿马地峡是门罗主义的焦点 198，304；门罗主义使美国对巴拿马运河区拥有控制、行政及军事保卫权 304；门罗主义曾经阻止外来势力染指该半球的领土 305；门罗主义开始时部分是商业性的，部分是军事性的，又有一部分是政治性的 447。

Moore，Sir John 约翰·穆尔爵士 241，268，273。

Moreau，J. V. 莫罗 24，25，57，58。

Morocco，摩洛哥 104，305。

Motor Power，of ships，舰艇的蒸汽动力 114—119；由于动力使海军战略得到改进 121，381。

Mugeres Island，穆赫雷斯岛，作为一个战略点 321，322。

Mukden，沈阳 443。

Napier，内皮尔 240，241，268。

Naples，那不勒斯，1646—1654 年法国对其实施登陆 77—80；作为一个海军所必备的条件 94。

Napoleon，拿破仑，他的“目的的专一是巨大成功的秘诀”的名言 6，387；经验和史例价值的明证 9，10，297，298，301；他的“战争是位置的事”的名言 36，127，160，191，302，319，367；他的驶往埃及的航线 32，136，137；他的佯航线 38，136；在意大利 46，187，188；在莫斯科 58；康沃利斯将他的舰队分兵两路受到拿破仑的批评 116—118；在马伦戈 167；论战争的艺术 168，212；他的埃及远征 169，183—187，221，230—240；他的名言“战争不能不冒险” 232，430；向马森那下达命令 241；致马蒙特元帅的训令 244—246，248，273；1804 和 1805 年使用声东击西战法对付英国舰队 246，247；1796 年被曼图亚要塞所阻挡 251，252，267；在奥斯特利茨时的讲话 289；武断之见 299；在埃斯林的惨败到瓦格拉姆胜利这一段的行动 421；论 1797 年的形势 443。

Narragansett Bay 纳拉甘西特湾 170，171，319。

National Review，article on “Navy-and Empire” in Naval Affairs，new feeling with regard to 英《国民评论》上刊载《海军与帝国》一文 54。海军事业，近几年海军事业中新的特点 111；新文学 112。

Naval Campaigns，海军战役，决策者往往是陆军军人 113。

Naval Stations，海军站 87，144；必备的军事条件 195；获得遥远据点的策略 345；参见要塞、港口。

Naval Strategy，Lectures on，海军战略讲座 1，2，17；实践和理论的发展 2；海军战略处于发展中，但其原理不会改变 2—5；公正的看法 5；系统地研究海军战略是在美国海军军事学院开始的 5，6；集中的价值和一支后备部队的应用 5—8，12；说明人们的思考对海军战略的持久影响 6—8；原理和逻辑 9—12，16，17；须搜集材料以供研究 12；比较健全的思想习惯的证据及兴趣增加 13，14；对世界形势的正确判断 18—21，102—111，367，368；与军事战略相结合及例证 26—34；大不列颠、日本和美国的关系及问题 105；与陆军战略有什么不同 121，122，126；在和平时期是必需的，就像在战时一样 121—129；海上战争往往是在甚大的地理距离上进行的 124；海上没有什么障碍，至于陆上战略，陆上几乎全是不能通行的 135，136，139，140；商业价值不能与军事相脱离 302；日俄战争为研究提供需处理的有价值材料 383，432。

Naval War College，海军军事学院，以前的讲演 1；开始系统研究海军战略 5，6；它的成立，14；它的目标 119。

Navies，have borne an active part，海军，在近几次战争中扮演积极的角色 4；大不列颠和布尔共和国之战所造成的影响 4；以前被称作警察任务 4，5；战斗队形继续是战列线 47，48；对陆上战役产生的影响 86；战略的构成取决于国家利益 107；海军战略近几年对海权问题产生了一种新的见解 111；惊人的新例证 111；在遥远的地区，要稳定局势必须使用武力 112；由蒸汽机舰队参加的海上战役 114，115；现时海军更改部署 124，125；机动能力 126，144，152；海军在军事上和国际上的作用 446。

Navy，of United States，海军，美国海军，建议将海军分开配置受到责备，6，11，39，40，52，58，75，94，115，222；德国海军 9，18，32；注记，84，104，106，109，111，250，369—372；法国里奇留被看作是真正的海军之父 40；法国黎塞留的海

军部署 40;“一强标准”,美国所需求的最小限度 54;(英国海军除外 331;其原因 332);克伦威尔统治下的英国是新兴力量 64,65;在威廉三世统治下,英国海军彻底从陆军中区分出来 113;美国海军的集中 125;与陆军在海岸防御上合作 142,143,152,155,433;军舰在要塞面前处于劣势 144;封锁与水雷 145;海防舰 146,147;鱼雷艇 147,148;不能把海军当作一项消极的海港和要塞防御的工具使用 149—153,391—393;在发起进攻时的作用 155—159,173,174;为了各种理由分散兵力是可能发生的 173,174;保护海外占领非常必要 176,177,181,182,190,191;保持设防的海军站取决于海军 198;海军作战的主要目标 199;渡海远征的重要 204—209;海上远征依赖海军 205,208;对舰队补给的方法有两种 211;离本国相当远的作战舰队不应依赖于单条补给线 212;夺取目标后(不是前)必须建立海上优势 213—220;究竟舰队与运输船队应该一起行驶还是等待制海权决定后船队再前进 215;除非有把握保持海军优势,则一次大规模的渡海远征便不应当发动 218;保持集中 221;西西里远征时的雅典海军 222—230;目标夺取后应担负起攻防责任 243,248;海军与本国防御的关系 244,248,249;德国必须拥有多大的一支海军 250;舰队不应被束缚只用于保护基地 283,284;当一国就其海岸线而言虽处于守势,但其舰队却要采取攻势才能发挥其效用 293,294;除大不列颠外,美国不容许任何国家的海军力量占其上风 331,332;1887 年和今天的美国海军 369,370;法国海军 371;日俄战争中的俄国海军,参见俄国;罗杰斯特文斯基从要塞得到支援 433—435;一个领土广阔的国家的海军不能到处单靠自己来防止入侵 436;商业与海军的关系 445—447;美国需要一支量与质兼优的海军 447。

Navy-yards, 海军船厂,我们的北方船厂 160;船址选择 163;必备的军事条件,它必须对战争是有用的 195,196;每一条海岸前线应有两个海军站 196;参见海军工厂。

Nelson, Lord, 纳尔逊,他断言:一旦法国打败英国一个师的话,法国今年之内将不能再为英国之害了 7,218,219,288,406;他的经验价值的明证 9,10;论政治勇气 21;追踪拿破仑远征埃及 38,136,137,219,220,237—240;他的关于集中的劝告 43,44;他在特拉法尔加的计划 47,48;他攻击头和尾部的理由 48,49;1805 年从西印度群岛回来时他所取的航路 116—118;他强调,不许海防舰以任何需要为由而移动其驻泊地 147;论述马耳他的引言 185;1804 和 1805 年在追踪拿破仑远征军时他的做法 218,219,216—248;他的名言:哪怕你在 11 艘敌舰中已拿到 10 艘,假如你还能拿到第 11 艘,这也是很不够的 268;先消灭哥本哈根的海军再说 286;纳尔逊以不到 12 艘战舰与 19 艘敌舰交战的原因 288;在不能断定法国舰队驶向何处的时候 291;纳尔逊的名言:万一看不懂信号时,尽管把军舰靠近敌人,这样做的舰长是不会大错的 406;论冒险 431。

Netherland, 荷兰,西班牙 29;参见比利时,荷兰。

Neutral Coasts, 中立国海岸 166。

New London, 新伦敦 319。

New Orleans, 新奥尔良 314,319,320。

New York, 纽约,拥有两个出口的一个港口 158;一个天然的主要补给基地 169,

170;纳拉甘西特湾可以划在纽约的设防计划之内 170;诺福克,海军站 272,319。

Nicaragua,尼加拉瓜 350。

Nicholsen,Sir W.,尼科尔森爵士,他估计日本用以攻占旅顺所需的兵力 444。

Nile,battle of the,尼罗河之战 186,233,234,238,256,257,260。

Nipe,尼佩湾 326,327,338。

Nordlingen,battle of,讷德林根之战 34,39,41。

Norfolk,诺福克 272,319。

Objective,目标,渡海远征中选择的目标 205;夺取目标后(如果不能先夺取的话),舰队应该建立其海上优势 213—220,243;敌方适当而有组织的兵力 250—255,266,267。

Objectives,in the Caribbean Sea,在加勒比海的目标 348—351,356。

Obstacles,障碍,陆地充满障碍 135,136;造成可使用的战略点 139;近岸的航行障碍属于防御性质 174,175。

Offensive,进攻,进攻的发动应该集中力量于作战前线的一个部分 51;讨论在一个海区发起进攻的军事行动,203—222,250—277,以“存在舰队”论为代表 393。

Offensive-Defensive Action,of Navy,海军的进攻—防御行动 142,143,147,243,248,249,252;海军工事 249,433,434。

Offensive Strength,攻击力量,战略价值的一项条件 132;一个海港的攻击力量存在于本身的能力 153;集结 154,155,发起攻击 155—159;供应紧跟 159—162;资源 162,163。

Office of Naval Intelligence,American,美国海军情报部 412。

Olivier,Lieutenant,quoted,奥利维尔的论文中的引言 394。

One Power Standard,“一强标准”54,331,332。

Open Door,门户开放,美国对外政策的一部分 110,197;需要海军力量 110;斗争舞台是太平洋 110,197;对远东门户开放的犹豫不定,原因在于主权国家中国之政治软弱和外国之侵略政策 305;面临国家间猜忌和竞争 308。

Operation of War,战争之作战行动 203—205,243—301。

“Oregon”,“俄勒冈”号军舰 1898 年加入美国舰队,途中与敌遭遇 39,40。

Pacific,Coast,太平洋海岸 51,52,124,319,320,382;现有条件导致太平洋诸海军站之设置 197,198,438;与大西洋海岸相比,港口的数目是有限的 437。

Panama,Isthmus of 巴拿马,巴拿马地峡,一条海上内线的例证 32,巴拿马的重要性 101,102,348;1887 年美国在此不断增长的利益 364,369;克来顿;《布尔沃条约》和《海—庞斯福特条约》的影响 370。

Panama Canal,巴拿马运河,维持安全由舰队作后盾 18;中央位置 53;应该设防 54;为便于海军在两岸的活动,控制运河绝对必要 102;将改变许多海港的战略价值 139。要防卫,不如去攻击敌人的基地 264,265;两洋之间的一座桥梁,但需要大兵力控制 324;大西洋、太平洋两海岸互相支持的密切关系 382;在国际上的重要性 382。

Panama Canal Zone 巴拿马运河区,对运河区的影响而言,关塔那摩优于基韦斯特 128;要最终占有它,就唯有依赖舰队

的实力 214；门罗主义使美国对巴拿马运河拥有控制、行政和军事保卫权 304；如设防得当，是一个前进基地 320；这一地带是要加以设防的 370。
Panic 惊慌 94，95，147，150，151。
Passage，海峡通道的价值取决的条件 300，310。
Peninsular war，半岛战争 64，241。
Pensaacola，彭萨科拉 128，314，315，319，320。
Philidephia，费城 170。
Philipsburg，菲利普斯堡、布雷萨克与罗德里戈城和巴达霍斯的位置作一比较 64。
Piombino，皮昂比诺 77，78。
Plevna，波列弗纳，1877 年战役中它的位置的重要性 36—38。
Plymouth 普利茅斯 194；普利茅斯之战 71。
Political Courage，政治勇气，纳尔逊的名言 21；必须建立在政治学识的基础上 21。
Politics，External，对外政治，见国际条件。
Popular Apprehension，群众的喧嚣 94，95，147，150，151。
Port Arthur，旅顺港，日本舰队部署在旅顺港的事例证明，鱼雷和水雷不会改变战略的原理，但将影响战略的运用 3；就位置而言，旅顺港与波列弗纳和土伦相比较 37，38；攻守两方众寡悬殊 79，149；防卫旅顺港为俄国人赢得了时间 96，142，192；旅顺港之围为提出的命题提供了例证 141，143，144；俄国在旅顺港的水雷 156；将俄国人驱出港的问题 158；海参崴和旅顺港的相对位置 170；旅顺港对于俄国就是马耳他，而对于日本却是曼图亚 188；旅顺港和海参崴充当舰队的两个基地 201，335；为什么俄国舰队驻守在旅顺 396—399；舰队的运动(讨论) 404—408；舰队无效行动之结果 413，414；日本预料到旅顺舰队的行动 425—427；日俄战争中旅顺港扮演的角色 439；假如俄国在海参崴集中而不是在旅顺，会发生什么不同的情况 439—442；俄国人计划中的实质内容 444；它使日本派遣出大量兵力 444；同 1800 年热那亚港一样起到相同的作用 444，445；它的抵抗对日本讨价力量施加不利的影响 445。
Port Castries，卡斯特里港 140。
Port Mahon，马翁港，作为一个基地 94。
Port Orchard，Puget Sound，奥查德港，普吉特海峡 154，158。
Port Royal，罗亚尔港 140。
Port Longone，里窝那港 70。
Ports，海港，战略价值取决的条件 132—140；港口的前后方 141；防御力量 141—153；仅作商用的海港只要防止来自海上的攻击就行 144，146；对未设防的海港之轰击已被国际法所禁止 146；海港的攻击力量 153—163；一支舰队的展现 155—159；拥有两个出口 158，159；在同一边境有两个退却港的好处 168，169；切萨皮克湾和纽约是适当的退却港 169，170；海参崴和旅顺港 170，171；海上前哨港可提供安全和迅速的交通 171；对于基地的选择与配备，必须受到某些明显的原理指导 191—195；大不列颠军事系统的发展 193，194；与美国海防相符合的考虑 195—198；在一个战争的舞台上应该有两个次要的基地 200；封锁海港是诱致敌舰队来到攻击范围内的最有效的方法 271，272；设防海港(牙买加)之价值的说明 362，363；参见前进正面、前进位置、基地、航线、

战略线、战略点。
Position，位置，位置的重要 36—38，127；战争是位置的事 36，127，160，191，302，319，367；位置太多是弱点的根源 127；侧翼 209，210，228；参见前进正面、前进位置、基地、加勒比海、墨西哥（湾）、线、港口、战略线、战略点。
Principles，原理，海军战略的原理是不变的 2—9；原理的表述必须得到经验的支持 9；表述 9—12，16，17，318，319，研究和建立海军战略原理的必要性 118—121；战争法则、发展和具体应用 300。
Puerto Rico，波多黎各 263，331，332，340，341，344。
Puget Sound，普吉特海峡 154，158，320。
Pursuit，追击一个退却中的舰队的军事行动 266—273。
Pyrenees，Peace of the，《比利牛斯和约》81。

Quebee，魁北克 194。

Raiding Operations，袭击战特点 130，380，402。
Raleigh，Sir Walter，雷利，沃尔特勋爵 31。
Ram 撞击战战术，已经无人再考虑 3，155。
Ranke，Leopold von，兰克关于 1500—1700 年间欧洲情况的论述 29；关于 1689—1697 年战争中地中海的重要性的论述 89；汇集行动 417。
Ratisbon，雷根斯堡 22，23。
Rear，attack on，攻击后部，舰艇以纵队成列时为一个侧翼攻击 47—49。
Refusing，defined，避战规定 45。
Reserve，the value of，后备部队的价值 7—9，161。
Resources，资源，位置的战略价值所依赖的东西 132—134，195；什么是资源 162，163，195，198。
Retreat，退却，退却线通常由交通线所代表 167；拥有两个港口的优点 168，169；切萨皮克湾和纽约港 169，170；如果劣势于敌必须退却 287；退却中的舰队到达设防港外线时 290，291。
Rhine，the，莱茵河，一幅幕布 171。
Richelieu，黎塞留，被看成是法国真正的海军之父 40；他对法国海军的贡献 40—42；他的政策 41；他的失败是没有集中力量 43，44；发明内部巩固的对外政策 84—86。
Risks，冒险，要求避免危险是最为令人沮丧的姿态 143；拿破仑的名言：战争是不能不冒险的 232，430；日俄战争中日本人的冒险 422，428—430；在遭遇危险之际有两个要考虑的问题 431；纳尔逊认为有必要进行冒险 431。
Rodgers，Commodore John，海军准将约翰·罗杰斯 249，250，293，294。
Rodney，Admiral，罗德尼海军上将论波多黎各作为一个战略点的优越性 133；他说护航队返航不取直航路线，叫敌人无法知道其位置 136；他说海军是不能到处都占优势的 178；牙买加免于陷落 190；在圣卢西亚岛 364。
Romans，罗马人，他的攻击舰艇的方法 227。
Rosyth，new base of English navy at，英海军在罗赛斯建置新的基地 125，206。
Roundabout Lines，海军战略中使用兜大圈子航线 38。
Rozhestvensky，Admiral，罗日杰斯特文斯基海军上将，舰队到来之前对东乡感到忧虑 56，57；他的错误在于装煤过量 119，228，411，412，417—420；离开马鞍

群岛后的航向,164,165;他驶向海参崴的运动实质上就是向其本国的基地的退却 167;他经历了只有一个港口的失败经验 168,169;被俄国政府耽搁 268,269;受到"存在舰队"理论的影响 398;在马鞍群岛进入战区 409;判断他在最后几天指挥中所犯错误的因素 410—412;他在战斗前到达海参崴的问题 413,414;讨论他的行动方向 410—420;假如他的舰队及时到达旅顺港并在舰队陷落和溃败之前战略形势就不同了 439—444。

Russia 俄国,在日俄战争中没有掌握后备队的作用 8—9;俄国在日俄战争失败后的结果 9,104,369—371;在日俄战争中没有能集中 11;1877 年俄军在波列弗纳受到牵制 36—38;威胁日本交通线 37,38,188;她在欧洲政治中的位置 104,108;在满洲里 305—307,英国贸易 307;俄国实践的两个原理:要塞舰队和存在舰队论 384,385,391,392;她所倾向的就是守势 393;日俄战争中似曾设计防守行动 393—395;受要塞舰队思想的影响,把舰队分为两个 394,395,403;它对于战争之低能的指导,开始于对原理作不健全的掌握 395,403;预见到在太平洋有必要部署一支舰队 395,396;把舰队部署在旅顺港;是把它作为一支要塞舰队采取守势 396,397,403,441;旅顺港的舰队毫无所获 397,398;无意找出作战的时间 404;试图将舰队从旅顺转移出去的行动 404—408;在日俄战争中,假如它集中兵力于海参崴的话 439—442。

Russian Naval General Staff,俄国海军参谋部 392。

Russo-Japanese War,日俄战争,进行讨论 383—431,参见罗日杰斯特文斯基、俄国。

Ruyter, Admiral,鲁特海军上将 71。

St, Thomas,圣托马斯岛 263,321,322,344。

St, Vincent, battle of Cape,圣维森特角之战 47。

St, Vincent, Lord,圣维森特指挥官 157,159,160,185。

Samana Bay,萨马纳湾 322,340,343—345。

Sampson, Admiral,桑普森将军 341,342。

San Antonio, Cape,圣安东尼奥角 329,336,337。

San Francisco,圣弗朗西斯科(旧金山)320。

San Juan, Puerto Rico,波多黎各北面的圣胡安港 343,344。

Santa Lucia,圣卢西亚 358—361,364。

Santiago de Cuba,古巴的圣地亚哥 167,168,322,326,327,332,333。

Santo Domingo,圣多明各 326。

Savoy,萨伏伊,参见意大利。

Science, and art, constrasted,科学和艺术的对照 299。

Scoating, and Wireless telegraphy,侦察和无线电报 3,4,137,158,159,270,271,330,331,343,353。

Sea, as frontier 海,当作作战前线 50;当作中央位置 50,89,99;狭窄地带或海峡中一个位置的价值 134,135;国家的最大利益是贸易 303;制海权未定 255—261。

Seacoast Works,用于攻势或仅用于防御时的海岸工事 249。

Sebastopol,塞瓦斯托波尔 180,190,204。

Secession, War of the,南北战争 14,15,

130,196。
Semenoff, Captain, 海军上校谢苗诺夫的引言 410—412。
Senate of United States, 美国参议院建议将舰队分开部署 6,11。
Sherman, General, 谢尔曼将军 16,124。
Shipbuilding, 造船能力,不是装备一个建造海军舰船的主要军事目的 195。
Ship design, 舰艇设计,目的和必要性结合 44,386。
Shoals, 浅滩 172,175。
Sicilian Expedition, the, of Athens, 雅典征服西西里岛的远征 222—230。
Situation, strategic value of, 位置,位置的战略价值 93,132—134,160;取决于最近的一个海上通道 134,135;取决于通过该海道的贸易量 138—140,参见战争(战争的事)。
Spain, 西班牙,在 30 年战争中她在法国和奥地利之间的斗争中所起的作用 28—31,34,62;美西战争中的西班牙海军 39,1630—1660 年间由西班牙到热那亚的交通线 42;荷兰战争到克伦威尔死后 78—82;1689—1697 年奥格斯堡联盟战争 88—95;西班牙王位继承战争 96—98;马蒙特 1812 年在西班牙 244—246,248。
Spanish American War, 美西战争,参见 War。
Spanish Netherlands, 西班牙的荷兰,参见 Belgium。
Spanish Succession War of, 西班牙王位继承战争,参见 War。
Speed, of fleet, 速度,舰队的速度是最慢舰只的速度 289。
Sperry, Admiral, 斯佩里将军 6。
Squadron, Flying, in war with Spain, 与西班牙交战的快速中队 39,278,395,342。中队,一度作为政府政策之见证的中队已经消失 125。
Steam, introduction of, into naval warfare, 蒸汽的引入海战 114—119,381。
Stoessel, General, 斯托塞耳将军 444,445。
Strait, 海峡,决定海峡价值的因素 309,310。
Strategic Lines, 战略线,连结战略点的线 164;诸战略线中最关重要的是交通线 166;交通线通常是退却线 167;古巴南海岸例 168;所有设防基地设在同一海岸线上 171—173;使用分舰队驻守在敌国的要港外面的战略 182,183;参见前进正面、基地、线、港口、战略点。
Strategic Points, 战略点,抓住战略点的重要性 127;已取得的战略各点向敌方伸入愈深愈好 127;前进位置的重要价值,古巴、基韦斯特、关塔那摩是很好的例子 127,128;英国对法国诸港之封锁是早先海军前进位置之最卓越的例子 128;目前英国战斗舰队的集中为一例 128,129;取得前进位置的概括理由 129;不列颠诸岛本身就是控制德国的前进位置 129,130;前进位置的特殊例证 130;假如一串的前进位置是连缀于陆地的边沿而又延伸得很远,它会具有明显而巨大的加强作用 131;怎样在它们之间选择 131;战略价值取决于军事力量、位置和资源 132—134,160;战略价值取决于是否接近于海道 134,135,139;战略点在一个已知的海面上显然比陆上更少 138;价值受通过的贸易量的影响 138—140;防御力量 141—153;进攻力量 153—162;海军对资源的需要 162,163;多少应该获得立足之地 200;陆上的战略位置的重要性在于陆军须被迫遵循某些道路 212,213;在墨西哥

湾和加勒比海或邻近它们 312—382，参见前进正面、基地、线、港口、战略线。

Strategy, three elements of, 战略，三要素，中央位置、内线、交通 31—33；必须考虑国际政治 106,107；战术上有利和不利属于战略范围之内，为什么？157；地理条件 319，参见陆上战略、海军战略。

Strength, 力量，一个战略点的战略价值取决于军事力量 93、132—134，参见防御力量、进攻力量。

Strong place, 巩固之地，参见基地、要塞。

Study, military, value of, 研究，军事研究，研究价值 ,12。

Submarine Mines, 潜艇水雷 145—147, 156,157,425。

Suez, Route by, 苏伊士，通道，内线的一个例证 32；被英国占领 68。

Suez, Canal, a bridge, 苏伊士运河，一座桥梁 324。

Suffen, Admiral, 叙弗朗，海军上将 262, 272。

Sumter, Fort, 萨姆特要塞 14。

Supplies, 补给，该词包含内容 160,161；在海上，燃料、弹药和食品的补给 166；可用两种方式补给 211；不应集中于单线上 212。

Surrender, When justified, 在适当时候投降 413。

Sweden, in the Thirty Years' War 在 30 年战争中的瑞典 28,62,63。

Syracusans 叙拉古人，他们的大桡战船作战方法 227。

Syracuse, 叙拉古，雅典人从前的失败 222—230。

Tactics, 战术，陆上战术，怎样受地形条件的影响 45。

Taft, President, 塔夫脱总统，论门罗主义 110。

Tangier, 丹吉尔，一度被英国占领 68, 83。

Termini, defined, 终点，其含义 135。

Thirty Years' War, 30 年战争 27—31, 34,40—42,62,63。

Three-Mile' Limit, the 3 海里界限 166。

Ticonderoga, 提康得罗加 95。

Togo, o 东乡，在马山浦，早些时候在上村 52,75；成功地对付俄国舰队的分队 55；他的航线困惑不决 55—57,137,272；与纳尔逊的航线相比较 137,138；对于航线的审慎选择 165；他不知道罗日杰斯特文斯基采取哪条航线来，但知道他的目的地 169；给其在对马海峡外的舰队信号 214；在对马海峡处在一个追赶者的位置 268。

Torpedo, 鱼雷对战争的影响 3。

Torpedo-vessels, 鱼雷艇 147,148,172, 397,403。

Toulon, 土伦 37—39,42,87,94,97,98。

Tourville, 图尔维尔海军上将 91,267。

Trade, 贸易量影响战略点的战略价值 138,139。

Trade Routes, 贸易通道，通过加勒比海到太平洋去的商船的具体会聚点 303, 304。

Trafalgar, Nelson's Plan at, 纳尔逊在特拉法尔加的计划 47,48。

Transit, in the Caribbean, 在加勒比海的运输线、战略考虑的一个因素 351—356。

Transports, a tactical weakness in battle, 运输，作战中的一个战术弱点 265,266, 410—412,417,419。

Triple Alliance, the, 三国同盟 33,104。

Triple, Entente, 三国协约 33,104。

Tromp, Admiral, 特朗普上将 72。
Tsushima, 对马 57,268,278,353,398,407,413,426,427。
Tsushima strait, 对马海峡 412。
Tunis 突尼斯 123。
Turkey, political condition of, 土耳其的政治情况 122。
Tunks,at Plevna, in 1877, 1877 年在波列弗纳的土耳其人的位置 36—38。
Two-Power Standards 二强标准 54,55。

Ulm 乌尔姆 22,23,149,287。
Unionist Reveille, manifesto of 工会主义团体宣言 370。
United Stats, 美国,建议将美国舰队分开部署 6,11,39,40,52,58,75,94,114,115,222;美国与其他国家的关系是国家战略的一个因素 18,19,305,346,363,368;与西班牙战争中,美国人民的惊扰对战争的影响 39,150,295;从军事观点看,佛罗里达海峡对美国的重要性 52;海岸线 51—53;巴拿马运河对美国的重要性 53,54;一强标准,美国的最低需要 54(大不列颠除外,其他国家则不允许,为什么? 331,332);至 1887 年,美国在加勒比海和墨西哥湾的利益 100,101;美国在巴拿马地峡的利益 101,102,368,369;海—庞斯福特条约 102,105,370;由于西班牙战争引起美国对欧洲国家的关心 103;在对日战争中大不列颠的立场 105;门罗主义 106,107(见门罗主义);德国海军重要之点 109;今日在加勒比海和墨西哥湾的利益 111,304,370,377;占领夏威夷群岛 123;集中之必要的原因 125;影响设防基地的考虑 195—198;美国对亚洲移民的政策 197;她在海湾的基地线 206,314,319,372—377;补给品怎样运往地峡 211,212;占有库莱布拉岛和关塔那摩 314,315,377—379;对于控制向风海峡的有利位置,328;除大不列颠外,不容许任何国家的海军力量占其上风 331、332;美国与大不列颠的和平似有把握 332;西印度群岛的永久任务 345;对萨马纳湾的政策 346;对牙买加价值的估计说明美国在欧洲政治中的利益 363;1887 年美国海军 369;今日的美国海军 370;1887 年美国在墨西哥湾和加勒比海的位置 372—381;虽然没有外贸航运,美国仍需一支质量兼优的海军 447。
Utrecht, Peace of,《乌得勒支和约》对欧洲和美洲前途的影响 96,98。

Van, attack on, actually an attack on flank of a line, 对舰队主力实际上是对一线上的侧翼进行攻击 47—49。
Valtelline Passes, in the Thirty Years' War 30 年战争中瓦尔塔利纳隘路 28,31;与巴拿马地峡相同 101,102。
Verona, 维罗纳 187,251,252,276,285。
Vladivostok, 海参崴,东乡知道罗日杰斯特文斯基的航向 169;它与旅顺港,它们的位置对于互相的关系和对于朝鲜的关系 170;它与旅顺港,两个同为基地 201,335;俄国舰队如果想推延战斗或拒绝战斗的话,它最好在海参崴而不是在旅顺港 292;它不会相信海参崴冬季被冰所封 396;舰队进攻的优势 396;俄国舰队集结于海参崴,按其所宣称的情况而言,舰队是服务于要塞 398;海参崴中队 402,405,408,426,427;讨论海参崴是与主力舰队会合之点 408;罗日杰斯特文斯基到达海参崴的意图 409—421;集中在旅顺港可能会更好些 439;假如俄国人集中在海参崴的话,情况将

会怎样？439—442；冯·德戈尔齐将军的引言 20，107。

"War, a business of positions"，"战争，位置的事" 36，127，160，191，302，319，367。

War between China and Japan，中日之战 4，115；美国和西班牙之战 4，39，40，102，103，115，314，341—343；日俄之战 4，8，9，11，115，383—431；英国和布尔图之战 4；南北战争 14，15，130；30 年战争 21—31，34，62，63；1812 年战争 50，249，250；半岛之战 64，241；英荷之战（1651—1654 年）67—74；奥格斯堡联盟之战（1689—1697 年），88—96；西班牙王位之战 96—98；法国革命和帝国战争（1793—1815 年）251；美国独立战争 261，262。

War，战争，战争的目标不一定是军事计划的目标 203，204；战争艺术包含在一定条件下将劣势改变为优势 296，297；经验在于战争的基础 297；若米尼说成功指导战争是一种艺术 299；有关战争的格言是寥寥几条一般原理的发展和运用 300。

Warfare，作战，使作战行动受到影响的变迁 2 5；位置的重要 36，76，87，92（参见位置、要塞、基地）；陆战中通常按地形条件来决定攻击部位 45，46；边境 49，50；海上边境 50；陆战对于海军学者的价值 121。

Waterloo，滑铁卢，威灵顿在滑铁卢 46。

Weapons，武器，武器的改变 2—4。

Wellington, Duke of，威灵顿，威灵顿公爵在滑铁卢 46；海是威灵顿的安全保障 59；对美国的几个大湖的引言 99；在西班牙 244—246。

West Indies，西印度群岛 302—382。

Westphalia Peace，威斯特伐利亚和约 63。

William III，英国威廉三世在 1689—1697 年战争中 91—96；威廉三世之死 97；在他的统治下，海军完全与陆军不同 113；兰克关于威廉三世的话 417。

Windward Island，向风群岛 14，364。

Windward Passage，向风海峡，论述中提及的向风海峡 308—376；对其具有决定性意义的战略重要性的论述 341。

Wireless Telegraphy and Scouting，无线电报和侦察 3，4，137，158，159，270，271，330，331，343，353。

Wolfe James，沃尔夫，詹姆斯，评论他身居幕僚时当时的军事行动 10。

Wolseley, Lord，韦尔塞莱勋爵在美国南北战争一文中的引述 10，11。

Wood, General，伍德将军 144。

Yellow Sea 黄海 426。

Yucatan Passage，尤卡坦海峡，论述中提及的尤卡坦海峡 310—357。

Yucatan Peninsula，尤卡坦半岛 349。

（张学义、郭长经、徐时辅译）

图书在版编目(CIP)数据

海军战略/(美)艾·塞·马汉著;蔡鸿幹,田常吉译.—北京:商务印书馆,2017
(汉译世界学术名著丛书:120 年纪念版:珍藏本)
ISBN 978-7-100-14575-6

Ⅰ.①海… Ⅱ.①艾… ②蔡… ③田… Ⅲ.①海军战略 Ⅳ.①E815

中国版本图书馆 CIP 数据核字(2017)第 153594 号

汉译世界学术名著丛书
(120 年纪念版·珍藏本)
海 军 战 略
〔美〕艾·塞·马汉 著
蔡鸿幹 田常吉 译

商 务 印 书 馆 出 版
(北京王府井大街 36 号 邮政编码 100710)
商 务 印 书 馆 发 行
北京新华印刷有限公司印刷
ISBN 978-7-100-14575-6

2017 年 12 月第 1 版 开本 710×1000 1/16
2017 年 12 月北京第 1 次印刷 印张 30 插页 2
定价:152.00 元